科学出版社“十三五”普通高等教育本科规划教材

# 线 性 代 数

## (第二版)

西南交通大学数学学院　编

科 学 出 版 社

北 京

## 内 容 简 介

本书共 3 章，从学生熟悉的中学代数课程内容出发，以此建立矩阵的初等理论，使学生受到线性代数基本计算的训练，如计算行列式、求逆矩阵、求解线性方程组等的训练. 而后由矩阵提升到抽象的向量空间，建立矩阵思维，进一步在向量空间中思考问题，使学生认识到矩阵理论中的标准形、特征值、特征向量、相似等问题都可以在线性空间中很直观简明地处理. 最后在线性空间上讨论线性变换与二次型理论. 每节后均配备针对性习题，帮助读者掌握分析和思考问题的方法. 本书涵盖研究生入学考试大纲线性代数部分的相关内容，注重培养学生在抽象空间内处理问题的能力. 每章章后以二维码形式链接了测试题.

本书可作为高等学校非数学专业的理工类、经济管理类等专业的线性代数课程教材，也可作为实际工作者的参考用书.

**图书在版编目（CIP）数据**

线性代数 / 西南交通大学数学学院编. —— 2 版. —— 北京：科学出版社，2024. 8. ——（科学出版社"十三五"普通高等教育本科规划教材）. —— ISBN 978-7-03-079035-4

Ⅰ. O151.2

中国国家版本馆 CIP 数据核字第 20243NOM26 号

责任编辑：胡海霞　范培培 / 责任校对：杨聪敏

责任印制：师艳茹 / 封面设计：无极书装

科学出版社 出版

北京东黄城根北街 16 号

邮政编码: 100717

http://www.sciencep.com

北京科信印刷有限公司印刷

科学出版社发行　各地新华书店经销

*

2017 年 8 月第　一　版　开本：720×1000　1/16

2024 年 8 月第　二　版　印张：13 1//4

2025 年 8 月第十三次印刷　字数：267 000

**定价：37.00 元**

（如有印装质量问题，我社负责调换）

# 前　　言

本书第一版自 2017 年出版以来, 经历了多年的教学实践, 在教学中形成了以矩阵为教学核心, 完成了以建立学生矩阵与线性空间思维模式为课程基本教学目标的课程改革. 党的二十大报告中指出 “教育是国之大计、党之大计. 培养什么人、怎样培养人、为谁培养人是教育的根本问题.” 教育改革需要不断深入, 而教材建设是其中不可或缺的一部分. 这次我们根据在教学过程中的一些经验, 对第一版进行修订升级.

首先是对第二章线性空间做了较大改动, 从形象的向量空间出发, 依托三维向量空间 (补充了部分图示) 帮助学生接受、理解抽象空间的相关概念, 便于进一步提升到一般意义下的线性空间；其次是将一般意义下的线性空间和线性变换内容做 “*” 号处理, 将不同教学需求的课程内容加以区分. 同时将矩阵、向量空间定位为课程的核心内容, 把方程组的求解放入向量空间理论的应用中, 把二次型放入线性变换理论的应用中, 从而将本书的所有内容整合为矩阵、向量空间、线性变换三大模块, 并在每章章后以二维码形式链接了线上测试题，便于读者及时了解知识的掌握程度.

本次修订工作由梁涛、张兴元、刘品、阳锐顺、秦应兵老师共同完成. 此外，我们向关心本书和对本书第一版提出宝贵意见的同志们表示深切的谢意.

编　者

2024 年 3 月

# 第一版前言

西南交通大学创建于 1896 年, 是中国第一所工程高等学府, 是中国土木工程、交通工程、矿冶工程高等教育的发祥地, 交通大学两大最早源头之一. 学校以“唐山交大”“唐院”享誉海内外, 素有“东方康奈尔”之美誉. 在学校迎来 120 华诞之时, 我们本着“知识基础厚度决定认知高度”的思想对线性代数课程教学的各主要环节进行了调整, 目的是使学生接受必要的、足够强度的严格训练, 使之尽早融入学校构建的“价值塑造、人格养成、能力培养、知识探究”四维一体的拔尖创新人才培养体系. 为与修订的教学计划相配合, 我们编写了本书, 以记录我们对理工科人才培养的思考.

作为大学一年级的两大基础课程之一, 线性代数比高等数学具有更高的抽象性和一般性. 它所研究的核心内容是线性空间及相互关系 (线性映射). 它是概括了诸多具体的客观事物的共性后形成的一般规律, 因此有广泛的应用, 在自然科学、工程技术、经济人文等学科的学习以及实际工作中都非常重要. 在线性代数课程中对学生进行抽象思维的训练是提高学生整体素质的一个重要手段. 在教学中, 我们应当培养学生在抽象线性空间内处理理论问题的能力, 既能把具体的问题转化为抽象线性空间和线性映射的问题来处理, 又会把抽象的问题具体化. 为了达到此目的, 我们在课程设计上作了以下“提升”. 首先从学生熟悉的中学代数课程内容出发, 将二元 (三元) 一次方程组提升为任意的 $m$ 个方程 $n$ 个未知量的一般线性方程组. 依此建立矩阵的初等理论, 使学生受到线性代数基本计算, 如求解线性方程组、求逆矩阵、计算行列式等的训练. 而后将矩阵提升到抽象的线性空间和线性映射理论, 使学生认识到矩阵是线性映射 (变换) 在线性空间取定基后的具体表现形式, 矩阵理论的许多问题如标准型、特征值、特征向量、相似以及合同等都可以在线性空间中很直观简明地处理, 让学生明确线性代数是以线性空间与线性映射为主要研究内容, 以矩阵为主要研究工具的一门学问.

本书由刘品、阳锐顺、秦应兵、秦克云编写. 第 1 章由阳锐顺和秦应兵执笔, 讲授矩阵的初等理论. 我们将行列式内容编排在此以使矩阵的初等理论更显集中; 第 2 章和第 3 章由刘品执笔, 讲授线性空间和线性映射理论; 第 4 章由秦克云执笔, 讲授欧几里得空间与二次型理论.

叶建军教授、谢云丽老师对本书进行了细心的审阅, 提出了许多宝贵的修改意见. 本书是西南交通大学线性代数课程教学改革的一个体现, 自始至终得到杨晗教授、潘小东副教授的热情支持. 编者在此向他们表示诚挚的感谢.

感谢西南交通大学和数学学院对本课程建设的关心和支持. 感谢科学出版社为本书的完善与出版付出的辛勤劳动. 我们期待各位同行专家和读者提出宝贵意见, 敬请联系西南交通大学数学学院刘品：liupin@swjtu.edu.cn.

编　者
2017 年 4 月
于西南交通大学

# 目　录

# 第 1 章　矩　　阵

矩阵不仅是线性代数的主要研究对象, 也是研究线性方程组与有限维线性空间的重要工具, 而且在自然科学、工程技术中都有着大量的应用. 本章介绍矩阵的基本概念和矩阵的代数运算, 讨论矩阵的初等变换、方阵行列式等理论, 利用矩阵理论给出线性方程组解的判定定理以及求解线性方程组.

## 1.1　矩阵定义及代数运算

### 1.1.1　矩阵的概念

在实际生活与理论研究中, 会产生大量的数据, 为了研究这些数据, 我们通常会将这些数据按一定规则作成一个数表. 例如在某一地区有 $m$ 个煤炭产地 $A_1, A_2, \cdots, A_m$ 和 $n$ 个销售点 $B_1, B_2, \cdots, B_n$, $a_{ij}$ 表示煤炭从产地 $A_i$ 运到销售点 $B_j$ 的数量, 于是得到一个数表

$$\begin{pmatrix} a_{11} & a_{12} & \cdots & a_{1n} \\ a_{21} & a_{22} & \cdots & a_{2n} \\ \vdots & \vdots & & \vdots \\ a_{m1} & a_{m2} & \cdots & a_{mn} \end{pmatrix}.$$

在中学我们已经学过二元、三元一次方程组, 将未知数与方程个数推广至任意情况, 就得到一般的一次方程组, 今后称一次方程组为**线性方程组**, 其一般形式为

$$\begin{cases} a_{11}x_1 + a_{12}x_2 + \cdots + a_{1n}x_n = b_1, \\ a_{21}x_1 + a_{22}x_2 + \cdots + a_{2n}x_n = b_2, \\ \qquad\qquad \cdots\cdots \\ a_{m1}x_1 + a_{m2}x_2 + \cdots + a_{mn}x_n = b_m, \end{cases} \tag{1.1.1}$$

其中 $x_1, x_2, \cdots, x_n$ 表示未知数 (或未知量), 这个方程组共有 $n$ 个未知数, 称其为 ***n* 元线性方程组**, 方程组共有 $m$ 个方程, 方程组的方程个数与未知数个数可以不同. $a_{ij}$ 是方程组的第 $i$ 个方程中未知数 $x_j$ 的系数. 方程组右边 $b_1, b_2, \cdots, b_m$ 为常数, 若它们都为零, 即

$$b_1 = b_2 = \cdots = b_m = 0,$$

称线性方程组为**齐次线性方程组**. 方程组有三类数据: 系数、未知数、方程右边的常数, 将其分类, 根据数据的位置情况可得到如下三个数表:

$$\begin{pmatrix} a_{11} & a_{12} & \cdots & a_{1n} \\ a_{21} & a_{22} & \cdots & a_{2n} \\ \vdots & \vdots & & \vdots \\ a_{m1} & a_{m2} & \cdots & a_{mn} \end{pmatrix}, \quad \begin{pmatrix} x_1 \\ x_2 \\ \vdots \\ x_n \end{pmatrix}, \quad \begin{pmatrix} b_1 \\ b_2 \\ \vdots \\ b_m \end{pmatrix}.$$

为了研究这些数表, 并用数表研究实际与理论问题, 我们给数表一个名字: 矩阵.

**定义 1.1.1** 由 $m \times n$ 个数组成 $m$ 行、$n$ 列的数表

$$\begin{pmatrix} a_{11} & a_{12} & \cdots & a_{1n} \\ a_{21} & a_{22} & \cdots & a_{2n} \\ \vdots & \vdots & & \vdots \\ a_{m1} & a_{m2} & \cdots & a_{mn} \end{pmatrix},$$

称为一个 $\boldsymbol{m \times n}$ **矩阵**, 简称为**矩阵**, 记为 $(a_{ij})_{m \times n}$, 也可简记为 $(a_{ij})$.

通常用大写的英文字母 $\boldsymbol{A}, \boldsymbol{B}$ 等表示矩阵. 上述矩阵通常用 $\boldsymbol{A}$ 表示, 即

$$\boldsymbol{A} = (a_{ij})_{m \times n}.$$

若要强调矩阵的行数与列数可记为 $\boldsymbol{A}_{m \times n}$.

称数 $a_{ij}$ 为矩阵 $\boldsymbol{A}$ 的第 $i$ 行、第 $j$ 列**元素**, $i$ 称为元素 $a_{ij}$ 的**行标**, $j$ 称为**列标**, 其中

$$i = 1, 2, \cdots, m, \quad j = 1, 2, \cdots, n.$$

若矩阵的元素都是实数, 称矩阵为**实矩阵**; 若矩阵的元素是复数, 则称矩阵为**复矩阵**. 本书不做特别说明的矩阵都是实矩阵.

称

$$\boldsymbol{r}_i = \begin{pmatrix} a_{i1}, & a_{i2}, & \cdots & , a_{in} \end{pmatrix}$$

为**矩阵 $\boldsymbol{A}$ 的第 $\boldsymbol{i}$ 行**, 称

$$\boldsymbol{c}_j = \begin{pmatrix} a_{1j} \\ a_{2j} \\ \vdots \\ a_{mj} \end{pmatrix}$$

为**矩阵 $\boldsymbol{A}$ 的第 $\boldsymbol{j}$ 列**.

对线性方程组 (1.1.1) 的数据分类后就得到三个矩阵, 分别记为

$$\boldsymbol{A}=\begin{pmatrix} a_{11} & a_{12} & \cdots & a_{1n} \\ a_{21} & a_{22} & \cdots & a_{2n} \\ \vdots & \vdots & & \vdots \\ a_{m1} & a_{m2} & \cdots & a_{mn} \end{pmatrix},\quad \boldsymbol{x}=\begin{pmatrix} x_1 \\ x_2 \\ \vdots \\ x_n \end{pmatrix},\quad \boldsymbol{b}=\begin{pmatrix} b_1 \\ b_2 \\ \vdots \\ b_m \end{pmatrix},$$

再将常数项按照它们在 (1.1.1) 中的位置排在 $\boldsymbol{A}$ 的最后一列得到矩阵, 记为

$$\bar{\boldsymbol{A}}=\begin{pmatrix} a_{11} & a_{12} & \cdots & a_{1n} & b_1 \\ a_{21} & a_{22} & \cdots & a_{2n} & b_2 \\ \vdots & \vdots & & \vdots & \vdots \\ a_{m1} & a_{m2} & \cdots & a_{mn} & b_m \end{pmatrix}.$$

分别称 $\boldsymbol{A},\bar{\boldsymbol{A}}$ 为线性方程组 (1.1.1) 的**系数矩阵**与**增广矩阵**.

**定义 1.1.2** 若矩阵 $\boldsymbol{A}=(a_{ij})_{m\times n}$, $\boldsymbol{B}=(b_{ij})_{l\times k}$ 满足

$$m=l,\quad n=k,$$

则称矩阵 $\boldsymbol{A}$ 与 $\boldsymbol{B}$ 是**同型矩阵**.

矩阵 $\boldsymbol{A}=(a_{ij})_{m\times n}$, $\boldsymbol{B}=(b_{ij})_{m\times n}$ 是同型矩阵且对应位置的元素都相等, 即

$$a_{ij}=b_{ij},\quad i=1,2,\cdots,m,\quad j=1,2,\cdots,n,$$

则称矩阵 $\boldsymbol{A}$ 与 $\boldsymbol{B}$ **相等**, 记作 $\boldsymbol{A}=\boldsymbol{B}$.

### 1.1.2 特殊矩阵

下面介绍一些常见的特殊矩阵.

1. 零矩阵

元素全为零的矩阵称为**零矩阵**, $m\times n$ 零矩阵记为 $\boldsymbol{O}_{m\times n}$, 在零矩阵的行数与列数清楚的情况下可简记为 $\boldsymbol{O}$.

2. 行向量与列向量

称 $1\times n$ 矩阵

$$\begin{pmatrix} a_1, & a_2, & \cdots & ,a_n \end{pmatrix}$$

为**行矩阵**, 但我们更多时候称其为**行向量**, 若要强调其元素个数, 则称其为 $\boldsymbol{n}$ **维行向量**. 类似地, 称 $n\times 1$ 矩阵

$$\begin{pmatrix} b_1 \\ b_2 \\ \vdots \\ b_n \end{pmatrix}$$

为**列矩阵**, 或 ($\boldsymbol{n}$ **维**) **列向量**. 通常用 $\boldsymbol{\alpha},\boldsymbol{\beta}$ 等黑体希腊字母表示行、列向量, 用黑体 $\mathbf{0}$ 表示零向量.

显然 $m\times n$ 矩阵是由 $m$ 个 $n$ 维行向量构成, 也是由 $n$ 个 $m$ 维列向量构成.

3. 方阵

行数与列数相等的矩阵称为**方阵**, $n\times n$ 方阵称为 $\boldsymbol{n}$ **阶方阵**, 简记为 $\boldsymbol{A_n}$. 在方阵 $\boldsymbol{A}=(a_{ij})_{n\times n}$ 中, 元素 $a_{11},a_{22},\cdots,a_{nn}$ 所在的位置称为矩阵的**主对角线**.

一阶方阵就是一个数, 表达它时不加括号, 例如以 2 为元素的一阶矩阵不写成 (2), 直接写成 2.

4. 对角矩阵与单位矩阵

主对角线以外的元素都为零的方阵, 即形如

$$\begin{pmatrix} d_1 & 0 & \cdots & 0 \\ 0 & d_2 & \cdots & 0 \\ \vdots & \vdots & & \vdots \\ 0 & 0 & \cdots & d_n \end{pmatrix}$$

的方阵称为**对角矩阵**, 对角矩阵完全由其对角线上的元素决定, 故上述对角阵也记为

$$\operatorname{diag}\Big(d_1,\ \ d_2,\ \ \cdots,\ \ d_n\Big).$$

对角线上元素全相等的对角矩阵称为**数量矩阵**, 对角线上元素都为 1 的数量矩阵称为**单位矩阵**, $n$ 阶单位矩阵记为 $\boldsymbol{E}_n$, 简记为 $\boldsymbol{E}$. 数量矩阵与单位矩阵分别形如

$$\begin{pmatrix} k & 0 & \cdots & 0 \\ 0 & k & \cdots & 0 \\ \vdots & \vdots & & \vdots \\ 0 & 0 & \cdots & k \end{pmatrix},\quad \begin{pmatrix} 1 & 0 & \cdots & 0 \\ 0 & 1 & \cdots & 0 \\ \vdots & \vdots & & \vdots \\ 0 & 0 & \cdots & 1 \end{pmatrix},$$

其中 $k\in\mathbb{R}$.

5. 三角矩阵

主对角线下方的元素都是零的方阵称为**上三角矩阵**, 主对角线上方的元素都是零的方阵称为**下三角矩阵**, 上、下三角矩阵统称为**三角矩阵**, 上、下三角矩阵分别形如

$$\begin{pmatrix} a_{11} & a_{12} & \cdots & a_{1n} \\ 0 & a_{22} & \cdots & a_{2n} \\ \vdots & \vdots & & \vdots \\ 0 & 0 & \cdots & a_{nn} \end{pmatrix},\quad \begin{pmatrix} a_{11} & 0 & \cdots & 0 \\ a_{21} & a_{22} & \cdots & 0 \\ \vdots & \vdots & & \vdots \\ a_{n1} & a_{n2} & \cdots & a_{nn} \end{pmatrix}.$$

6. 对称矩阵与反对称矩阵

若方阵 $\boldsymbol{A}=(a_{ij})_{n\times n}$ 满足

$$a_{ij}=a_{ji}\quad(1\leqslant i,j\leqslant n),$$

则称 $\boldsymbol{A}$ 为**对称矩阵**. 若方阵 $\boldsymbol{A}$ 满足

$$a_{ij}=-a_{ji}\quad(1\leqslant i,j\leqslant n),$$

则称 $\boldsymbol{A}$ 为**反对称矩阵**.

由反对称矩阵的定义有 $a_{ii}=-a_{ii}\,(1\leqslant i\leqslant n)$, 由此可知

$$a_{ii}=0\quad(1\leqslant i\leqslant n),$$

即反对称矩阵主对角线上的元素都是零.

矩阵

$$\begin{pmatrix}1&2&3\\2&1&0\\3&0&2\end{pmatrix},\quad\begin{pmatrix}0&2&3\\-2&0&1\\-3&-1&0\end{pmatrix}$$

分别是对称矩阵与反对称矩阵.

为刻画对称矩阵与反对称矩阵的特征, 下面引入矩阵的转置.

### 1.1.3 矩阵的转置

**定义 1.1.3** 把矩阵 $\boldsymbol{A}$ 的行依次作成一个矩阵的列, 称为**矩阵 $\boldsymbol{A}$ 的转置**, 所得矩阵称为 $\boldsymbol{A}$ 的**转置矩阵**, 记为 $\boldsymbol{A}^{\mathrm{T}}$. 如果

$$\boldsymbol{A}=\begin{pmatrix}a_{11}&a_{12}&\cdots&a_{1n}\\a_{21}&a_{22}&\cdots&a_{2n}\\\vdots&\vdots&&\vdots\\a_{m1}&a_{m2}&\cdots&a_{mn}\end{pmatrix}_{m\times n},$$

则

$$\boldsymbol{A}^{\mathrm{T}}=\begin{pmatrix}a_{11}&a_{21}&\cdots&a_{m1}\\a_{12}&a_{22}&\cdots&a_{m2}\\\vdots&\vdots&&\vdots\\a_{1n}&a_{2n}&\cdots&a_{mn}\end{pmatrix}_{n\times m}.$$

若 $\boldsymbol{A}=(a_{ij})_{m\times n}$, $\boldsymbol{A}^{\mathrm{T}}=(a_{ij}^*)_{n\times m}$, 则有

$$a_{ij}^*=a_{ji},$$

即 $\boldsymbol{A}$ 的转置矩阵的第 $i$ 行第 $j$ 列的元素是 $\boldsymbol{A}$ 的第 $j$ 行第 $i$ 列的元素.

**定义 1.1.4** 同型矩阵 $\boldsymbol{A}=(a_{ij})_{m\times n}$, $\boldsymbol{B}=(b_{ij})_{m\times n}$ , 若满足

$$b_{ij}=-a_{ij}\quad (1\leqslant i\leqslant m, 1\leqslant j\leqslant n),$$

则称 $\boldsymbol{B}$ 为 $\boldsymbol{A}$ 的**负矩阵**, 也把 $\boldsymbol{B}$ 记为 $-\boldsymbol{A}$.

由转置、对称矩阵、反对称矩阵、负矩阵的定义容易得到如下结论:

**性质 1.1.1** (1) $\left(\boldsymbol{A}^{\mathrm{T}}\right)^{\mathrm{T}}=\boldsymbol{A}$;

(2) $\boldsymbol{A}$ 是对称矩阵当且仅当 $\boldsymbol{A}^{\mathrm{T}}=A$;

(3) $\boldsymbol{A}$ 是反对称矩阵当且仅当 $\boldsymbol{A}^{\mathrm{T}}=-\boldsymbol{A}$.

### 习 题 1.1

1. 某产品由 3 个产地 $P_1,P_2,P_3$ 运送到 4 个销售点 $Q_1,Q_2,Q_3,Q_4$ 的发货量如表 1.1.1 所示.

**表 1.1.1**

| | $Q_1$ | $Q_2$ | $Q_3$ | $Q_4$ |
|---|---|---|---|---|
| $P_1$ | 2 | 1 | 3 | 4 |
| $P_2$ | 0 | 6 | 2 | 8 |
| $P_3$ | 4 | 7 | 4 | 1 |

(1) 试用矩阵 $\boldsymbol{A}=(a_{ij})$ 表示上述发货情况，并说明 $a_{ij}$ 表示什么.

(2) 用 $a_{ij}$ 表示各场地总发货量.

(3) 用 $a_{ij}$ 表示各销售点总收货量.

2. 设方阵 $\boldsymbol{A}$ 是反对称矩阵，证明：$a_{ii}=0, i=1,2,\cdots,n$.

## 1.2 矩阵的代数运算

上一节引入了矩阵, 这一节我们介绍矩阵的代数运算——线性运算与乘法, 并讨论运算规律. 矩阵有了运算, 从而获得巨大的“生命力”, 成为研究理论问题与实际问题的重要工具.

### 1.2.1 矩阵的线性运算

矩阵的**线性运算**是矩阵的加法与数乘运算的统称.

**定义 1.2.1** 设 $\boldsymbol{A}=(a_{ij})_{m\times n}$, $\boldsymbol{B}=(b_{ij})_{m\times n}$ 为两个同型矩阵, 矩阵 $\boldsymbol{A}$ 与 $\boldsymbol{B}$ 的**加法**运算记为 $\boldsymbol{A}+\boldsymbol{B}$, 定义为

$$\boldsymbol{A}+\boldsymbol{B}=(a_{ij}+b_{ij})_{m\times n}.$$

**例 1.2.1** 已知 $\boldsymbol{A}=\begin{pmatrix}1&2\\0&-1\end{pmatrix}$, $\boldsymbol{B}=\begin{pmatrix}3&-1\\2&4\end{pmatrix}$, 求 $\boldsymbol{A}+\boldsymbol{B}$.

**解** $\boldsymbol{A}+\boldsymbol{B}=\begin{pmatrix}1&2\\0&-1\end{pmatrix}+\begin{pmatrix}3&-1\\2&4\end{pmatrix}=\begin{pmatrix}1+3&2-1\\0+2&-1+4\end{pmatrix}=\begin{pmatrix}4&1\\2&3\end{pmatrix}$.

由矩阵加法的定义可知, 只有同型矩阵才能相加, 也容易知道矩阵加法运算有下述性质.

**性质 1.2.1** 若 $\boldsymbol{A}, \boldsymbol{B}, \boldsymbol{C}$ 为同型矩阵, 则矩阵的加法满足以下运算规律.

(1) 结合律: $(\boldsymbol{A}+\boldsymbol{B})+\boldsymbol{C}=\boldsymbol{A}+(\boldsymbol{B}+\boldsymbol{C})$;

(2) 交换律: $\boldsymbol{A}+\boldsymbol{B}=\boldsymbol{B}+\boldsymbol{A}$;

(3) 有零元: $\boldsymbol{A}+\boldsymbol{O}=\boldsymbol{A}$;

(4) 有负元: 对任意矩阵 $\boldsymbol{A}$, 存在矩阵 $\boldsymbol{B}$ 满足

$$\boldsymbol{A}+\boldsymbol{B}=\boldsymbol{O}.$$

若 $\boldsymbol{A}+\boldsymbol{B}=\boldsymbol{O}$, 则称矩阵 $\boldsymbol{B}$ 为 $\boldsymbol{A}$ 的**负元**. 显然 $\boldsymbol{A}$ 的负元就是 $\boldsymbol{A}$ 的负矩阵.

**定义 1.2.2** 设 $k$ 是数, $\boldsymbol{A}=(a_{ij})_{m\times n}$ 是矩阵, 数 $k$ 与矩阵 $\boldsymbol{A}$ 的**数乘**运算记为 $k\boldsymbol{A}$, 定义为

$$k\boldsymbol{A}=\begin{pmatrix}ka_{11}&ka_{12}&\cdots&ka_{1n}\\ka_{21}&ka_{22}&\cdots&ka_{2n}\\\vdots&\vdots&&\vdots\\ka_{m1}&ka_{m2}&\cdots&ka_{mn}\end{pmatrix}.$$

由定义知, 用数 $k$ 乘矩阵 $\boldsymbol{A}$ 就是用数 $k$ 去乘矩阵中的每一个元素.

**例 1.2.2** 已知 $\boldsymbol{A}=\begin{pmatrix}1&2&-1\\0&-1&1\end{pmatrix}$, 计算 $2\boldsymbol{A}$.

**解** $2\boldsymbol{A}=2\begin{pmatrix}1&2&-1\\0&-1&1\end{pmatrix}=\begin{pmatrix}2&4&-2\\0&-2&2\end{pmatrix}$.

不难证明矩阵的数乘运算满足如下运算规律.

**性质 1.2.2** 若 $\boldsymbol{A}, \boldsymbol{B}$ 为同型矩阵, $k, l$ 为实数, 则

(1) $1\boldsymbol{A}=\boldsymbol{A}$;

(2) $k(\boldsymbol{A}+\boldsymbol{B})=k\boldsymbol{A}+k\boldsymbol{B}$;

(3) $(k+l)\boldsymbol{A}=k\boldsymbol{A}+l\boldsymbol{A}$;

(4) $k(l\boldsymbol{A})=(kl)\boldsymbol{A}$.

显然有

$$(-1)\,\boldsymbol{A}=-\boldsymbol{A}.$$

由矩阵的加法与数乘运算可以定义**矩阵的减法**

$$\boldsymbol{A}-\boldsymbol{B}=\boldsymbol{A}+(-1)\,\boldsymbol{B}.$$

由此可见 $\boldsymbol{A}-\boldsymbol{B}$ 就是 $\boldsymbol{A}$ 加上 $\boldsymbol{B}$ 的负矩阵, 即 $\boldsymbol{A}$ 与 $\boldsymbol{B}$ 对应位置的元素相减.

**例 1.2.3** 设有列向量 $\boldsymbol{\alpha}_1=\begin{pmatrix}1\\1\\0\end{pmatrix},\boldsymbol{\alpha}_2=\begin{pmatrix}1\\0\\1\end{pmatrix},\boldsymbol{\alpha}_3=\begin{pmatrix}0\\1\\1\end{pmatrix}$, 计算 $2\boldsymbol{\alpha}_1-\boldsymbol{\alpha}_2+3\boldsymbol{\alpha}_3$.

**解** $$2\boldsymbol{\alpha}_1-\boldsymbol{\alpha}_2+3\boldsymbol{\alpha}_3=\begin{pmatrix}2\\2\\0\end{pmatrix}+\begin{pmatrix}-1\\0\\-1\end{pmatrix}+\begin{pmatrix}0\\3\\3\end{pmatrix}$$

$$=\begin{pmatrix}2-1+0\\2+0+3\\0-1+3\end{pmatrix}=\begin{pmatrix}1\\5\\2\end{pmatrix}.$$

通常将向量的线性运算称为向量的**线性组合**, 这里 $2\boldsymbol{\alpha}_1-\boldsymbol{\alpha}_2+3\boldsymbol{\alpha}_3$ 是向量 $\boldsymbol{\alpha}_1,\boldsymbol{\alpha}_2,\boldsymbol{\alpha}_3$ 的一个线性组合, $2,-1,3$ 称为**组合系数**.

**思考** 能否用向量的线性组合来表达线性方程组?

### 1.2.2 矩阵的乘法

**定义 1.2.3** 设 $\boldsymbol{A}=(a_{ij})_{m\times s}$, $\boldsymbol{B}=(b_{ij})_{s\times n}$, $\boldsymbol{A}$ 与 $\boldsymbol{B}$ 的乘积运算记为 $\boldsymbol{AB}$, 定义为 $m\times n$ 矩阵 $\boldsymbol{C}=\boldsymbol{AB}=(c_{ij})_{m\times n}$, 其中

$$c_{ij}=a_{i1}b_{1j}+a_{i2}b_{2j}+\cdots+a_{is}b_{sj}=\sum_{k=1}^{s}a_{ik}b_{kj}.$$

由定义知:

(1) $\boldsymbol{AB}$ 的第 $i$ 行第 $j$ 列的元素是第一个矩阵 $\boldsymbol{A}$ 的第 $i$ 行与第二个矩阵 $\boldsymbol{B}$ 的第 $j$ 列对应元素乘积的和;

(2) 由 (1) 可知不是任何两个矩阵都能做乘积, $\boldsymbol{AB}$ 要求 $\boldsymbol{A}$ 的列数与 $\boldsymbol{B}$ 的行数相同;

(3) 乘积矩阵 $\boldsymbol{AB}$ 的行数与 $\boldsymbol{A}$ 的行数相同, 列数与 $\boldsymbol{B}$ 的列数相同.

**例 1.2.4** 已知 $\boldsymbol{A}=\begin{pmatrix}1&0&-1\\-1&1&3\end{pmatrix},\boldsymbol{B}=\begin{pmatrix}0&3\\1&2\\3&1\end{pmatrix}$, 求 $\boldsymbol{AB}$.

**解** $$\boldsymbol{AB}=\begin{pmatrix}1&0&-1\\-1&1&3\end{pmatrix}\begin{pmatrix}0&3\\1&2\\3&1\end{pmatrix}$$

$$=\begin{pmatrix}1\times0+0\times1+(-1)\times3&1\times3+0\times2+(-1)\times1\\(-1)\times0+1\times1+3\times3&(-1)\times3+1\times2+3\times1\end{pmatrix}$$

$$=\begin{pmatrix}-3&2\\10&2\end{pmatrix}.$$

**思考** (1)$\boldsymbol{A}_{m\times n}\boldsymbol{E}_n=?$　　$\boldsymbol{E}_m\boldsymbol{A}_{m\times n}=?$

(2)$\boldsymbol{A}_{m\times p}\boldsymbol{O}_{p\times n}=?$　　$\boldsymbol{O}_{m\times p}\boldsymbol{A}_{p\times n}=?$

**例 1.2.5** 已知 $\boldsymbol{A}=\begin{pmatrix}1,&2,&3\end{pmatrix}\boldsymbol{B}=\begin{pmatrix}2\\3\\4\end{pmatrix}$, 求 $\boldsymbol{AB},\boldsymbol{BA}$.

**解** $$\boldsymbol{AB}=\begin{pmatrix}1,&2,&3\end{pmatrix}\begin{pmatrix}2\\3\\4\end{pmatrix}=1\times2+2\times3+3\times4=20,$$

$$\boldsymbol{BA}=\begin{pmatrix}2\\3\\4\end{pmatrix}\begin{pmatrix}1,&2,&3\end{pmatrix}=\begin{pmatrix}2\times1&2\times2&2\times3\\3\times1&3\times2&3\times3\\4\times1&4\times2&4\times3\end{pmatrix}$$

$$=\begin{pmatrix}2&4&6\\3&6&9\\4&8&12\end{pmatrix}.$$

**思考** 矩阵 $\boldsymbol{A}$ 满足什么条件时, 其为列向量与行向量的乘积?

由定义可证明如下性质.

**性质 1.2.3** 设 $\boldsymbol{A},\boldsymbol{B},\boldsymbol{C}$ 为矩阵, $k\in\mathbb{R}$, 则矩阵的运算满足下列运算规律.

(1) 矩阵乘法的结合律: $(\boldsymbol{AB})\boldsymbol{C}=\boldsymbol{A}(\boldsymbol{BC})$;

(2) 数乘与矩阵乘法的结合律: $k(\boldsymbol{AB})=(k\boldsymbol{A})\boldsymbol{B}=\boldsymbol{A}(k\boldsymbol{B})$;

(3) 分配律: $\boldsymbol{A}(\boldsymbol{B}+\boldsymbol{C})=\boldsymbol{AB}+\boldsymbol{AC}$, $(\boldsymbol{B}+\boldsymbol{C})\boldsymbol{A}=\boldsymbol{BA}+\boldsymbol{CA}$;

(4) $(\boldsymbol{A}+\boldsymbol{B})^{\mathrm{T}}=\boldsymbol{A}^{\mathrm{T}}+\boldsymbol{B}^{\mathrm{T}}$, $(k\boldsymbol{A})^{\mathrm{T}}=k\boldsymbol{A}^{\mathrm{T}}$, $(\boldsymbol{AB})^{\mathrm{T}}=\boldsymbol{B}^{\mathrm{T}}\boldsymbol{A}^{\mathrm{T}}$.

由于矩阵乘法满足结合律, 即 $(\boldsymbol{AB})\boldsymbol{C}=\boldsymbol{A}(\boldsymbol{BC})$, 于是, 我们就把它们简单记为 $\boldsymbol{ABC}$, 计算 $\boldsymbol{ABC}$, 既可以按 $(\boldsymbol{AB})\boldsymbol{C}$ 计算, 也可按 $\boldsymbol{A}(\boldsymbol{BC})$ 计算, 视具体情况而定.

矩阵乘法与数的乘法一样满足结合律, 故可以类似定义方阵的方幂.

**定义 1.2.4**　设 $\boldsymbol{A}$ 是 $n$ 阶方阵, $m$ 个 $\boldsymbol{A}$ 相乘并记为 $\boldsymbol{A}^m$, 称为 $\boldsymbol{A}$ 的 $m$ 次**方幂**, 即

$$\boldsymbol{A}^m = \underbrace{\boldsymbol{A}\boldsymbol{A}\cdots\boldsymbol{A}}_{m},$$

并约定 $\boldsymbol{A}^0 = \boldsymbol{E}_n$.

显然有

$$\boldsymbol{A}^m\boldsymbol{A}^l = \boldsymbol{A}^{m+l}, \quad (\boldsymbol{A}^m)^l = \boldsymbol{A}^{ml}.$$

在中学, 多项式 $f(x) = a_m x^m + a_{m-1}x^{m-1} + \cdots + a_1 x + a_0$ 中的变量 $x$ 取数值, 现在变量 $x$ 取 $n$ 阶方阵 $\boldsymbol{A}$ 也是有意义的:

$$f(\boldsymbol{A}) = a_m\boldsymbol{A}^m + a_{m-1}\boldsymbol{A}^{m-1} + \cdots + a_1\boldsymbol{A} + a_0\boldsymbol{E}_n,$$

其运算结果也是一个方阵, 称上述式子为**矩阵多项式**.

不能把矩阵的乘法简单比拟成数的乘法, 例如矩阵的乘法**不再**满足交换律, 即一般地,

$$\boldsymbol{AB} \neq \boldsymbol{BA}.$$

这是因为可能出现以下情况:

(1) $\boldsymbol{A}$ 与 $\boldsymbol{B}$ 能作乘法 $\boldsymbol{AB}$, 不一定能作乘法 $\boldsymbol{BA}$, 例如 $\boldsymbol{A}_{3\times 4}\boldsymbol{B}_{4\times 5}$ 能进行计算, 而 $\boldsymbol{B}_{4\times 5}\boldsymbol{A}_{3\times 4}$ 无意义;

(2) $\boldsymbol{AB}$ 与 $\boldsymbol{BA}$ 都能进行计算, 但计算出来的乘积矩阵不同型, 故 $\boldsymbol{AB}$ 与 $\boldsymbol{BA}$ 不相等, 例如例 1.2.5;

(3) $\boldsymbol{AB}$ 与 $\boldsymbol{BA}$ 都能进行计算, 且乘积矩阵同型, 也未必有 $\boldsymbol{AB} = \boldsymbol{BA}$. 见下面例子.

**例 1.2.6**　已知 $\boldsymbol{A} = \begin{pmatrix} 1 & 1 \\ -1 & -1 \end{pmatrix}, \boldsymbol{B} = \begin{pmatrix} 1 & -1 \\ -1 & 1 \end{pmatrix}$, 计算 $\boldsymbol{AB}, \boldsymbol{BA}$.

**解**

$$\boldsymbol{AB} = \begin{pmatrix} 1 & 1 \\ -1 & -1 \end{pmatrix}\begin{pmatrix} 1 & -1 \\ -1 & 1 \end{pmatrix} = \begin{pmatrix} 0 & 0 \\ 0 & 0 \end{pmatrix},$$

$$\boldsymbol{BA} = \begin{pmatrix} 1 & -1 \\ -1 & 1 \end{pmatrix}\begin{pmatrix} 1 & 1 \\ -1 & -1 \end{pmatrix} = \begin{pmatrix} 2 & 2 \\ -2 & -2 \end{pmatrix}.$$

若 $\boldsymbol{A}$ 与 $\boldsymbol{B}$ 满足 $\boldsymbol{AB} = \boldsymbol{BA}$, 则称 $\boldsymbol{A}$ 与 $\boldsymbol{B}$ **可换**.

由于矩阵的乘法不满足交换律, 请读者注意, 下述等式:

$$(\boldsymbol{A} \pm \boldsymbol{B})^2 = \boldsymbol{A}^2 \pm 2\boldsymbol{AB} + \boldsymbol{B}^2,$$

$$A^2 - B^2 = (A + B)(A - B),$$
$$(AB)^k = A^k B^k,$$
$$AB \pm CA = A(B \pm C),$$
$$AB \pm CA = (B \pm C)A,$$
$$AB \pm AC = (B \pm C)A,$$
$$BA \pm CA = A(B \pm C)$$

一般**不成立**, 但是下面等式成立:

$$AB \pm AC = A(B \pm C), \quad BA \pm CA = (B \pm C)A.$$

另外, 若矩阵 $A$ 与 $B$ 中有一个为单位矩阵, 则上述等式成立, 例如 $B$ 是单位矩阵, 则有

$$(A \pm E)^2 = A^2 \pm 2AE + E^2 = A^2 \pm 2A + E,$$
$$A^2 - E^2 = (A - E)(A + E).$$

一般地, 若 $A$ 与 $B$ 可换, 则有

$$(A + B)^n = \sum_{k=0}^{n} \mathrm{C}_n^k A^k B^{n-k} = \sum_{k=0}^{n} \mathrm{C}_n^k A^{n-k} B^k,$$
$$(AB)^k = A^k B^k,$$
$$A^n - B^n = (A - B)\left(A^{n-1} + A^{n-2}B + A^{n-3}B^2 + \cdots + AB^{n-2} + B^{n-1}\right).$$

请自行证明上述结论.

两个数的乘积为零, 一定意味着这两个数中至少有一个为零, 这一事实让数有消去律. 例 1.2.6 中出现了两个非零矩阵相乘其结果为零矩阵的情形, 这意味着**矩阵乘积运算不满足消去律**, 即

$$AB = AC \text{ 且 } A \neq O, \quad \text{不能得出 } B = C.$$

例如 $\begin{pmatrix} 1 & 1 \\ -1 & -1 \end{pmatrix}\begin{pmatrix} 1 & -1 \\ -1 & 1 \end{pmatrix} = \begin{pmatrix} 0 & 0 \\ 0 & 0 \end{pmatrix} = \begin{pmatrix} 1 & 1 \\ -1 & -1 \end{pmatrix}\begin{pmatrix} 0 & 0 \\ 0 & 0 \end{pmatrix}$,

显然

$$\begin{pmatrix} 1 & -1 \\ -1 & 1 \end{pmatrix} \neq \begin{pmatrix} 0 & 0 \\ 0 & 0 \end{pmatrix}.$$

可见矩阵乘法比数的乘法复杂得多, 在矩阵计算时, 需要特别注意矩阵的乘法不满足交换律与消去律! 尽管乘法运算不满足交换律与消去律, 但矩阵的乘法及其线性运算仍然满足许多运算规律, 在进行计算时要充分发挥这些运算律的作用.

**例 1.2.7** 设 $\boldsymbol{A}$ 与 $\boldsymbol{B}$ 都是 $n$ 阶方阵, $\boldsymbol{A}$ 的每一行元素之和都为 $s$, $\boldsymbol{B}$ 的每一行元素之和都为 $t$, 证明 $\boldsymbol{AB}$ 的每一行元素之和都为 $st$.

**证明** 设 $\boldsymbol{A}=(a_{ij})$, $\boldsymbol{\alpha}$ 是 $n$ 维列向量且每一个元素都是 1, 则

$$\boldsymbol{A\alpha}=\begin{pmatrix} a_{11} & a_{12} & \cdots & a_{1n} \\ a_{21} & a_{22} & \cdots & a_{2n} \\ \vdots & \vdots & & \vdots \\ a_{n1} & a_{n2} & \cdots & a_{nn} \end{pmatrix}\begin{pmatrix} 1 \\ 1 \\ \vdots \\ 1 \end{pmatrix}$$

$$=\begin{pmatrix} a_{11}+a_{12}+\cdots+a_{1n} \\ a_{21}+a_{22}+\cdots+a_{2n} \\ \vdots \\ a_{n1}+a_{n2}+\cdots+a_{nn} \end{pmatrix}=\begin{pmatrix} s \\ s \\ \vdots \\ s \end{pmatrix}=s\boldsymbol{\alpha}.$$

同理计算可得 $\boldsymbol{B\alpha}=t\boldsymbol{\alpha}$, 于是

$$(\boldsymbol{AB})\,\boldsymbol{\alpha}=\boldsymbol{A}\,(\boldsymbol{B\alpha})=\boldsymbol{A}\,(t\boldsymbol{\alpha})=t\,(\boldsymbol{A\alpha})=t\,(s\boldsymbol{\alpha})=(st)\,\boldsymbol{\alpha}=\begin{pmatrix} st \\ st \\ \vdots \\ st \end{pmatrix}.$$

由矩阵乘向量 $\boldsymbol{\alpha}$ 的意义可知 $\boldsymbol{AB}$ 的每一行元素之和都为 $st$. □

**例 1.2.8** 已知

$$\boldsymbol{A}=\begin{pmatrix} 1 \\ -1 \\ 1 \end{pmatrix}\left(1,\ -1,1\right),$$

计算 $(\boldsymbol{E}-\boldsymbol{A})\,(\boldsymbol{E}-\boldsymbol{A})^{\mathrm{T}}$, 其中 $\boldsymbol{E}$ 是 3 阶单位矩阵.

**解** 设 $\boldsymbol{\alpha}=\begin{pmatrix} 1 \\ -1 \\ 1 \end{pmatrix}$, 则 $\boldsymbol{A}=\boldsymbol{\alpha\alpha}^{\mathrm{T}}$, 于是

$$\boldsymbol{A}^{\mathrm{T}}=\left(\boldsymbol{\alpha\alpha}^{\mathrm{T}}\right)^{\mathrm{T}}=\left(\boldsymbol{\alpha}^{\mathrm{T}}\right)^{\mathrm{T}}\boldsymbol{\alpha}^{\mathrm{T}}=\boldsymbol{\alpha\alpha}^{\mathrm{T}}=\boldsymbol{A},$$

故

$$\begin{aligned}(\boldsymbol{E}-\boldsymbol{A})(\boldsymbol{E}-\boldsymbol{A})^{\mathrm{T}} &= (\boldsymbol{E}-\boldsymbol{A})\left(\boldsymbol{E}^{\mathrm{T}}-\boldsymbol{A}^{\mathrm{T}}\right)=(\boldsymbol{E}-\boldsymbol{A})(\boldsymbol{E}-\boldsymbol{A})\\ &=(\boldsymbol{E}-\boldsymbol{A})^2=\boldsymbol{E}^2-2\boldsymbol{E}\boldsymbol{A}+\boldsymbol{A}^2\\ &=\boldsymbol{E}-2\boldsymbol{A}+\left(\boldsymbol{\alpha}\boldsymbol{\alpha}^{\mathrm{T}}\right)^2=\boldsymbol{E}-2\boldsymbol{A}+\left(\boldsymbol{\alpha}\boldsymbol{\alpha}^{\mathrm{T}}\right)\left(\boldsymbol{\alpha}\boldsymbol{\alpha}^{\mathrm{T}}\right)\\ &=\boldsymbol{E}-2\boldsymbol{A}+\boldsymbol{\alpha}\left(\boldsymbol{\alpha}^{\mathrm{T}}\boldsymbol{\alpha}\right)\boldsymbol{\alpha}^{\mathrm{T}}.\end{aligned}$$

注意到

$$\boldsymbol{\alpha}^{\mathrm{T}}\boldsymbol{\alpha}=\begin{pmatrix}1, & -1, & 1\end{pmatrix}\begin{pmatrix}1\\-1\\1\end{pmatrix}=3.$$

于是

$$\begin{aligned}(\boldsymbol{E}-\boldsymbol{A})(\boldsymbol{E}-\boldsymbol{A})^{\mathrm{T}} &= \boldsymbol{E}-2\boldsymbol{A}+\boldsymbol{\alpha}\left(\boldsymbol{\alpha}^{\mathrm{T}}\boldsymbol{\alpha}\right)\boldsymbol{\alpha}^{\mathrm{T}}=\boldsymbol{E}-2\boldsymbol{A}+3\boldsymbol{A}=\boldsymbol{E}+\boldsymbol{A}\\ &=\begin{pmatrix}1&0&0\\0&1&0\\0&0&1\end{pmatrix}+\begin{pmatrix}1&-1&1\\-1&1&-1\\1&-1&1\end{pmatrix}\\ &=\begin{pmatrix}2&-1&1\\-1&2&-1\\1&-1&2\end{pmatrix}.\end{aligned}$$

有了矩阵的概念及矩阵的运算, 一些数学问题可以用矩阵来描述.

线性方程组

$$\begin{cases}a_{11}x_1+a_{12}x_2+\cdots+a_{1n}x_n=b_1,\\ a_{21}x_1+a_{22}x_2+\cdots+a_{2n}x_n=b_2,\\ \qquad\cdots\cdots\\ a_{m1}x_1+a_{m2}x_2+\cdots+a_{mn}x_n=b_m\end{cases}$$

可以用矩阵描述.

方程组有如下矩阵:

$$\boldsymbol{A}=\begin{pmatrix}a_{11}&a_{12}&\cdots&a_{1n}\\a_{21}&a_{22}&\cdots&a_{2n}\\\vdots&\vdots&&\vdots\\a_{m1}&a_{m2}&\cdots&a_{mn}\end{pmatrix},\quad \boldsymbol{x}=\begin{pmatrix}x_1\\x_2\\\vdots\\x_n\end{pmatrix},\quad \boldsymbol{b}=\begin{pmatrix}b_1\\b_2\\\vdots\\b_m\end{pmatrix},$$

其中 $\boldsymbol{x},\boldsymbol{b}$ 分别称为线性方程组的**未知向量**与**常向量**. 注意到

$$\boldsymbol{Ax}=\begin{pmatrix}a_{11}&a_{12}&\cdots&a_{1n}\\a_{21}&a_{22}&\cdots&a_{2n}\\\vdots&\vdots&&\vdots\\a_{m1}&a_{m2}&\cdots&a_{mn}\end{pmatrix}\begin{pmatrix}x_1\\x_2\\\vdots\\x_n\end{pmatrix}$$

$$=\begin{pmatrix}a_{11}x_1+a_{12}x_2+\cdots+a_{1n}x_n\\a_{21}x_1+a_{22}x_2+\cdots+a_{2n}x_n\\\vdots\\a_{m1}x_1+a_{m2}x_2+\cdots+a_{mn}x_n\end{pmatrix},$$

则线性方程组可表示为**矩阵方程** (以矩阵为未知量的等式称为矩阵方程)

$$\boldsymbol{Ax}=\boldsymbol{b}.$$

若 $x_1=c_1,x_2=c_2,\cdots,x_n=c_n$ 同时满足 (1.1.1) $m$ 个方程, 则称这 $n$ 个数是**方程组的一个解**, 更多时是把方程组的解写成列向量

$$\boldsymbol{\gamma}=\begin{pmatrix}c_1\\c_2\\\vdots\\c_n\end{pmatrix}$$

形式, 故也称解为**解向量**. 求解 (1.1.1) 就是求其全体解向量. 显然 $n$ 维列向量 $\boldsymbol{\gamma}$ 是 $n$ 元线性方程组 (1.1.1) 的解当且仅当

$$\boldsymbol{A\gamma}=\boldsymbol{b}.$$

## 习 题 1.2

1. 设 $\boldsymbol{A}=\begin{pmatrix}1&2\\-1&0\\2&3\end{pmatrix},\boldsymbol{B}=\begin{pmatrix}-2&0\\1&-1\\-1&1\end{pmatrix}$, 计算 $\frac{1}{2}\boldsymbol{A}-3\boldsymbol{B},\boldsymbol{AB}^{\mathrm{T}},\boldsymbol{A}^{\mathrm{T}}\boldsymbol{B}$.

2. 给出 $\boldsymbol{AB}$ 与 $\boldsymbol{BA}$ 都存在的条件.

3. 计算下列矩阵的乘积:

(1) $\begin{pmatrix}1,&2,&3\end{pmatrix}\begin{pmatrix}1\\2\\3\end{pmatrix}$; (2) $\begin{pmatrix}1\\2\\3\end{pmatrix}\begin{pmatrix}1,&2,&3\end{pmatrix}$;

(3) $\begin{pmatrix}\cos\theta&-\sin\theta\\\sin\theta&\cos\theta\end{pmatrix}^n$; (4) $\begin{pmatrix}1&0\\\lambda&0\end{pmatrix}^n$;

(5) $\begin{pmatrix} x_1, & x_2, & x_3 \end{pmatrix}\begin{pmatrix} a_{11} & a_{12} & a_{13} \\ a_{21} & a_{22} & a_{23} \\ a_{31} & a_{32} & a_{33} \end{pmatrix}\begin{pmatrix} x_1 \\ x_2 \\ x_3 \end{pmatrix}$.

4. 举例说明下面说法是错误的.

(1) 若 $\boldsymbol{A}^2=\boldsymbol{O}$, 则 $\boldsymbol{A}=\boldsymbol{O}$.

(2) 若 $\boldsymbol{A}^2=\boldsymbol{A}$, 则 $\boldsymbol{A}=\boldsymbol{O}$ 或者 $\boldsymbol{A}=\boldsymbol{E}$.

(3) 若 $\boldsymbol{AB}=\boldsymbol{AC}$, 且 $\boldsymbol{A}\neq\boldsymbol{O}$, 则 $\boldsymbol{B}=\boldsymbol{C}$.

5. 设

$$\boldsymbol{D}=\begin{pmatrix} d_1 & 0 & \cdots & 0 \\ 0 & d_2 & \cdots & 0 \\ \vdots & \vdots & & \vdots \\ 0 & 0 & \cdots & d_n \end{pmatrix}, \quad \boldsymbol{A}=\begin{pmatrix} a_{11} & a_{12} & \cdots & a_{1n} \\ a_{21} & a_{22} & \cdots & a_{2n} \\ \vdots & \vdots & & \vdots \\ a_{n1} & a_{n2} & \cdots & a_{nn} \end{pmatrix}.$$

(1) 计算 $\boldsymbol{DA}, \boldsymbol{AD}$.

(2) 若 $d_i\neq d_j\,(1\leqslant i\neq j\leqslant n)$, 证明 $\boldsymbol{DA}=\boldsymbol{AD}$ 的充分必要条件是 $\boldsymbol{A}$ 为对角矩阵.

6. 设 $\boldsymbol{A}$ 是实对称矩阵且 $\boldsymbol{A}^2=\boldsymbol{O}$, 证明 $\boldsymbol{A}=\boldsymbol{O}$.

7. 证明任意方阵都可以表示为对称矩阵与反对称矩阵之和.

8. 设 $\boldsymbol{A}$ 与 $\boldsymbol{B}$ 是 $n$ 阶方阵且满足 $\boldsymbol{A}+\boldsymbol{B}=\boldsymbol{E}$, 证明 $\boldsymbol{AB}=\boldsymbol{BA}$.

9. 设 $\boldsymbol{A}$ 与 $\boldsymbol{B}$ 都是对称矩阵. 证明 $\boldsymbol{AB}$ 是对称矩阵的充分必要条件是 $\boldsymbol{AB}=\boldsymbol{BA}$ .

10. 设 $n$ 阶方阵 $\boldsymbol{A}$ 与 $\boldsymbol{B}$ 每一列的元素之和均为 1.

(1) 证明: $\boldsymbol{AB}$ 的每一列的元素之和均为 1.

(2) 若 $\boldsymbol{A}$ 与 $\boldsymbol{B}$ 的每一列的元素之和分别是 $s,t$, 则 $\boldsymbol{AB}$ 的每一列的元素之和等于什么?

11. 设 $\boldsymbol{A}$ 为 $n$ 阶方阵, 若对任意 $n$ 维列向量 $\boldsymbol{\alpha}$, 有 $\boldsymbol{A\alpha}=\boldsymbol{0}$, 证明 $\boldsymbol{A}=\boldsymbol{O}$.

12. 设 $\boldsymbol{A}$ 为 $n$ 阶方阵, 若对任意 $n$ 维列向量 $\boldsymbol{\alpha}$, 有 $\boldsymbol{A\alpha}=\boldsymbol{\alpha}$, 证明 $\boldsymbol{A}=\boldsymbol{E}$.

## 1.3 矩阵的分块

### 1.3.1 矩阵的分块与分块矩阵

在理论问题与实际应用中, 经常遇到行数与列数较大的矩阵. 一般来说, 矩阵行列数越大, 认识矩阵和运算矩阵就越困难, 解决这种困难的一个重要方法是对矩阵进行**分块**: 用若干条纵线和横线将矩阵 $\boldsymbol{A}$ 分成许多行数列数较小的矩阵, 这些“较小”的矩阵称为 $\boldsymbol{A}$ 的**子块**, 矩阵 $\boldsymbol{A}$ 成为以子块为元素即以矩阵为元素的矩阵, 称以矩阵为元素的矩阵为**分块矩阵**. 对 $\boldsymbol{A}$ 进行分块, 变成分块矩阵, 则分块矩阵 $\boldsymbol{A}$ 的行数、列数变小了, 而且恰当地分块, $\boldsymbol{A}$ 的特征与结构能凸显出来便于认识, 矩阵的运算也转化成行数、列数较小的子块间的运算. 需要说明的是将矩阵 $\boldsymbol{A}$ 进行分块得到分块矩阵, 这个分块矩阵仍然是 $\boldsymbol{A}$, 只不过我们是以“模块”化的方式来认识和运算它.

例如, $4\times5$ 矩阵 $\boldsymbol{A}$ 用纵线和横线进行了如下分块:

$$\boldsymbol{A}=\left(\begin{array}{ccc|cc}1&3&0&0&0\\3&2&3&0&0\\\hline 0&1&2&1&0\\1&0&4&0&1\end{array}\right).$$

记子块

$$\boldsymbol{A}_{11}=\begin{pmatrix}1&3&0\\3&2&3\end{pmatrix},\quad \boldsymbol{A}_{12}=\begin{pmatrix}0&0\\0&0\end{pmatrix}=\boldsymbol{O}_2,$$

$$\boldsymbol{A}_{21}=\begin{pmatrix}0&1&2\\1&0&4\end{pmatrix},\quad \boldsymbol{A}_{22}=\begin{pmatrix}1&0\\0&1\end{pmatrix}=\boldsymbol{E}_2.$$

于是, $\boldsymbol{A}$ 分块成了 2 阶 "分块" 方阵:

$$\boldsymbol{A}=\begin{pmatrix}\boldsymbol{A}_{11}&\boldsymbol{A}_{12}\\\boldsymbol{A}_{21}&\boldsymbol{A}_{22}\end{pmatrix}=\begin{pmatrix}\boldsymbol{A}_{11}&\boldsymbol{O}_2\\\boldsymbol{A}_{21}&\boldsymbol{E}_2\end{pmatrix}.$$

一个矩阵可以通过很多分块方式将其变成不同的分块矩阵, 在进行分块时首先按问题的需要进行分块, 同时兼顾考虑分块时希望子块矩阵更多出现一些特殊矩阵, 如零矩阵、单位矩阵等. 另外我们希望分块矩阵是一个特殊矩阵, 比如上面的分块矩阵类似下三角这个特殊矩阵, 称其为**准下三角形矩阵**.

例如, 对 7 阶方阵 $\boldsymbol{A}$ 用纵线和横线进行了如下分块:

$$\boldsymbol{A}=\left(\begin{array}{cc|ccc|cc}1&2&0&0&0&0&0\\-1&0&0&0&0&0&0\\\hline 0&0&4&0&1&0&0\\0&0&1&2&7&0&0\\0&0&8&4&0&0&0\\\hline 0&0&0&0&0&1&0\\0&0&0&0&0&0&1\end{array}\right).$$

记子块

$$\boldsymbol{A}_1=\begin{pmatrix}1&2\\-1&0\end{pmatrix},\quad \boldsymbol{A}_2=\begin{pmatrix}4&0&1\\1&2&7\\8&4&0\end{pmatrix},\quad \boldsymbol{A}_3=\begin{pmatrix}1&0\\0&1\end{pmatrix}=\boldsymbol{E}_2.$$

于是, $\boldsymbol{A}$ 分块成了 3 阶 “分块” 方阵:

$$\boldsymbol{A}=\begin{pmatrix}\boldsymbol{A}_1 & \boldsymbol{O} & \boldsymbol{O}\\ \boldsymbol{O} & \boldsymbol{A}_2 & \boldsymbol{O}\\ \boldsymbol{O} & \boldsymbol{O} & \boldsymbol{A}_3\end{pmatrix},$$

形如对角阵. 一般地形如

$$\begin{pmatrix}\boldsymbol{A}_1 & & & \\ & \boldsymbol{A}_2 & & \\ & & \ddots & \\ & & & \boldsymbol{A}_s\end{pmatrix}$$

的分块矩阵称为**准对角阵**, 其中 $\boldsymbol{A}_1,\boldsymbol{A}_2,\cdots,\boldsymbol{A}_s$ 是方阵.

### 1.3.2 用分块方法计算矩阵

在进行矩阵计算时, 当矩阵行列数较大时, 可先对矩阵进行分块得到分块矩阵, 然后转化成分块矩阵的计算. 分块矩阵的计算与通常矩阵的计算类似, 只不过元素间的计算变成了子块间的计算, 为了保证子块间能进行计算, 分块必须满足一定要求.

对 $\boldsymbol{A}+\boldsymbol{B}$ 用分块方法进行计算时, 要求 $\boldsymbol{A}$ 与 $\boldsymbol{B}$ 分法必须相同, 这样才能保证分块矩阵是同型的, 对应位置的子块也是同型矩阵. 分块矩阵的加法像矩阵的加法一样:

$$\begin{aligned}\boldsymbol{A}+\boldsymbol{B}&=\begin{pmatrix}\boldsymbol{A}_{11} & \cdots & \boldsymbol{A}_{1s}\\ \vdots & & \vdots\\ \boldsymbol{A}_{r1} & \cdots & \boldsymbol{A}_{rs}\end{pmatrix}+\begin{pmatrix}\boldsymbol{B}_{11} & \cdots & \boldsymbol{B}_{1s}\\ \vdots & & \vdots\\ \boldsymbol{B}_{r1} & \cdots & \boldsymbol{B}_{rs}\end{pmatrix}\\ &=\begin{pmatrix}\boldsymbol{A}_{11}+\boldsymbol{B}_{11} & \cdots & \boldsymbol{A}_{1s}+\boldsymbol{B}_{1s}\\ \vdots & & \vdots\\ \boldsymbol{A}_{r1}+\boldsymbol{B}_{r1} & \cdots & \boldsymbol{A}_{rs}+\boldsymbol{B}_{rs}\end{pmatrix}.\end{aligned}$$

对 $k\boldsymbol{A}$ 用分块方法进行计算时, 对 $\boldsymbol{A}$ 的分法没有特别要求, 按如下方式计算:

$$k\boldsymbol{A}=k\begin{pmatrix}\boldsymbol{A}_{11} & \cdots & \boldsymbol{A}_{1s}\\ \vdots & & \vdots\\ \boldsymbol{A}_{r1} & \cdots & \boldsymbol{A}_{rs}\end{pmatrix}=\begin{pmatrix}k\boldsymbol{A}_{11} & \cdots & k\boldsymbol{A}_{1s}\\ \vdots & & \vdots\\ k\boldsymbol{A}_{r1} & \cdots & k\boldsymbol{A}_{rs}\end{pmatrix}.$$

对 $\boldsymbol{AB}$ 用分块方法进行计算时, 要求 $\boldsymbol{A}$ 的列的分法与 $\boldsymbol{B}$ 的行的分法必须相同, 对 $\boldsymbol{A}$ 的行的分法与 $\boldsymbol{B}$ 的列的分法没有要求. 分块矩阵执行乘积计算时与通常矩阵乘法相同, 只不过数的乘积变成子块的乘积. 分块要求既能保证 $\boldsymbol{A}$ 的分块矩阵的列数与 $\boldsymbol{B}$ 的分块矩阵的行数相同, 又能保证子块能作乘积.

**例 1.3.1** 设

$$\boldsymbol{A}=\begin{pmatrix}1&0&0&0\\0&1&0&0\\-1&2&1&0\\1&1&0&1\end{pmatrix},\quad \boldsymbol{B}=\begin{pmatrix}1&0&3&2\\-1&2&0&1\\1&0&4&1\\-1&-1&2&0\end{pmatrix},$$

利用分块矩阵计算 $\boldsymbol{AB}$.

**分析** 若 $\boldsymbol{A}$ 的列分法是用纵线将矩阵从第 2 列与第 3 列分开, 则 $\boldsymbol{B}$ 的行分法必须是用横线将矩阵从第 2 行与第 3 行分开, 至于 $\boldsymbol{A}$ 的行的分法与 $\boldsymbol{B}$ 的列的分法没有要求, 基于观察作如下分块.

**解** 对矩阵 $\boldsymbol{A},\boldsymbol{B}$ 进行分块分别得分块矩阵

$$\boldsymbol{A}=\left(\begin{array}{cc|cc}1&0&0&0\\0&1&0&0\\\hline -1&2&1&0\\1&1&0&1\end{array}\right)=\begin{pmatrix}\boldsymbol{E}&\boldsymbol{O}\\\boldsymbol{A}_{21}&\boldsymbol{E}\end{pmatrix},$$

$$\boldsymbol{B}=\left(\begin{array}{cc|cc}1&0&3&2\\-1&2&0&1\\\hline 1&0&4&1\\-1&-1&2&0\end{array}\right)=\begin{pmatrix}\boldsymbol{B}_{11}&\boldsymbol{B}_{12}\\\boldsymbol{B}_{21}&\boldsymbol{B}_{22}\end{pmatrix},$$

其中

$$\boldsymbol{A}_{21}=\begin{pmatrix}-1&2\\1&1\end{pmatrix},\quad \boldsymbol{B}_{11}=\begin{pmatrix}1&0\\-1&2\end{pmatrix}\quad \boldsymbol{B}_{12}=\begin{pmatrix}3&2\\0&1\end{pmatrix},$$

$$\boldsymbol{B}_{21}=\begin{pmatrix}1&0\\-1&-1\end{pmatrix},\quad \boldsymbol{B}_{22}=\begin{pmatrix}4&1\\2&0\end{pmatrix}.$$

则

$$\boldsymbol{AB}=\begin{pmatrix}\boldsymbol{E}&\boldsymbol{O}\\\boldsymbol{A}_{21}&\boldsymbol{E}\end{pmatrix}\begin{pmatrix}\boldsymbol{B}_{11}&\boldsymbol{B}_{12}\\\boldsymbol{B}_{21}&\boldsymbol{B}_{22}\end{pmatrix}=\begin{pmatrix}\boldsymbol{EB}_{11}+\boldsymbol{OB}_{21}&\boldsymbol{EB}_{12}+\boldsymbol{OB}_{22}\\\boldsymbol{A}_{21}\boldsymbol{B}_{11}+\boldsymbol{EB}_{21}&\boldsymbol{A}_{21}\boldsymbol{B}_{12}+\boldsymbol{EB}_{22}\end{pmatrix}$$

$$=\begin{pmatrix}\boldsymbol{B}_{11}&\boldsymbol{B}_{12}\\\boldsymbol{A}_{21}\boldsymbol{B}_{11}+\boldsymbol{B}_{21}&\boldsymbol{A}_{21}\boldsymbol{B}_{12}+\boldsymbol{B}_{22}\end{pmatrix}.$$

由于 $\boldsymbol{A}_{21}\boldsymbol{B}_{11}+\boldsymbol{B}_{21}=\begin{pmatrix}-2&4\\-1&1\end{pmatrix}$, $\boldsymbol{A}_{21}\boldsymbol{B}_{12}+\boldsymbol{B}_{22}=\begin{pmatrix}1&1\\5&3\end{pmatrix}$. 于是

$$\boldsymbol{AB}=\begin{pmatrix}1&0&3&2\\-1&2&0&1\\-2&4&1&1\\-1&1&5&3\end{pmatrix}.$$

用分块方法求转置, 对分块无要求, 按如下方式转置 (注意子块也要转置):

$$\boldsymbol{A}^{\mathrm{T}}=\begin{pmatrix}\boldsymbol{A}_{11}&\cdots&\boldsymbol{A}_{1s}\\\vdots&&\vdots\\\boldsymbol{A}_{r1}&\cdots&\boldsymbol{A}_{rs}\end{pmatrix}^{\mathrm{T}}=\begin{pmatrix}\boldsymbol{A}_{11}^{\mathrm{T}}&\cdots&\boldsymbol{A}_{r1}^{\mathrm{T}}\\\vdots&&\vdots\\\boldsymbol{A}_{1s}^{\mathrm{T}}&\cdots&\boldsymbol{A}_{rs}^{\mathrm{T}}\end{pmatrix}.$$

### 1.3.3 分块方法在矩阵乘积中的应用

矩阵的乘法比矩阵的线性运算复杂, 在这里运用分块的方法对矩阵的乘法进行认识.

1. 使用分块方法认识乘积矩阵的元素

$\boldsymbol{A}$ 是 $m\times s$ 矩阵, $\boldsymbol{B}$ 是 $s\times n$ 矩阵, 将 $\boldsymbol{A}$ 分块成 $m\times 1$ 分块矩阵, 将 $\boldsymbol{B}$ 分块成 $1\times n$ 分块矩阵, $\boldsymbol{A}$ 与 $\boldsymbol{B}$ 分法符合用分块方法计算 $\boldsymbol{AB}$ 的要求, 于是有

$$\boldsymbol{AB}=\begin{pmatrix}\boldsymbol{A}_1\\\boldsymbol{A}_2\\\vdots\\\boldsymbol{A}_m\end{pmatrix}(\boldsymbol{\beta}_1,\ \boldsymbol{\beta}_2,\ \cdots,\ \boldsymbol{\beta}_n)=\begin{pmatrix}\boldsymbol{A}_1\boldsymbol{\beta}_1&\boldsymbol{A}_1\boldsymbol{\beta}_2&\cdots&\boldsymbol{A}_1\boldsymbol{\beta}_n\\\boldsymbol{A}_2\boldsymbol{\beta}_1&\boldsymbol{A}_2\boldsymbol{\beta}_2&\cdots&\boldsymbol{A}_2\boldsymbol{\beta}_n\\\vdots&\vdots&&\vdots\\\boldsymbol{A}_m\boldsymbol{\beta}_1&\boldsymbol{A}_m\boldsymbol{\beta}_2&\cdots&\boldsymbol{A}_m\boldsymbol{\beta}_n\end{pmatrix},$$

其中 $\boldsymbol{A}_1,\boldsymbol{A}_2,\cdots,\boldsymbol{A}_m$ 是 $\boldsymbol{A}$ 的 1 至 $m$ 行, $\boldsymbol{\beta}_1,\boldsymbol{\beta}_2,\cdots,\boldsymbol{\beta}_n$ 是 $\boldsymbol{B}$ 的 1 至 $n$ 列. 这表明: 乘积矩阵 $\boldsymbol{C}=(c_{ij})=\boldsymbol{AB}$ 的第 $i$ 行、第 $j$ 列的元素 $c_{ij}$ 是 $\boldsymbol{A}$ 的第 $i$ 行与

$\boldsymbol{B}$ 的第 $j$ 列的元素的乘积, 即

$$c_{ij}=\boldsymbol{A}_i\boldsymbol{\beta}_j.$$

**例 1.3.2** 证明: $\boldsymbol{A}=\boldsymbol{O}$ 的充分必要条件是 $\boldsymbol{A}^{\mathrm{T}}\boldsymbol{A}=\boldsymbol{O}$.

**证明** 必要性是显然的. 下面证明充分性, 设

$$\boldsymbol{A}=(a_{ij})_{m\times n}, \quad \boldsymbol{A}^{\mathrm{T}}\boldsymbol{A}=(b_{ij})_{n\times n}.$$

对矩阵 $\boldsymbol{A}$ 进行分块得 $1\times n$ 分块矩阵 $\boldsymbol{A}=(\boldsymbol{\alpha}_1, \boldsymbol{\alpha}_2, \cdots, \boldsymbol{\alpha}_n)$, 则

$$\boldsymbol{A}^{\mathrm{T}}=\begin{pmatrix}\boldsymbol{\alpha}_1^{\mathrm{T}}\\ \boldsymbol{\alpha}_2^{\mathrm{T}}\\ \vdots\\ \boldsymbol{\alpha}_n^{\mathrm{T}}\end{pmatrix},$$

故

$$b_{ii}=\boldsymbol{\alpha}_i^{\mathrm{T}}\boldsymbol{\alpha}_i=a_{1i}a_{1i}+a_{2i}a_{2i}+\cdots+a_{mi}a_{mi}=a_{1i}^2+a_{2i}^2+\cdots+a_{mi}^2=0 \quad (1\leqslant i\leqslant n),$$

这表明

$$a_{1i}=a_{2i}=\cdots=a_{mi}=0 \quad (1\leqslant i\leqslant n),$$

即

$$\boldsymbol{A}=\boldsymbol{O}.$$

□

2. 使用分块方法认识乘积矩阵的列

有两种分块方法得到乘积矩阵列的两种认识.

(1) $\boldsymbol{A}$ 是 $m\times s$ 矩阵, $\boldsymbol{B}$ 是 $s\times n$ 矩阵, 将 $\boldsymbol{A}$ 分块成 $1\times 1$ 分块矩阵 $\boldsymbol{A}$, 将 $\boldsymbol{B}$ 分块成 $1\times n$ 分块矩阵, $\boldsymbol{A}$ 与 $\boldsymbol{B}$ 分法符合用分块方法计算 $\boldsymbol{AB}$ 的要求, 于是有

$$\boldsymbol{AB}=\boldsymbol{A}(\boldsymbol{\beta}_1, \boldsymbol{\beta}_2, \cdots, \boldsymbol{\beta}_n)=(\boldsymbol{A\beta}_1, \boldsymbol{A\beta}_2, \cdots, \boldsymbol{A\beta}_n),$$

其中 $\boldsymbol{\beta}_1,\boldsymbol{\beta}_2,\cdots,\boldsymbol{\beta}_n$ 是 $\boldsymbol{B}$ 的 1 至 $n$ 列. 这表明:

(a) 乘积矩阵 $\boldsymbol{AB}$ 的第 $j$ 列等于 $\boldsymbol{A\beta}_j$, 即乘积矩阵的第 $j$ 列等于第一个矩阵 (从左往右) 乘以第二个矩阵的第 $j$ 列.

(b) 若 $\boldsymbol{AB}=\boldsymbol{O}$, 则 $\boldsymbol{B}$ 的每一列都是齐次线性方程组 $\boldsymbol{Ax}=\boldsymbol{0}$ 的解.

今后我们将用 $\boldsymbol{e}_i$ 表示第 $i$ 行元素为 1 其余行元素为 0 的列向量, 则 $s$ 阶单位矩阵 $\boldsymbol{E}_s$ 可分块成 $1\times s$ 分块矩阵 $\boldsymbol{E}_s=(\boldsymbol{e}_1,\boldsymbol{e}_2,\cdots,\boldsymbol{e}_s)$, 将 $\boldsymbol{A}$ 分块成 $1\times s$ 分

块矩阵 $\boldsymbol{A}=(\boldsymbol{\alpha}_1, \boldsymbol{\alpha}_2,\cdots,\boldsymbol{\alpha}_s)$, 其中 $\boldsymbol{\alpha}_1,\boldsymbol{\alpha}_2,\cdots,\boldsymbol{\alpha}_s$ 是 $\boldsymbol{A}$ 的 1 至 $s$ 列, 则

$$\begin{aligned}(\boldsymbol{\alpha}_1, \boldsymbol{\alpha}_2,\cdots,\boldsymbol{\alpha}_s)=\boldsymbol{A}=\boldsymbol{A}\boldsymbol{E}_s&=\boldsymbol{A}(\boldsymbol{e}_1, \boldsymbol{e}_2,\cdots,\boldsymbol{e}_s)\\&=(\boldsymbol{A}\boldsymbol{e}_1, \boldsymbol{A}\boldsymbol{e}_2,\cdots,\boldsymbol{A}\boldsymbol{e}_s).\end{aligned}$$

(c) $\boldsymbol{A}\boldsymbol{e}_j$ 就是 $\boldsymbol{A}$ 的第 $j$ 列, 故矩阵的第 $j$ 列可以通过矩阵乘法来表达.

**例 1.3.3** 设

$$\boldsymbol{A}=\begin{pmatrix}0&1&0&\cdots&0&0\\0&0&1&\cdots&0&0\\\vdots&\vdots&\vdots&&\vdots&\vdots\\0&0&0&\cdots&1&0\\0&0&0&\cdots&0&1\\0&0&0&\cdots&0&0\end{pmatrix}_{n\times n},$$

计算 $\boldsymbol{A}^n$.

**解** 对 $\boldsymbol{A}$ 进行分块得 $1\times n$ 分块矩阵

$$\boldsymbol{A}=(\boldsymbol{0},\boldsymbol{e}_1, \boldsymbol{e}_2,\cdots,\boldsymbol{e}_{n-2},\boldsymbol{e}_{n-1}),$$

那么

$$\begin{aligned}\boldsymbol{A}^2&=\boldsymbol{A}(\boldsymbol{0},\boldsymbol{e}_1, \boldsymbol{e}_2,\cdots,\boldsymbol{e}_{n-1})=(\boldsymbol{0},\boldsymbol{A}\boldsymbol{e}_1, \boldsymbol{A}\boldsymbol{e}_2,\cdots,\boldsymbol{A}\boldsymbol{e}_{n-1})\\&=(\boldsymbol{0},\boldsymbol{0},\boldsymbol{e}_1,\cdots,\boldsymbol{e}_{n-2}),\\\boldsymbol{A}^3&=\boldsymbol{A}\boldsymbol{A}^2=\boldsymbol{A}(\boldsymbol{0},\boldsymbol{0},\boldsymbol{e}_1,\cdots,\boldsymbol{e}_{n-2})\\&=(\boldsymbol{A}\boldsymbol{0},\boldsymbol{A}\boldsymbol{0},\boldsymbol{A}\boldsymbol{e}_1,\cdots,\boldsymbol{A}\boldsymbol{e}_{n-2})\\&=(\boldsymbol{0},\boldsymbol{0},\boldsymbol{0},\boldsymbol{e}_1,\cdots,\boldsymbol{e}_{n-3}).\end{aligned}$$

依次类推有

$$\boldsymbol{A}^{n-1}=(\boldsymbol{0},\boldsymbol{0},\boldsymbol{0},\cdots,\boldsymbol{e}_1),$$

故

$$\begin{aligned}\boldsymbol{A}^n=\boldsymbol{A}\boldsymbol{A}^{n-1}&=\boldsymbol{A}(\boldsymbol{0},\boldsymbol{0},\boldsymbol{0},\cdots,\boldsymbol{e}_1)\\&=(\boldsymbol{0},\boldsymbol{0},\boldsymbol{0},\cdots,\boldsymbol{0})=\boldsymbol{O}_n.\end{aligned}$$

(2) $\boldsymbol{A}$ 是 $m\times s$ 矩阵, $\boldsymbol{B}$ 是 $s\times n$ 矩阵, 将 $\boldsymbol{A}$ 分块成 $1\times s$ 分块矩阵, 将 $\boldsymbol{B}$ 分块成 $s\times n$ 分块矩阵 (即子块就是 $\boldsymbol{B}$ 的元素), $\boldsymbol{A}$ 与 $\boldsymbol{B}$ 分法符合用分块方法计

算 $\boldsymbol{AB}$ 的要求, 于是有

$$\boldsymbol{AB}=(\boldsymbol{\alpha}_1,\boldsymbol{\alpha}_2,\cdots,\boldsymbol{\alpha}_s)\begin{pmatrix} b_{11} & b_{12} & \cdots & b_{1n} \\ b_{21} & b_{22} & \cdots & b_{2n} \\ \vdots & \vdots & & \vdots \\ b_{s1} & b_{s2} & \cdots & b_{sn} \end{pmatrix}$$

$$=(b_{11}\boldsymbol{\alpha}_1+b_{21}\boldsymbol{\alpha}_2+\cdots+b_{s1}\boldsymbol{\alpha}_s,\cdots,b_{1n}\boldsymbol{\alpha}_1+b_{2n}\boldsymbol{\alpha}_2+\cdots+b_{sn}\boldsymbol{\alpha}_s),$$

其中 $\boldsymbol{\alpha}_1,\boldsymbol{\alpha}_2,\cdots,\boldsymbol{\alpha}_s$ 是 $\boldsymbol{A}$ 的 1 到 $s$ 列, $\boldsymbol{B}=(b_{ij})$. 这表明: 乘积矩阵 $\boldsymbol{AB}$ 的每一列都是第一个矩阵 $\boldsymbol{A}$ 的列 $\boldsymbol{\alpha}_1,\boldsymbol{\alpha}_2,\cdots,\boldsymbol{\alpha}_s$ 的线性组合. 具体地, 乘积矩阵 $\boldsymbol{AB}$ 的第 $j$ 列的组合系数为第二个矩阵 $\boldsymbol{B}$ 的第 $j$ 列的元素.

3. 使用分块方法认识乘积矩阵的行

同样有两种分块方法得到乘积矩阵行的两种认识.

(1) $\boldsymbol{A}$ 是 $m\times s$ 矩阵, $\boldsymbol{B}$ 是 $s\times n$ 矩阵, 将 $\boldsymbol{A}$ 分块成 $m\times 1$ 分块矩阵 $\boldsymbol{A}$, 将 $\boldsymbol{B}$ 分块成 $1\times 1$ 分块矩阵, $\boldsymbol{A}$ 与 $\boldsymbol{B}$ 分法符合用分块方法计算 $\boldsymbol{AB}$ 的要求, 于是有

$$\boldsymbol{AB}=\begin{pmatrix} \boldsymbol{A}_1 \\ \boldsymbol{A}_2 \\ \vdots \\ \boldsymbol{A}_m \end{pmatrix}\boldsymbol{B}=\begin{pmatrix} \boldsymbol{A}_1\boldsymbol{B} \\ \boldsymbol{A}_2\boldsymbol{B} \\ \vdots \\ \boldsymbol{A}_m\boldsymbol{B} \end{pmatrix},$$

其中 $\boldsymbol{A}_1,\cdots,\boldsymbol{A}_m$ 是 $\boldsymbol{A}$ 的 1 至 $m$ 行, 这表明:

(a) 乘积矩阵 $\boldsymbol{AB}$ 的第 $i$ 行等于 $\boldsymbol{A}_i\boldsymbol{B}$, 即乘积矩阵的第 $i$ 行等于第一个矩阵 (从左往右) 的第 $i$ 行乘以第二个矩阵.

(b) $\boldsymbol{e}_i^{\mathrm{T}}\boldsymbol{A}$ 就是 $\boldsymbol{A}$ 的第 $i$ 行, 故矩阵的行可以通过矩阵乘积来表达.

(2) $\boldsymbol{A}$ 是 $m\times s$ 矩阵, $\boldsymbol{B}$ 是 $s\times n$ 矩阵, 将 $\boldsymbol{A}$ 分块成 $m\times s$ 分块矩阵 (即子块就是 $\boldsymbol{A}$ 的元素), 将 $\boldsymbol{B}$ 分块成 $s\times 1$ 分块矩阵, $\boldsymbol{A}$ 与 $\boldsymbol{B}$ 分法符合用分块方法计算 $\boldsymbol{AB}$ 的要求, 于是有

$$\boldsymbol{AB} = \begin{pmatrix} a_{11} & a_{12} & \cdots & a_{1s} \\ a_{21} & a_{22} & \cdots & a_{2s} \\ \vdots & \vdots & & \vdots \\ a_{m1} & a_{m2} & \cdots & a_{ms} \end{pmatrix} \begin{pmatrix} \boldsymbol{B}_1 \\ \boldsymbol{B}_2 \\ \vdots \\ \boldsymbol{B}_s \end{pmatrix}$$

$$= \begin{pmatrix} a_{11}\boldsymbol{B}_1 + a_{12}\boldsymbol{B}_2 + \cdots + a_{1s}\boldsymbol{B}_s \\ a_{21}\boldsymbol{B}_1 + a_{22}\boldsymbol{B}_2 + \cdots + a_{2s}\boldsymbol{B}_s \\ \vdots \\ a_{m1}\boldsymbol{B}_1 + a_{m2}\boldsymbol{B}_2 + \cdots + a_{ms}\boldsymbol{B}_s \end{pmatrix},$$

其中 $\boldsymbol{A} = (a_{ij})$, $\boldsymbol{B}_1\boldsymbol{B}_2, \cdots, \boldsymbol{B}_s$ 是 $\boldsymbol{B}$ 的 1 到 $s$ 行. 这表明: 乘积矩阵 $\boldsymbol{AB}$ 的每一行都是第二个矩阵 $\boldsymbol{B}$ 的行 $\boldsymbol{B}_1, \boldsymbol{B}_2, \cdots, \boldsymbol{B}_s$ 的线性组合, 具体地, 乘积矩阵 $\boldsymbol{AB}$ 的第 $i$ 行的组合系数为第一个矩阵 $\boldsymbol{A}$ 的第 $i$ 行的元素.

## 习 题 1.3

1. 设

$$\boldsymbol{A} = \begin{pmatrix} -1 & 2 & 0 & 0 & 0 \\ 4 & 1 & 0 & 1 & 0 \\ 0 & 5 & 0 & 0 & 1 \\ 3 & 0 & 0 & 0 & 0 \\ 0 & 3 & 0 & 0 & 0 \end{pmatrix}, \quad \boldsymbol{B} = \begin{pmatrix} 0 & 0 & 0 & 2 \\ 0 & 0 & 0 & 3 \\ 2 & 1 & -3 & 0 \\ 1 & -2 & 1 & 0 \\ 0 & 1 & 4 & 0 \end{pmatrix},$$

利用分块矩阵计算 $\boldsymbol{AB}$.

2. 设

$$\boldsymbol{A} = \begin{pmatrix} 1 & 2 & 1 & 0 \\ 0 & 1 & 0 & 1 \\ 0 & 0 & 2 & 1 \\ 0 & 0 & 0 & 3 \end{pmatrix}, \quad \boldsymbol{B} = \begin{pmatrix} 1 & 0 & 3 & 1 \\ 1 & 2 & 0 & -1 \\ 0 & 0 & -2 & 2 \\ 0 & 0 & 0 & -3 \end{pmatrix},$$

利用分块矩阵计算 $\boldsymbol{AB}$.

3. 设

$$\boldsymbol{A} = \begin{pmatrix} 3 & 4 & 1 & 0 \\ 4 & -3 & 0 & 1 \\ 0 & 0 & 2 & 0 \\ 0 & 0 & 2 & 2 \end{pmatrix},$$

计算 $\boldsymbol{A}^4$.

## 1.4 方阵的行列式

对于矩阵 $\boldsymbol{A}$, 如果存在矩阵 $\boldsymbol{B}$, 使得

$$\boldsymbol{AB}=\boldsymbol{BA}=\boldsymbol{E},$$

则称 $\boldsymbol{A}$ 是可逆的. 给出矩阵可逆的充分必要条件是线性代数中的一个重要课题. 本节引入方阵行列式的概念, 并研究其性质与计算, 为下一节使用行列式给出矩阵可逆的充分必要条件做准备.

### 1.4.1 排列及行列式的定义

为定义行列式并研究其性质, 我们需要排列的概念及相关性质.

**定义 1.4.1** 由

$$1,2,\cdots,n$$

这 $n$ 个数排成的任一有序数组

$$i_1,i_2,\cdots,i_n$$

(或记为 $i_1i_2\cdots i_n$), 称为一个 ($n$ 级) **排列**. 排列 $12\cdots n$ 称为**自然排列**.

在排列

$$i_1i_2\cdots i_n$$

中, 如果两个数从左往右前面的数大于后面的数, 那么就称它们构成一个**逆序**, 排列中的逆序总数称为排列的**逆序数**, 记为

$$\tau\left(i_1i_2\cdots i_n\right).$$

逆序数为奇数的排列称为**奇排列**, 逆序数为偶数的排列称为**偶排列**.

例如, 排列

$$2431$$

是一个四级排列, $\tau(2431)=4$, 故 2431 是偶排列;

$$45321$$

是一个五级排列, $\tau(45321)=9$, 故 45321 是奇排列. 显然

$$\tau(12\cdots n)=0,$$

故自然排列是偶排列. 另外有

$$\tau(n, n-1, \cdots 2, 1) = \frac{n(n-1)}{2}.$$

把排列中某两个数的位置互换, 而其余的数的位置不变, 就得到另一个排列, 这样一个变换称为一个**对换**.

对换对排列的奇偶性影响如下:

**性质 1.4.1** 排列经过一次对换后其奇偶性改变.

**证明** 若对换的是排列中相邻的两个数, 不妨设为 $i_k i_{k+1}$, 则改变前后次序的只有 $i_k, i_{k+1}$, 因此排列的逆序数增加或者减少 1, 排列的奇偶性改变.

若对换的不是排列中的两个相邻数, 不妨设对换 $i_k, i_{k+s}$, 这个对换可以用一系列相邻对换来实现, 先把 $i_k$ 与 $i_{k+1}$ 对换, 再与 $i_{k+2}$ 对换, 则经过 $s$ 次相邻对换后 $i_k$ 移到了 $i_{k+s}$ 的右邻位, 再把 $i_{k+s}$ 经过邻位对换向左移, 经过 $s-1$ 次后 $i_{k+s}$ 移到了 $i_{k+1}$ 左邻位, 即通过 $2s-1$ 次相邻对换能实现 $i_k$ 与 $i_{k+1}$ 对换, 即任何一个对换都可以通过奇数次相邻对换实现, 这表明对换改变排列的奇偶性. □

由性质 1.4.1 可知若排列 $i_1 i_2 \cdots i_n$ 经过 $k$ 次对换后变成了排列 $i_1' i_2' \cdots i_n'$, 则 $\tau(i_1 i_2 \cdots i_n) + k$ 的奇偶性与 $\tau(i_1' i_2' \cdots i_n')$ 相同, 当然也意味着 $\tau(i_1' i_2' \cdots i_n') + k$ 与 $\tau(i_1 i_2 \cdots i_n)$ 的奇偶性相同. 注意到自然排列的为偶排列, 于是有下面的性质.

**性质 1.4.2** 任一排列 $i_1 i_2 \cdots i_n$ 总可经有限次对换变成自然排列 $12 \cdots n$, 且对换的次数的奇偶性与 $\tau(i_1 i_2 \cdots i_n)$ 的奇偶性相同.

**思考** 一共有多少个 $n$ 级排列, 其中奇排列与偶排列各有多少个?

**定义 1.4.2** $n$ 阶方阵

$$\boldsymbol{A} = (a_{ij})_{n\times n} = \begin{pmatrix} a_{11} & a_{12} & \cdots & a_{1n} \\ a_{21} & a_{22} & \cdots & a_{2n} \\ \vdots & \vdots & & \vdots \\ a_{n1} & a_{n2} & \cdots & a_{nn} \end{pmatrix}$$

确定的数

$$\sum_{j_1 j_2 \cdots j_n} (-1)^{\tau(j_1 j_2 \cdots j_n)} a_{1j_1} a_{2j_2} \cdots a_{nj_n}, \tag{1.4.1}$$

称为 $\boldsymbol{A}$ 的**行列式**, 记为 $\det \boldsymbol{A}$, 或者 $|\boldsymbol{A}|$, 或者

$$\begin{vmatrix} a_{11} & a_{12} & \cdots & a_{1n} \\ a_{21} & a_{22} & \cdots & a_{2n} \\ \vdots & \vdots & & \vdots \\ a_{n1} & a_{n2} & \cdots & a_{nn} \end{vmatrix}, \tag{1.4.2}$$

其中 $\sum$ 是对 $j_1j_2\cdots j_n$ 遍历 $n$ 级排列求和.

$n$ 阶方阵的行列式简称为 **$n$ 阶行列式**, 式子 (1.4.1) 称为**行列式的展开式**, $a_{1j_1}a_{2j_2}\cdots a_{nj_n}$ 称为行列式展开式中的**项**, 若 $(-1)^{\tau(j_1j_2\cdots j_n)}=1$, 则称该项**符号**为 "+", 若 $(-1)^{\tau(j_1j_2\cdots j_n)}=-1$, 则称该项**符号**为 " $-$".

矩阵的术语, 例如矩阵的元素、行、列, 以及后面的矩阵初等变换等术语, 对应称为行列式的元素、行、列、初等变换等. 为强调行列式是一个数值, 我们也称数值 (1.4.1) 为**行列式的值**.

由定义可知: $n$ 阶方阵的行列式是带符号的项的和, $\sum$ 是对 $j_1j_2\cdots j_n$ 遍历 $n$ 级排列求和, 这表明行列式是 $n!$ 个带符号的项的和. 每一项是来自行列式不同行不同列的 $n$ 个元素的积, $n$ 阶行列式共有 $n!$ 个这样的积, 故行列式展开式的项穷尽了所有这样的积. 当项的 $n$ 个元素按元素行标的自然顺序排列时, 即项形如 $a_{1j_1}a_{2j_2}\cdots a_{nj_n}$ 时, 其符号由列标形成的 $n$ 级排列 $j_1j_2\cdots j_n$ 的奇偶性决定.

一阶方阵的行列式就是该方阵的元素.

二阶行列式

$$\begin{aligned}\begin{vmatrix} a_{11} & a_{12} \\ a_{21} & a_{22} \end{vmatrix} &= \sum_{j_1j_2}(-1)^{\tau(j_1j_2)}a_{1j_1}a_{2j_2} \\ &= (-1)^{\tau(12)}a_{11}a_{22}+(-1)^{\tau(21)}a_{12}a_{21}=a_{11}a_{22}-a_{12}a_{21}.\end{aligned}$$

三阶行列式

$$\begin{aligned}\begin{vmatrix} a_{11} & a_{12} & a_{13} \\ a_{21} & a_{22} & a_{23} \\ a_{31} & a_{32} & a_{33} \end{vmatrix} &= \sum_{j_1j_2j_3}(-1)^{\tau(j_1j_2j_3)}a_{1j_1}a_{2j_2}a_{3j_3} \\ &= (-1)^{\tau(123)}a_{11}a_{22}a_{33}+(-1)^{\tau(132)}a_{11}a_{23}a_{32} \\ &\quad +(-1)^{\tau(213)}a_{12}a_{21}a_{33}+(-1)^{\tau(231)}a_{12}a_{23}a_{31} \\ &\quad +(-1)^{\tau(312)}a_{13}a_{21}a_{32}+(-1)^{\tau(321)}a_{13}a_{22}a_{31} \\ &= a_{11}a_{22}a_{33}+a_{12}a_{23}a_{31}+a_{13}a_{21}a_{32} \\ &\quad -a_{13}a_{22}a_{31}-a_{11}a_{23}a_{32}-a_{12}a_{21}a_{33}.\end{aligned}$$

**例 1.4.1** 求上三角行列式

$$\det \boldsymbol{A}=\begin{vmatrix} a_{11} & a_{12} & \cdots & a_{1n} \\ 0 & a_{22} & \cdots & a_{2n} \\ \vdots & \vdots & & \vdots \\ 0 & 0 & \cdots & a_{nn} \end{vmatrix}$$

的值.

**解** $\det \boldsymbol{A}=\sum\limits_{j_1j_2\cdots j_n}(-1)^{\tau(j_1j_2\cdots j_n)}a_{1j_1}a_{2j_2}\cdots a_{nj_n}$

$$=(-1)^{\tau(12\cdots n)}a_{11}a_{22}\cdots a_{nn}+\underbrace{0+\cdots+0}_{n!-1}=a_{11}a_{22}\cdots a_{nn}.$$

特别地, 对角行列式

$$\begin{vmatrix} d_1 & 0 & \cdots & 0 \\ 0 & d_2 & \cdots & 0 \\ \vdots & \vdots & & \vdots \\ 0 & 0 & \cdots & d_n \end{vmatrix}=d_1d_2\cdots d_n.$$

设有 $a_{i_1j_1}a_{i_2j_2}\cdots a_{i_nj_n}$, 其中 $i_1i_2\cdots i_n, j_1j_2\cdots j_n$ 均为 $n$ 级排列, 这表明 $a_{i_1j_1}$, $a_{i_2j_2},\cdots,a_{i_nj_n}$ 是来自行列式不同行不同列的 $n$ 个元素, 故 $a_{i_1j_1}a_{i_2j_2}\cdots a_{i_nj_n}$ 就是行列式展开式中的项. 为决定其符号, 交换元素顺序, 设经过 $k$ 次交换, 使得该项的元素按元素行标的自然顺序排列, 不妨设为 $a_{1j_1'}a_{2j_2'}\cdots a_{nj_n'}$, 项 $a_{i_1j_1}a_{i_2j_2}\cdots a_{i_nj_n}$ 就是项 $a_{1j_1'}a_{2j_2'}\cdots a_{nj_n'}$, 于是, $a_{i_1j_1}a_{i_2j_2}\cdots a_{i_nj_n}$ 的符号由 $\tau(j_1'j_2'\cdots j_n')$ 的奇偶性决定. 同时注意到: 排列 $i_1i_2\cdots i_n$ 经过 $k$ 次对换变成了自然排列 $12\cdots n$, 故 $\tau(i_1i_2\cdots i_n)$ 与 $k$ 的奇偶性相同; 排列 $j_1j_2\cdots j_n$ 经过 $k$ 次对换变成了排列 $j_1'j_2'\cdots j_n'$, 于是, $\tau(j_1'j_2'\cdots j_n')$ 的奇偶性与 $\tau(j_1j_2\cdots j_n)+k$ 相同. 综上所述, $\tau(j_1'j_2'\cdots j_n')$ 的奇偶性与 $\tau(i_1i_2\cdots i_n)+\tau(j_1j_2\cdots j_n)$ 相同, 由此可知项 $a_{i_1j_1}$ $a_{i_2j_2}\cdots a_{i_nj_n}$ 的符号与 $(-1)^{\tau(i_1i_2\cdots i_n)+\tau(j_1j_2\cdots j_n)}$ 符号相同.

另外取定 $i_1i_2\cdots i_n$, 当 $j_1j_2\cdots j_n$ 遍历 $n$ 级排列时, 则项 $a_{i_1j_1}a_{i_2j_2}\cdots a_{i_nj_n}$ 遍历行列式的 $n!$ 个项; 或者取定 $j_1j_2\cdots j_n$, 当 $i_1i_2\cdots i_n$ 遍历 $n$ 级排列时, 项 $a_{i_1j_1}a_{i_2j_2}\cdots a_{i_nj_n}$ 也遍历行列式的 $n!$ 个项, 由行列式的定义可得如下定理.

**定理 1.4.1** $n$ 阶方阵 $\boldsymbol{A}=(a_{ij})_{n\times n}$ 的行列式

$$\det \boldsymbol{A}=\begin{vmatrix} a_{11} & a_{12} & \cdots & a_{1n} \\ a_{21} & a_{22} & \cdots & a_{2n} \\ \vdots & \vdots & & \vdots \\ a_{n1} & a_{n2} & \cdots & a_{nn} \end{vmatrix}$$
$$=\sum_{j_1j_2\cdots j_n}(-1)^{\tau(i_1i_2\cdots i_n)+\tau(j_1j_2\cdots j_n)}a_{i_1j_1}a_{i_2j_2}\cdots a_{i_nj_n},$$

其中 $i_1i_2\cdots i_n$ 取定, $\sum$ 是对 $j_1j_2\cdots j_n$ 遍历 $n$ 级排列求和, 或

$$\det \boldsymbol{A}=\begin{vmatrix} a_{11} & a_{12} & \cdots & a_{1n} \\ a_{21} & a_{22} & \cdots & a_{2n} \\ \vdots & \vdots & & \vdots \\ a_{n1} & a_{n2} & \cdots & a_{nn} \end{vmatrix}=\sum_{i_1i_2\cdots i_n}(-1)^{\tau(i_1i_2\cdots i_n)+\tau(j_1j_2\cdots j_n)}a_{i_1j_1}a_{i_2j_2}\cdots a_{i_nj_n},$$

其中 $j_1j_2\cdots j_n$ 取定, $\sum$ 是对 $i_1i_2\cdots i_n$ 遍历 $n$ 级排列求和.

若取定 $j_1j_2\cdots j_n$ 为自然排列 $12\cdots n$, 则 $(-1)^{\tau(i_1i_2\cdots i_n)+\tau(12\cdots n)}=(-1)^{\tau(i_1i_2\cdots i_n)}$, 故有如下推论.

**推论 1.4.1**

$$\det \boldsymbol{A}=\begin{vmatrix} a_{11} & a_{12} & \cdots & a_{1n} \\ a_{21} & a_{22} & \cdots & a_{2n} \\ \vdots & \vdots & & \vdots \\ a_{n1} & a_{n2} & \cdots & a_{nn} \end{vmatrix}=\sum_{i_1i_2\cdots i_n}(-1)^{\tau(i_1i_2\cdots i_n)}a_{i_11}a_{i_22}\cdots a_{i_nn},$$

其中 $\sum$ 是对 $i_1i_2\cdots i_n$ 遍历 $n$ 级排列求和. 由此有

$$\det \boldsymbol{A}=\det \boldsymbol{A}^{\mathrm{T}}.$$

由推论 1.4.1 可知, 行列式关于行的性质, 对列也成立, 反之亦然.

### 1.4.2 行列式的性质

这里讨论行列式的性质, 这些性质不仅提供了一些计算行列式值的方法, 而且在研究矩阵的可逆性、秩等问题时也发挥着作用.

1. 行列式的基本性质

**定理 1.4.2** (1) 行列式对行 (列) 的线性性质:

$$\begin{vmatrix} a_{11} & a_{12} & \cdots & a_{1n} \\ \vdots & \vdots & & \vdots \\ a_{i-1,1} & a_{i-1,2} & \cdots & a_{i-1,n} \\ ka_{i1} & ka_{i2} & \cdots & ka_{in} \\ a_{i+1,1} & a_{i+1,2} & \cdots & a_{i+1,n} \\ \vdots & \vdots & & \vdots \\ a_{n1} & a_{n2} & \cdots & a_{nn} \end{vmatrix} = k \begin{vmatrix} a_{11} & a_{12} & \cdots & a_{1n} \\ \vdots & \vdots & & \vdots \\ a_{i-1,1} & a_{i-1,2} & \cdots & a_{i-1,n} \\ a_{i1} & a_{i2} & \cdots & a_{in} \\ a_{i+1,1} & a_{i+1,2} & \cdots & a_{i+1,n} \\ \vdots & \vdots & & \vdots \\ a_{n1} & a_{n2} & \cdots & a_{nn} \end{vmatrix},$$

$$\begin{vmatrix} a_{11} & a_{12} & \cdots & a_{1n} \\ \vdots & \vdots & & \vdots \\ a_{i-1,1} & a_{i-1,2} & \cdots & a_{i-1,n} \\ b_1 + c_1 & b_2 + c_2 & \cdots & b_n + c_n \\ a_{i+1,1} & a_{i+1,2} & \cdots & a_{i+1,n} \\ \vdots & \vdots & & \vdots \\ a_{n1} & a_{n2} & \cdots & a_{nn} \end{vmatrix}$$

$$= \begin{vmatrix} a_{11} & a_{12} & \cdots & a_{1n} \\ \vdots & \vdots & & \vdots \\ a_{i-1,1} & a_{i-1,2} & \cdots & a_{i-1,n} \\ b_1 & b_2 & \cdots & b_n \\ a_{i+1,1} & a_{i+1,2} & \cdots & a_{i+1,n} \\ \vdots & \vdots & & \vdots \\ a_{n1} & a_{n2} & \cdots & a_{nn} \end{vmatrix} + \begin{vmatrix} a_{11} & a_{12} & \cdots & a_{1n} \\ \vdots & \vdots & & \vdots \\ a_{i-1,1} & a_{i-1,2} & \cdots & a_{i-1,n} \\ c_1 & c_2 & \cdots & c_n \\ a_{i+1,1} & a_{i+1,2} & \cdots & a_{i+1,n} \\ \vdots & \vdots & & \vdots \\ a_{n1} & a_{n2} & \cdots & a_{nn} \end{vmatrix}. \qquad \square$$

(2) 交错性: 若方阵有两行或两列相同, 则其行列式为零.

(3) 规范性: 单位矩阵的行列式为 1.

请自行写出行列式对列的线性性质.

**证明**　利用行列式的定义直接可得 (1) 和 (3). 下面证明 (2).

不妨设矩阵 $\boldsymbol{A}=(a_{ij})_{n\times n}$ 的第 $i$ 行与第 $k$ 行相同, 即

$$(a_{i1},\cdots,a_{in})=(a_{k1},\cdots,a_{kn}),$$

将 $\det\boldsymbol{A}$ 的 $n!$ 个项成对分组, 每组中的项形如

$$(-1)^{\tau(j_1\cdots j_{i-1}j_ij_{i+1}\cdots j_{k-1}j_kj_{k+1}\cdots j_n)}a_{1j_1}\cdots a_{i-1,j_{i-1}}a_{ij_i}a_{i+1,j_{i+1}}\cdots a_{k-1,j_{k-1}}a_{kj_k}$$

$$a_{k+1,j_{k+1}}\cdots a_{nj_n}$$

与

$$(-1)^{\tau(j_1\cdots j_{i-1}j_kj_{i+1}\cdots j_{k-1}j_ij_{k+1}\cdots j_n)}a_{1j_1}\cdots a_{i-1,j_{i-1}}a_{ij_k}a_{i+1,j_{i+1}}\cdots a_{k-1,j_{k-1}}a_{kj_i}$$

$$a_{k+1,j_{k+1}}\cdots a_{nj_n}.$$

注意到

$$a_{ij_i}=a_{kj_i},\quad a_{ij_k}=a_{kj_k},$$

而 $\tau(j_1\cdots j_{i-1}j_ij_{i+1}\cdots j_{k-1}j_kj_{k+1}\cdots j_n)$ 与 $\tau(j_1\cdots j_{i-1}j_kj_{i+1}\cdots j_{k-1}j_ij_{k+1}\cdots j_n)$ 奇偶性相反, 故这两项和为 0, 从而 $\det\boldsymbol{A}=0$. □

**推论 1.4.2**　(1) 若方阵 $\boldsymbol{A}$ 有零行或零列, 则 $\det\boldsymbol{A}=0$;

(2) 若方阵 $\boldsymbol{A}$ 有两行或两列成比例, 则 $\det\boldsymbol{A}=0$.

### 2. 矩阵的初等变换对其行列式的影响

对应求解线性方程组的高斯消元法, 我们引入矩阵的初等变换, 它是计算行列式、研究矩阵的重要工具. 这里给出矩阵的初等变换的概念, 研究初等变换对行列式的影响, 初等变换的深入研究及应用见 1.6 节.

在消元的过程中, 使用下面三种变换:

(1) 用一个非零数乘一个方程;

(2) 把一个方程的倍数加到另一个方程;

(3) 互换两个方程的位置.

我们把上述三种变换称为**线性方程组的初等变换**.

线性方程组完全由其增广矩阵决定, 增广矩阵的行对应着方程组的方程未知数的系数, 对方程进行变换就是对增广矩阵行进行变换, 由此得到矩阵的初等行变换定义.

**定义 1.4.3**　下述三种变换称为矩阵的**初等行变换**.

(1) 用非零数 $k$ 乘矩阵 $\boldsymbol{A}$ 的第 $i$ 行, 称这个变换为**倍乘变换**, 记为 $kr_i$, 变换后所得矩阵记为 $\boldsymbol{A}(kr_i)$.

$$
\boldsymbol{A}=\begin{pmatrix} a_{11} & a_{12} & \cdots & a_{1n} \\ \vdots & \vdots & & \vdots \\ a_{i1} & a_{i2} & \cdots & a_{in} \\ \vdots & \vdots & & \vdots \\ a_{m1} & a_{m2} & \cdots & a_{mn} \end{pmatrix} \xrightarrow{kr_i} \begin{pmatrix} a_{11} & a_{12} & \cdots & a_{1n} \\ \vdots & \vdots & & \vdots \\ ka_{i1} & ka_{i2} & \cdots & ka_{in} \\ \vdots & \vdots & & \vdots \\ a_{m1} & a_{m2} & \cdots & a_{mn} \end{pmatrix} = \boldsymbol{A}(kr_i).
$$

(2) 把矩阵 $\boldsymbol{A}$ 的第 $i$ 行的 $k$ 倍加到第 $j$ 行, 其余行不发生变化, 称这个变换为**倍加变换**, 记为 $r_j + kr_i$, 变换后所得矩阵记为 $\boldsymbol{A}(r_j + kr_i)$.

$$
\boldsymbol{A}=\begin{pmatrix} a_{11} & a_{12} & \cdots & a_{1n} \\ \vdots & \vdots & & \vdots \\ a_{j1} & a_{j2} & \cdots & a_{jn} \\ \vdots & \vdots & & \vdots \\ a_{m1} & a_{m2} & \cdots & a_{mn} \end{pmatrix} \xrightarrow{r_j+kr_i} \begin{pmatrix} a_{11} & a_{12} & \cdots & a_{1n} \\ \vdots & \vdots & & \vdots \\ a_{j1}+ka_{i1} & a_{j2}+ka_{i2} & \cdots & a_{jn}+ka_{in} \\ \vdots & \vdots & & \vdots \\ a_{m1} & a_{m2} & \cdots & a_{mn} \end{pmatrix}
$$

$$
= \boldsymbol{A}(r_j + kr_i).
$$

(3) 把矩阵 $\boldsymbol{A}$ 的第 $i$ 行与第 $j$ 行互换, 称这个变换为**交换变换**, 记为 $r_i \leftrightarrow r_j$, 变换后所得矩阵记为 $\boldsymbol{A}(r_i \leftrightarrow r_j)$.

$$
A=\begin{pmatrix} a_{11} & a_{12} & \cdots & a_{1n} \\ \vdots & \vdots & & \vdots \\ a_{i1} & a_{i2} & \cdots & a_{in} \\ \vdots & \vdots & & \vdots \\ a_{j1} & a_{j2} & \cdots & a_{jn} \\ \vdots & \vdots & & \vdots \\ a_{m1} & a_{m2} & \cdots & a_{mn} \end{pmatrix} \xrightarrow{r_j \leftrightarrow r_i} \begin{pmatrix} a_{11} & a_{12} & \cdots & a_{1n} \\ \vdots & \vdots & & \vdots \\ a_{j1} & a_{j2} & \cdots & a_{jn} \\ \vdots & \vdots & & \vdots \\ a_{i1} & a_{i2} & \cdots & a_{in} \\ \vdots & \vdots & & \vdots \\ a_{m1} & a_{m2} & \cdots & a_{mn} \end{pmatrix} = \boldsymbol{A}(r_i \leftrightarrow r_j).
$$

对列可以作类似的变换, 就得到矩阵的**初等列变换**, 分别记为 $kc_i$, $c_j + kc_i$, $c_i \leftrightarrow c_j$, 变换后所得的矩阵分别记为 $\boldsymbol{A}(kc_i)$, $\boldsymbol{A}(c_j + kc_i)$, $\boldsymbol{A}(c_i \leftrightarrow c_j)$, 矩阵的初等行变换与初等列变换统称为**矩阵的初等变换**.

利用基本性质可以给出初等变换对矩阵的行列式的影响.

**定理 1.4.3** (1) $\det \boldsymbol{A}(kr_i) = k \det \boldsymbol{A}$, $\det \boldsymbol{A}(kc_i) = k \det \boldsymbol{A}$;

(2) $\det \boldsymbol{A}(r_j + kr_i) = \det \boldsymbol{A}$, $\det \boldsymbol{A}(c_j + kc_i) = \det \boldsymbol{A}$;

(3) $\det \boldsymbol{A}\left(r_i \leftrightarrow r_j\right)=-\det \boldsymbol{A}, \quad \det \boldsymbol{A}\left(c_i \leftrightarrow c_j\right)=-\det \boldsymbol{A}$,
其中 $k \in \mathbb{R}$.

**证明** (1) 就是行列式的线性性质. 接下来证明 (2) 和 (3), 仅对初等列变换进行证明, 初等行变换同理可证. 设

$$\boldsymbol{A}=\left(\boldsymbol{\alpha}_1, \boldsymbol{\alpha}_2, \cdots, \boldsymbol{\alpha}_n\right),$$

其中 $\boldsymbol{\alpha}_1, \boldsymbol{\alpha}_2, \cdots, \boldsymbol{\alpha}_n$ 是 $n$ 阶方阵 $\boldsymbol{A}$ 的 1 至 $n$ 列.

(2) 由线性性质和交错性可知

$$\begin{aligned}
\det \boldsymbol{A}\left(c_j+k c_i\right) & =\det \left(\boldsymbol{\alpha}_1, \cdots, \boldsymbol{\alpha}_i, \cdots, \boldsymbol{\alpha}_j+k \boldsymbol{\alpha}_i, \cdots, \boldsymbol{\alpha}_n\right) \\
& =\det \left(\boldsymbol{\alpha}_1, \cdots, \boldsymbol{\alpha}_i, \cdots, \boldsymbol{\alpha}_j, \cdots, \boldsymbol{\alpha}_n\right) \\
& \quad+\det \left(\boldsymbol{\alpha}_1, \cdots, \boldsymbol{\alpha}_i, \cdots, k \boldsymbol{\alpha}_i, \cdots, \boldsymbol{\alpha}_n\right) \\
& =\det \boldsymbol{A}+0=\det \boldsymbol{A}.
\end{aligned}$$

(3) 由交错性和线性性质可知

$$\begin{aligned}
0 & =\det \left(\boldsymbol{\alpha}_1, \cdots, \boldsymbol{\alpha}_i+\boldsymbol{\alpha}_j, \cdots, \boldsymbol{\alpha}_j+\boldsymbol{\alpha}_i, \cdots, \boldsymbol{\alpha}_n\right) \\
& =\det \left(\boldsymbol{\alpha}_1, \cdots, \boldsymbol{\alpha}_i, \cdots, \boldsymbol{\alpha}_j, \cdots, \boldsymbol{\alpha}_n\right) \\
& \quad+\det \left(\boldsymbol{\alpha}_1, \cdots, \boldsymbol{\alpha}_j \cdots, \boldsymbol{\alpha}_i, \cdots, \boldsymbol{\alpha}_n\right) \\
& =\det \boldsymbol{A}+\det \boldsymbol{A}\left(c_i \leftrightarrow c_j\right),
\end{aligned}$$

即

$$\det \boldsymbol{A}\left(c_i \leftrightarrow c_j\right)=-\det \boldsymbol{A}. \qquad \square$$

利用基本性质还可以给出矩阵经过数乘与乘法运算后其行列式的变化.

**定理 1.4.4** (1) 设 $\boldsymbol{A}$ 是 $n$ 阶方阵, $k$ 是任意数, 则

$$\det k \boldsymbol{A}=k^n \det \boldsymbol{A}.$$

(2) 设 $\boldsymbol{A}, \boldsymbol{B}$ 是 $n$ 阶方阵, 则

$$\det \boldsymbol{A B}=\det \boldsymbol{A} \det \boldsymbol{B}.$$

注意区别 $\det k\boldsymbol{A}$ 与 $k\det\boldsymbol{A}$; 另外 $\det(\boldsymbol{A}+\boldsymbol{B})\neq\det\boldsymbol{A}+\det\boldsymbol{B}$. 事实上, 使用行列式的线性性质可知 $\det(\boldsymbol{A}+\boldsymbol{B})$ 等于 $2^n$ 个行列式的和, 其中有两个行列式是 $\det\boldsymbol{A},\det\boldsymbol{B}$.

**证明** (1) 由矩阵数乘的定义与基本性质即定理 1.4.3 可得 (1).

(2) 设 $n$ 阶方阵

$$\boldsymbol{A}=(\boldsymbol{\alpha}_1,\boldsymbol{\alpha}_2,\cdots,\boldsymbol{\alpha}_n),\quad \boldsymbol{B}=(b_{ij}),$$

其中 $\boldsymbol{\alpha}_1,\boldsymbol{\alpha}_2,\cdots,\boldsymbol{\alpha}_n$ 是方阵 $\boldsymbol{A}$ 的 1 至 $n$ 列, 故由分块矩阵的乘积与行列式基本性质可得

$$\begin{aligned}\det\boldsymbol{AB}&=\det\left(\sum_{i=1}^n b_{i1}\boldsymbol{\alpha}_i,\ \sum_{i=1}^n b_{i2}\boldsymbol{\alpha}_i,\ \cdots\ ,\sum_{i=1}^n b_{in}\boldsymbol{\alpha}_i\right)\\&=\sum_{i_1i_2\cdots i_n} b_{i_11}b_{i_22}\cdots b_{i_nn}\det(\boldsymbol{\alpha}_{i_1},\boldsymbol{\alpha}_{i_2},\cdots,\boldsymbol{\alpha}_{i_n})+\underbrace{0+\cdots+0}_{n^n-n!}\\&=\sum_{i_1i_2\cdots i_n}(-1)^{\tau(i_1i_2\cdots i_n)}b_{i_11}b_{i_22}\cdots b_{i_nn}\det(\boldsymbol{\alpha}_1,\boldsymbol{\alpha}_2,\cdots,\boldsymbol{\alpha}_n)\\&=\det\boldsymbol{A}\sum_{i_1i_2\cdots i_n}(-1)^{\tau(i_1i_2\cdots i_n)}b_{i_11}b_{i_22}\cdots b_{i_nn}=\det\boldsymbol{A}\det\boldsymbol{B}.\end{aligned}$$ □

设

$$\boldsymbol{A}=(a_{ij}),\quad \boldsymbol{E}=\begin{pmatrix}\boldsymbol{e}_1^{\mathrm{T}}\\\boldsymbol{e}_2^{\mathrm{T}}\\\vdots\\\boldsymbol{e}_n^{\mathrm{T}}\end{pmatrix},$$

其中 $\boldsymbol{e}_1^{\mathrm{T}},\boldsymbol{e}_2^{\mathrm{T}},\cdots,\boldsymbol{e}_n^{\mathrm{T}}$ 是单位矩阵 $\boldsymbol{E}$ 的 1 至 $n$ 行. 由行列式的线性性质、交错性、规范性可得

$$\det \boldsymbol{A} = \det(\boldsymbol{A}\boldsymbol{E}) = \det \begin{pmatrix} \sum\limits_{i=1}^{n} a_{1i}\boldsymbol{e}_i^{\mathrm{T}} \\ \sum\limits_{i=1}^{n} a_{2i}\boldsymbol{e}_i^{\mathrm{T}} \\ \vdots \\ \sum\limits_{i=1}^{n} a_{ni}\boldsymbol{e}_i^{\mathrm{T}} \end{pmatrix} = \sum_{j_1 j_2 \cdots j_n} a_{1j_1} a_{2j_2} \cdots a_{nj_n} \det \begin{pmatrix} \boldsymbol{e}_{j_1}^{\mathrm{T}} \\ \boldsymbol{e}_{j_2}^{\mathrm{T}} \\ \vdots \\ \boldsymbol{e}_{j_n}^{\mathrm{T}} \end{pmatrix}$$

$$= \sum_{j_1 j_2 \cdots j_n} (-1)^{\tau(j_1 j_2 \cdots j_n)} a_{1j_1} a_{2j_2} \cdots a_{nj_n} \det \begin{pmatrix} \boldsymbol{e}_{1}^{\mathrm{T}} \\ \boldsymbol{e}_{2}^{\mathrm{T}} \\ \vdots \\ \boldsymbol{e}_{n}^{\mathrm{T}} \end{pmatrix}$$

$$= \sum_{j_1 j_2 \cdots j_n} (-1)^{\tau(j_1 j_2 \cdots j_n)} a_{1j_1} a_{2j_2} \cdots a_{nj_n}.$$

这表明, 对方阵定义一个数值, 要求满足线性性质、交错性、规范性, 这个数值只能是方阵的行列式. 由此可知行列式定义与行列式基本性质相互决定, 这是定理 1.4.2 称为行列式基本性质的原因.

3. 高阶行列式可转化为低阶行列式

注意到:

$$\begin{vmatrix} a_{11} & a_{12} & a_{13} \\ a_{21} & a_{22} & a_{23} \\ a_{31} & a_{32} & a_{33} \end{vmatrix}$$

$$\begin{aligned} &= a_{11}a_{22}a_{33} + a_{12}a_{23}a_{31} + a_{13}a_{21}a_{32} - a_{13}a_{22}a_{31} - a_{11}a_{23}a_{32} - a_{12}a_{21}a_{33} \\ &= a_{11}\left(a_{22}a_{33} - a_{23}a_{32}\right) - a_{12}\left(a_{21}a_{33} - a_{23}a_{31}\right) + a_{13}\left(a_{21}a_{32} - a_{22}a_{31}\right) \\ &= a_{11}\left(-1\right)^{1+1}\begin{vmatrix} a_{22} & a_{23} \\ a_{32} & a_{33} \end{vmatrix} + a_{12}\left(-1\right)^{1+2}\begin{vmatrix} a_{21} & a_{23} \\ a_{31} & a_{33} \end{vmatrix} \\ &\quad + a_{13}\left(-1\right)^{1+3}\begin{vmatrix} a_{21} & a_{22} \\ a_{31} & a_{32} \end{vmatrix}. \end{aligned} \tag{1.4.3}$$

这表明三阶行列式可以由行列式某行的元素以及二阶行列式得到, 即高阶行列式可以转化为低阶行列式来计算, 这个结论对任意阶行列式都成立. 为此引入以下概念.

**定义 1.4.4** $n$ 阶方阵 $\boldsymbol{A}=(a_{ij})$ 划去第 $i$ 行第 $j$ 列, 剩下的元素保持位置不变, 得到的 $n-1$ 阶矩阵的行列式, 称为第 $i$ 行第 $j$ 列的元素 $a_{ij}$ 的**余子式**, 记为 $M_{ij}$; 称 $(-1)^{i+j}M_{ij}$ 为第 $i$ 行第 $j$ 列的元素 $a_{ij}$ 的**代数余子式**, 记为 $A_{ij}$, 即

$$A_{ij}=(-1)^{i+j}M_{ij}.$$

也称 $M_{ij},A_{ij}$ 分别是行列式 $\det\boldsymbol{A}$ 第 $i$ 行第 $j$ 列的元素 $a_{ij}$ 的**余子式、代数余子式**.

(1.4.3) 就是三阶行列式等于第一行的元素与其代数余子式乘积之和. 一般地, 有以下定理.

**定理 1.4.5** 设 $\boldsymbol{A}=(a_{ij})$ 是 $n$ 阶方阵, 则

(1) $$\det\boldsymbol{A}=a_{i1}A_{i1}+a_{i2}A_{i2}+\cdots+a_{in}A_{in}=\sum_{j=1}^{n}a_{ij}A_{ij},$$

其中 $a_{i1},a_{i2},\cdots,a_{in}$ 是 $\boldsymbol{A}$ 的第 $i$ 行元素, $A_{i1},A_{i2},\cdots,A_{in}$ 是对应的代数余子式.

(2) $$\det\boldsymbol{A}=a_{1j}A_{1j}+a_{2j}A_{2j}+\cdots+a_{nj}A_{nj}=\sum_{i=1}^{n}a_{ij}A_{ij},$$

其中 $a_{1j},a_{2j},\cdots,a_{nj}$ 是 $\boldsymbol{A}$ 的第 $j$ 列元素, $A_{1j},A_{2j},\cdots,A_{nj}$ 是对应的代数余子式.

为证明定理 1.4.5 需要如下引理.

**引理 1.4.1**

$$\begin{vmatrix} a_{11} & a_{12} & \cdots & a_{1,n-1} & a_{1n} \\ a_{21} & a_{22} & \cdots & a_{2,n-1} & a_{2n} \\ \vdots & \vdots & & \vdots & \vdots \\ a_{n-1,1} & a_{n-1,2} & \cdots & a_{n-1,n-1} & a_{n-1,n} \\ 0 & 0 & \cdots & 0 & 1 \end{vmatrix} = \begin{vmatrix} a_{11} & a_{12} & \cdots & a_{1,n-1} \\ a_{21} & a_{22} & \cdots & a_{2,n-1} \\ \vdots & \vdots & & \vdots \\ a_{n-1,1} & a_{n-1,2} & \cdots & a_{n-1,n-1} \end{vmatrix}.$$

**证明**　由行列式定义可知

$$\begin{vmatrix} a_{11} & a_{12} & \cdots & a_{1,n-1} & a_{1n} \\ a_{21} & a_{22} & \cdots & a_{2,n-1} & a_{2n} \\ \vdots & \vdots & & \vdots & \vdots \\ a_{n-1,1} & a_{n-1,2} & \cdots & a_{n-1,n-1} & a_{n-1,n} \\ 0 & 0 & \cdots & 0 & 1 \end{vmatrix}$$

$$= \sum_{j_1 j_2 \cdots j_n} (-1)^{\tau(j_1 j_2 \cdots j_n)} a_{1j_1} a_{2j_2} \cdots a_{nj_n}$$

$$= \sum_{j_1 j_2 \cdots j_{n-1} n} (-1)^{\tau(j_1 j_2 \cdots j_{n-1} n)} a_{1j_1} a_{2j_2} \cdots a_{n-1,j_{n-1}} a_{nn} + \underbrace{0 + \cdots + 0}_{n!-(n-1)!}$$

$$= \sum_{j_1 j_2 \cdots j_{n-1}} (-1)^{\tau(j_1 j_2 \cdots j_{n-1})} a_{1j_1} a_{2j_2} \cdots a_{n-1,j_{n-1}}$$

$$= \begin{vmatrix} a_{11} & a_{12} & \cdots & a_{1,n-1} \\ a_{21} & a_{22} & \cdots & a_{2,n-1} \\ \vdots & \vdots & & \vdots \\ a_{n-1,1} & a_{n-1,2} & \cdots & a_{n-1,n-1} \end{vmatrix}. \qquad \square$$

现在给出定理 1.4.5 的证明, 只需要给出 (1) 的证明, (2) 同理可得.

**证明**　由行列式的线性性质可得

$$\det \boldsymbol{A} = a_{i1} X_{i1} + a_{i2} X_{i2} + \cdots + a_{in} X_{in},$$

其中

$$X_{ij} = \begin{vmatrix} a_{11} & \cdots & a_{1,j-1} & a_{1j} & a_{1,j+1} & \cdots & a_{1n} \\ \vdots & & \vdots & \vdots & \vdots & & \vdots \\ a_{i-1,1} & \cdots & a_{i-1,j-1} & a_{i-1,j} & a_{i-1,j+1} & \cdots & a_{i-1,n} \\ 0 & \cdots & 0 & 1 & 0 & \cdots & 0 \\ a_{i+1,1} & \cdots & a_{i+1,j-1} & a_{i+1,j} & a_{i+1,j+1} & \cdots & a_{i+1,n} \\ \vdots & & \vdots & \vdots & \vdots & & \vdots \\ a_{n1} & \cdots & a_{n,j-1} & a_{nj} & a_{n,j+1} & \cdots & a_{nn} \end{vmatrix}, \quad 1 \leqslant j \leqslant n.$$

接下来只需要证明 $X_{ij} = A_{ij}, 1 \leqslant j \leqslant n$.

$X_{ij}$ 通过 $n-i$ 次相邻两行对换可得

$$X_{ij}=(-1)^{n-i}\begin{vmatrix} a_{11} & \cdots & a_{1,j-1} & a_{1j} & a_{1,j+1} & \cdots & a_{1n} \\ \vdots & & \vdots & \vdots & \vdots & & \vdots \\ a_{i-1,1} & \cdots & a_{i-1,j-1} & a_{i-1,j} & a_{i-1,j+1} & \cdots & a_{i-1,n} \\ a_{i+1,1} & \cdots & a_{i+1,j-1} & a_{i+1,j} & a_{i+1,j+1} & \cdots & a_{i+1,n} \\ \vdots & & \vdots & \vdots & \vdots & & \vdots \\ a_{n1} & \cdots & a_{n,j-1} & a_{nj} & a_{n,j+1} & \cdots & a_{nn} \\ 0 & \cdots & 0 & 1 & 0 & \cdots & 0 \end{vmatrix}.$$

新得到行列式经过 $n-j$ 次相邻两列对换有

$$X_{ij}=(-1)^{n-i}(-1)^{n-j}\begin{vmatrix} a_{11} & \cdots & a_{1,j-1} & a_{1,j+1} & \cdots & a_{1n} & a_{1j} \\ \vdots & & \vdots & \vdots & & \vdots & \vdots \\ a_{i-1,1} & \cdots & a_{i-1,j-1} & a_{i-1,j+1} & \cdots & a_{i-1,n} & a_{i-1,j} \\ a_{i+1,1} & \cdots & a_{i+1,i-1} & a_{i+1,j+1} & \cdots & a_{i+1,n} & a_{i+1,j} \\ \vdots & & \vdots & \vdots & & \vdots & \vdots \\ a_{n1} & \cdots & a_{n,j-1} & a_{n,j+1} & \cdots & a_{nn} & a_{nj} \\ 0 & \cdots & 0 & 0 & 0 & 0 & 1 \end{vmatrix}$$

$$=(-1)^{i+j}\begin{vmatrix} a_{11} & \cdots & a_{1,j-1} & a_{1,j+1} & \cdots & a_{1n} \\ \vdots & & \vdots & \vdots & & \vdots \\ a_{i-1,1} & \cdots & a_{i-1,j-1} & a_{i-1,j+1} & \cdots & a_{i-1,n} \\ a_{i+1,1} & \cdots & a_{i+1,j-1} & a_{i+1,j+1} & \cdots & a_{i+1,n} \\ \vdots & & \vdots & \vdots & & \vdots \\ a_{n1} & \cdots & a_{n,j-1} & a_{n,j+1} & \cdots & a_{nn} \end{vmatrix}=A_{ij}. \qquad \square$$

定理 1.4.5 称为行列式按某一行 (列) 展开定理: 行列式等于某行 (列) 元素与其代数余子式之积的和, 这表明 $n$ 阶行列式可以转化为 $n-1$ 阶行列式进行计算, 这提供了一个计算行列式的方法.

设 $A_{ij}$ 是 $n$ 阶方阵 $\boldsymbol{A}=(a_{ij})$ 的第 $i$ 行第 $j$ 列元素 $a_{ij}$ 的代数余子式, 式子

$$d_1A_{i1}+d_2A_{i2}+\cdots+d_nA_{in}$$

可以视其为一个 $n$ 阶行列式按第 $i$ 行展开: 其第 $i$ 行的元素依次为 $d_1,d_2,\cdots,d_n$, 第 $i$ 行元素对应的代数余子式依次为 $A_{i1},A_{i2},\cdots,A_{in}$, 这个行列式与 $\det\boldsymbol{A}$ 的第

$i$ 行元素对应的代数余子式相同, 可以视该行列式除第 $i$ 行以外其余行与 $\det \boldsymbol{A}$ 的行相同, 故该行列式可为

$$\begin{vmatrix} a_{11} & a_{12} & \cdots & a_{1n} \\ \vdots & \vdots & & \vdots \\ a_{i-1,1} & a_{i-1,2} & \cdots & a_{i-1,n} \\ d_1 & d_2 & \cdots & d_n \\ a_{i+1,1} & a_{i+1,2} & \cdots & a_{i+1,n} \\ \vdots & \vdots & & \vdots \\ a_{n1} & a_{n2} & \cdots & a_{nn} \end{vmatrix} = d_1A_{i1} + d_2A_{i2} + \cdots + d_nA_{in}.$$

类似地, 式子

$$k_1A_{1j} + k_2A_{2j} + \cdots + k_nA_{nj}$$

等于这样的行列式: 除第 $j$ 列以外, 其余列与 $\det \boldsymbol{A}$ 的列相同, 第 $j$ 列元素依次为 $k_1, k_2, \cdots, k_n$.

特别地, 当 $i \neq k$ 时有

$$a_{k1}A_{i1} + a_{k2}A_{i2} + \cdots + a_{kn}A_{in} = \begin{vmatrix} a_{11} & a_{12} & \cdots & a_{1n} \\ \vdots & \vdots & & \vdots \\ a_{i-1,1} & a_{i-1,2} & \cdots & a_{i-1,n} \\ a_{k1} & a_{k2} & \cdots & a_{kn} \\ a_{i+1,1} & a_{i+1,2} & \cdots & a_{i+1,n} \\ \vdots & \vdots & & \vdots \\ a_{k-1,1} & a_{k-1,2} & \cdots & a_{k-1,n} \\ a_{k1} & a_{k2} & \cdots & a_{kn} \\ a_{k+1,1} & a_{k+1,2} & \cdots & a_{k+1,n} \\ \vdots & \vdots & & \vdots \\ a_{n1} & a_{n2} & \cdots & a_{nn} \end{vmatrix} = 0.$$

同理, 当 $j \neq l$ 时有

$$a_{1l}A_{1j} + a_{2l}A_{2j} + \cdots + a_{nl}A_{nj} = 0.$$

即我们有如下定理.

**定理 1.4.6** 设 $A_{ij}$ 是 $n$ 阶方阵 $\boldsymbol{A} = (a_{ij})$ 的第 $i$ 行第 $j$ 列的元素 $a_{ij}$ 的代数余子式, 则

(1) 当 $i \neq k$ 时, 有

$$a_{k1}A_{i1} + a_{k2}A_{i2} + \cdots + a_{kn}A_{in} = \sum_{j=1}^{n} a_{kj}A_{ij} = 0.$$

(2) 当 $j \neq l$ 时, 有

$$a_{1l}A_{1j} + a_{2l}A_{2j} + \cdots + a_{nl}A_{nj} = \sum_{i=1}^{n} a_{il}A_{ij} = 0.$$

**例 1.4.2** 设

$$\det \boldsymbol{A} = \begin{vmatrix} 1 & 0 & 0 & 3 \\ 2 & 2 & 0 & 0 \\ 0 & 0 & 0 & 1 \\ 3 & 3 & 3 & 0 \end{vmatrix}.$$

$A_{ij}$ 是 $\det\boldsymbol{A}$ 的第 $i$ 行第 $j$ 列的元素 $a_{ij}$ 的代数余子式, 计算

(1) $3A_{41} + 3A_{42} + 3A_{43}$;

(2) $2A_{41} + 2A_{42}$;

(3) $A_{31} + A_{32} + A_{33} + 2A_{34}$;

(4) $2A_{12} + 4A_{22} + 6A_{42}$ .

**解** (1) $3A_{41} + 3A_{42} + 3A_{43} = 3A_{41} + 3A_{42} + 3A_{43} + 0A_{44}$

$$\begin{aligned} &= a_{41}A_{41} + a_{42}A_{42} + a_{43}A_{43} + a_{44}A_{44} = \det A \\ &= a_{31}A_{31} + a_{32}A_{32} + a_{33}A_{33} + a_{34}A_{34} \\ &= 0 + 0 + 0 + a_{34}A_{34} = (-1)^{3+4} \begin{vmatrix} 1 & 0 & 0 \\ 2 & 2 & 0 \\ 3 & 3 & 3 \end{vmatrix} \\ &= -6. \end{aligned}$$

(2) $2A_{41} + 2A_{42} = 2A_{41} + 2A_{42} + 0A_{43} + 0A_{44}$

$$= a_{21}A_{41} + a_{22}A_{42} + a_{23}A_{43} + a_{24}A_{44} = 0.$$

(3) $A_{31} + A_{32} + A_{33} + 2A_{34}$

$$= \frac{1}{3}(3A_{31} + 3A_{32} + 3A_{33} + 0A_{34}) + 2(0A_{31} + 0A_{32} + 0A_{33} + A_{34})$$

$$= \frac{1}{3}(a_{41}A_{31} + a_{42}A_{32} + a_{43}A_{33} + a_{44}A_{34})$$

$$+ 2(a_{31}A_{31} + a_{32}A_{32} + a_{33}A_{33} + a_{34}A_{34})$$

$$= 0 + 2\det \boldsymbol{A} = -12.$$

(4) $2A_{12} + 4A_{22} + 6A_{42}$

$$= 2A_{12} + 4A_{22} + 0A_{32} + 6A_{42}$$

$$= 2(A_{12} + 2A_{22} + 0A_{32} + 3A_{42})$$

$$= 2(a_{11}A_{12} + a_{21}A_{22} + a_{31}A_{32} + a_{41}A_{42}) = 0.$$

定理 1.4.5 表明行列式可以按一行 (列) 展开, 事实上, 行列式也可以按多行 (列) 展开, 这需要下面的概念.

**定义 1.4.5**　$n$ 阶方阵 $\boldsymbol{A} = (a_{ij})$ 位于第 $i_1, i_2, \cdots, i_k$ 行和第 $j_1, j_2, \cdots, j_k$ 列交叉处的元素按照它们在 $\boldsymbol{A}$ 中的相对位置构成的方阵称为 $\boldsymbol{A}$ 的一个 **$\boldsymbol{k}$ 阶子方阵**, 其行列式称为 $\boldsymbol{A}$ 的一个 **$\boldsymbol{k}$ 阶子式** (也称为行列式 $\det \boldsymbol{A}$ 的一个 **$\boldsymbol{k}$ 阶子式**), 记为

$$\det \boldsymbol{A}\begin{bmatrix} i_1 & \cdots & i_k \\ j_1 & \cdots & j_k \end{bmatrix},$$

其中, $1 \leqslant i_1 < i_2 < \cdots < i_k \leqslant n$, $1 \leqslant j_1 < j_2 < \cdots < j_k \leqslant n$.

从 $\boldsymbol{A}$ 中删除第 $i_1, i_2, \cdots, i_k$ 行和第 $j_1, j_2, \cdots, j_k$ 列余下的元素按照它们在 $\boldsymbol{A}$ 中的相对位置构成的 $n-k$ 阶行列式, 称为 $k$ 阶子式 $\det \boldsymbol{A}\begin{bmatrix} i_1 & \cdots & i_k \\ j_1 & \cdots & j_k \end{bmatrix}$ 的**余子式**, 记为

$$\det \boldsymbol{A}^c\begin{bmatrix} i_1 & \cdots & i_k \\ j_1 & \cdots & j_k \end{bmatrix}.$$

称

$$(-1)^{i_1+i_2+\cdots+i_k+j_1+j_2+\cdots+j_k} \det \boldsymbol{A}^c\begin{bmatrix} i_1 & \cdots & i_k \\ j_1 & \cdots & j_k \end{bmatrix}$$

为 $k$ 阶子式 $\det \boldsymbol{A}\begin{bmatrix} i_1 & \cdots & i_k \\ j_1 & \cdots & j_k \end{bmatrix}$ 的**代数余子式**, 记为

$$\det \boldsymbol{A}^{ac}\begin{bmatrix} i_1 & \cdots & i_k \\ j_1 & \cdots & j_k \end{bmatrix}.$$

$\boldsymbol{A}$ 的第 $i$ 行第 $j$ 列的元素 $a_{ij}$ 就是这里的一阶子式 $\det\boldsymbol{A}\begin{bmatrix} i \\ j \end{bmatrix}$, 元素 $a_{ij}$ 的余子式 $M_{ij}$ 与代数余子式 $A_{ij}$ 就是一阶子式 $\det\boldsymbol{A}\begin{bmatrix} i \\ j \end{bmatrix}$ 的余子式 $\det\boldsymbol{A}^c\begin{bmatrix} i \\ j \end{bmatrix}$ 与代数余子式 $\det\boldsymbol{A}^{ac}\begin{bmatrix} i \\ j \end{bmatrix}$. 显然位于 $i_1, i_2, \cdots, i_k$ 行的 $k$ 阶子式个数为

$$\mathrm{C}_n^k = \frac{n!}{k!\,(n-k)!}.$$

我们不经证明地给出行列式按多行 (列) 展开的定理——拉普拉斯 (Laplace) 定理.

**定理 1.4.7**(拉普拉斯定理) 对 $n$ 阶方阵 $\boldsymbol{A} = (a_{ij})$ , 任意取定方阵的某 $k$ 行, 位于这些行上的 $\mathrm{C}_n^k$ 个 $k$ 阶子式与各自的代数余子式之积的和等于方阵的行列式, 即对任意给定的 $i_1, i_2, \cdots, i_k$ 行, 有

$$\det \boldsymbol{A} = \sum_{1\leqslant j_1<j_2<\cdots<j_k\leqslant n} \det \boldsymbol{A}\begin{bmatrix} i_1 & \cdots & i_k \\ j_1 & \cdots & j_k \end{bmatrix} \det \boldsymbol{A}^{ac}\begin{bmatrix} i_1 & \cdots & i_k \\ j_1 & \cdots & j_k \end{bmatrix};$$

或者任意取定方阵的某 $k$ 列, 位于这些列上的 $\mathrm{C}_n^k$ 个 $k$ 阶子式与各自的代数余子式之积的和等于方阵的行列式, 即对任意给定 $j_1, j_2, \cdots, j_k$ 列, 有

$$\det \boldsymbol{A} = \sum_{1\leqslant i_1<i_2<\cdots<i_k\leqslant n} \det \boldsymbol{A}\begin{bmatrix} i_1 & \cdots & i_k \\ j_1 & \cdots & j_k \end{bmatrix} \det \boldsymbol{A}^{ac}\begin{bmatrix} i_1 & \cdots & i_k \\ j_1 & \cdots & j_k \end{bmatrix}.$$

显然定理 1.4.5 是拉普拉斯定理的特例.

**例 1.4.3** 设 $\boldsymbol{D} = \begin{pmatrix} \boldsymbol{A} & \boldsymbol{O} \\ \boldsymbol{B} & \boldsymbol{C} \end{pmatrix}$, 证明

$$\det \boldsymbol{D} = \det \boldsymbol{A} \det \boldsymbol{C},$$

其中 $\boldsymbol{A}, \boldsymbol{B}, \boldsymbol{C}$ 分别是 $n \times n, m \times n, m \times m$ 矩阵, $\boldsymbol{O}$ 是 $n \times m$ 零矩阵.

**证明** 当 $j_1 = 1, j_2 = 2, \cdots, j_k = n$ 时, 有

$$\det\boldsymbol{D}\begin{bmatrix} 1 & \cdots & n \\ j_1 & \cdots & j_n \end{bmatrix} = \det \boldsymbol{D}\begin{bmatrix} 1 & \cdots & n \\ 1 & \cdots & n \end{bmatrix} = \det \boldsymbol{A},$$

其对应的代数余子式为

$$\det \boldsymbol{D}^{ac}\begin{bmatrix} 1 & \cdots & n \\ j_1 & \cdots & j_n \end{bmatrix} = \det \boldsymbol{D}^{ac}\begin{bmatrix} 1 & \cdots & n \\ 1 & \cdots & n \end{bmatrix}$$

$$= (-1)^{1+2+\cdots+n+1+2+\cdots+n} \det \boldsymbol{C} = \det \boldsymbol{C}.$$

当 $j_1 = 1, j_2 = 2, \cdots, j_k = n$ 不成立时, 子式 $\det \boldsymbol{D}\begin{bmatrix} 1 & \cdots & n \\ j_1 & \cdots & j_n \end{bmatrix}$ 有零列, 故

$$\det \boldsymbol{D}\begin{bmatrix} 1 & \cdots & n \\ j_1 & \cdots & j_n \end{bmatrix} = 0,$$

由拉普拉斯定理可得

$$\det \boldsymbol{D} = \sum_{1\leqslant j_1<j_2<\cdots<j_n\leqslant n+m} \det \boldsymbol{D}\begin{bmatrix} 1 & \cdots & n \\ j_1 & \cdots & j_n \end{bmatrix} \det \boldsymbol{D}^{ac}\begin{bmatrix} 1 & \cdots & n \\ j_1 & \cdots & j_n \end{bmatrix}$$

$$= \det \boldsymbol{A} \det \boldsymbol{C} + \underbrace{0 + \cdots + 0}_{\mathrm{C}_{n+m}^{n}-1} = \det \boldsymbol{A} \det \boldsymbol{C}.$$ □

利用拉普拉斯定理也有:

(1) $\det \begin{pmatrix} \boldsymbol{A} & \boldsymbol{B} \\ \boldsymbol{O} & \boldsymbol{C} \end{pmatrix} = \det \boldsymbol{A} \det \boldsymbol{C}$, 其中 $\boldsymbol{A}, \boldsymbol{B}, \boldsymbol{C}$ 分别是 $n \times n, n \times m, m \times m$ 矩阵, $\boldsymbol{O}$ 是 $m \times n$ 零矩阵.

(2) 准对角阵 $\mathrm{diag}(\boldsymbol{A}_1, \boldsymbol{A}_2, \cdots, \boldsymbol{A}_s)$ 的行列式

$$\det \mathrm{diag}(\boldsymbol{A}_1, \boldsymbol{A}_2, \cdots, \boldsymbol{A}_s) = \det \boldsymbol{A}_1 \det \boldsymbol{A}_2 \cdots \det \boldsymbol{A}_s.$$

### 1.4.3 行列式的计算

利用前面讨论的行列式的性质给出一些行列式计算方法: 降阶法、转化为容易计算的行列式、数学归纳法、递归法.

1. 降阶法

由公式

$$\det \boldsymbol{A} = a_{i1}A_{i1} + a_{i2}A_{i2} + \cdots + a_{in}A_{in}$$

或

$$\det \boldsymbol{A} = a_{1j}A_{1j} + a_{2j}A_{2j} + \cdots + a_{nj}A_{nj},$$

可以把高阶行列式转化为低阶行列式进行计算. 为了减少代数余子式的计算个数, 通常会选择零元非常多的行或者列展开, 或者通过初等变换让某行或某列零元变得尽可能多. 事实上, 选择一个非零元, 使用初等变换总是能把该非零元所在行与列的其他元素变成零. 当然, 适当情况下也可通过拉普拉斯定理来降阶计算, 例如例 1.4.3.

**例 1.4.4** 计算 $n$ 阶行列式

$$D_n = \begin{vmatrix} a & b & 0 & \cdots & 0 & 0 \\ 0 & a & b & \cdots & 0 & 0 \\ \vdots & \vdots & \vdots & & \vdots & \vdots \\ 0 & 0 & 0 & \cdots & a & b \\ b & 0 & 0 & \cdots & 0 & a \end{vmatrix}.$$

**解** 按第一列展开, 有

$$D_n = a \times (-1)^{1+1} \begin{vmatrix} a & b & 0 & \cdots & 0 & 0 \\ 0 & a & b & \cdots & 0 & 0 \\ \vdots & \vdots & \vdots & & \vdots & \vdots \\ 0 & 0 & 0 & \cdots & a & b \\ 0 & 0 & 0 & \cdots & 0 & a \end{vmatrix} + b \times (-1)^{n+1} \begin{vmatrix} b & 0 & 0 & \cdots & 0 & 0 \\ a & b & 0 & \cdots & 0 & 0 \\ \vdots & \vdots & \vdots & & \vdots & \vdots \\ 0 & 0 & 0 & \cdots & b & 0 \\ 0 & 0 & 0 & \cdots & a & b \end{vmatrix}$$

$$= a \times (-1)^{1+1} a^{n-1} + b \times (-1)^{n+1} b^{n-1} = a^n + (-1)^{n+1} b^n.$$

**例 1.4.5** 计算 $n$ 阶行列式

$$D_n = \begin{vmatrix} 1 & 2 & 2 & \cdots & 2 & 2 \\ 2 & 2 & 2 & \cdots & 2 & 2 \\ \vdots & \vdots & \vdots & & \vdots & \vdots \\ 2 & 2 & 2 & \cdots & n-1 & 2 \\ 2 & 2 & 2 & \cdots & 2 & n \end{vmatrix}.$$

**解** 把行列式的第二行的 $(-1)$ 倍分别加到第 $1, 3, \cdots, n$ 行, 则

$$D=\begin{vmatrix} -1 & 0 & 0 & \cdots & 0 & 0 \\ 2 & 2 & 2 & \cdots & 2 & 2 \\ 0 & 0 & 1 & \cdots & 0 & 0 \\ \vdots & \vdots & \vdots & & \vdots & \vdots \\ 0 & 0 & 0 & \cdots & n-3 & 0 \\ 0 & 0 & 0 & \cdots & 0 & n-2 \end{vmatrix}.$$

再按第一行展开,

$$D=(-1)\times(-1)^{1+1}\begin{vmatrix} 2 & 2 & 2 & \cdots & 2 & 2 \\ 0 & 1 & 0 & \cdots & 2 & 2 \\ 0 & 0 & 2 & \cdots & 0 & 0 \\ \vdots & \vdots & \vdots & & \vdots & \vdots \\ 0 & 0 & 0 & \cdots & n-3 & 0 \\ 0 & 0 & 0 & \cdots & 0 & n-2 \end{vmatrix}=-2(n-2)!.$$

2. 转化为容易计算的行列式

三角矩阵的行列式容易计算, 其值等于主对角线上元素的乘积. 任何方阵通过初等变换总能变换成三角矩阵, 这就提供了一种计算行列式的方法. 在后继的学习中我们还会掌握一些其他特殊行列式的值, 例如范德蒙德行列式, 若有可能也可转化成这些已知行列式值的行列式来计算.

**例 1.4.6** 计算

$$D=\begin{vmatrix} -1 & 1 & 2 & 1 \\ 1 & -1 & 2 & 1 \\ 2 & 0 & 2 & -1 \\ 3 & 1 & -2 & 1 \end{vmatrix}.$$

**解** 分别将行列式 $D$ 的第 1 行的 1 倍、2 倍、3 倍加到第 2, 3, 4 行, 有

$$D=\begin{vmatrix} -1 & 1 & 2 & 1 \\ 0 & 0 & 4 & 2 \\ 0 & 2 & 6 & 1 \\ 0 & 4 & 4 & 4 \end{vmatrix},$$

提出第 4 行的公因子 4, 并交换第 2 行与第 4 行, 有

$$D=-4\begin{vmatrix}-1&1&2&1\\0&1&1&1\\0&2&6&1\\0&0&4&2\end{vmatrix},$$

将第 2 行的 $-2$ 倍加到第 3 行, 得

$$D=-4\begin{vmatrix}-1&1&2&1\\0&1&1&1\\0&0&4&-1\\0&0&4&2\end{vmatrix},$$

将第 3 行的 $-1$ 倍加到第 4 行, 有

$$D=-4\begin{vmatrix}-1&1&2&1\\0&1&1&1\\0&0&4&-1\\0&0&0&3\end{vmatrix}=48.$$

通过这个例子, 请读者体会如何使用初等变换将行列式化为上三角行列式.

**例 1.4.7** 计算 $n$ 阶行列式

$$D_n=\begin{vmatrix}x+1&x&x&\cdots&x\\x&x+2&x&\cdots&x\\x&x&x+3&\cdots&x\\\vdots&\vdots&\vdots&&\vdots\\x&x&x&\cdots&x+n\end{vmatrix}.$$

**解** 分别将行列式 $D$ 的第 1 行的 $-1$ 倍加到第 $2,3,\cdots,n$ 行, 有

$$D=\begin{vmatrix}x+1&x&x&\cdots&x\\-1&2&0&\cdots&0\\-1&0&3&\cdots&0\\\vdots&\vdots&\vdots&&\vdots\\-1&0&0&\cdots&n\end{vmatrix}.$$

上面这种类型的行列式称为箭形行列式. 将该行列式的第 $j$ 列的 $\frac{1}{j}$ 倍加到第 1 列, $j=2,3,\cdots,n$, 则

$$D=\begin{vmatrix} 1+\sum_{j=1}^{n}\frac{x}{j} & x & x & \cdots & x \\ 0 & 2 & 0 & \cdots & 0 \\ 0 & 0 & 3 & \cdots & 0 \\ \vdots & \vdots & \vdots & & \vdots \\ 0 & 0 & 0 & \cdots & n \end{vmatrix}=\left(1+\sum_{j=1}^{n}\frac{x}{j}\right)n!.$$

**例 1.4.8**　计算 $n$ 阶行列式

$$D_{n+1}=\begin{vmatrix} x & a_1 & a_2 & \cdots & a_n \\ a_1 & x & a_2 & \cdots & a_n \\ a_1 & a_2 & x & \cdots & a_n \\ \vdots & \vdots & \vdots & & \vdots \\ a_1 & a_2 & a_3 & \cdots & x \end{vmatrix}.$$

**解**　将 $D_{n+1}$ 的其余各列加到第 1 列后提出第一列的公因子, 有

$$D_{n+1}=\begin{vmatrix} x+\sum_{j=1}^{n}a_j & a_1 & a_2 & \cdots & a_n \\ x+\sum_{j=1}^{n}a_j & x & a_2 & \cdots & a_n \\ x+\sum_{j=1}^{n}a_j & a_2 & x & \cdots & a_n \\ \vdots & \vdots & \vdots & & \vdots \\ x+\sum_{j=1}^{n}a_j & a_2 & a_3 & \cdots & x \end{vmatrix}=\left(x+\sum_{j=1}^{n}a_j\right)\begin{vmatrix} 1 & a_1 & a_2 & \cdots & a_n \\ 1 & x & a_2 & \cdots & a_n \\ 1 & a_2 & x & \cdots & a_n \\ \vdots & \vdots & \vdots & & \vdots \\ 1 & a_2 & a_3 & \cdots & x \end{vmatrix},$$

然后将行列式的第 1 列的 $-a_{i-1}$ 倍加到第 $i$ 列, $i=2,3,\cdots,n+1$, 有

$$D_{n+1}=\left(x+\sum_{j=1}^{n}a_j\right)\begin{vmatrix}1 & 0 & 0 & \cdots & 0\\ 1 & x-a_1 & 0 & \cdots & 0\\ 1 & a_2-a_1 & x-a_2 & \cdots & 0\\ \vdots & \vdots & \vdots & & \vdots\\ 1 & a_2-a_1 & a_3-a_2 & \cdots & x-a_n\end{vmatrix}$$

$$=\left(x+\sum_{j=1}^{n}a_j\right)\prod_{j=1}^{n}(x-a_j).$$

本例为行和相等的行列式, 注意这类行列式的处理技巧.

3. 数学归纳法

**例 1.4.9** 形如

$$\boldsymbol{V}_n(a_1,a_2,\cdots,a_n)=\begin{pmatrix}1 & 1 & 1 & 1 & 1\\ a_1 & a_2 & a_3 & \cdots & a_n\\ a_1^2 & a_2^2 & a_3^2 & \cdots & a_n^2\\ \vdots & \vdots & \vdots & & \vdots\\ a_1^{n-1} & a_2^{n-1} & a_3^{n-1} & \cdots & a_n^{n-1}\end{pmatrix}$$

的 $n$ 阶方阵称为**范德蒙德** (Vandermonde) 方阵, 称其行列式为**范德蒙德行列式**. 证明

$$\det\boldsymbol{V}_n(a_1,a_2,\cdots,a_n)=\prod_{1\leqslant i<j\leqslant n}(a_j-a_i).$$

**证明** 当 $n=2$ 时,

$$\det\boldsymbol{V}_2(a_1,a_2)=\begin{vmatrix}1 & 1\\ a_1 & a_2\end{vmatrix}=a_2-a_1,$$

这表明当 $n=2$ 时结论成立.

假设结论对 $n-1$ 阶范德蒙德方阵成立. 对 $n$ 阶范德蒙德方阵施行初等行变换: 第 $n$ 行减去第 $n-1$ 的 $a_1$ 倍, 第 $n-1$ 行减去第 $n-2$ 的 $a_1$ 倍, 即由下而上

依次从每一行减去它上一行的 $a_1$ 倍, 则

$$
\begin{aligned}
&\det \boldsymbol{V}_n(a_1,a_2,\cdots,a_n)\\
=&\begin{vmatrix}
1 & 1 & 1 & \cdots & 1\\
0 & a_2-a_1 & a_3-a_1 & \cdots & a_n-a_1\\
0 & a_2(a_2-a_1) & a_3(a_3-a_1) & \cdots & a_n(a_n-a_1)\\
0 & a_2^2(a_2-a_1) & a_3^2(a_3-a_1) & \cdots & a_n^2(a_n-a_1)\\
\vdots & \vdots & \vdots & & \vdots\\
0 & a_2^{n-2}(a_2-a_1) & a_3^{n-2}(a_3-a_1) & \cdots & a_n^{n-2}(a_n-a_1)
\end{vmatrix}\\
=&\begin{vmatrix}
a_2-a_1 & a_3-a_1 & \cdots & a_n-a_1\\
a_2(a_2-a_1) & a_3(a_3-a_1) & \cdots & a_n(a_n-a_1)\\
a_2^2(a_2-a_1) & a_3^2(a_3-a_1) & \cdots & a_n^2(a_n-a_1)\\
\vdots & \vdots & & \vdots\\
a_2^{n-2}(a_2-a_1) & a_3^{n-2}(a_3-a_1) & \cdots & a_n^{n-2}(a_n-a_1)
\end{vmatrix}\\
=&\prod_{2\leqslant j\leqslant n}(a_j-a_1)\begin{vmatrix}
1 & 1 & \cdots & 1\\
a_2 & a_3 & \cdots & a_n\\
a_2^2 & a_3^2 & \cdots & a_n^2\\
\vdots & \vdots & & \vdots\\
a_2^{n-2} & a_3^{n-2} & \cdots & a_n^{n-2}
\end{vmatrix}\\
=&\prod_{2\leqslant j\leqslant n}(a_j-a_1)\prod_{2\leqslant i<j\leqslant n}(a_j-a_i)=\prod_{1\leqslant i<j\leqslant n}(a_j-a_i).
\end{aligned}
$$

由数学归纳法可得

$$
\det \boldsymbol{V}_n(a_1,a_2,\cdots,a_n)=\prod_{1\leqslant i<j\leqslant n}(a_j-a_i).
$$

□

**思考** 计算 $D=\begin{vmatrix}
1 & 1 & 1 & 1\\
x_1(x_1-1) & x_2(x_2-1) & x_3(x_3-1) & x_4(x_4-1)\\
x_1^2(x_1-1) & x_2^2(x_2-1) & x_3^2(x_3-1) & x_4^2(x_4-1)\\
x_1^3(x_1-1) & x_2^3(x_2-1) & x_3^3(x_3-1) & x_4^3(x_4-1)
\end{vmatrix}$.

**提示** 将第一行写成 $(x_1-(x_1-1), x_2-(x_2-1), x_3-(x_3-1), x_4-(x_4-1))$, 对第一行使用行列式的线性性质将其拆成两个行列式的和, 对两个新的行列式使用初等变换将其变为范德蒙德行列式, 使用范德蒙德行列式的值的公式可求解.

若行列式值没有给出, 使用数学归纳法计算 $n$ 阶行列式步骤是: 先计算几个低阶行列式, 在此基础上猜测 $n$ 阶行列式的值, 然后使用数学归纳法证明.

4. 递归法

**例 1.4.10** 计算

$$D_n=\begin{vmatrix} x & -1 & 0 & \cdots & 0 & 0 \\ 0 & x & -1 & \cdots & 0 & 0 \\ \vdots & \vdots & \vdots & & \vdots & \vdots \\ 0 & 0 & 0 & \cdots & x & -1 \\ a_n & a_{n-1} & a_{n-2} & \cdots & a_2 & a_1+x \end{vmatrix}.$$

**解** 按第一列展开得

$$\begin{aligned} D_n &= x\times(-1)^{1+1}\begin{vmatrix} x & -1 & 0 & \cdots & 0 & 0 \\ 0 & x & -1 & \cdots & 0 & 0 \\ \vdots & \vdots & \vdots & & \vdots & \vdots \\ 0 & 0 & 0 & \cdots & x & -1 \\ a_{n-1} & a_{n-2} & a_{n-3} & \cdots & a_2 & a_1+x \end{vmatrix} \\ &\quad + a_n\times(-1)^{n+1}\begin{vmatrix} -1 & 0 & \cdots & 0 & 0 \\ x & -1 & \cdots & 0 & 0 \\ \vdots & \vdots & & \vdots & \vdots \\ 0 & 0 & \cdots & x & -1 \end{vmatrix} \\ &= xD_{n-1}+a_n, \end{aligned}$$

即 $D_n$ 满足递推关系式

$$D_n=xD_{n-1}+a_n.$$

于是有

$$\begin{aligned} D_n &= xD_{n-1}+a_n \\ &= x\left(xD_{n-2}+a_{n-1}\right)+a_n=x^2D_{n-2}+a_{n-1}x+a_n \\ &= \cdots \\ &= x^{n-2}D_2+a_3x^{n-3}+\cdots+a_{n-1}x+a_n \\ &= x^n+a_1x^{n-1}+\cdots+a_{n-1}x+a_n. \end{aligned}$$

## 习 题 1.4

1. 确定下列 6 级排列中的 $m, n$, 使得

(1) $14m3n5$ 为偶排列;

(2) $2m53n6$ 为奇排列.

2. 确定 5 阶行列式展开式中项 $a_{21}a_{13}a_{32}a_{54}a_{45}$ 的符号.

3. 确定多项式

$$f(x)=\begin{vmatrix} 3x & 2x & 3 & 1 \\ 1 & x & 1 & -2 \\ 3 & 2 & 3x & 1 \\ 1 & 0 & 1 & x \end{vmatrix}$$

中 $x^4, x^3$ 的系数.

4. 求 $a, b$ 使得

$$\begin{vmatrix} a & b & 0 \\ -b & a & 0 \\ -1 & 0 & -1 \end{vmatrix}=0.$$

5. 若

$$\begin{vmatrix} 3 & 0 & 2 \\ x & y & z \\ 1 & 1 & 1 \end{vmatrix}=3,$$

计算以下行列式:

(1) $\begin{vmatrix} x & y & z \\ 12 & 0 & 8 \\ 1 & 1 & 1 \end{vmatrix}$;

(2) $\begin{vmatrix} 9 & 0 & 2 \\ -6x & -2y & -2z \\ 3 & 1 & 1 \end{vmatrix}$;

(3) $\begin{vmatrix} 1 & -2 & 0 \\ x-1 & y-1 & z-1 \\ 1 & 1 & 1 \end{vmatrix}$.

6. 设 $\boldsymbol{A}$ 是四阶方阵且 $\det \boldsymbol{A}=2$, $\boldsymbol{A}$ 按列分块为 $\boldsymbol{A}=(\boldsymbol{\alpha}_1, \boldsymbol{\alpha}_2, \boldsymbol{\alpha}_3, \boldsymbol{\alpha}_4)$, 计算

$$\det(\boldsymbol{\alpha}_1+\boldsymbol{\alpha}_2,\ 2\boldsymbol{\alpha}_1,\ \boldsymbol{\alpha}_4,\ \boldsymbol{\alpha}_3).$$

7. 证明奇数阶反对称矩阵的行列式为零.

8. 已知 1365, 2743, 4056, 6695, 5356 都能被 13 整除, 证明行列式

$$\begin{vmatrix} 1 & 1 & 3 & 6 & 5 \\ 2 & 2 & 7 & 4 & 3 \\ 3 & 4 & 0 & 5 & 6 \\ 4 & 6 & 6 & 9 & 5 \\ 5 & 5 & 3 & 5 & 6 \end{vmatrix}$$

也能被 13 整除.

9. 证明:

$$\begin{vmatrix} ax+by & ay+bz & az+bx \\ ay+bz & az+bx & ax+by \\ az+bx & ax+by & ay+bz \end{vmatrix} = (a^3+b^3)\begin{vmatrix} x & y & z \\ y & z & x \\ z & x & y \end{vmatrix}.$$

10. 设行列式 $\det \boldsymbol{A}$ 的第一行元素分别为 $1,-1,3,4$, 第一行的余子式依次为 $2,-3,4,1$, 第二行的余子式依次为 1, $a$, 3, 2, 计算 $\det \boldsymbol{A}$ 及 $a$ 的值.

11. 已知

$$\begin{vmatrix} 1 & 2 & 3 & 4 & 5 \\ 2 & 2 & 2 & 1 & 1 \\ 3 & 1 & 2 & 4 & 5 \\ 1 & 1 & 1 & 2 & 2 \\ 4 & 3 & 1 & 5 & 0 \end{vmatrix} = 27,$$

设 $A_{ij}$ 是行列式第 $i$ 行第 $j$ 列的元素 $a_{ij}$ 的代数余子式, 计算

(1) $3A_{12}+2A_{22}+2A_{32}+A_{42}+A_{52}$;

(2) $A_{41}+A_{42}+A_{43}$ 和 $A_{44}+A_{45}$;

(3) $A_{31}+A_{32}+A_{33}$ 和 $A_{34}+A_{35}$.

12. 已知 $n$ 阶方阵 $\boldsymbol{A},\boldsymbol{B}$ 的行列式值分别为 $2,3$, 计算

$$\det\begin{pmatrix} \boldsymbol{O} & \boldsymbol{A} \\ \boldsymbol{B} & \boldsymbol{D} \end{pmatrix},$$

其中 $\boldsymbol{D}$ 是 $n$ 阶方阵.

13. 计算下列行列式:

(1) $\begin{vmatrix} 1 & 2 & 3 & 4 \\ 2 & 3 & 4 & 1 \\ 3 & 4 & 1 & 2 \\ 4 & 1 & 2 & 3 \end{vmatrix}$;

(2) $\begin{vmatrix} 1 & -1 & 1 & 1 \\ 1 & -1 & -1 & -1 \\ 1 & 1 & -1 & -1 \\ 1 & 1 & 1 & -1 \end{vmatrix}$;

(3) $\begin{vmatrix} 2 & 1 & 3 & 2 \\ 3 & 0 & 1 & -2 \\ 1 & -1 & 4 & 3 \\ 2 & 2 & -1 & 1 \end{vmatrix}$.

14. 计算 $n\,(n \geqslant 3)$ 阶行列式 $\begin{vmatrix} x & 0 & 0 & \cdots & 0 & y \\ y & x & 0 & \cdots & 0 & 0 \\ 0 & y & x & \cdots & 0 & 0 \\ \vdots & \vdots & \vdots & & \vdots & \vdots \\ 0 & 0 & 0 & \cdots & x & 0 \\ 0 & 0 & 0 & \cdots & y & x \end{vmatrix}$.

15. 计算行列式 $\begin{vmatrix} 1+a_1 & 1 & \cdots & 1 \\ 2 & 2+a_2 & \cdots & 2 \\ \vdots & \vdots & & \vdots \\ n & n & \cdots & n+a_n \end{vmatrix}$, 其中 $a_1a_2\cdots a_n \neq 0$.

16. 求 $n$ 阶行列式 $\begin{vmatrix} x & a & \cdots & a \\ a & x & \cdots & a \\ \vdots & \vdots & & \vdots \\ a & a & \cdots & x \end{vmatrix}$ 的第 $i$ 行代数余子式之和, 其中 $(n-1)\,a+x \neq 0$.

17. 计算 $n+1$ 阶行列式

$$\begin{vmatrix} a^n & (a-1)^n & \cdots & (a-n)^n \\ a^{n-1} & (a-1)^{n-1} & \cdots & (a-n)^{n-1} \\ \vdots & \vdots & & \vdots \\ a & a-1 & \cdots & a-n \\ 1 & 1 & \cdots & 1 \end{vmatrix}.$$

## 1.5 矩阵的可逆性

本节首先给出矩阵可逆的定义, 然后用行列式给出矩阵可逆的充分必要条件以及求逆矩阵的方法, 最后讨论可逆矩阵的一些性质.

### 1.5.1 矩阵可逆的定义

**定义 1.5.1** 对于矩阵 $\boldsymbol{A}$, 如果存在矩阵 $\boldsymbol{B}$, 使得

$$\boldsymbol{AB} = \boldsymbol{BA} = \boldsymbol{E},$$

则称矩阵 $\boldsymbol{A}$ **可逆**, 并将矩阵 $\boldsymbol{B}$ 称为 $\boldsymbol{A}$ 的**逆矩阵**. 否则就称矩阵 $\boldsymbol{A}$ **不可逆**.

如果矩阵 $\boldsymbol{A}$ 是可逆的, 则 $\boldsymbol{A}$ 的逆矩阵唯一. 这是因为, 若 $\boldsymbol{B}_1, \boldsymbol{B}_2$ 都是 $\boldsymbol{A}$ 的逆矩阵, 则

$$\boldsymbol{B}_1 = \boldsymbol{B}_1\boldsymbol{E} = \boldsymbol{B}_1(\boldsymbol{A}\boldsymbol{B}_2) = (\boldsymbol{B}_1\boldsymbol{A})\boldsymbol{B}_2 = \boldsymbol{E}\boldsymbol{B}_2 = \boldsymbol{B}_2.$$

今后记矩阵 $\boldsymbol{A}$ 的逆矩阵为 $\boldsymbol{A}^{-1}$, 即若 $\boldsymbol{AB} = \boldsymbol{BA} = \boldsymbol{E}$, 则 $\boldsymbol{B} = \boldsymbol{A}^{-1}$.

**注 1.5.1** (1) 设 $\boldsymbol{A}$ 是 $n \times m$ 矩阵, $\boldsymbol{B}$ 是 $s \times t$ 矩阵, 由 $\boldsymbol{AB} = \boldsymbol{BA} = \boldsymbol{E}$, 可得 $n = m = s = t$, 这表明如果矩阵可逆, 它首先是方阵, 不是方阵的矩阵一定不可逆.

(2) 若 $\boldsymbol{A}$ 可逆且其逆矩阵为 $\boldsymbol{B}$, 由定义可知 $\boldsymbol{B}$ 也可逆且 $\boldsymbol{B}$ 的逆矩阵为 $\boldsymbol{A}$, 即 $\boldsymbol{A}, \boldsymbol{B}$ 互为逆矩阵.

(3) 单位矩阵 $\boldsymbol{E}$ 可逆且其逆矩阵就是其自身, 这是因为 $\boldsymbol{EE} = \boldsymbol{E}$.

(4) 一般情况下由 $\boldsymbol{AB} = \boldsymbol{AC}$ 不能得出 $\boldsymbol{B} = \boldsymbol{C}$, 但若 $\boldsymbol{A}$ 可逆, 则有 $\boldsymbol{B} = \boldsymbol{C}$. 这是因为 $\boldsymbol{A}$ 可逆, 则 $\boldsymbol{A}^{-1}$ 存在, 故 $\boldsymbol{A}^{-1}(\boldsymbol{AB}) = \boldsymbol{A}^{-1}(\boldsymbol{AC})$, 运用结合律有 $(\boldsymbol{A}^{-1}\boldsymbol{A})\boldsymbol{B} = (\boldsymbol{A}^{-1}\boldsymbol{A})\boldsymbol{C}$, 得 $\boldsymbol{EB} = \boldsymbol{EC}$, 即 $\boldsymbol{B} = \boldsymbol{C}$. 同理, 由 $\boldsymbol{BA} = \boldsymbol{CA}$ 且 $\boldsymbol{A}$ 可逆可得 $\boldsymbol{B} = \boldsymbol{C}$, 但不能由 $\boldsymbol{A}$ 可逆且 $\boldsymbol{BA} = \boldsymbol{AC}$ 得 $\boldsymbol{B} = \boldsymbol{C}$.

**例 1.5.1** $\boldsymbol{A} = \begin{pmatrix} 1 & 1 \\ 0 & 1 \end{pmatrix}$, $\boldsymbol{B} = \begin{pmatrix} 1 & -1 \\ 0 & 1 \end{pmatrix}$ 满足 $\boldsymbol{AB} = \boldsymbol{BA} = \boldsymbol{E}$, 故 $\boldsymbol{A}$ 可逆且其逆矩阵为 $\boldsymbol{B}$.

显然, 零方阵是不可逆的, 也存在非零方阵不可逆, 例如由

$$\begin{pmatrix} 1 & 0 \\ 0 & 0 \end{pmatrix}\begin{pmatrix} a & b \\ c & d \end{pmatrix} = \begin{pmatrix} a & b \\ 0 & 0 \end{pmatrix} \neq \boldsymbol{E},$$

可知非零方阵 $\begin{pmatrix} 1 & 0 \\ 0 & 0 \end{pmatrix}$ 不可逆. 一般地, 若矩阵的某一行 (列) 全为零, 那么它一定不可逆.

### 1.5.2 方阵的可逆性

方阵满足什么条件是可逆的呢? 对 $2 \times 2$ 矩阵 $\begin{pmatrix} a & b \\ c & d \end{pmatrix}$ 而言, 容易算出

$$\begin{pmatrix} a & b \\ c & d \end{pmatrix}\begin{pmatrix} d & -b \\ -c & a \end{pmatrix} = \begin{pmatrix} d & -b \\ -c & a \end{pmatrix}\begin{pmatrix} a & b \\ c & d \end{pmatrix} = (ad - bc)\boldsymbol{E}, \qquad (1.5.1)$$

当 $ad-bc\neq 0$, 即矩阵的行列式不为零时, 有

$$\begin{pmatrix} a & b \\ c & d \end{pmatrix}\left[\frac{1}{(ad-bc)}\begin{pmatrix} d & -b \\ -c & a \end{pmatrix}\right]=\left[\frac{1}{(ad-bc)}\begin{pmatrix} d & -b \\ -c & a \end{pmatrix}\right]\begin{pmatrix} a & b \\ c & d \end{pmatrix}=\boldsymbol{E}.$$

这表明当 $2\times 2$ 矩阵其行列式不为零时它是可逆的, 且能求出其逆矩阵. 得到上述答案的关键是矩阵 $\begin{pmatrix} d & -b \\ -c & a \end{pmatrix}$, 该矩阵与 $\begin{pmatrix} a & b \\ c & d \end{pmatrix}$ 有什么关系? 引入伴随矩阵的概念就能给出回答, 任意阶方阵与其伴随矩阵有同样的 (1.5.1) 关系, 故能由方阵的行列式是否为零给出方阵的可逆性.

**定义 1.5.2** 设 $\boldsymbol{A}=(a_{ij})_{n\times n}$, $A_{ij}$ 是元素 $a_{ij}$ 的代数余子式, 矩阵

$$\begin{pmatrix} A_{11} & A_{21} & \cdots & A_{n1} \\ A_{12} & A_{22} & \cdots & A_{n2} \\ \vdots & \vdots & & \vdots \\ A_{1n} & A_{2n} & \cdots & A_{nn} \end{pmatrix}$$

称为 $\boldsymbol{A}$ 的**伴随矩阵**, 矩阵 $\boldsymbol{A}$ 的伴随矩阵通常记为 $\boldsymbol{A}^*$.

**例 1.5.2** 设

$$\boldsymbol{A}=\begin{pmatrix} 2 & 0 & 0 \\ 1 & 2 & 1 \\ 0 & 1 & 1 \end{pmatrix},$$

求 $\boldsymbol{A}^*$.

**解** 计算可得

$$\begin{aligned} &A_{11}=1, \quad A_{12}=-1, \quad A_{13}=1, \\ &A_{21}=0, \quad A_{22}=2, \quad A_{23}=-2, \\ &A_{31}=0, \quad A_{32}=-2, \quad A_{33}=4. \end{aligned}$$

故

$$\boldsymbol{A}^*=\begin{pmatrix} 1 & 0 & 0 \\ -1 & 2 & -2 \\ 1 & -2 & 4 \end{pmatrix}.$$

$\begin{pmatrix} d & -b \\ -c & a \end{pmatrix}$ 是 $\begin{pmatrix} a & b \\ c & d \end{pmatrix}$ 的伴随矩阵. 利用行列式的性质, 我们可以得到任意阶方阵与其伴随矩阵有 (1.5.1) 的关系.

**定理 1.5.1** 设 $\boldsymbol{A}^*$ 是 $\boldsymbol{A}$ 的伴随矩阵, 则

$$\boldsymbol{A}\boldsymbol{A}^* = \boldsymbol{A}^*\boldsymbol{A} = \begin{pmatrix} \det \boldsymbol{A} & 0 & \cdots & 0 \\ 0 & \det \boldsymbol{A} & \cdots & 0 \\ \vdots & \vdots & & \vdots \\ 0 & 0 & \cdots & \det \boldsymbol{A} \end{pmatrix} = (\det \boldsymbol{A})\,\boldsymbol{E}.$$

**证明** 设 $\boldsymbol{A} = (a_{ij})_{n\times n}$, $A_{ij}$ 是元素 $a_{ij}$ 的代数余子式, $\boldsymbol{C} = (c_{ij}) = \boldsymbol{A}\boldsymbol{A}^*$, 则

$$c_{ij} = a_{i1}A_{j1} + a_{i2}A_{j2} + \cdots + a_{in}A_{jn} = \sum_{k=1}^{n} a_{ik}A_{jk} = \begin{cases} \det \boldsymbol{A}, & i = j, \\ 0, & i \neq j, \end{cases}$$

这表明 $\boldsymbol{A}\boldsymbol{A}^* = (\det \boldsymbol{A})\,\boldsymbol{E}$.

同理可证明

$$\boldsymbol{A}^*\boldsymbol{A} = (\det \boldsymbol{A})\,\boldsymbol{E}. \qquad \square$$

由该定理可以得到方阵可逆的充分必要条件, 同时也能得到一个求逆矩阵的方法.

**定理 1.5.2** 方阵 $\boldsymbol{A}$ 可逆当且仅当 $\det \boldsymbol{A} \neq 0$, 且 $\boldsymbol{A}$ 可逆时有

$$\boldsymbol{A}^{-1} = \frac{1}{\det \boldsymbol{A}}\boldsymbol{A}^*,$$

其中 $\boldsymbol{A}^*$ 是 $\boldsymbol{A}$ 的伴随矩阵.

**证明** 若 $\det \boldsymbol{A} \neq 0$, 由 $\boldsymbol{A}\boldsymbol{A}^* = \boldsymbol{A}^*\boldsymbol{A} = (\det\boldsymbol{A})\,\boldsymbol{E}$ 可得

$$\boldsymbol{A}\left(\frac{1}{\det \boldsymbol{A}}\boldsymbol{A}^*\right) = \left(\frac{1}{\det \boldsymbol{A}}\boldsymbol{A}^*\right)\boldsymbol{A} = \boldsymbol{E},$$

即 $\boldsymbol{A}$ 可逆且

$$\boldsymbol{A}^{-1} = \frac{1}{\det \boldsymbol{A}}\boldsymbol{A}^*.$$

反之若 $\boldsymbol{A}$ 可逆, 则存在方阵 $\boldsymbol{B}$ 满足 $\boldsymbol{A}\boldsymbol{B} = \boldsymbol{E}$, 又

$$\det \boldsymbol{A} \det \boldsymbol{B} = \det \boldsymbol{A}\boldsymbol{B} = \det \boldsymbol{E} = 1,$$

这表明

$$\det \boldsymbol{A} \neq 0. \qquad \square$$

由定理证明过程可得如下推论.

**推论 1.5.1**　若矩阵 $\boldsymbol{A}$ 可逆, 则 $\det \boldsymbol{A}^{-1} = (\det \boldsymbol{A})^{-1}$.

**例 1.5.3**　设

$$\boldsymbol{A} = \begin{pmatrix} 2 & 0 & 0 \\ 1 & 2 & 1 \\ 0 & 1 & 1 \end{pmatrix},$$

判断 $\boldsymbol{A}$ 是否可逆, 若可逆求出其逆矩阵 $\boldsymbol{A}^{-1}$.

**解**　计算可得 $\det \boldsymbol{A} = 2$, 故 $\boldsymbol{A}$ 可逆, 且由于

$$\boldsymbol{A}^* = \begin{pmatrix} 1 & 0 & 0 \\ -1 & 2 & -2 \\ 1 & -2 & 4 \end{pmatrix},$$

故

$$\boldsymbol{A}^{-1} = \frac{1}{2}\begin{pmatrix} 1 & 0 & 0 \\ -1 & 2 & -2 \\ 1 & -2 & 4 \end{pmatrix}.$$

**思考**　(1) 若 $\boldsymbol{A}$ 可逆, 其伴随矩阵 $\boldsymbol{A}^*$ 是否可逆?

(2) 若 $\boldsymbol{A}$ 不可逆, 其伴随矩阵 $\boldsymbol{A}^*$ 可逆吗?

### 1.5.3　逆矩阵的性质

**命题 1.5.1**　$n$ 阶方阵 $\boldsymbol{A}$ 可逆当且仅当存在 $n$ 阶方阵 $\boldsymbol{B}$ 满足

$$\boldsymbol{AB} = \boldsymbol{E},$$

且

$$\boldsymbol{A}^{-1} = \boldsymbol{B}.$$

**证明**　必要性显然. 现证明充分性.

由 $\det \boldsymbol{A} \det \boldsymbol{B} = \det \boldsymbol{AB} = \det \boldsymbol{E} = 1$ 可得 $\det \boldsymbol{A} \neq 0$, 故 $\boldsymbol{A}$ 可逆, 从而 $\boldsymbol{A}^{-1}$ 存在, 于是 $\boldsymbol{A}^{-1}(\boldsymbol{AB}) = \boldsymbol{A}^{-1}\boldsymbol{E}$, 即

$$\boldsymbol{A}^{-1} = \boldsymbol{B}.$$ □

命题中 $\boldsymbol{A}, \boldsymbol{B}$ 是方阵这个条件不可少, 如 $\boldsymbol{A} = \begin{pmatrix} 1 & 2 & 1 \\ 0 & 1 & 1 \end{pmatrix}$, $\boldsymbol{B} = \begin{pmatrix} 1 & -1 \\ 0 & 0 \\ 0 & 1 \end{pmatrix}$ 满足 $\boldsymbol{AB} = \boldsymbol{E}$, 但 $\boldsymbol{A}$ 不是方阵, 当然不可逆. 命题与定义相比, 定义要求 $\boldsymbol{AB} =$

$\boldsymbol{BA}$, 就是保证 $\boldsymbol{A},\boldsymbol{B}$ 是方阵. 由命题可知若 $\boldsymbol{A}$, $\boldsymbol{B}$ 是方阵且 $\boldsymbol{AB}=\boldsymbol{E}$, 必然有 $\boldsymbol{AB}=\boldsymbol{BA}$.

**例 1.5.4** 设方阵 $\boldsymbol{A}$ 满足 $\boldsymbol{A}^2-2\boldsymbol{A}-3\boldsymbol{E}=\boldsymbol{O}$, 试证 $\boldsymbol{A},\boldsymbol{A}-2\boldsymbol{E},\boldsymbol{A}+2\boldsymbol{E}$ 都是可逆矩阵, 并求它们的逆矩阵.

**证明** 由 $\boldsymbol{A}^2-2\boldsymbol{A}-3\boldsymbol{E}=\boldsymbol{O}$ 得 $\boldsymbol{A}(\boldsymbol{A}-2\boldsymbol{E})=3\boldsymbol{E}$, 于是有

$$\boldsymbol{A}\left[\frac{1}{3}(\boldsymbol{A}-2\boldsymbol{E})\right]=\boldsymbol{E},\quad \left(\frac{1}{3}\boldsymbol{A}\right)(\boldsymbol{A}-2\boldsymbol{E})=\boldsymbol{E}.$$

由命题可知 $\boldsymbol{A},\boldsymbol{A}-2\boldsymbol{E}$ 可逆, 且

$$\boldsymbol{A}^{-1}=\frac{1}{3}(\boldsymbol{A}-2\boldsymbol{E}),\quad (\boldsymbol{A}-2\boldsymbol{E})^{-1}=\frac{1}{3}\boldsymbol{A}.$$

另外, 由 $\boldsymbol{A}^2-2\boldsymbol{A}-3\boldsymbol{E}=\boldsymbol{O}$ 得

$$(\boldsymbol{A}+2\boldsymbol{E})(\boldsymbol{A}-4\boldsymbol{E})=\boldsymbol{A}^2-2\boldsymbol{A}-8\boldsymbol{E}=-5\boldsymbol{E},$$

由此可得

$$\left[\left(-\frac{1}{5}\right)(\boldsymbol{A}+2\boldsymbol{E})\right](\boldsymbol{A}-4\boldsymbol{E})=\boldsymbol{E},\quad (\boldsymbol{A}+2\boldsymbol{E})\left[\left(-\frac{1}{5}\right)(\boldsymbol{A}-4\boldsymbol{E})\right]=\boldsymbol{E}.$$

这表明 $\boldsymbol{A}+2\boldsymbol{E}$ 和 $\boldsymbol{A}-4\boldsymbol{E}$ 都是可逆矩阵, 且

$$(\boldsymbol{A}-4\boldsymbol{E})^{-1}=\left(-\frac{1}{5}\right)(\boldsymbol{A}+2\boldsymbol{E}),\quad (\boldsymbol{A}+2\boldsymbol{E})^{-1}=\left(-\frac{1}{5}\right)(\boldsymbol{A}-4\boldsymbol{E}).$$ □

**例 1.5.5** 若 $\boldsymbol{A},\boldsymbol{C}$ 可逆, 证明 $\begin{pmatrix}\boldsymbol{A} & \boldsymbol{O}\\ \boldsymbol{B} & \boldsymbol{C}\end{pmatrix}$ 可逆, 并求其逆矩阵, 其中 $\boldsymbol{A},\boldsymbol{B},\boldsymbol{C}$ 分别是 $n\times n, m\times n, m\times m$ 矩阵, $\boldsymbol{O}$ 是 $n\times m$ 零矩阵.

**证明** 由拉普拉斯定理知

$$\det\begin{pmatrix}\boldsymbol{A} & \boldsymbol{O}\\ \boldsymbol{B} & \boldsymbol{C}\end{pmatrix}=\det\boldsymbol{A}\det\boldsymbol{C}\neq 0,$$

故 $\begin{pmatrix}\boldsymbol{A} & \boldsymbol{O}\\ \boldsymbol{B} & \boldsymbol{C}\end{pmatrix}$ 可逆. 设其逆矩阵为 $\begin{pmatrix}\boldsymbol{X}_{11} & \boldsymbol{X}_{12}\\ \boldsymbol{X}_{21} & \boldsymbol{X}_{22}\end{pmatrix}$, 则

$$\begin{pmatrix}\boldsymbol{A} & \boldsymbol{O}\\ \boldsymbol{B} & \boldsymbol{C}\end{pmatrix}\begin{pmatrix}\boldsymbol{X}_{11} & \boldsymbol{X}_{12}\\ \boldsymbol{X}_{21} & \boldsymbol{X}_{22}\end{pmatrix}=\begin{pmatrix}\boldsymbol{AX}_{11} & \boldsymbol{AX}_{12}\\ \boldsymbol{BX}_{11}+\boldsymbol{CX}_{21} & \boldsymbol{BX}_{12}+\boldsymbol{CX}_{22}\end{pmatrix}=\begin{pmatrix}\boldsymbol{E}_n & \boldsymbol{O}\\ \boldsymbol{O} & \boldsymbol{E}_m\end{pmatrix},$$

于是有

$$AX_{11}=E_n,\quad AX_{12}=O,\quad BX_{11}+CX_{21}=O,\quad BX_{12}+CX_{22}=E_m.$$

这表明

$$X_{11}=A^{-1},\quad X_{12}=O,\quad X_{22}=C^{-1},\quad X_{21}=-C^{-1}BA^{-1}.$$

所以

$$\begin{pmatrix} A & O \\ B & C \end{pmatrix}^{-1}=\begin{pmatrix} A^{-1} & O \\ -C^{-1}BA^{-1} & C^{-1} \end{pmatrix}.$$ □

**注 1.5.2** 类似地, 准对角矩阵 $\operatorname{diag}(A_1, A_2, \cdots, A_s)$ 可逆当且仅当 $A_1, A_2, \cdots, A_s$ 都可逆且其逆矩阵为

$$\operatorname{diag}\left(A_1^{-1}, A_2^{-1}, \cdots, A_s^{-1}\right).$$

**例 1.5.6** 已知 $A=\begin{pmatrix} 1 & 0 & 1 \\ 0 & 2 & 0 \\ 1 & 0 & 1 \end{pmatrix}$, $AB+E=A^2+B$, 求 $B$.

**解** 由条件可得 $AB-B=A^2-E$, 进一步有

$$(A-E)B=A^2-E.$$

注意到

$$\det(A-E)=\begin{vmatrix} 0 & 0 & 1 \\ 0 & 1 & 0 \\ 1 & 0 & 0 \end{vmatrix}=-1\neq 0,$$

可知 $A-E$ 可逆, 从而有

$$(A-E)^{-1}(A-E)B=(A-E)^{-1}\left(A^2-E\right),$$

即有

$$B=(A-E)^{-1}(A-E)(A+E)=A+E=\begin{pmatrix} 2 & 0 & 1 \\ 0 & 3 & 0 \\ 1 & 0 & 2 \end{pmatrix}.$$

**命题 1.5.2** (1) 若 $A$ 可逆, 则 $A^{-1}$ 亦可逆, 且 $\left(A^{-1}\right)^{-1}=A$.

(2) 若 $\boldsymbol{A}$ 可逆, 数 $k \neq 0$, 则 $k\boldsymbol{A}$ 亦可逆, 且 $(k\boldsymbol{A})^{-1} = \dfrac{1}{k}\boldsymbol{A}^{-1}$.

(3) 若 $\boldsymbol{A}, \boldsymbol{B}$ 为同阶方阵且都可逆, 则 $\boldsymbol{AB}$ 亦可逆, 且 $(\boldsymbol{AB})^{-1} = \boldsymbol{B}^{-1}\boldsymbol{A}^{-1}$.

(4) 若 $\boldsymbol{A}$ 可逆, 则 $\boldsymbol{A}^{\mathrm{T}}$ 亦可逆, 且 $\left(\boldsymbol{A}^{\mathrm{T}}\right)^{-1} = \left(\boldsymbol{A}^{-1}\right)^{\mathrm{T}}$.

**证明** (1) 由定义可得. 注意到

$$(k\boldsymbol{A})\left(\frac{1}{k}\boldsymbol{A}^{-1}\right) = \left(k \cdot \frac{1}{k}\right)\left(\boldsymbol{A}\boldsymbol{A}^{-1}\right) = \boldsymbol{E},$$

$$(\boldsymbol{AB})\left(\boldsymbol{B}^{-1}\boldsymbol{A}^{-1}\right) = \boldsymbol{A}\left(\boldsymbol{B}\boldsymbol{B}^{-1}\right)\boldsymbol{A}^{-1} = \boldsymbol{AEA}^{-1} = \boldsymbol{AA}^{-1} = \boldsymbol{E},$$

$$\boldsymbol{A}^{\mathrm{T}}\left(\boldsymbol{A}^{-1}\right)^{\mathrm{T}} = \left(\boldsymbol{A}^{-1}\boldsymbol{A}\right)^{\mathrm{T}} = \boldsymbol{E}^{\mathrm{T}} = \boldsymbol{E},$$

根据上面事实由命题 1.5.1 可得 (2)—(4). □

命题 1.5.2 中的 (3) 可以推广为 $\boldsymbol{A}_1, \boldsymbol{A}_2, \cdots, \boldsymbol{A}_s$ 为 $n$ 阶方阵, 则 $\boldsymbol{A}_1\boldsymbol{A}_2\cdots\boldsymbol{A}_s$ 可逆当且仅当 $\boldsymbol{A}_1, \boldsymbol{A}_2, \cdots, \boldsymbol{A}_s$ 都可逆, 且 $\boldsymbol{A}_1\boldsymbol{A}_2\cdots\boldsymbol{A}_s$ 可逆时有

$$(\boldsymbol{A}_1\boldsymbol{A}_2\cdots\boldsymbol{A}_s)^{-1} = \boldsymbol{A}_s^{-1}\boldsymbol{A}_{s-1}^{-1}\cdots\boldsymbol{A}_1^{-1}.$$

## 习 题 1.5

1. 判定下列矩阵是否可逆, 若可逆求其逆矩阵.

(1) $\begin{pmatrix} 1 & 2 \\ 2 & 5 \end{pmatrix}$;

(2) $\begin{pmatrix} 1 & 2 & -1 \\ 3 & 4 & -2 \\ 5 & 4 & -1 \end{pmatrix}$;

(3) $\begin{pmatrix} a_1 & 0 & \cdots & 0 \\ 0 & a_2 & \cdots & 0 \\ \vdots & \vdots & & \vdots \\ 0 & 0 & \cdots & a_n \end{pmatrix}$, 其中 $a_1a_2\cdots a_n \neq 0$.

2. 求方阵

$$\boldsymbol{A} = \begin{pmatrix} 1 & 2 & 0 & 0 \\ 0 & 3 & 0 & 0 \\ 0 & 0 & 4 & 5 \\ 0 & 0 & 5 & 6 \end{pmatrix}$$

的逆矩阵.

3. 设 $\boldsymbol{A}$ 为 $n$ 阶可逆方阵, 其伴随矩阵为 $\boldsymbol{A}^*$, $\boldsymbol{A}_1$ 为 $n\times 1$ 矩阵, $b$ 为常数,

$$\boldsymbol{P}=\begin{pmatrix}\boldsymbol{E} & \boldsymbol{0}\\ -\boldsymbol{A}_1^{\mathrm{T}}\boldsymbol{A}^* & |\boldsymbol{A}|\end{pmatrix},\quad \boldsymbol{Q}=\begin{pmatrix}\boldsymbol{A} & \boldsymbol{A}_1\\ \boldsymbol{A}_1^{\mathrm{T}} & b\end{pmatrix}.$$

(1) 计算 $\boldsymbol{PQ}$.

(2) 证明: $\boldsymbol{Q}$ 可逆当且仅当 $\boldsymbol{A}_1^{\mathrm{T}}\boldsymbol{A}^{-1}\boldsymbol{A}_1\neq b$.

4. 方阵 $\boldsymbol{A},\boldsymbol{B}$ 及伴随矩阵 $\boldsymbol{A}^*,\boldsymbol{B}^*$ 是已知量, 设

$$\boldsymbol{C}=\begin{pmatrix}\boldsymbol{A} & \boldsymbol{O}\\ \boldsymbol{O} & \boldsymbol{B}\end{pmatrix},$$

其中 $\boldsymbol{O}$ 是零矩阵, 求 $\boldsymbol{C}$ 的伴随矩阵.

5. 证明: 方阵 $\boldsymbol{A}$ 可逆当且仅当 $\boldsymbol{A}$ 的伴随矩阵 $\boldsymbol{A}^*$ 可逆.

6. 设 $\boldsymbol{A}$ 为 $n$ 阶方阵, $n$ 是偶数, 满足 $\boldsymbol{A}\boldsymbol{A}^{\mathrm{T}}=\boldsymbol{E}$, $|\boldsymbol{A}|<0$. 证明: $\boldsymbol{E}-\boldsymbol{A}$ 不可逆.

7. 已知 $\boldsymbol{A},\boldsymbol{B}$ 为三阶方阵, 且 $|\boldsymbol{A}|=-2$, $|\boldsymbol{B}|=2$. 计算 $|\boldsymbol{A}^*|$, $\left|2\boldsymbol{A}^*+8\boldsymbol{A}^{-1}\right|$, $\left|-2\left(\boldsymbol{A}^*\boldsymbol{B}\right)^2\right|$.

8. 设 $\boldsymbol{AB}=\boldsymbol{A}+2\boldsymbol{B}$, 其中

$$\boldsymbol{A}=\begin{pmatrix}0 & 3 & 3\\ 1 & 1 & 0\\ -1 & 2 & 3\end{pmatrix},$$

求 $\boldsymbol{B}$.

9. 设方阵 $\boldsymbol{A}$ 满足 $\boldsymbol{A}^2-\boldsymbol{A}-2\boldsymbol{E}=\boldsymbol{O}$, 证明: $\boldsymbol{A}$ 及 $\boldsymbol{A}+2\boldsymbol{E}$ 都是可逆矩阵, 并求它们的逆.

10. 设 $\boldsymbol{A}^k=\boldsymbol{O}$. 证明:

$$(\boldsymbol{E}-\boldsymbol{A})^{-1}=\boldsymbol{E}+\boldsymbol{A}+\boldsymbol{A}^2+\cdots+\boldsymbol{A}^{k-1}.$$

11. 设 $\boldsymbol{A},\boldsymbol{B},\boldsymbol{A}+\boldsymbol{B}$ 可逆, 证明 $\boldsymbol{A}^{-1}+\boldsymbol{B}^{-1}$ 可逆, 并求 $\left(\boldsymbol{A}^{-1}+\boldsymbol{B}^{-1}\right)^{-1}$.

12. 设 $n$ 阶矩阵 $\boldsymbol{A}$ 及 $s$ 阶矩阵 $\boldsymbol{B}$ 都可逆, 求

$$\begin{pmatrix}\boldsymbol{O} & \boldsymbol{A}\\ \boldsymbol{B} & \boldsymbol{O}\end{pmatrix}^{-1}.$$

13. 设 $\boldsymbol{P}^{-1}\boldsymbol{AP}=\boldsymbol{\Delta}$, 其中

$$\boldsymbol{P}=\begin{pmatrix}-1 & -4\\ 1 & 1\end{pmatrix},\quad \boldsymbol{\Delta}=\begin{pmatrix}-1 & 0\\ 0 & 2\end{pmatrix},$$

求 $\boldsymbol{A}^{10}$.

14. 设 $\boldsymbol{AP}=\boldsymbol{P\Delta}$, 其中

$$\boldsymbol{P}=\begin{pmatrix}1 & 1 & 1\\ 1 & 0 & -2\\ 1 & -1 & 1\end{pmatrix},\quad \boldsymbol{\Delta}=\begin{pmatrix}-1 & 0 & 0\\ 0 & 1 & 0\\ 0 & 0 & 5\end{pmatrix},$$

求 $\boldsymbol{A}^8\left(5\boldsymbol{E}-6\boldsymbol{A}+\boldsymbol{A}^2\right)$.

15. 若可逆矩阵 $\boldsymbol{A}$ 的每行元素之和为 $a$. 证明: $\boldsymbol{A}^{-1}$ 的每行元素之和为 $a^{-1}$.

## 1.6 矩阵的初等变换

矩阵的初等变换是解决线性代数问题强有力的工具, 在 1.4 节计算方阵行列式时已经有所体现, 本节继续讨论初等变换理论及其应用. 首先讨论矩阵的初等变换与矩阵乘法的联系, 然后介绍使用矩阵的初等变换把矩阵化为阶梯形矩阵的理论. 这个理论有许多应用, 在这一节把它应用于判定方阵是否可逆以及可逆时求出其逆矩阵.

### 1.6.1 矩阵的初等变换与矩阵的乘法

提醒读者注意, 初等变换把矩阵 $\boldsymbol{A}=(a_{ij})_{m\times n}$ 变为 $\boldsymbol{B}=(b_{ij})_{m\times n}$, $\boldsymbol{A}\neq\boldsymbol{B}$, 故记为 $\boldsymbol{A}\to\boldsymbol{B}$.

**定义 1.6.1** 如果矩阵 $\boldsymbol{B}$ 可以由矩阵 $\boldsymbol{A}$ 经过一系列初等变换得到, 我们就称矩阵 $\boldsymbol{A}$ 与矩阵 $\boldsymbol{B}$ **等价**, 记为 $\boldsymbol{A}\sim\boldsymbol{B}$.

矩阵的等价关系具有下列性质.

(1) 反身性: $\boldsymbol{A}\sim\boldsymbol{A}$.

(2) 对称性: 若 $\boldsymbol{A}\sim\boldsymbol{B}$, 则 $\boldsymbol{B}\sim\boldsymbol{A}$.

(3) 传递性: 若 $\boldsymbol{A}\sim\boldsymbol{B}$, $\boldsymbol{B}\sim\boldsymbol{C}$, 则 $\boldsymbol{A}\sim\boldsymbol{C}$.

矩阵的初等变换与矩阵的乘积看似完全不同, 但在引入了初等矩阵后, 两者可以紧密地联系起来.

**定义 1.6.2** 对单位矩阵 $\boldsymbol{E}$ 施行一次初等变换得到的矩阵叫作**初等矩阵**. 有以下三类初等矩阵.

(1) 用非零数 $k$ 乘单位矩阵 $\boldsymbol{E}$ 的第 $i$ 行 (列) 所得初等矩阵, 记为 $\boldsymbol{E}(kr_i)$ $(\boldsymbol{E}(kc_i))$, 例如,

$$\boldsymbol{E}_3(2r_1)=\begin{pmatrix}2&0&0\\0&1&0\\0&0&1\end{pmatrix}=\boldsymbol{E}_3(2c_1).$$

(2) 把单位矩阵 $\boldsymbol{E}$ 的第 $j$ 行的 $k$ 倍加到第 $i$ 行, 或者把 $\boldsymbol{E}$ 的第 $i$ 列的 $k$ 倍加到第 $j$ 列, 所得初等矩阵记为 $\boldsymbol{E}(r_i+kr_j)$(或者记为 $\boldsymbol{E}(c_j+kc_i)$), 例如

$$\boldsymbol{E}_3(r_1+2r_2)=\begin{pmatrix}1&2&0\\0&1&0\\0&0&1\end{pmatrix}=\boldsymbol{E}_3(c_2+2c_1).$$

(3) 交换单位矩阵 $\boldsymbol{E}$ 的第 $i$ 行 (列) 与第 $j$ 行 (列) 所得初等矩阵, 记为 $\boldsymbol{E}(r_i \leftrightarrow r_j)$, 例如,

$$\boldsymbol{E}_3(r_1 \leftrightarrow r_3) = \begin{pmatrix} 0 & 0 & 1 \\ 0 & 1 & 0 \\ 1 & 0 & 0 \end{pmatrix} = \boldsymbol{E}_3(c_1 \leftrightarrow c_3).$$

根据初等矩阵的定义, 有

$$\boldsymbol{E}(kr_i) = \boldsymbol{E}(kc_i);$$

$$\boldsymbol{E}(r_i + kr_j) = \boldsymbol{E}(c_j + kc_i);$$

$$\boldsymbol{E}(r_i \leftrightarrow r_j) = \boldsymbol{E}(c_i \leftrightarrow c_j).$$

**定理 1.6.1**　对一个 $m \times n$ 矩阵 $\boldsymbol{A}$ 作一次初等行变换就相当于在 $\boldsymbol{A}$ 的左边乘上相应的 $m$ 阶初等矩阵; 对 $\boldsymbol{A}$ 作一次初等列变换就相当于在 $\boldsymbol{A}$ 的右边乘上相应的 $n$ 阶初等矩阵, 即

(1) $\boldsymbol{A}(kr_i) = \boldsymbol{E}_m(kr_i)\boldsymbol{A}$,　$\boldsymbol{A}(kc_i) = \boldsymbol{A}\boldsymbol{E}_n(kc_i)$;

(2) $\boldsymbol{A}(r_j + kr_i) = \boldsymbol{E}_m(r_j + kr_i)\boldsymbol{A}$,　$\boldsymbol{A}(c_j + kc_i) = \boldsymbol{A}\boldsymbol{E}_n(c_j + kc_i)$;

(3) $\boldsymbol{A}(r_i \leftrightarrow r_j) = \boldsymbol{E}_m(r_i \leftrightarrow r_j)\boldsymbol{A}$,　$\boldsymbol{A}(c_i \leftrightarrow c_j) = \boldsymbol{A}\boldsymbol{E}_n(c_i \leftrightarrow c_j)$.

**证明**　利用分块矩阵中得到的结论很容易证明该定理, 以 $\boldsymbol{A}(c_j + kc_i) = \boldsymbol{A}\boldsymbol{E}_n(c_j + kc_i)$ 为例证明. 将 $\boldsymbol{A}$ 分块成 $1 \times n$ 分块矩阵, 设为 $\boldsymbol{A} = (\boldsymbol{\alpha}_1, \cdots, \boldsymbol{\alpha}_i, \cdots, \boldsymbol{\alpha}_j, \cdots, \boldsymbol{\alpha}_n)$, 则

$$\begin{aligned}
&\boldsymbol{A}\boldsymbol{E}_n(c_j + kc_i) \\
=&\boldsymbol{A}(\boldsymbol{e}_1, \cdots, \boldsymbol{e}_i, \cdots, \boldsymbol{e}_j + k\boldsymbol{e}_i, \cdots, \boldsymbol{e}_n) \\
=&(\boldsymbol{A}\boldsymbol{e}_1, \cdots, \boldsymbol{A}\boldsymbol{e}_i, \cdots, \boldsymbol{A}(\boldsymbol{e}_j + k\boldsymbol{e}_i), \cdots, \boldsymbol{A}\boldsymbol{e}_n) \\
=&(\boldsymbol{\alpha}_1, \cdots, \boldsymbol{\alpha}_i, \cdots, \boldsymbol{\alpha}_j + k\boldsymbol{\alpha}_i, \cdots, \boldsymbol{\alpha}_n) = \boldsymbol{A}(c_j + kc_i).
\end{aligned}$$

其他同理可证.　□

由定理可以看到矩阵初等变换就是特殊的矩阵乘积, 故矩阵的初等变换可以用矩阵的乘积来表达. 例

$$\boldsymbol{A} \xrightarrow{r_1 - 2r_2} \boldsymbol{A}_1 \xrightarrow{r_3 \leftrightarrow r_4} \boldsymbol{A}_2 \xrightarrow{2c_2} \boldsymbol{A}_3 \xrightarrow{c_2 + c_4} \boldsymbol{B},$$

则

$$\boldsymbol{B} = \boldsymbol{E}(r_3 \leftrightarrow r_4)\boldsymbol{E}(r_1 - 2r_2)\boldsymbol{A}\boldsymbol{E}(2c_2)\boldsymbol{E}(c_2 + c_4).$$

反之, 矩阵乘特殊矩阵 (初等矩阵), 其效果就是对矩阵作初等变换.

**例 1.6.1**

$$A=\begin{pmatrix}1&1&1&2\\2&3&4&0\\1&0&2&1\end{pmatrix}\xrightarrow{2r_2}\begin{pmatrix}1&1&1&2\\4&6&8&0\\1&0&2&1\end{pmatrix},$$

$$A=\begin{pmatrix}1&1&1&2\\2&3&4&0\\1&0&2&1\end{pmatrix}\xrightarrow{-2c_3}\begin{pmatrix}1&1&-2&2\\2&3&-8&0\\1&0&-4&1\end{pmatrix}.$$

另一方面,

$$\begin{pmatrix}1&0&0\\0&2&0\\0&0&1\end{pmatrix}\begin{pmatrix}1&1&1&2\\2&3&4&0\\1&0&2&1\end{pmatrix}=\begin{pmatrix}1&1&1&2\\4&6&8&0\\1&0&2&1\end{pmatrix},$$

$$\begin{pmatrix}1&1&1&2\\2&3&4&0\\1&0&2&1\end{pmatrix}\begin{pmatrix}1&0&0&0\\0&1&0&0\\0&0&-2&0\\0&0&0&1\end{pmatrix}=\begin{pmatrix}1&1&-2&2\\2&3&-8&0\\1&0&-4&1\end{pmatrix}.$$

这表明, 对 $A$ 左乘初等矩阵 $E_3(2r_2)$, 其结果就相当于用数 2 乘以矩阵 $A$ 的第二行; 对 $A$ 右乘初等矩阵 $E_4(-2c_3)$, 其结果就相当于用数 $-2$ 乘以矩阵 $A$ 的第三列.

**例 1.6.2**

$$A=\begin{pmatrix}1&1&1&2\\2&3&4&0\\1&0&2&1\end{pmatrix}\xrightarrow{r_2+2r_1}\begin{pmatrix}1&1&1&2\\4&5&6&4\\1&0&2&1\end{pmatrix},$$

$$A=\begin{pmatrix}1&1&1&2\\2&3&4&0\\1&0&2&1\end{pmatrix}\xrightarrow{c_3+2c_2}\begin{pmatrix}1&1&3&2\\2&3&10&0\\1&0&2&1\end{pmatrix}.$$

又

$$\begin{pmatrix}1&0&0\\2&1&0\\0&0&1\end{pmatrix}\begin{pmatrix}1&1&1&2\\2&3&4&0\\1&0&2&1\end{pmatrix}=\begin{pmatrix}1&1&1&2\\4&5&6&4\\1&0&2&1\end{pmatrix},$$

$$\begin{pmatrix} 1 & 1 & 1 & 2 \\ 2 & 3 & 4 & 0 \\ 1 & 0 & 2 & 1 \end{pmatrix}\begin{pmatrix} 1 & 0 & 0 & 0 \\ 0 & 1 & 2 & 0 \\ 0 & 0 & 1 & 0 \\ 0 & 0 & 0 & 1 \end{pmatrix} = \begin{pmatrix} 1 & 1 & 3 & 2 \\ 2 & 3 & 10 & 0 \\ 1 & 0 & 2 & 1 \end{pmatrix}.$$

这表明, 对 $\boldsymbol{A}$ 左乘初等矩阵 $\boldsymbol{E}_3(r_2+2r_1)$, 其结果就相当于将矩阵的第一行的 2 倍加到第二行; 对 $\boldsymbol{A}$ 右乘初等矩阵 $\boldsymbol{E}_4(c_3+2c_2)$, 其结果就相当于将矩阵的第二列的 2 倍加到第三列.

**例 1.6.3**

$$\boldsymbol{A} = \begin{pmatrix} 1 & 1 & 1 & 2 \\ 2 & 3 & 4 & 0 \\ 1 & 0 & 2 & 1 \end{pmatrix} \xrightarrow{r_1 \leftrightarrow r_2} \begin{pmatrix} 2 & 3 & 4 & 0 \\ 1 & 1 & 1 & 2 \\ 1 & 0 & 2 & 1 \end{pmatrix},$$

$$\boldsymbol{A} = \begin{pmatrix} 1 & 1 & 1 & 2 \\ 2 & 3 & 4 & 0 \\ 1 & 0 & 2 & 1 \end{pmatrix} \xrightarrow{c_1 \leftrightarrow c_3} \begin{pmatrix} 1 & 1 & 1 & 2 \\ 4 & 3 & 2 & 0 \\ 2 & 0 & 1 & 1 \end{pmatrix}.$$

又

$$\begin{pmatrix} 0 & 1 & 0 \\ 1 & 0 & 0 \\ 0 & 0 & 1 \end{pmatrix}\begin{pmatrix} 1 & 1 & 1 & 2 \\ 2 & 3 & 4 & 0 \\ 1 & 0 & 2 & 1 \end{pmatrix} = \begin{pmatrix} 2 & 3 & 4 & 0 \\ 1 & 1 & 1 & 2 \\ 1 & 0 & 2 & 1 \end{pmatrix},$$

$$\begin{pmatrix} 1 & 1 & 1 & 2 \\ 2 & 3 & 4 & 0 \\ 1 & 0 & 2 & 1 \end{pmatrix}\begin{pmatrix} 0 & 0 & 1 & 0 \\ 0 & 1 & 0 & 0 \\ 1 & 0 & 0 & 0 \\ 0 & 0 & 0 & 1 \end{pmatrix} = \begin{pmatrix} 1 & 1 & 1 & 2 \\ 4 & 3 & 2 & 0 \\ 2 & 0 & 1 & 1 \end{pmatrix}.$$

这表明, 对 $\boldsymbol{A}$ 左乘初等矩阵 $\boldsymbol{E}_3(r_1 \leftrightarrow r_2)$, 其结果就相当于交换了矩阵 $\boldsymbol{A}$ 的第一行与第二行; 对 $\boldsymbol{A}$ 右乘初等矩阵 $\boldsymbol{E}_4(c_1 \leftrightarrow c_3)$, 其结果就相当于交换了矩阵 $\boldsymbol{A}$ 的第一列与第三列.

利用定理可以得到如下结果:

(1) $\boldsymbol{E}(kr_i)\boldsymbol{E}\left(\dfrac{1}{k}r_i\right) = \boldsymbol{E}$, $\boldsymbol{E}(kc_i)\boldsymbol{E}\left(\dfrac{1}{k}c_i\right) = \boldsymbol{E}$;

(2) $\boldsymbol{E}(r_j+kr_i)\boldsymbol{E}(r_j-kr_i) = \boldsymbol{E}$, $\boldsymbol{E}(c_j+kc_i)\boldsymbol{E}(c_j-kc_i) = \boldsymbol{E}$;

(3) $\boldsymbol{E}(r_i \leftrightarrow r_j)\boldsymbol{E}(r_i \leftrightarrow r_j) = \boldsymbol{E}$, $\boldsymbol{E}(c_i \leftrightarrow c_j)\boldsymbol{E}(c_i \leftrightarrow c_j) = \boldsymbol{E}$.

于是, 我们有如下命题.

**命题 1.6.1** 初等矩阵都是可逆的, 且初等矩阵的逆矩阵也是初等矩阵, 具体有

(1) $\boldsymbol{E}(kr_i)^{-1}=\boldsymbol{E}\left(\dfrac{1}{k}r_i\right)$, $\boldsymbol{E}(kc_i)^{-1}=\boldsymbol{E}\left(\dfrac{1}{k}c_i\right)$;

(2) $\boldsymbol{E}(r_j+kr_i)^{-1}=\boldsymbol{E}(r_j-kr_i)$, $\boldsymbol{E}(c_j+kc_i)^{-1}=\boldsymbol{E}(c_j-kc_i)$;

(3) $\boldsymbol{E}(r_i\leftrightarrow r_j)^{-1}=\boldsymbol{E}(r_i\leftrightarrow r_j)$, $\boldsymbol{E}(c_i\leftrightarrow c_j)^{-1}=\boldsymbol{E}(c_i\leftrightarrow c_j)$.

### 1.6.2 矩阵的初等变换与阶梯形矩阵

使用矩阵初等变换将矩阵变成下面几类矩阵, 在后续应用中发挥着重要作用.

**定义 1.6.3** 矩阵 $\boldsymbol{A}$ 叫作**行阶梯形矩阵**, 如果满足下列条件:

(1) $\boldsymbol{A}$ 的 "零行" (如果有的话) 在 "非零行" 的下方;

(2) 每个非零行的第一个 (从左往右) 非零元素位于上一行的第一个非零元素的右边.

非零行从左往右的第一个非零元素称为该行的**主元**.

**例 1.6.4** 下述三个矩阵都是行阶梯形矩阵:

$$\begin{pmatrix}0&1&2&-1\\0&0&0&1\\0&0&0&0\end{pmatrix},\quad\begin{pmatrix}1&1&2&-1&2\\0&0&1&0&2\\0&0&0&0&3\end{pmatrix},\quad\begin{pmatrix}1&0&-1\\0&2&1\\0&0&3\end{pmatrix}.$$

**定义 1.6.4** 矩阵 $\boldsymbol{A}$ 叫作**行最简形矩阵**, 如果满足下列条件:

(1) $\boldsymbol{A}$ 是行阶梯形矩阵;

(2) $\boldsymbol{A}$ 的每个非零行的主元为 1;

(3) 主元所在列的其余的元素全为零.

**例 1.6.5** 下述三个矩阵都是行最简形矩阵:

$$\begin{pmatrix}0&1&2&0\\0&0&0&1\\0&0&0&0\end{pmatrix},\quad\begin{pmatrix}1&1&0&0&0\\0&0&1&0&0\\0&0&0&0&1\end{pmatrix},\quad\begin{pmatrix}1&0&0\\0&1&0\\0&0&1\end{pmatrix}.$$

若 $\boldsymbol{A}^{\mathrm{T}}$ 是行阶梯形矩阵、行最简形矩阵, 则称 $\boldsymbol{A}$ 是**列阶梯形矩阵**、**列最简形矩阵**.

**定义 1.6.5** 矩阵 $\boldsymbol{A}$ 叫作**标准形矩阵**, 如果左上角为 $r$ 阶单位矩阵, 其余元素全为零, 即

$$\boldsymbol{A}=\begin{pmatrix}\boldsymbol{E}_r&\boldsymbol{O}\\\boldsymbol{O}&\boldsymbol{O}\end{pmatrix}.$$

**例 1.6.6**　下述矩阵都是标准形矩阵:

$$\begin{pmatrix} 1 & 0 & 0 & 0 \\ 0 & 1 & 0 & 0 \\ 0 & 0 & 0 & 0 \end{pmatrix}, \quad \begin{pmatrix} 1 & 0 & 0 & 0 & 0 \\ 0 & 1 & 0 & 0 & 0 \\ 0 & 0 & 1 & 0 & 0 \end{pmatrix}, \quad \begin{pmatrix} 1 & 0 & 0 \\ 0 & 1 & 0 \\ 0 & 0 & 1 \end{pmatrix}.$$

**例 1.6.7**　下述矩阵都不是标准形矩阵:

$$\begin{pmatrix} 1 & 0 & 1 & 0 \\ 0 & 1 & 0 & 0 \\ 0 & 0 & 0 & 0 \end{pmatrix}, \quad \begin{pmatrix} 1 & 0 & 0 & 0 & 0 \\ 0 & 0 & 0 & 1 & 0 \\ 0 & 0 & 1 & 0 & 0 \end{pmatrix}, \quad \begin{pmatrix} 0 & 0 & 0 \\ 0 & 1 & 0 \\ 0 & 0 & 1 \end{pmatrix}.$$

一个矩阵通过初等变换是否一定能变成行阶梯形呢？答案是肯定的.

**命题 1.6.2**　任一个 $m \times n$ 矩阵 $\boldsymbol{A}$ 可经过一系列的初等行变换变成行阶梯形矩阵.

**证明**　对 $m+n$ 用归纳法. 设

$$\boldsymbol{A} = \begin{pmatrix} a_{11} & a_{12} & \cdots & a_{1n} \\ a_{21} & a_{22} & \cdots & a_{2n} \\ \vdots & \vdots & & \vdots \\ a_{m1} & a_{m2} & \cdots & a_{mn} \end{pmatrix}.$$

情形一: $\boldsymbol{A}$ 的第一列中没有非零元素, 亦即 $a_{11} = a_{21} = \cdots = a_{m1} = 0$. 根据归纳假设, 可经过一系列初等行变换把 $m \times (n-1)$ 矩阵

$$\begin{pmatrix} a_{12} & a_{13} & \cdots & a_{1n} \\ a_{22} & a_{23} & \cdots & a_{2n} \\ \vdots & \vdots & & \vdots \\ a_{m2} & a_{m3} & \cdots & a_{mn} \end{pmatrix}$$

变成行阶梯形. 显然上述一系列初等行变换对应着 $\boldsymbol{A}$ 的一系列相应的初等行变换 (这是因为 $\boldsymbol{A}$ 的第一列元素全为零), 且把 $\boldsymbol{A}$ 变成行阶梯形.

情形二: $\boldsymbol{A}$ 的第一列至少有一个元素不为零. 不妨设 $a_{11} \neq 0$ (这是因为, 若 $a_{11} = 0$ 但 $a_{i1} \neq 0\,(2 \leqslant i \leqslant m)$, 交换 $\boldsymbol{A}$ 的第一行与第 $i$ 行, 所得的矩阵的左上角

第一个元素即不为零). 将 $\boldsymbol{A}$ 的第一行的 $-\dfrac{a_{i1}}{a_{11}}$ 倍加到第 $i$ 行, 于是, $\boldsymbol{A}$ 变为

$$\boldsymbol{B}=\begin{pmatrix} a'_{11} & a'_{12} & \cdots & a'_{1n} \\ 0 & a'_{22} & \cdots & a'_{2n} \\ \vdots & \vdots & & \vdots \\ 0 & a'_{m2} & \cdots & a'_{mn} \end{pmatrix}.$$

现在考虑 $(m-1)\times n$ 矩阵

$$\boldsymbol{C}=\begin{pmatrix} 0 & a'_{22} & \cdots & a'_{2n} \\ 0 & a'_{32} & \cdots & a'_{3n} \\ \vdots & \vdots & & \vdots \\ 0 & a'_{m2} & \cdots & a'_{mn} \end{pmatrix},$$

据情形一, $\boldsymbol{C}$ 可经过一系列的初等行变换化为行阶梯形. 显然上述一系列初等行变换对应着 $\boldsymbol{B}$ 的一系列相应的初等行变换, 即 $\boldsymbol{A}$ 可经过一系列的初等行变换变成行阶梯形矩阵. □

在此基础上, 继续通过初等行变换可以将行阶梯形矩阵化为行最简形矩阵, 具体做法: 通过行倍乘将行阶梯形矩阵的每个非零行的主元变成 1, 然后从最后 (从上往下) 一个非零行开始, 通过倍加行变换将主元所在列的其他元素变为 0, 可得行最简形矩阵.

更进一步, 对行最简形矩阵作倍加列变换, 让主元所在行的其余元素为零, 然后使用列交换 (也可使用行交换), 矩阵能变成标准形.

通过初等行变换将 $\boldsymbol{A}^{\mathrm{T}}$ 变成行阶梯形矩阵、行最简形矩阵, 相当于对 $\boldsymbol{A}$ 使用初等列变换将其化为列阶梯形矩阵、列最简形矩阵. 故任何矩阵通过初等列变换一定能变成列阶梯形矩阵、列最简形矩阵.

**例 1.6.8** 设矩阵

$$\boldsymbol{A}=\begin{pmatrix} 1 & 1 & 3 & 1 \\ 1 & 3 & 2 & 5 \\ 2 & 2 & 6 & 7 \\ 2 & 4 & 5 & 6 \end{pmatrix},$$

通过初等行变换将其化为行阶梯形、行最简形, 通过初等变换将其化为标准形.

**解** 将矩阵的第一行的 $-1$ 倍、$-2$ 倍、$-2$ 倍分别加到第二、三、四行, 有

$$A=\begin{pmatrix}1&1&3&1\\1&3&2&5\\2&2&6&7\\2&4&5&6\end{pmatrix}\xrightarrow{r_2+(-1)r_1,r_3+(-2)r_1,r_4+(-2)r_1}\begin{pmatrix}1&1&3&1\\0&2&-1&4\\0&0&0&5\\0&2&-1&4\end{pmatrix}.$$

将上述矩阵的第二行的 $-1$ 倍加到第四行, 得到行阶梯形矩阵

$$\begin{pmatrix}1&1&3&1\\0&2&-1&4\\0&0&0&5\\0&0&0&0\end{pmatrix}.$$

下面继续将矩阵化为行最简形. 将上述矩阵的第二行乘以 $\dfrac{1}{2}$, 第三行乘以 $\dfrac{1}{5}$, 得

$$\begin{pmatrix}1&1&3&1\\0&1&-\dfrac{1}{2}&2\\0&0&0&1\\0&0&0&0\end{pmatrix}.$$

将上述矩阵的第三行的 $-2$ 倍加到第二行, 第三行的 $-1$ 倍加到第一行, 再将第二行的 $-1$ 倍加到第一行, 得行最简形矩阵

$$\begin{pmatrix}1&0&\dfrac{7}{2}&0\\0&1&-\dfrac{1}{2}&0\\0&0&0&1\\0&0&0&0\end{pmatrix}.$$

将上述矩阵的第二列的 $\dfrac{1}{2}$ 倍加到第三列, 第一列的 $-\dfrac{7}{2}$ 倍加到第三列, 然后交换第三列与第四列, 得到标准形矩阵

$$\begin{pmatrix}1&0&0&0\\0&1&0&0\\0&0&1&0\\0&0&0&0\end{pmatrix}.$$

由于任意矩阵均可通过初等变换变成标准形, 于是有以下定理.

**定理 1.6.2** 对于任意 $m\times n$ 矩阵 $\boldsymbol{A}$, 存在 $m$ 阶初等矩阵 $\boldsymbol{P}_1,\boldsymbol{P}_2,\cdots,\boldsymbol{P}_s$ 和 $n$ 阶初等矩阵 $\boldsymbol{Q}_1,\boldsymbol{Q}_2,\cdots,\boldsymbol{Q}_t$, 使得

$$\boldsymbol{P}_1\boldsymbol{P}_2\cdots\boldsymbol{P}_s\boldsymbol{A}\boldsymbol{Q}_1\boldsymbol{Q}_2\cdots\boldsymbol{Q}_t=\boldsymbol{F},$$

其中

$$\boldsymbol{F}=\begin{pmatrix}\boldsymbol{E}_r & \boldsymbol{O}\\ \boldsymbol{O} & \boldsymbol{O}\end{pmatrix},$$

称 $\boldsymbol{F}$ 为 $\boldsymbol{A}$ 的标准形.

需要注意的是矩阵通过初等行 (列) 变换变成行 (列) 阶梯形矩阵、行 (列) 最简形矩阵, 其结果未必是唯一的, 但后面我们可证明矩阵的标准形是唯一的.

### 1.6.3 矩阵的初等变换应用于判断方阵是否可逆以及求逆矩阵

将矩阵初等变换应用于判断方阵是否可逆还需要如下引理.

**引理 1.6.1** 若方阵 $\boldsymbol{A}$ 与 $\boldsymbol{B}$ 等价, 则 $\boldsymbol{A}$ 可逆当且仅当 $\boldsymbol{B}$ 可逆.

**证明** 因方阵 $\boldsymbol{A},\boldsymbol{B}$ 等价, 故方阵 $\boldsymbol{A}$ 可经过一系列初等变换得到 $\boldsymbol{B}$, 故存在初等矩阵 $\boldsymbol{P}_1,\boldsymbol{P}_2,\cdots,\boldsymbol{P}_s$ 和 $\boldsymbol{Q}_1,\boldsymbol{Q}_2,\cdots,\boldsymbol{Q}_t$ 使得

$$\boldsymbol{P}_1\boldsymbol{P}_2\cdots\boldsymbol{P}_s\boldsymbol{A}\boldsymbol{Q}_1\boldsymbol{Q}_2\cdots\boldsymbol{Q}_t=\boldsymbol{B},$$

于是

$$(\det\boldsymbol{P}_1)(\det\boldsymbol{P}_2)\cdots(\det\boldsymbol{P}_s)(\det\boldsymbol{A})(\det\boldsymbol{Q}_1)(\det\boldsymbol{Q}_2)\cdots(\det\boldsymbol{Q}_t)=\det\boldsymbol{B},$$

注意到 $\boldsymbol{P}_1,\boldsymbol{P}_2,\cdots,\boldsymbol{P}_s$ 和 $\boldsymbol{Q}_1,\boldsymbol{Q}_2,\cdots,\boldsymbol{Q}_t$ 为初等矩阵, 所以它们的行列式均不为零. 这说明

$$\det\boldsymbol{A}\neq 0\Leftrightarrow\det\boldsymbol{B}\neq 0,$$

即 $\boldsymbol{A}$ 可逆当且仅当 $\boldsymbol{B}$ 可逆. □

引理表明矩阵的初等变换不改变矩阵的可逆性.

**定理 1.6.3** 矩阵可逆当且仅当通过初等行变换得到的行最简形矩阵是单位矩阵.

**证明** 若矩阵经过初等行变换得到的行最简形矩阵是单位矩阵, 单位矩阵是可逆的, 由引理可知原矩阵可逆.

若 $n$ 阶方阵可逆, 则其行最简形矩阵 $\boldsymbol{F}$ 可逆, 所以 $\boldsymbol{F}$ 没有零行, 有 $n$ 个非零行, 于是有 $n$ 个主元, 由行最简形矩阵的结构特征知, $\boldsymbol{F}$ 的 $n$ 个主元在对角线上且都为 1, 且主元所在列的其他元素都为零, 这表明 $\boldsymbol{F}$ 是单位矩阵. □

**思考** 任何两个 $n$ 阶可逆方阵是等价的, 这个说法是否正确?

由定理可知, 若方阵 $\boldsymbol{A}$ 可逆, 则必存在初等矩阵 $\boldsymbol{P}_1,\boldsymbol{P}_2,\cdots,\boldsymbol{P}_s$, 使得

$$\boldsymbol{P}_1\boldsymbol{P}_2\cdots\boldsymbol{P}_s\boldsymbol{A}=\boldsymbol{E}. \tag{1.6.1}$$

由此可得

$$\boldsymbol{A}=\boldsymbol{P}_s^{-1}\cdots\boldsymbol{P}_2^{-1}\boldsymbol{P}_1^{-1}\boldsymbol{E}=\boldsymbol{P}_s^{-1}\cdots\boldsymbol{P}_2^{-1}\boldsymbol{P}_1^{-1},$$

而 $\boldsymbol{P}_s^{-1},\cdots,\boldsymbol{P}_2^{-1},\boldsymbol{P}_1^{-1}$ 也是初等矩阵, 于是有如下推论.

**推论 1.6.1** 方阵 $\boldsymbol{A}$ 可逆当且仅当它是有限个初等矩阵的乘积.

初等变换本质上是特殊矩阵的乘积. 反之矩阵乘积其中一个矩阵是可逆矩阵, 则乘积可以视为初等变换. 例如 $\boldsymbol{A}$ 可逆, 则 $\boldsymbol{AB}$ 可由 $\boldsymbol{B}$ 作一系列的初等行变换而得到, $\boldsymbol{BA}$ 可由 $\boldsymbol{B}$ 作一系列初等列变换而得到.

由推论可以得到: $\boldsymbol{A}\sim\boldsymbol{B}$ 当且仅当存在可逆矩阵 $\boldsymbol{P},\boldsymbol{Q}$ 满足 $\boldsymbol{B}=\boldsymbol{PAQ}$.

等式 (1.6.1) 表明

$$\boldsymbol{A}^{-1}=\boldsymbol{P}_1\boldsymbol{P}_2\cdots\boldsymbol{P}_s=\boldsymbol{P}_1\boldsymbol{P}_2\cdots\boldsymbol{P}_s\boldsymbol{E}.$$

换句话说, 把可逆矩阵 $\boldsymbol{A}$ 变成单位矩阵的一系列初等行变换, 可把单位矩阵变成 $\boldsymbol{A}$ 的逆矩阵, 即有

$$\boldsymbol{P}_1\boldsymbol{P}_2\cdots\boldsymbol{P}_s(\boldsymbol{A},\boldsymbol{E})=(\boldsymbol{P}_1\boldsymbol{P}_2\cdots\boldsymbol{P}_s\boldsymbol{A},\boldsymbol{P}_1\boldsymbol{P}_2\cdots\boldsymbol{P}_s\boldsymbol{E})=\left(\boldsymbol{E},\boldsymbol{A}^{-1}\right).$$

基于上述事实可得使用矩阵的初等行变换判断矩阵是否可逆以及求逆矩阵的方法.

将 $n$ 阶矩阵 $\boldsymbol{A}$ 与 $n$ 阶单位矩阵 $\boldsymbol{E}$ 作为子块做分块矩阵 $(\boldsymbol{A},\boldsymbol{E})$, 使用初等行变换把 $(\boldsymbol{A},\boldsymbol{E})$ 化为行最简形 $(\boldsymbol{F},\boldsymbol{B})$. 注意到使用初等行变换将 $(\boldsymbol{A},\boldsymbol{E})$ 变成行最简形 $(\boldsymbol{F},\boldsymbol{B})$, 即用初等行变换把 $\boldsymbol{A}$ 化为行最简形矩阵 $\boldsymbol{F}$ 的同时, 同样的初等行变换把 $\boldsymbol{E}$ 变成矩阵 $\boldsymbol{B}$, 于是有

(1) 若 $\boldsymbol{F}\neq\boldsymbol{E}$, 由定理 1.6.3 可知 $\boldsymbol{A}$ 不可逆;

(2) 若 $\boldsymbol{F}=\boldsymbol{E}$, 则 $\boldsymbol{A}$ 可逆, 且 $\boldsymbol{B}=\boldsymbol{A}^{-1}$.

即对 $(\boldsymbol{A},\boldsymbol{E})$ 施行初等行变换, 当把 $\boldsymbol{A}$ 变为 $\boldsymbol{E}$ 时, $\boldsymbol{E}$ 变为 $\boldsymbol{A}^{-1}$.

同理可证明: 方阵可逆当且仅当通过初等列变换得到的列最简形矩阵是单位矩阵. 由此可得用初等列变换判定矩阵是否可逆, 若可逆求逆矩阵的方法如下.

将 $n$ 阶矩阵 $\boldsymbol{A}$ 与 $n$ 阶单位矩阵 $\boldsymbol{E}$ 作为子块作分块矩阵 $\begin{pmatrix}\boldsymbol{A}\\\boldsymbol{E}\end{pmatrix}$, 使用初等列变换将 $\begin{pmatrix}\boldsymbol{A}\\\boldsymbol{E}\end{pmatrix}$ 化为列最简形矩阵 $\begin{pmatrix}\boldsymbol{F}\\\boldsymbol{B}\end{pmatrix}$, 若 $\boldsymbol{F}\neq\boldsymbol{E}$, 则 $\boldsymbol{A}$ 不可逆; 若 $\boldsymbol{F}=\boldsymbol{E}$, 则 $\boldsymbol{A}$ 可逆且 $\boldsymbol{B}=\boldsymbol{A}^{-1}$.

**例 1.6.9** 判断矩阵

$$\boldsymbol{A}=\begin{pmatrix}1&0&1\\1&2&0\\1&2&1\end{pmatrix}$$

是否可逆, 若可逆, 求 $\boldsymbol{A}$ 的逆矩阵.

**解** 对 $(\boldsymbol{A},\boldsymbol{E})$ 施行初等行变换化为行最简形

$$(\boldsymbol{A},\boldsymbol{E})=\begin{pmatrix}1&0&1&1&0&0\\1&2&0&0&1&0\\1&2&1&0&0&1\end{pmatrix}\xrightarrow{r_2+(-1)r_1,r_3+(-1)r_1}\begin{pmatrix}1&0&1&1&0&0\\0&2&-1&-1&1&0\\0&2&0&-1&0&1\end{pmatrix}$$

$$\xrightarrow{r_3+(-1)r_2}\begin{pmatrix}1&0&1&1&0&0\\0&2&-1&-1&1&0\\0&0&1&0&-1&1\end{pmatrix}$$

$$\xrightarrow{r_2+r_3,r_1+(-1)r_3}\begin{pmatrix}1&0&0&1&1&-1\\0&2&0&-1&0&1\\0&0&1&0&-1&1\end{pmatrix}$$

$$\xrightarrow{\frac{1}{2}r_2}\begin{pmatrix}1&0&0&1&1&-1\\0&1&0&-\dfrac{1}{2}&0&\dfrac{1}{2}\\0&0&1&0&-1&1\end{pmatrix},$$

由此可知, $\boldsymbol{A}$ 可逆, 且

$$\boldsymbol{A}^{-1}=\begin{pmatrix}1&1&-1\\-\dfrac{1}{2}&0&\dfrac{1}{2}\\0&-1&1\end{pmatrix}.$$

解矩阵方程 $\boldsymbol{AX}=\boldsymbol{B}$ 时, 若 $\boldsymbol{A}$ 可逆, 则矩阵方程有唯一解 $\boldsymbol{X}=\boldsymbol{A}^{-1}\boldsymbol{B}$. 可先计算出 $\boldsymbol{A}^{-1}$, 然后计算 $\boldsymbol{A}^{-1}\boldsymbol{B}$. 也可利用初等行变换求 $\boldsymbol{A}^{-1}\boldsymbol{B}$. 由

$$\boldsymbol{A}^{-1}(\boldsymbol{A},\boldsymbol{B})=\left(\boldsymbol{E},\boldsymbol{A}^{-1}\boldsymbol{B}\right),$$

可知, 若对 $(\boldsymbol{A},\boldsymbol{B})$ 施行初等行变换化为行最简形后为 $(\boldsymbol{E},\boldsymbol{C})$, 则 $\boldsymbol{A}$ 可逆, $\boldsymbol{AX}=\boldsymbol{B}$ 有唯一解, 其唯一解 $\boldsymbol{X}=\boldsymbol{C}=\boldsymbol{A}^{-1}\boldsymbol{B}$.

同理, 对于矩阵方程 $\boldsymbol{XA}=\boldsymbol{B}$, 对 $\begin{pmatrix}\boldsymbol{A}\\ \boldsymbol{B}\end{pmatrix}$ 施行初等列变换化为列最简形后为 $\begin{pmatrix}\boldsymbol{E}\\ \boldsymbol{C}\end{pmatrix}$, 则 $\boldsymbol{A}$ 可逆, $\boldsymbol{XA}=\boldsymbol{B}$ 有唯一解, 其唯一解 $\boldsymbol{X}=\boldsymbol{C}=\boldsymbol{BA}^{-1}$.

**例 1.6.10** 解矩阵方程 $\boldsymbol{AX}=\boldsymbol{B}$, 其中

$$\boldsymbol{A}=\begin{pmatrix}1&2&0\\2&2&1\\2&1&1\end{pmatrix},\quad \boldsymbol{B}=\begin{pmatrix}0&-1\\-1&3\\1&-1\end{pmatrix}.$$

**解** 对矩阵 $(\boldsymbol{A},\boldsymbol{B})$ 施行初等行变换化为行最简形

$$(\boldsymbol{A},\boldsymbol{B})=\begin{pmatrix}1&2&0&0&-1\\2&2&1&-1&3\\2&1&1&1&-1\end{pmatrix}\xrightarrow{r_2+(-2)r_1,r_3+(-2)r_1}\begin{pmatrix}1&2&0&0&-1\\0&-2&1&-1&5\\0&-3&1&1&1\end{pmatrix}$$

$$\xrightarrow{r_2+(-1)r_3}\begin{pmatrix}1&2&0&0&-1\\0&1&0&-2&4\\0&-3&1&1&1\end{pmatrix}\xrightarrow{r_3+3r_2}\begin{pmatrix}1&2&0&0&-1\\0&1&0&-2&4\\0&0&1&-5&13\end{pmatrix}$$

$$\xrightarrow{r_1+(-2)r_2}\begin{pmatrix}1&0&0&4&-9\\0&1&0&-2&4\\0&0&1&-5&13\end{pmatrix}.$$

所以 $\boldsymbol{A}$ 可逆, 故矩阵方程 $\boldsymbol{AX}=\boldsymbol{B}$ 有唯一解

$$\boldsymbol{X}=\boldsymbol{A}^{-1}\boldsymbol{B}=\begin{pmatrix}4&-9\\-2&4\\-5&13\end{pmatrix}.$$

## 习 题 1.6

1. 设 $\boldsymbol{A}$ 是方阵, 则 $\boldsymbol{AE}(r_3+2r_1)=($ $)$.

(A) $\boldsymbol{A}(r_3+2r_1)$;

(B) $\boldsymbol{A}(c_3+2c_1)$;

(C) $\boldsymbol{A}(c_1+2c_3)$;

(D) $\boldsymbol{A}$.

2. 将下列矩阵使用初等行变换化为行阶梯形、行最简形, 使用初等变换化为标准形.

(1) $\begin{pmatrix} 1 & 0 & 2 & -1 \\ 2 & 0 & 3 & 1 \\ 3 & 0 & 4 & 3 \end{pmatrix}$;

(2) $\begin{pmatrix} 0 & 2 & -3 & 1 \\ 0 & 3 & -4 & 3 \\ 0 & 4 & -7 & -1 \end{pmatrix}$;

(3) $\begin{pmatrix} 1 & -1 & 3 & -4 & 3 \\ 3 & -3 & 5 & -4 & 1 \\ 2 & -2 & 3 & -2 & 0 \\ 3 & -3 & 4 & -2 & -1 \end{pmatrix}$;

(4) $\begin{pmatrix} 2 & 3 & 1 & -3 & -7 \\ 1 & 2 & 0 & -2 & -4 \\ 3 & -2 & 8 & 3 & 0 \\ 2 & -3 & 7 & 4 & 3 \end{pmatrix}$.

3. 利用初等变换判断下列矩阵是否可逆, 若可逆, 求出逆矩阵.

(1) $\begin{pmatrix} 1 & 1 & 2 \\ 2 & -1 & 3 \\ 4 & 1 & 7 \end{pmatrix}$; (2) $\begin{pmatrix} 1 & 2 & 0 & 0 \\ 2 & 0 & 1 & 2 \\ 1 & 1 & 0 & -1 \\ 1 & 0 & 0 & 0 \end{pmatrix}$.

4. 已知

$$\boldsymbol{A} = \begin{pmatrix} 2 & 2 & 2 & \cdots & 2 \\ 0 & 1 & 1 & \cdots & 1 \\ 0 & 0 & 1 & \cdots & 1 \\ \vdots & \vdots & \vdots & & \vdots \\ 0 & 0 & 0 & \cdots & 1 \end{pmatrix},$$

利用初等变换求 $\boldsymbol{A}^{-1}$, 并求 $\det \boldsymbol{A}$ 的所有代数余子式之和 $\sum\limits_{i,j=1}^{n} A_{ij}$.

5. 解下列矩阵方程.

(1) $\begin{pmatrix} 2 & 5 \\ 1 & 3 \end{pmatrix} \boldsymbol{X} = \begin{pmatrix} 4 & -6 \\ 2 & 1 \end{pmatrix}$;

(2) $\boldsymbol{X} \begin{pmatrix} 2 & 1 & -1 \\ 2 & 1 & 0 \\ 1 & -1 & 1 \end{pmatrix} = \begin{pmatrix} 1 & -1 & 3 \\ 4 & 3 & 2 \end{pmatrix}$;

(3) $\begin{pmatrix} 1 & 4 \\ -1 & 2 \end{pmatrix} \boldsymbol{X} \begin{pmatrix} 2 & 0 \\ -1 & 1 \end{pmatrix} = \begin{pmatrix} 3 & 1 \\ 0 & -1 \end{pmatrix}$;

(4) $\begin{pmatrix} 0 & 1 & 0 \\ 1 & 0 & 0 \\ 0 & 0 & 1 \end{pmatrix} \boldsymbol{X} \begin{pmatrix} 1 & 0 & 0 \\ 0 & 0 & 1 \\ 0 & 1 & 0 \end{pmatrix} = \begin{pmatrix} 1 & -4 & 3 \\ 2 & 0 & -1 \\ 1 & -2 & 0 \end{pmatrix}$.

## 1.7 矩阵的秩

如何判断两个同型矩阵是否等价？矩阵的标准形中主元的个数有什么含义？另外, 在线性方程组中有些方程可能是“多余”的, 一个方程组中“真正”起作用的方程的个数到底是多少？如何判断方程组是否有解, 以及有解时是否唯一？这几个问题都与矩阵的秩有密切关系. 本节给出矩阵的秩的定义和它的一些性质, 并给出用初等变换求矩阵的秩的方法, 最后利用矩阵的秩给出线性方程组有解的判定定理, 并运用矩阵的初等行变换求解线性方程组.

### 1.7.1 矩阵的秩的定义及性质

与方阵一样, 可以对任意矩阵定义子式.

**定义 1.7.1** 设 $\boldsymbol{A}$ 是 $m \times n$ 矩阵. 在 $\boldsymbol{A}$ 中选取 $k$ 行和 $k$ 列, 位于这些选定的行和列的交点上的 $k^2$ 个元素按原来的相对位置所组成的 $k$ 阶行列式, 称为 $\boldsymbol{A}$ 的一个 **$\boldsymbol{k}$ 阶子式**.

显然有 $1 \leqslant k \leqslant \min\{m, n\}$, 且矩阵 $\boldsymbol{A}$ 中共有 $\mathrm{C}_m^k \mathrm{C}_n^k$ 个 $k$ 阶子式.

**定义 1.7.2** 矩阵 $\boldsymbol{A}$ 的不等于零的子式的最高阶数称为矩阵 $\boldsymbol{A}$ 的秩, 记为 $\operatorname{rank}(\boldsymbol{A})$ 或 $R(\boldsymbol{A})$. 零矩阵的秩定义为 0.

**例 1.7.1** 已知

$$\boldsymbol{A} = \begin{pmatrix} 1 & 1 & 3 & 1 & 4 \\ 0 & 2 & -1 & 4 & 3 \\ 0 & 0 & 0 & 5 & 1 \\ 0 & 0 & 0 & 0 & 0 \end{pmatrix},$$

求 $\operatorname{rank}(\boldsymbol{A})$.

**解** 矩阵 $\boldsymbol{A}$ 最高阶子式为 4 阶子式, 每一个 4 阶子式都有零行故所有 4 阶子式都为零, 又如选第 1, 2, 3 行和第 1, 2, 4 列的 3 阶子式

$$\begin{vmatrix} 1 & 1 & 1 \\ 0 & 2 & 4 \\ 0 & 0 & 5 \end{vmatrix} \neq 0.$$

故 $\operatorname{rank}(\boldsymbol{A}) = 3$.

$\det \boldsymbol{A}$ 是 $n$ 阶方阵 $\boldsymbol{A}$ 的最高阶 ($n$ 阶) 子式 (唯一的), 故 $\operatorname{rank}(\boldsymbol{A})=n$ 当且仅当 $\det \boldsymbol{A} \neq 0$, 于是有以下命题.

**命题 1.7.1** $\boldsymbol{A}$ 是 $n$ 阶方阵, 则下列说法是等价的:

(1) $\operatorname{rank}(\boldsymbol{A})=n$;

(2) $\det \boldsymbol{A} \neq 0$;

(3) $\boldsymbol{A}$ 可逆.

**命题 1.7.1*** $\boldsymbol{A}$ 是 $n$ 阶方阵, 则下列说法是等价的:

(1) $\operatorname{rank}(\boldsymbol{A})<n$;

(2) $\det \boldsymbol{A}=0$;

(3) $\boldsymbol{A}$ 不可逆.

由命题可知, 可从秩的角度考察方阵的可逆性, 也可从秩的角度考察方阵的行列式: $\boldsymbol{A}$ 是 $n$ 阶方阵, 若 $\operatorname{rank}(\boldsymbol{A})=n$, 则 $\det \boldsymbol{A} \neq 0$; 若 $\operatorname{rank}(\boldsymbol{A})<n$, 则 $\det \boldsymbol{A}=0$. 参见命题 1.7.3 后的思考题.

由矩阵秩的定义容易得到如下命题.

**命题 1.7.2** (1) 设 $\boldsymbol{A}$ 是 $m \times n$ 矩阵, 则

$$0 \leqslant \operatorname{rank}(\boldsymbol{A}) \leqslant \min\{m, n\}, \quad \operatorname{rank}(\boldsymbol{A})=0 \quad \text{当且仅当} \quad \boldsymbol{A}=\boldsymbol{O};$$

(2) $\operatorname{rank}(\boldsymbol{A}) \leqslant r$ 当且仅当矩阵 $\boldsymbol{A}$ 的所有 $r+1$ 阶子式都为零;

(3) $\operatorname{rank}(\boldsymbol{A}) \leqslant r$ 当且仅当矩阵 $\boldsymbol{A}$ 的所有大于 $r$ 阶的子式都为零;

(4) $\operatorname{rank}(\boldsymbol{A}) \geqslant r$ 当且仅当矩阵 $\boldsymbol{A}$ 至少有一个 $r$ 阶子式不为零;

(5) $\operatorname{rank}(\boldsymbol{A})=\operatorname{rank}\left(\boldsymbol{A}^{\mathrm{T}}\right)$;

(6) $\operatorname{rank}(k\boldsymbol{A})=\operatorname{rank}(\boldsymbol{A})$, 其中 $k \neq 0$.

下面再列举矩阵秩的一些性质, 其证明放在后面章节.

**命题 1.7.3** (1) $\operatorname{rank}(\boldsymbol{A}+\boldsymbol{B}) \leqslant \operatorname{rank}(\boldsymbol{A})+\operatorname{rank}(\boldsymbol{B})$;

(2) $\operatorname{rank}(\boldsymbol{A}\boldsymbol{B}) \leqslant \min\{\operatorname{rank}(\boldsymbol{A}), \operatorname{rank}(\boldsymbol{B})\}$;

(3) 若 $\boldsymbol{A}_{m \times n}\boldsymbol{B}_{n \times l}=\boldsymbol{O}$, 则 $\operatorname{rank}(\boldsymbol{A})+\operatorname{rank}(\boldsymbol{B}) \leqslant n$;

(4) $\max\{\operatorname{rank}(\boldsymbol{A}), \operatorname{rank}(\boldsymbol{B})\} \leqslant \operatorname{rank}(\boldsymbol{A}, \boldsymbol{B}) \leqslant \operatorname{rank}(\boldsymbol{A})+\operatorname{rank}(\boldsymbol{B})$.

**思考** 计算 $\det \boldsymbol{A}_{5 \times 4}\boldsymbol{B}_{4 \times 5}$.

直接通过定义来计算矩阵的秩比较麻烦, 矩阵的初等变换可用来求矩阵的秩, 它基于如下两个事实.

**引理 1.7.1** 行阶梯形矩阵的秩等于其非零行的个数.

**证明** 设行阶梯形矩阵 $\boldsymbol{A}$ 的非零行的个数为 $r$. 取非零行主元所在的行与列, 得到一个 $r$ 阶子式, 这个 $r$ 阶子式是主对角线上元素均为非零数的上三角行列式, 故矩阵 $\boldsymbol{A}$ 中有一个 $r$ 阶子式不为零, 这样表明 $\operatorname{rank}(\boldsymbol{A}) \geqslant r$.

另一方面, 由矩阵 $\boldsymbol{A}$ 的非零行的个数为 $r$ 知, 任何一个 $r+1$ 阶子式必有零行, 即 $r+1$ 阶子式均为零, 这表明 $\operatorname{rank}(\boldsymbol{A}) \leqslant r$. 综上所述, 行阶梯形矩阵的秩等

于其非零行的个数. □

**定理 1.7.1**　初等变换不改变矩阵的秩.

**证明**　这里只对初等行变换进行证明, 初等列变换的情形可类似证明. 只需证明矩阵 $\boldsymbol{A}$ 经过一次初等行变换化为矩阵 $\boldsymbol{B}$ 时, 有 $\operatorname{rank}(\boldsymbol{A}) = \operatorname{rank}(\boldsymbol{B})$. 由初等行变换的可逆性, 又只需证明矩阵 $\boldsymbol{A}$ 经过一次初等行变换化为 $\boldsymbol{B}$ 时, 有 $\operatorname{rank}(\boldsymbol{A}) \leqslant \operatorname{rank}(\boldsymbol{B})$ 即可.

设 $\operatorname{rank}(\boldsymbol{A}) = r$, 则 $\boldsymbol{A}$ 有一个 $r$ 阶子式 (记为 $D_r$) 不为零. 下面按初等行变换三种情况讨论.

(1) 假设 $\boldsymbol{B} = \boldsymbol{A}(kr_i)$, 其中 $k \neq 0$. 在 $\boldsymbol{B}$ 中选取 $D_r$ 所对应的行列得到一个 $r$ 阶子式 $T_1$, 则 $T_1 = kD_r \neq 0$ 或 $T_1 = D_r \neq 0$, 故 $\operatorname{rank}(\boldsymbol{A}) \leqslant \operatorname{rank}(\boldsymbol{B})$.

(2) 假设 $\boldsymbol{B} = \boldsymbol{A}(r_i \leftrightarrow r_j)$. 若 $D_r$ 中含有第 $i$ 行与第 $j$ 行, 则在 $\boldsymbol{B}$ 中选取 $D_r$ 对应的行列得到一个 $r$ 阶子式 $T_2$, 显然 $T_2 = -D_r \neq 0$; 若 $D_r$ 中不含第 $i$ 行与第 $j$ 行, 则在 $\boldsymbol{B}$ 中选取 $D_r$ 对应的行列得到一个 $r$ 阶子式 $T_3$, 显然 $T_3 = D_r \neq 0$; 若 $D_r$ 中包含第 $i$ 行但不含第 $j$ 行, 则在 $\boldsymbol{B}$ 中选取第 $j$ 行, 另外再选取 $D_r$ 中除第 $i$ 行以外所对应的 $r-1$ 行, 并选取与 $D_r$ 相同的列, 得到一个 $r$ 阶子式, 记为 $T_4$, 显然有 $T_4 = D_r$ 或 $T_4 = -D_r$, 所以 $T_4 \neq 0$; 若 $D_r$ 中不含第 $i$ 行但包含第 $j$ 行, 同理可得到 $\boldsymbol{B}$ 的一个非零的 $r$ 阶子式. 这都表明 $\operatorname{rank}(\boldsymbol{A}) \leqslant \operatorname{rank}(\boldsymbol{B})$.

(3) 不失一般性, 我们假设 $\boldsymbol{B}$ 是将 $\boldsymbol{A}$ 的第二行的 $k$ 倍加到第一行而得到的矩阵, 即

$$\boldsymbol{B} = \boldsymbol{A}(r_1 + kr_2).$$

在 $\boldsymbol{B}$ 中选取 $D_r$ 的行列得所对应的 $r$ 阶子式 $T_5$.

(a) 若 $D_r$ 中不含第一行, 显然有 $T_5 = D_r \neq 0$;

(b) 若 $D_r$ 同时包含第一行与第二行, 显然有 $T_5 = D_r \neq 0$;

(c) 若 $D_r$ 中含第一行但不含第二行, 设

$$D_r = \begin{vmatrix} \boldsymbol{A}_1 \\ \boldsymbol{A}_h \\ \vdots \\ \boldsymbol{A}_r \end{vmatrix},$$

其中 $h > 2$. 于是

$$T_5 = \begin{vmatrix} \boldsymbol{A}_1 + k\boldsymbol{A}_2 \\ \boldsymbol{A}_h \\ \vdots \\ \boldsymbol{A}_r \end{vmatrix}.$$

设

$$T_6=\begin{vmatrix}\boldsymbol{A}_2\\ \boldsymbol{A}_h\\ \vdots\\ \boldsymbol{A}_r\end{vmatrix},$$

则 $T_6$ 也是 $\boldsymbol{B}$ 的 $r$ 阶子式, 且 $T_5-kT_6=D_r\neq 0$, 这表明 $T_5, T_6$ 不同时为零.

以上都表明

$$\operatorname{rank}(\boldsymbol{A})\leqslant \operatorname{rank}(\boldsymbol{B}).$$ □

初等变换可以求矩阵的秩: 用初等变换将矩阵化为行阶梯形, 数行阶梯形非零行个数得到矩阵的秩.

**例 1.7.2** 求矩阵

$$\boldsymbol{A}=\begin{pmatrix}1&1&1\\2&3&4\\4&9&6\end{pmatrix}$$

的秩.

**解** 用初等变换将矩阵 $\boldsymbol{A}$ 化为行阶梯形矩阵

$$\boldsymbol{A}=\begin{pmatrix}1&1&1\\2&3&4\\4&9&6\end{pmatrix}\xrightarrow{r_2+(-2)r_1,r_3+(-4)r_1}\begin{pmatrix}1&1&1\\0&1&2\\0&5&2\end{pmatrix}\xrightarrow{r_3+(-5)r_2}\begin{pmatrix}1&1&1\\0&1&2\\0&0&-8\end{pmatrix},$$

故 $\operatorname{rank}(\boldsymbol{A})=3$.

**例 1.7.3** 已知 $n$ 阶矩阵

$$\boldsymbol{A}=\begin{pmatrix}a&b&b&\cdots&b\\b&a&b&\cdots&b\\\vdots&\vdots&\vdots&&\vdots\\b&b&b&\cdots&a\end{pmatrix},$$

求 $\boldsymbol{A}$ 的秩.

**解** 对矩阵 $\boldsymbol{A}$ 进行初等变换

$$\boldsymbol{A}\xrightarrow{r_k+(-1)r_1,k=2,3,\cdots,n}\begin{pmatrix} a & b & b & \cdots & b \\ b-a & a-b & 0 & \cdots & 0 \\ \vdots & \vdots & \vdots & & \vdots \\ b-a & 0 & 0 & \cdots & a-b \end{pmatrix}$$

$$\xrightarrow{c_k+c_1,k=2,3,\cdots,n}\begin{pmatrix} a+(n-1)b & b & b & \cdots & b \\ 0 & a-b & 0 & \cdots & 0 \\ \vdots & \vdots & \vdots & & \vdots \\ 0 & 0 & 0 & \cdots & a-b \end{pmatrix}=\boldsymbol{B}.$$

当 $a=b$ 时, 矩阵 $\boldsymbol{B}$ 是行阶梯形矩阵, 故若 $a=b=0$, 则 $\operatorname{rank}(\boldsymbol{A})=0$; 若 $a=b\neq 0$, 则 $\operatorname{rank}(\boldsymbol{A})=1$.

当 $a\neq b$ 且 $a+(n-1)b=0$ 时, $\det\boldsymbol{B}=0$, 故 $\operatorname{rank}(\boldsymbol{B})\leqslant n-1$. $\boldsymbol{B}$ 有 $n-1$ 阶子式不为零, 故 $\operatorname{rank}(\boldsymbol{B})\geqslant n-1$, 这表明 $\operatorname{rank}(\boldsymbol{B})=n-1$, 于是有 $\operatorname{rank}(\boldsymbol{A})=n-1$.

当 $a\neq b$ 且 $a+(n-1)b\neq 0$ 时, 矩阵 $\boldsymbol{B}$ 是有 $n$ 个非零行的行阶梯形, 故 $\operatorname{rank}(\boldsymbol{A})=n$.

**注 1.7.1** (1) 定理 1.7.1 表明等价的矩阵具有相同的秩.

(2) 标准形矩阵 $\begin{pmatrix} \boldsymbol{E}_r & \boldsymbol{O} \\ \boldsymbol{O} & \boldsymbol{O} \end{pmatrix}$ 的秩为 $r$, 初等变换不改变矩阵的秩, 故矩阵的标准形是唯一的.

(3) 两个同型矩阵有相同的秩, 则它们的标准形相同, 即这两个矩阵与同一个矩阵等价, 由等价的传递性可知这两个矩阵等价.

综上所述有以下定理.

**定理 1.7.2** 两个同型矩阵等价当且仅当它们秩相等.

矩阵的秩不仅可以用来考察方阵的行列式、可逆性、矩阵是否等价, 还可以给出线性方程组解的判定定理.

### 1.7.2 线性方程组解的判定定理

高斯消元法解线性方程组本质上就是, 对方程组的增广矩阵进行初等行变换使其化为行最简形. 通过行最简形考察系数矩阵的秩与增广矩阵的秩的大小关系可得出方程组是否有解; 在有解的前提下考察系数矩阵的秩与未知数个数的大小关系可得出方程组的解是否唯一; 利用行最简形也可求出方程组所有解. 使用增广矩阵作初等行变换代替方程组消元, 可以不写未知数, 从而减少书写量, 也可证明高斯消元法能保证消元前后方程组同解.

**引理 1.7.2** 设线性方程组 $\boldsymbol{Ax}=\boldsymbol{b}$ 的增广矩阵 $\bar{\boldsymbol{A}}=(\boldsymbol{A},\boldsymbol{b})$ 通过初等行变换变成矩阵 $\bar{\boldsymbol{C}}=(\boldsymbol{C},\boldsymbol{d})$, 则线性方程组 $\boldsymbol{Ax}=\boldsymbol{b}$ 与 $\boldsymbol{Cx}=\boldsymbol{d}$ 同解.

**证明** 由条件可知, 存在可逆矩阵 $\boldsymbol{P}$ 使得 $\boldsymbol{P}\bar{\boldsymbol{A}}=\bar{\boldsymbol{C}}$, 故有

$$\boldsymbol{C}=\boldsymbol{PA},\quad \boldsymbol{d}=\boldsymbol{Pb},$$

因此

$$\boldsymbol{A}=\boldsymbol{P}^{-1}\boldsymbol{C},\quad \boldsymbol{b}=\boldsymbol{P}^{-1}\boldsymbol{d}.$$

设 $\boldsymbol{\alpha}$ 是 $\boldsymbol{Ax}=\boldsymbol{b}$ 的解, 即 $\boldsymbol{A\alpha}=\boldsymbol{b}$. 从而有 $\boldsymbol{PA\alpha}=\boldsymbol{Pb}$, 即

$$\boldsymbol{C\alpha}=\boldsymbol{d},$$

这表明 $\boldsymbol{\alpha}$ 也是 $\boldsymbol{Cx}=\boldsymbol{d}$ 的解.

反过来, 设 $\boldsymbol{\beta}$ 是 $\boldsymbol{Cx}=\boldsymbol{d}$ 的解, 即 $\boldsymbol{C\beta}=\boldsymbol{d}$. 从而有 $\boldsymbol{P}^{-1}\boldsymbol{C\beta}=\boldsymbol{P}^{-1}\boldsymbol{d}$, 即

$$\boldsymbol{A\beta}=\boldsymbol{b},$$

这表明 $\boldsymbol{\beta}$ 也是 $\boldsymbol{Ax}=\boldsymbol{b}$ 的解.

综上所述两个方程组同解. □

**推论 1.7.1** 齐次线性方程组 $\boldsymbol{Ax}=\boldsymbol{0}$ 的系数矩阵 $\boldsymbol{A}$ 通过初等行变换变成矩阵 $\boldsymbol{C}$, 则齐次线性方程组 $\boldsymbol{Ax}=\boldsymbol{0}$ 与 $\boldsymbol{Cx}=\boldsymbol{0}$ 同解.

下面给出线性方程组解的判定定理.

**定理 1.7.3** 设 $n$ 元非齐次线性方程组 $\boldsymbol{A}_{m\times n}\boldsymbol{x}=\boldsymbol{b}$ 的增广矩阵为 $\bar{\boldsymbol{A}}$, 则

(1) $\boldsymbol{A}_{m\times n}\boldsymbol{x}=\boldsymbol{b}$ 无解当且仅当 $\operatorname{rank}(\boldsymbol{A})<\operatorname{rank}\left(\bar{\boldsymbol{A}}\right)$;

(2) $\boldsymbol{A}_{m\times n}\boldsymbol{x}=\boldsymbol{b}$ 有唯一解当且仅当 $\operatorname{rank}(\boldsymbol{A})=\operatorname{rank}\left(\bar{\boldsymbol{A}}\right)=n$;

(3)$\boldsymbol{A}_{m\times n}\boldsymbol{x}=\boldsymbol{b}$ 有无穷多解当且仅当 $\operatorname{rank}(\boldsymbol{A})=\operatorname{rank}\left(\bar{\boldsymbol{A}}\right)<n$.

**证明** 对增广矩阵 $\bar{\boldsymbol{A}}$ 施行初等行变换化其为行最简形矩阵, 不失一般性设为

$$\begin{pmatrix} 1 & \cdots & 0 & b_{1,r+1} & \cdots & b_{1n} & d_1 \\ \vdots & & \vdots & \vdots & & \vdots & \vdots \\ 0 & \cdots & 1 & b_{r,r+1} & \cdots & b_{rn} & d_r \\ 0 & \cdots & 0 & 0 & \cdots & 0 & d_{r+1} \\ 0 & \cdots & 0 & 0 & \cdots & 0 & 0 \\ \vdots & & \vdots & \vdots & & \vdots & \vdots \\ 0 & \cdots & 0 & 0 & \cdots & 0 & 0 \end{pmatrix}.$$

(1) 若 $\operatorname{rank}(\boldsymbol{A}) < \operatorname{rank}(\bar{\boldsymbol{A}})$, 则 $d_{r+1} \neq 0$, 此时第 $r+1$ 个方程为

$$0 = d_{r+1}.$$

此方程为矛盾方程, 故方程组无解.

(2) 若 $\operatorname{rank}(\boldsymbol{A}) = \operatorname{rank}(\bar{\boldsymbol{A}}) = n$, 此时

$$\bar{\boldsymbol{A}} = (\boldsymbol{A}, \boldsymbol{b}) \sim \begin{pmatrix} 1 & 0 & \cdots & 0 & d_1 \\ 0 & 1 & \cdots & 0 & d_2 \\ \vdots & \vdots & & \vdots & \vdots \\ 0 & 0 & \cdots & 1 & d_n \\ 0 & 0 & \cdots & 0 & 0 \\ \vdots & \vdots & & \vdots & \vdots \\ 0 & 0 & \cdots & 0 & 0 \end{pmatrix}.$$

这表明方程组有唯一解

$$\begin{cases} x_1 = d_1, \\ x_2 = d_2, \\ \quad \cdots\cdots \\ x_n = d_n. \end{cases}$$

(3) 若 $\operatorname{rank}(\boldsymbol{A}) = \operatorname{rank}(\bar{\boldsymbol{A}}) < n$, 此时 $d_{r+1} = 0$, 且

$$\bar{\boldsymbol{A}} = (\boldsymbol{A}, \boldsymbol{b}) \sim \begin{pmatrix} 1 & \cdots & 0 & b_{1,r+1} & \cdots & b_{1n} & d_1 \\ \vdots & & \vdots & \vdots & & \vdots & \vdots \\ 0 & \cdots & 1 & b_{r,r+1} & \cdots & b_{rn} & d_r \\ 0 & \cdots & 0 & 0 & \cdots & 0 & 0 \\ \vdots & & \vdots & \vdots & & \vdots & \vdots \\ 0 & \cdots & 0 & 0 & \cdots & 0 & 0 \end{pmatrix}.$$

将行最简形主元对应的未知数称为**非自由未知量**, 其余的未知数称为**自由未**

**知量**, 行最简形对应的方程组为

$$\begin{cases} x_1 + b_{1,r+1}x_{r+1} + b_{1,r+2}x_{r+2} + \cdots + b_{1n}x_n = d_1, \\ x_2 + b_{2,r+1}x_{r+1} + b_{2,r+2}x_{r+2} + \cdots + b_{2n}x_n = d_2, \\ \qquad\qquad \cdots\cdots \\ x_r + b_{r,r+1}x_{r+1} + b_{r,r+2}x_{r+2} + \cdots + b_{rn}x_n = d_r. \end{cases}$$

将非自由未知量用自由未知量表示, 并用恒等式按顺序表示自由未知量进而得同解方程组:

$$\begin{cases} x_1 = d_1 - b_{1,r+1}x_{r+1} - b_{1,r+2}x_{r+2} - \cdots - b_{1n}x_n, \\ x_2 = d_2 - b_{2,r+1}x_{r+1} - b_{2,r+2}x_{r+2} - \cdots - b_{2n}x_n, \\ \qquad\qquad \cdots\cdots \\ x_r = d_r - b_{r,r+1}x_{r+1} - b_{r,r+2}x_{r+2} - \cdots - b_{rn}x_n, \\ x_{r+1} = x_{r+1}, \\ \qquad \cdots\cdots \\ x_n = x_n. \end{cases} \tag{1.7.1}$$

由此看出, 自由未知量 $x_{r+1}, x_{r+2}, \cdots, x_n$ 确定非自由未知量 $x_1, x_2, \cdots, x_r$, 而 $x_{r+1}, x_{r+2}, \cdots, x_n$ 可以任意取值 (这是它们被称为自由未知量的原因).

令

$$\begin{cases} x_{r+1} = k_1, \\ x_{r+2} = k_2, \\ \quad \cdots\cdots \\ x_n = k_{n-r}, \end{cases}$$

其中 $k_1, k_2, \cdots, k_{n-r}$ 取任意常数, 则得方程组的解

$$\begin{cases} x_1 = d_1 - b_{1,r+1}k_1 - b_{1,r+2}k_2 - \cdots - b_{1n}k_{n-r}, \\ x_2 = d_2 - b_{2,r+1}k_1 - b_{2,r+2}k_2 - \cdots - b_{2n}k_{n-r}, \\ \qquad\qquad \cdots\cdots \\ x_r = d_r - b_{r,r+1}k_1 - b_{r,r+2}k_2 - \cdots - b_{rn}k_{n-r},, \\ x_{r+1} = k_1, \\ \qquad \cdots\cdots \\ x_n = k_{n-r}. \end{cases}$$

写成列向量线性组合形式, 即

$$\begin{pmatrix} x_1 \\ \vdots \\ x_r \\ x_{r+1} \\ x_{r+2} \\ \vdots \\ x_n \end{pmatrix} = \begin{pmatrix} d_1 \\ \vdots \\ d_r \\ 0 \\ 0 \\ \vdots \\ 0 \end{pmatrix} + k_1 \begin{pmatrix} -b_{1,r+1} \\ \vdots \\ -b_{r,r+1} \\ 1 \\ 0 \\ \vdots \\ 0 \end{pmatrix} + k_2 \begin{pmatrix} -b_{1,r+2} \\ \vdots \\ -b_{r,r+2} \\ 0 \\ 1 \\ \vdots \\ 0 \end{pmatrix} + \cdots + k_{n-r} \begin{pmatrix} -b_{1n} \\ \vdots \\ -b_{rn} \\ 0 \\ 0 \\ \vdots \\ 1 \end{pmatrix}. \tag{1.7.2}$$

当 $k_1, k_2, \cdots, k_{n-r}$ 遍历实数时就得到方程组所有解, 故方程组有无穷多解. □

由于始终有 $\operatorname{rank}(\boldsymbol{A}) \leqslant \operatorname{rank}(\bar{\boldsymbol{A}}) \leqslant n$, 上述过程穷尽了 $\operatorname{rank}(\boldsymbol{A}), \operatorname{rank}(\bar{\boldsymbol{A}}), n$ 三者所有情况.

**注 1.7.2** 当方程组有解时, 增广矩阵的秩 (也是系数矩阵的秩) 就是“真正”起作用方程的个数, 也是非自由未知量的个数. 当方程组有解时自由未知量的个数为 $n - \operatorname{rank}(\boldsymbol{A})$, 故当 $\operatorname{rank}(\boldsymbol{A}) < n$ 时, 方程组有自由未知量, 自由未知量可任意取值, 从而方程组有无穷多解.

齐次线性方程组 $\boldsymbol{A}_{m\times n}\boldsymbol{x} = \boldsymbol{0}$ 只需对系数矩阵进行初等行变换. 这是因为齐次线性方程组的常数项均为零, 所以其增广矩阵的最后一列所有元素均为零, 而初等行变换不会改变这一事实, 即对齐次线性方程组, 显然有

$$\operatorname{rank}(\boldsymbol{A}) = \operatorname{rank}(\bar{\boldsymbol{A}}).$$

由上可知齐次线性方程组一定有解, 事实上, 我们知道齐次线性方程组一定有零解, 于是, 对齐次方程组我们关心它什么时候只有零解、什么时候有非零解, 由上面定理可知:

**推论 1.7.2** (1) $n$ 元齐次线性方程组 $\boldsymbol{A}_{m\times n}\boldsymbol{x} = \boldsymbol{0}$ 只有零解当且仅当 $\operatorname{rank}(\boldsymbol{A}) = n$;

(2) $n$ 元齐次线性方程组 $\boldsymbol{A}_{m\times n}\boldsymbol{x} = \boldsymbol{0}$ 有非零解当且仅当 $\operatorname{rank}(\boldsymbol{A}) < n$; 特别地, 齐次线性方程组方程个数小于未知量个数时一定有非零解.

定理的证明也给出了求解非齐次方程组 $\boldsymbol{A}\boldsymbol{x} = \boldsymbol{b}$ 的一般步骤:

(1) 通过初等行变换 (且只能使用初等行变换) 将增广矩阵 $\bar{\boldsymbol{A}}$ 化为行最简形, 确定 $\operatorname{rank}(\boldsymbol{A})$ 和 $\operatorname{rank}(\bar{\boldsymbol{A}})$, 若 $\operatorname{rank}(\boldsymbol{A}) < \operatorname{rank}(\bar{\boldsymbol{A}})$, 则方程组无解; 若 $\operatorname{rank}(\boldsymbol{A}) = \operatorname{rank}(\bar{\boldsymbol{A}})$, 则方程组有解;

(2) 在有解的情形下, 根据行最简形矩阵写出形如 (1.7.1) 同解方程组;

(3) 根据 (1.7.1) 同解方程组, 写出 (1.7.2) 形式的解.

对于齐次方程组, 注意到其常向量为零向量, 初等变换后仍然为零向量, 故求解齐次方程组时只需对其系数矩阵使用初等行变换化为行最简形, 根据系数矩阵的行最简形执行 (2), (3) 即可.

**例 1.7.4** 解齐次线性方程组

$$\begin{cases} 3x_1 + 2x_2 - 2x_3 + x_4 = 0, \\ 6x_1 + 4x_2 + 5x_3 + 2x_4 + 3x_5 = 0, \\ 9x_1 + 6x_2 + 3x_4 + 2x_5 = 0. \end{cases}$$

**解** 将系数矩阵通过初等行变换化为行最简形矩阵

$$\begin{pmatrix} 3 & 2 & -2 & 1 & 0 \\ 6 & 4 & 5 & 2 & 3 \\ 9 & 6 & 0 & 3 & 2 \end{pmatrix} \sim \begin{pmatrix} 1 & \frac{2}{3} & 0 & \frac{1}{3} & \frac{2}{9} \\ 0 & 0 & 1 & 0 & \frac{1}{3} \\ 0 & 0 & 0 & 0 & 0 \end{pmatrix}.$$

方程组同解于

$$\begin{cases} x_1 = -\frac{2}{3}x_2 - \frac{1}{3}x_4 - \frac{2}{9}x_5, \\ x_2 = x_2, \\ x_3 = -\frac{1}{3}x_5, \\ x_4 = x_4, \\ x_5 = x_5. \end{cases}$$

故方程组的解为

$$\begin{pmatrix} x_1 \\ x_2 \\ x_3 \\ x_4 \\ x_5 \end{pmatrix} = k_1 \begin{pmatrix} -\frac{2}{3} \\ 1 \\ 0 \\ 0 \\ 0 \end{pmatrix} + k_2 \begin{pmatrix} -\frac{1}{3} \\ 0 \\ 0 \\ 1 \\ 0 \end{pmatrix} + k_3 \begin{pmatrix} -\frac{2}{9} \\ 0 \\ -\frac{1}{3} \\ 0 \\ 1 \end{pmatrix},$$

其中, $k_1, k_2, k_3$ 为任意实数.

**例 1.7.5** 解非齐次线性方程组

$$\begin{cases} x_1 - 2x_2 + 3x_3 - x_4 = 1, \\ 3x_1 - x_2 + 5x_3 - 3x_4 = 4, \\ 2x_1 + x_2 + 2x_3 - 2x_4 = 3. \end{cases}$$

**解** 将增广矩阵通过初等行变换化为行最简形矩阵

$$\begin{pmatrix} 1 & -2 & 3 & -1 & 1 \\ 3 & -1 & 5 & -3 & 4 \\ 2 & 1 & 2 & -2 & 3 \end{pmatrix} \sim \begin{pmatrix} 1 & 0 & \dfrac{7}{5} & -1 & \dfrac{7}{5} \\ 0 & 1 & -\dfrac{4}{5} & 0 & \dfrac{1}{5} \\ 0 & 0 & 0 & 0 & 0 \end{pmatrix}.$$

这说明, 方程组有解且同解于方程组

$$\begin{cases} x_1 = \dfrac{7}{5} - \dfrac{7}{5}x_3 + x_4, \\ x_2 = \dfrac{1}{5} + \dfrac{4}{5}x_3, \\ x_3 = x_3, \\ x_4 = x_4. \end{cases}$$

故方程组的解为

$$\begin{pmatrix} x_1 \\ x_2 \\ x_3 \\ x_4 \end{pmatrix} = \begin{pmatrix} \dfrac{7}{5} \\ \dfrac{1}{5} \\ 0 \\ 0 \end{pmatrix} + k_1 \begin{pmatrix} -\dfrac{7}{5} \\ \dfrac{4}{5} \\ 1 \\ 0 \end{pmatrix} + k_2 \begin{pmatrix} 1 \\ 0 \\ 0 \\ 1 \end{pmatrix},$$

其中, $k_1, k_2$ 取任意实数.

### 1.7.3 克拉默法则

当方程个数与未知量个数相同时, 可以使用系数矩阵的行列式给出方程组有唯一解的充分必要条件, 并用行列式表达这个唯一解, 这就是克拉默 (Cramer) 法则.

**定理 1.7.4** (克拉默法则) 设 $\boldsymbol{A} = (a_{ij})$ 是 $n$ 阶方阵, 则 $n$ 元线性方程组 $\boldsymbol{Ax} = \boldsymbol{b}$ 有唯一解当且仅当 $\det \boldsymbol{A} \neq 0$, 此时,

$$x_i = \frac{\det \boldsymbol{A}_i}{\det \boldsymbol{A}}, \quad 1 \leqslant i \leqslant n,$$

其中 $\boldsymbol{A}_i$ 是将矩阵 $\boldsymbol{A}$ 的第 $i$ 列用 $\boldsymbol{b}$ 替代得到的矩阵.

**证明** 由定理 1.7.3 可知, 方程组 $\boldsymbol{Ax} = \boldsymbol{b}$ 有唯一解当且仅当 $\operatorname{rank}(\boldsymbol{A}) = n$, 亦即当且仅当 $\det \boldsymbol{A} \neq 0$.

当 $\det \boldsymbol{A} \neq 0$ 时, $\boldsymbol{A}$ 可逆, 则

$$\boldsymbol{x} = \boldsymbol{A}^{-1}\boldsymbol{b} = \frac{1}{\det \boldsymbol{A}}\boldsymbol{A}^*\boldsymbol{b}.$$

注意到

$$\boldsymbol{A}^* = \begin{pmatrix} A_{11} & A_{21} & \cdots & A_{n1} \\ \vdots & \vdots & & \vdots \\ A_{1i} & A_{2i} & \cdots & A_{ni} \\ \vdots & \vdots & & \vdots \\ A_{1n} & A_{2n} & \cdots & A_{nn} \end{pmatrix}, \quad \boldsymbol{b} = \begin{pmatrix} b_1 \\ \vdots \\ b_i \\ \vdots \\ b_n \end{pmatrix},$$

其中 $A_{ij}$ 是 $\det \boldsymbol{A}$ 的第 $i$ 行第 $j$ 列元素 $a_{ij}$ 的代数余子式, 故

$$\boldsymbol{x} = \begin{pmatrix} x_1 \\ \vdots \\ x_i \\ \vdots \\ x_n \end{pmatrix} = \frac{1}{\det \boldsymbol{A}} \begin{pmatrix} A_{11} & A_{21} & \cdots & A_{n1} \\ \vdots & \vdots & & \vdots \\ A_{1i} & A_{2i} & \cdots & A_{ni} \\ \vdots & \vdots & & \vdots \\ A_{1n} & A_{2n} & \cdots & A_{nn} \end{pmatrix} \begin{pmatrix} b_1 \\ \vdots \\ b_i \\ \vdots \\ b_n \end{pmatrix}$$

$$= \frac{1}{\det \boldsymbol{A}} \begin{pmatrix} b_1A_{11} + b_2A_{21} + \cdots + b_nA_{n1} \\ \vdots \\ b_1A_{1i} + b_2A_{2i} + \cdots + b_nA_{ni} \\ \vdots \\ b_1A_{1n} + b_2A_{2n} + \cdots + b_nA_{nn} \end{pmatrix},$$

即

$$x_i = \frac{1}{\det \boldsymbol{A}}(b_1A_{1i} + b_2A_{2i} + \cdots + b_nA_{ni}) = \frac{\det \boldsymbol{A}_i}{\det \boldsymbol{A}}, \quad 1 \leqslant i \leqslant n. \qquad \square$$

**推论 1.7.3** (1) 设 $\boldsymbol{A} = (a_{ij})$ 是 $n$ 阶方阵, 则 $n$ 元齐次线性方程组 $\boldsymbol{Ax} = \boldsymbol{0}$ 只有零解当且仅当 $\det \boldsymbol{A} \neq 0$.

(2) 设 $\boldsymbol{A} = (a_{ij})$ 是 $n$ 阶方阵, 则 $n$ 元齐次线性方程组 $\boldsymbol{Ax} = \boldsymbol{0}$ 有非零解 (无穷多解) 当且仅当 $\det \boldsymbol{A} = 0$.

**例 1.7.6**　解线性方程组

$$\begin{cases} 2x_1 + x_2 - 5x_3 + x_4 = 8, \\ x_1 - 3x_2 - 6x_4 = 9, \\ 2x_2 - x_3 + 2x_4 = -5, \\ x_1 + 4x_2 - 7x_3 + 6x_4 = 0. \end{cases}$$

**解**　由该方程组的系数矩阵的行列式

$$\det \boldsymbol{A} = \begin{vmatrix} 2 & 1 & -5 & 1 \\ 1 & -3 & 0 & -6 \\ 0 & 2 & -1 & 2 \\ 1 & 4 & -7 & 6 \end{vmatrix} = 27 \neq 0,$$

知方程组有唯一解, 且

$$x_1 = \frac{\det \boldsymbol{A}_1}{\det \boldsymbol{A}} = \frac{1}{27}\begin{vmatrix} 8 & 1 & -5 & 1 \\ 9 & -3 & 0 & -6 \\ -5 & 2 & -1 & 2 \\ 0 & 4 & -7 & 6 \end{vmatrix} = 3,$$

$$x_2 = \frac{\det \boldsymbol{A}_2}{\det \boldsymbol{A}} = \frac{1}{27}\begin{vmatrix} 2 & 8 & -5 & 1 \\ 1 & 9 & 0 & -6 \\ 0 & -5 & -1 & 2 \\ 1 & 0 & -7 & 6 \end{vmatrix} = -4,$$

$$x_3 = \frac{\det \boldsymbol{A}_3}{\det \boldsymbol{A}} = \frac{1}{27}\begin{vmatrix} 2 & 1 & 8 & 1 \\ 1 & -3 & 9 & -6 \\ 0 & 2 & -5 & 2 \\ 1 & 4 & 0 & 6 \end{vmatrix} = -1,$$

$$x_4 = \frac{\det \boldsymbol{A}_4}{\det \boldsymbol{A}} = \frac{1}{27}\begin{vmatrix} 2 & 1 & -5 & 8 \\ 1 & -3 & 0 & 9 \\ 0 & 2 & -1 & -5 \\ 1 & 4 & -7 & 0 \end{vmatrix} = 1.$$

**例 1.7.7** 问 $a, b$ 为何值时, 线性方程组

$$\begin{cases} x_1 + ax_2 + x_3 = 3, \\ x_1 + 2ax_2 + x_3 = 4, \\ x_1 + x_2 + bx_3 = 4. \end{cases}$$

有唯一解; 无解; 有无穷多解. 有解时求出相应的解.

**解　方法一**

$$\det \boldsymbol{A} = \begin{vmatrix} 1 & a & 1 \\ 1 & 2a & 1 \\ 1 & 1 & b \end{vmatrix} = a\,(b-1)\,.$$

(1) $\det \boldsymbol{A} \neq 0$, 即 $a\,(b-1) \neq 0$. 亦即当 $a \neq 0$ 且 $b \neq 1$ 时方程组有唯一解, 此时

$$x_1 = \frac{1}{a\,(b-1)} \begin{vmatrix} 3 & a & 1 \\ 4 & 2a & 1 \\ 4 & 1 & b \end{vmatrix} = \frac{2ab-4a+1}{a\,(b-1)},$$

$$x_2 = \frac{1}{a\,(b-1)} \begin{vmatrix} 1 & 3 & 1 \\ 1 & 4 & 1 \\ 1 & 4 & b \end{vmatrix} = \frac{1}{a},$$

$$x_3 = \frac{1}{a\,(b-1)} \begin{vmatrix} 1 & a & 3 \\ 1 & 2a & 4 \\ 1 & 1 & 4 \end{vmatrix} = \frac{2a-1}{a\,(b-1)}.$$

(2) $\det \boldsymbol{A} = 0$, 即 $a = 0$ 或 $b = 1$.

(a) 当 $a = 0$ 时, 方程组的增广矩阵的行阶梯形为

$$\bar{\boldsymbol{A}} \sim \begin{pmatrix} 1 & 0 & 1 & 3 \\ 0 & 1 & b-1 & 2 \\ 0 & 0 & 0 & 1 \end{pmatrix}.$$

由此可知 $\operatorname{rank}(\boldsymbol{A}) = 2 < \operatorname{rank}\left(\bar{\boldsymbol{A}}\right) = 3$, 故方程组无解.

(b) 当 $b = 1$ 时, 方程组的增广矩阵的行阶梯形为

$$\bar{\boldsymbol{A}} \sim \begin{pmatrix} 1 & a & 1 & 3 \\ 0 & 1 & 0 & 2 \\ 0 & 0 & 0 & 1-2a \end{pmatrix}.$$

当 $1-2a\neq 0$, 即 $a\neq \dfrac{1}{2}$ 时, $\operatorname{rank}(\boldsymbol{A})=2<\operatorname{rank}\left(\bar{\boldsymbol{A}}\right)=3$, 故方程组无解.

当 $1-2a=0$, 即 $a=\dfrac{1}{2}$ 时, 方程组的增广矩阵的行最简形矩阵为

$$\bar{\boldsymbol{A}}\sim\begin{pmatrix}1&0&1&2\\0&1&0&2\\0&0&0&0\end{pmatrix}.$$

此时 $\operatorname{rank}(\boldsymbol{A})=2=\operatorname{rank}\left(\bar{\boldsymbol{A}}\right)$, 方程组有无穷多解, 且解为

$$\begin{pmatrix}x_1\\x_2\\x_3\end{pmatrix}=\begin{pmatrix}2\\2\\0\end{pmatrix}+k\begin{pmatrix}-1\\0\\1\end{pmatrix}.$$

**方法二** 对方程组的增广矩阵作初等行变换化为行阶梯形

$$\bar{\boldsymbol{A}}=\begin{pmatrix}1&a&1&3\\1&2a&1&4\\1&1&b&4\end{pmatrix}\xrightarrow{r_2+(-1)r_1,r_3+(-1)r_1}\begin{pmatrix}1&a&1&3\\0&a&0&1\\0&1-a&b-1&1\end{pmatrix}$$

$$\xrightarrow{r_3+r_2}\begin{pmatrix}1&a&1&3\\0&a&0&1\\0&1&b-1&2\end{pmatrix}\xrightarrow{r_3\leftrightarrow r_2}\begin{pmatrix}1&a&1&3\\0&1&b-1&2\\0&a&0&1\end{pmatrix}$$

$$\xrightarrow{r_3+(-a)r_2}\begin{pmatrix}1&a&1&3\\0&1&b-1&2\\0&0&a(1-b)&1-2a\end{pmatrix}.$$

(1) 当 $a(1-b)\neq 0$, 即 $a\neq 0$ 且 $b\neq 1$ 时, $\operatorname{rank}(\boldsymbol{A})=\operatorname{rank}\left(\bar{\boldsymbol{A}}\right)=3$, 故方程组有唯一解. 此时方程组的增广矩阵的行最简形矩阵为

$$\bar{\boldsymbol{A}}\sim\begin{pmatrix}1&0&0&\dfrac{2ab-4a+1}{a(b-1)}\\0&1&0&\dfrac{1}{a}\\0&0&1&\dfrac{2a-1}{a(b-1)}\end{pmatrix},$$

即方程组的唯一解为

$$\begin{cases} x_1 = \dfrac{2ab-4a+1}{a(b-1)}, \\ x_2 = \dfrac{1}{a}, \\ x_3 = \dfrac{2a-1}{a(b-1)}. \end{cases}$$

(2) 若 $a(1-b)=0$, 则 $a=0$ 或 $b=1$.

(a) 当 $a=0$ 时, 方程组的增广矩阵的行阶梯形为

$$\bar{\boldsymbol{A}} \sim \begin{pmatrix} 1 & 0 & 1 & 3 \\ 0 & 1 & b-1 & 2 \\ 0 & 0 & 0 & 1 \end{pmatrix}.$$

由此可知 $\operatorname{rank}(\boldsymbol{A}) = 2 < \operatorname{rank}(\bar{\boldsymbol{A}}) = 3$, 故方程组无解.

(b) 当 $b=1$ 时, 方程组的增广矩阵的行阶梯形为

$$\bar{\boldsymbol{A}} \sim \begin{pmatrix} 1 & a & 1 & 3 \\ 0 & 1 & 0 & 2 \\ 0 & 0 & 0 & 1-2a \end{pmatrix}.$$

当 $1-2a \neq 0$, 即 $a \neq \dfrac{1}{2}$ 时, $\operatorname{rank}(\boldsymbol{A}) = 2 < \operatorname{rank}(\bar{\boldsymbol{A}}) = 3$, 故方程组无解.

当 $1-2a = 0$, 即 $a = \dfrac{1}{2}$ 时, 方程组的增广矩阵的行最简形矩阵为

$$\bar{\boldsymbol{A}} \sim \begin{pmatrix} 1 & 0 & 1 & 2 \\ 0 & 1 & 0 & 2 \\ 0 & 0 & 0 & 0 \end{pmatrix}.$$

此时 $\operatorname{rank}(\boldsymbol{A}) = 2 = \operatorname{rank}(\bar{\boldsymbol{A}})$, 方程组有无穷多解, 且解为

$$\begin{pmatrix} x_1 \\ x_2 \\ x_3 \end{pmatrix} = \begin{pmatrix} 2 \\ 2 \\ 0 \end{pmatrix} + k \begin{pmatrix} -1 \\ 0 \\ 1 \end{pmatrix}.$$

## 习 题 1.7

1. 已知 $a_1, a_2, \cdots, a_n$ 两两不同, 且 $m < n$,

$$A=\begin{pmatrix} 1 & 1 & \cdots & 1 \\ a_1 & a_2 & \cdots & a_n \\ a_1^2 & a_2^2 & \cdots & a_n^2 \\ \vdots & \vdots & & \vdots \\ a_1^{m-1} & a_2^{m-1} & \cdots & a_n^{m-1} \end{pmatrix}.$$

求 $\operatorname{rank}(\boldsymbol{A})$.

2. 求矩阵

$$\boldsymbol{A}=\begin{pmatrix} a & a+1 & a+2 \\ a+2 & a & a+1 \\ a+1 & a+2 & a \end{pmatrix}$$

的秩.

3. 已知 $\boldsymbol{A},\boldsymbol{B}$ 分别为 $3\times 2, 2\times 3$ 矩阵. 证明: $\boldsymbol{AB}$ 不可逆.

4. 证明 (1) 设 $\boldsymbol{A}$ 是 $m$ 阶方阵且 $\operatorname{rank}(\boldsymbol{A})=m$, $\boldsymbol{B}$ 是 $m\times n$ 矩阵, 则 $\operatorname{rank}(\boldsymbol{AB})=\operatorname{rank}(\boldsymbol{B})$.

(2) 设 $\boldsymbol{A}$ 是 $m\times n$ 矩阵, $\boldsymbol{B}$ 是 $n$ 阶方阵且 $\operatorname{rank}(\boldsymbol{B})=n$, 则 $\operatorname{rank}(\boldsymbol{AB})=\operatorname{rank}(\boldsymbol{A})$.

5. 设 $\boldsymbol{A},\boldsymbol{B}$ 都是 $n$ 阶方阵且 $\boldsymbol{A}^2-2\boldsymbol{AB}=\boldsymbol{E}$, 求 $\operatorname{rank}(\boldsymbol{AB}-\boldsymbol{BA}+\boldsymbol{A})$.

6. 计算下列矩阵的秩.

(1) $\begin{pmatrix} 1 & -2 & 4 & -1 & 3 \\ 3 & -7 & 6 & 1 & 5 \\ -1 & 1 & -10 & 5 & -7 \\ 4 & -11 & -2 & 8 & 0 \end{pmatrix}$;

(2) $\begin{pmatrix} 0 & 1 & 1 & -1 & 2 \\ 0 & 2 & -2 & -2 & 0 \\ 0 & -1 & -1 & 1 & 1 \\ 1 & 1 & 0 & 1 & -1 \end{pmatrix}$.

7. 设

$$\boldsymbol{A}=\begin{pmatrix} 1 & \lambda & -1 & 2 \\ 2 & -1 & \lambda & 5 \\ 1 & 10 & -6 & 1 \end{pmatrix}.$$

试确定参数 $\lambda$ 的值, 使得 $\operatorname{rank}(\boldsymbol{A})$ 最小.

8. 设 $n$ 阶矩阵

$$\boldsymbol{A}=\begin{pmatrix} 1 & a & a & \cdots & a \\ a & 1 & a & \cdots & a \\ \vdots & \vdots & \vdots & & \vdots \\ a & a & a & \cdots & 1 \end{pmatrix},$$

已知 $\boldsymbol{A}$ 的秩 $\operatorname{rank}(\boldsymbol{A})=n-1$, 求 $a$ 的值.

9. 设

$$A=\begin{pmatrix} a_1b_1 & a_1b_2 & \cdots & a_1b_n \\ a_2b_1 & a_2b_2 & \cdots & a_2b_n \\ \vdots & \vdots & & \vdots \\ a_nb_1 & a_nb_2 & \cdots & a_nb_n \end{pmatrix},$$

其中, $a_i\,(i=1,2,\cdots,n)$ 不全为零, $b_j\,(j=1,2,\cdots,n)$ 不全为零. 求矩阵 $\boldsymbol{A}$ 的秩.

10. 证明矩阵 $\boldsymbol{A}$ 的秩 $\mathrm{rank}\,(\boldsymbol{A})=1$ 的充分必要条件是存在非零列向量 $\boldsymbol{\alpha}$ 及行向量 $\boldsymbol{\beta}^{\mathrm{T}}$, 使得

$$\boldsymbol{A}=\boldsymbol{\alpha}\boldsymbol{\beta}^{\mathrm{T}}.$$

11. 判断下列非齐次线性方程组是否有解, 有解时求其解.

(1) $\begin{cases} 4x_1+2x_2-x_3=2, \\ 3x_1-x_2+2x_3=10, \\ 11x_1+3x_2=8; \end{cases}$

(2) $\begin{cases} 2x_1+x_2+2x_3+x_4=1, \\ x_1+x_2+x_3-x_4=2, \\ x_1+x_2+2x_3+x_4=3; \end{cases}$

(3) $\begin{cases} 2x_1+x_2-x_3+x_4=1, \\ 4x_1+2x_2-2x_3+x_4=2, \\ 2x_1+x_2-x_3-x_4=1; \end{cases}$

(4) $\begin{cases} 2x_1+x_2-x_3+x_4=1, \\ 3x_1-2x_2+x_3-3x_4=4, \\ x_1+4x_2-3x_3+5x_4=-2. \end{cases}$

12. 已知方程组

$$\begin{cases} x_1+x_2+x_3=a, \\ x_1+x_2-x_3=b, \\ x_1-x_2+x_3=c \end{cases}$$

有唯一解且 $x_1=1$, 计算

$$\begin{vmatrix} a & b & c \\ 1 & -1 & 1 \\ 1 & 1 & -1 \end{vmatrix}.$$

13. 解方程组

$$\begin{cases} x_1+a_1x_2+a_1^2x_3+\cdots+a_1^{n-1}x_n=1, \\ x_1+a_2x_2+a_2^2x_3+\cdots+a_2^{n-1}x_n=1, \\ \cdots\cdots \\ x_1+a_nx_2+a_n^2x_3+\cdots+a_n^{n-1}x_n=1, \end{cases}$$

其中 $a_1,a_2,\cdots,a_n$ 两两不同.

14. 解方程组

$$\begin{cases} 2x_1 + \lambda x_2 + x_3 = 0, \\ (\lambda - 1)\, x_1 - x_2 + 2x_3 = 0, \\ 4x_1 + x_2 + 4x_3 = 0. \end{cases}$$

15. 解方程组

$$\begin{cases} ax_1 + x_2 + x_3 = 4, \\ x_1 + bx_2 + x_3 = 3, \\ x_1 + 3bx_2 + x_3 = 4. \end{cases}$$

16. 设

$$\boldsymbol{A} = \begin{pmatrix} 1 & 2 & 3 \\ 0 & 4 & a \\ 1 & a & 9 \end{pmatrix}.$$

已知齐次线性方程组 $\boldsymbol{A}^*\boldsymbol{x} = \boldsymbol{0}$ 有非零解, 其中 $\boldsymbol{A}^*$ 是 $\boldsymbol{A}$ 的伴随矩阵. 求 $a$.

矩阵测试题　　行列式测试题

# 第 2 章 向量空间

向量是数学中最基本的概念之一, 它不仅是线性代数的核心内容, 而且它的理论和方法已经渗透到自然科学、工程技术、经济管理的各个领域. 2.1 节至 2.6 节先后给出向量组及其线性组合、线性相关性、$n$ 维实向量空间 $\mathbb{R}^n$ 及其结构、线性方程组解的结构、内积以及线性空间的基础知识.

## 2.1 向量组及其线性表示

### 2.1.1 向量的线性运算

由第 1 章的内容知, 向量是仅含有一列 (或行) 的特殊矩阵, 因此向量也有加法和数量乘法运算, 且它们的计算规则与矩阵的加法和数量乘法计算规则一致, 这两种运算统称为向量的线性运算.

我们先看简单的二维列向量的情况. 例如 $\boldsymbol{\alpha} = \begin{pmatrix} 1 \\ 3 \end{pmatrix}$, $\boldsymbol{\beta} = \begin{pmatrix} 3 \\ 1.5 \end{pmatrix}$ 就是二维列向量, 由于 $\boldsymbol{\alpha},\boldsymbol{\beta}$ 的元素均为实数, 它们又被称为二维实的列向量. 向量 $\boldsymbol{\alpha}$ 与 $\boldsymbol{\beta}$ 的和 $\boldsymbol{\alpha}+\boldsymbol{\beta} = \begin{pmatrix} 1+3 \\ 3+1.5 \end{pmatrix} = \begin{pmatrix} 4 \\ 4.5 \end{pmatrix}$, 数 $k$ 与向量 $\boldsymbol{\alpha}$ 的乘积 $k\boldsymbol{\alpha} = k\begin{pmatrix} 1 \\ 3 \end{pmatrix} = \begin{pmatrix} k \\ 3k \end{pmatrix}$.

今后, 我们把全体二维实列向量构成的集合记为 $\mathbb{R}^2$, 即 $\mathbb{R}^2 = \left\{ \begin{pmatrix} x \\ y \end{pmatrix} \middle| x, y \in \mathbb{R} \right\}$. 图形往往有助于理解向量的代数运算和的部分内容. 我们可在平面直角坐标系下观察 $\mathbb{R}^2$ 中向量的几何表示.

一方面, 向量 $\boldsymbol{\alpha}$ 的几何直观就是一个从原点 $(0,0)$ 指向点 $(1,3)$ 的有向线段, 见图 2.1.1(a). 今后, 在讨论向量的运算时, 我们常把向量看作有向线段.

另一方面, 由于平面中的每一点都由一个有序数对确定, 我们就可以把几何点 $(1,3)$ 看成列向量 $\begin{pmatrix} 1 \\ 3 \end{pmatrix}$, 把几何点 $(3,1.5)$ 看成列向量 $\begin{pmatrix} 3 \\ 1.5 \end{pmatrix}$. 因此可以把 $\mathbb{R}^2$ 看作平面内所有点的集合, 见图 2.1.1(b). 今后, 我们在讨论向量集时, 若把几

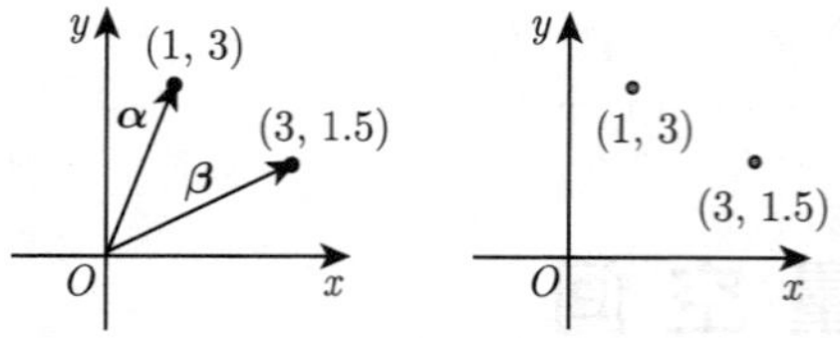


(a) 向量被看作有向线段　(b) 几何点被看作向量

图 2.1.1　二维实向量的几何表示

何点 $P$ 看作向量, 则可把点 $P$ 的轨迹视为向量集的图形.

我们知道, 几何向量可以进行向量加法和比例运算. 当我们把 $\mathbb{R}^2$ 中向量看作有向线段时, $\mathbb{R}^2$ 中向量的加法和数量乘法运算与几何向量的加法和比例运算之间具有表 2.1.1 中呈现的联系.

**表 2.1.1　二维实向量的线性运算**

| 表示方法 | 向量 | 加法 | 数乘 |
|---|---|---|---|
| 代数表示 | $\boldsymbol{\alpha}=\begin{pmatrix}a_1\\a_2\end{pmatrix},\boldsymbol{\beta}=\begin{pmatrix}b_1\\b_2\end{pmatrix}$ | $\boldsymbol{\alpha}+\boldsymbol{\beta}=\begin{pmatrix}a_1+b_1\\a_2+b_2\end{pmatrix}$ | $k\boldsymbol{\alpha}=\begin{pmatrix}ka_1\\ka_2\end{pmatrix},k>0$ |
| 几何表示 | 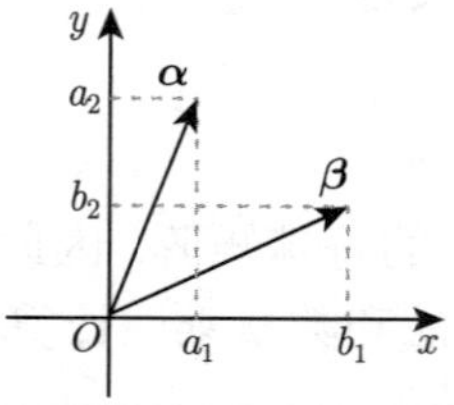 | 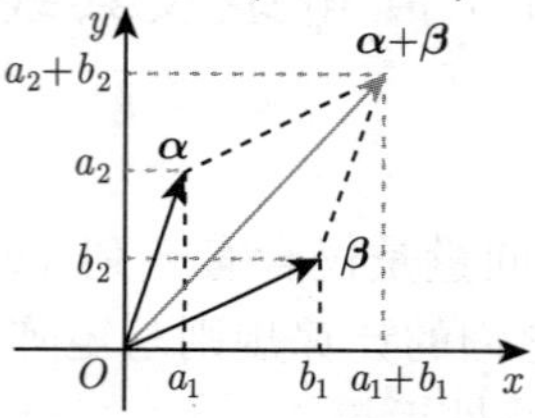 | 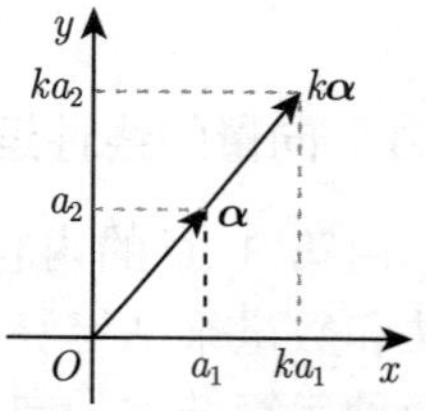 |

注: 表 2.1.1 中 $a_1,a_2,b_1,b_2,k$ 均为实数.

类似地, 我们把由三个元素均为实数的三维列向量的全体构成的向量的集合记为 $\mathbb{R}^3$, 即 $\mathbb{R}^3=\left\{\begin{pmatrix}x\\y\\z\end{pmatrix}\middle|\, x,y,z\in\mathbb{R}\right\}$. 我们也可以在空间直角坐标系下观察 $\mathbb{R}^3$ 中向量的几何表示, 并借助图形观察向量运算的代数表示与几何向量的加法和比例运算之间的联系, 请读者自主完成它们.

一般地, 可以定义 $n$ 维向量及其加法和数与向量的乘法运算.

**定义 2.1.1**　一个 $n$ 元有序数组 $a_1,a_2,\cdots,a_n$ 称为一个 $n$ **维向量**, 记为 $\boldsymbol{\alpha}=\begin{pmatrix}a_1\\a_2\\\vdots\\a_n\end{pmatrix}$(或 $\boldsymbol{\alpha}=(a_1,a_2,\cdots,a_n)$), 并分别称为 $n$ 维**列** (或**行**) **向量**. 其中, $a_j$ 称为向量 $\boldsymbol{\alpha}$ 的第 $j$ 个分量, $n$ 称为该**向量的维数**.

两个**向量相等**当且仅当它们对应的分量相等.

列向量常用 $\boldsymbol{\alpha},\boldsymbol{\beta}$ 等表示, 行向量则用 $\boldsymbol{\alpha}^{\mathrm{T}},\boldsymbol{\beta}^{\mathrm{T}}$ 等表示. 后面所涉及的向量在没有指明是行向量还是列向量时, 都视为列向量.

若向量的所有分量均为实数, 那么称该向量是实向量; 若它的分量含有非实数的复数, 就称该向量是复向量. 复向量 $\boldsymbol{\alpha}$ 的共轭向量 $\bar{\boldsymbol{\alpha}}$ 为 $\begin{pmatrix} \bar{a}_1 \\ \bar{a}_2 \\ \vdots \\ \bar{a}_m \end{pmatrix}$. 显然, 向量 $\boldsymbol{\alpha}$ 是实向量当且仅当 $\boldsymbol{\alpha} = \bar{\boldsymbol{\alpha}}$.

分量全为零的向量称为**零向量**, 记为 $\mathbf{0}$.

$n$ 维实向量的全体所组成的集合, 记作 $\mathbb{R}^n$, 即 $\mathbb{R}^n = \{x = (x_1, x_2, \cdots, x_n)^{\mathrm{T}} | x_1, x_2, \cdots, x_n \in \mathbb{R}\}$.

**定义 2.1.2** 对 $n$ 维向量, 可定义如下运算:

(1) **加法** 对给定的两个 $n$ 维向量 $\boldsymbol{\alpha} = \begin{pmatrix} a_1 \\ a_2 \\ \vdots \\ a_n \end{pmatrix}$ 与 $\boldsymbol{\beta} = \begin{pmatrix} b_1 \\ b_2 \\ \vdots \\ b_n \end{pmatrix}$, 将 $\boldsymbol{\alpha}$ 与 $\boldsymbol{\beta}$ 的加法定义为普通矩阵的加法, 即 $\boldsymbol{\alpha} + \boldsymbol{\beta} = \begin{pmatrix} a_1 + b_1 \\ a_2 + b_2 \\ \vdots \\ a_n + b_n \end{pmatrix}$;

(2) **数乘** 给定数 $k$ 和 $n$ 维向量 $\boldsymbol{\alpha} = \begin{pmatrix} a_1 \\ a_2 \\ \vdots \\ a_n \end{pmatrix}$, 将数 $k$ 与 $\boldsymbol{\alpha}$ 的乘法定义为数与矩阵的普通乘法, 即 $k \times \boldsymbol{\alpha} = \begin{pmatrix} ka_1 \\ ka_2 \\ \vdots \\ ka_n \end{pmatrix}$, 简记为 $k\boldsymbol{\alpha}$.

例如, (1) $\begin{pmatrix} 1 \\ 0 \\ 1 \end{pmatrix} + \begin{pmatrix} 1 \\ 2 \\ 0 \end{pmatrix} = \begin{pmatrix} 1+1 \\ 0+2 \\ 1+0 \end{pmatrix} = \begin{pmatrix} 2 \\ 2 \\ 1 \end{pmatrix}$; (2) 若 $\boldsymbol{\alpha} = \begin{pmatrix} 1 \\ 1 \\ 1 \end{pmatrix}$, $k = 2$, 则 $k\boldsymbol{\alpha} = 2 \times \begin{pmatrix} 1 \\ 1 \\ 1 \end{pmatrix} = \begin{pmatrix} 2 \\ 2 \\ 2 \end{pmatrix}$.

### 2.1.2 线性表示

一组具有相同维数的向量 $\boldsymbol{\alpha}_1,\boldsymbol{\alpha}_2,\cdots,\boldsymbol{\alpha}_m$, 称为向量组, 通常记为 $A:\boldsymbol{\alpha}_1,\boldsymbol{\alpha}_2,\cdots,\boldsymbol{\alpha}_m$ 或 $A$. 由于向量组 $A$ 中可能存在相同的向量, 因此向量组和向量的集合是有区别的.

**定义 2.1.3** 给定向量组 $A:\boldsymbol{\alpha}_1,\boldsymbol{\alpha}_2,\cdots,\boldsymbol{\alpha}_m$, 以及数 $k_1,k_2,\cdots,k_m$, 称向量 $k_1\boldsymbol{\alpha}_1+k_2\boldsymbol{\alpha}_2+\cdots+k_m\boldsymbol{\alpha}_m$ 为向量组 $A$ 的一个**线性组合**.

给定向量组 $A:\boldsymbol{\alpha}_1,\boldsymbol{\alpha}_2,\cdots,\boldsymbol{\alpha}_m$ 和向量 $\boldsymbol{\beta}$, 若存在数 $k_1,k_2,\cdots,k_m$, 使得

$$\boldsymbol{\beta}=k_1\boldsymbol{\alpha}_1+k_2\boldsymbol{\alpha}_2+\cdots+k_m\boldsymbol{\alpha}_m,$$

则称向量 $\boldsymbol{\beta}$ 能由向量组 $A:\boldsymbol{\alpha}_1,\boldsymbol{\alpha}_2,\cdots,\boldsymbol{\alpha}_m$ **线性表示**或称 $\boldsymbol{\beta}$ 是向量组 $A:\boldsymbol{\alpha}_1,\boldsymbol{\alpha}_2,\cdots,\boldsymbol{\alpha}_m$ 的一个**线性组合**.

例如, $\mathbb{R}^n$ 中的任一向量 $\boldsymbol{\alpha}=(a_1,a_2,\cdots,a_n)^{\mathrm{T}}$ 均能由向量组:

$$E:\boldsymbol{e}_1=\begin{pmatrix}1\\0\\\vdots\\0\end{pmatrix},\boldsymbol{e}_2=\begin{pmatrix}0\\1\\\vdots\\0\end{pmatrix},\cdots,\boldsymbol{e}_n=\begin{pmatrix}0\\0\\\vdots\\1\end{pmatrix}$$

线性表示. 事实上, $\boldsymbol{\alpha}=a_1\boldsymbol{e}_1+a_2\boldsymbol{e}_2+\cdots+a_n\boldsymbol{e}_n$.

下面的例题说明了如何将 $\mathbb{R}^n$ 中向量的线性表示问题与某个线性方程组的解的存在性问题联系起来.

**例 2.1.1** 设向量组 $A:\boldsymbol{\alpha}_1=\begin{pmatrix}1\\1\\0\end{pmatrix},\boldsymbol{\alpha}_2=\begin{pmatrix}0\\1\\1\end{pmatrix},\boldsymbol{\alpha}_3=\begin{pmatrix}1\\0\\1\end{pmatrix}$ 以及向量 $\boldsymbol{\beta}_1=\begin{pmatrix}2\\3\\1\end{pmatrix},\boldsymbol{\beta}_2=\begin{pmatrix}5\\6\\4\end{pmatrix}$, 问 $\boldsymbol{\beta}_1,\boldsymbol{\beta}_2$ 能否由向量组 $A$ 线性表示?

**解** 判别 $\boldsymbol{\beta}_1,\boldsymbol{\beta}_2$ 能否由向量组 $A$ 线性表示, 即判断方程

$$x_1\boldsymbol{\alpha}_1+x_2\boldsymbol{\alpha}_2+x_3\boldsymbol{\alpha}_3=\boldsymbol{\beta}_1 \tag{2.1.1}$$

和

$$x_1\boldsymbol{\alpha}_1+x_2\boldsymbol{\alpha}_2+x_3\boldsymbol{\alpha}_3=\boldsymbol{\beta}_2 \tag{2.1.2}$$

是否有解.

下面先解方程 (2.1.1). 利用向量的数量乘法和加法的运算, 将方程写成

$$\begin{pmatrix} x_1+x_3 \\ x_1+x_2 \\ x_2+x_3 \end{pmatrix} = \begin{pmatrix} 2 \\ 3 \\ 1 \end{pmatrix}. \tag{2.1.3}$$

利用两个向量相等当且仅当对应的元素分别相等, 即 $x_1, x_2$ 和 $x_3$ 使得向量方程 (2.1.1) 成立当且仅当 $x_1, x_2$ 和 $x_3$ 满足方程组

$$\begin{cases} x_1+x_3=2, \\ x_1+x_2=3, \\ x_2+x_3=1. \end{cases} \tag{2.1.4}$$

对此方程组的增广矩阵作初等行变换, 得

$$\begin{pmatrix} 1 & 0 & 1 & 2 \\ 1 & 1 & 0 & 3 \\ 0 & 1 & 1 & 1 \end{pmatrix} \xrightarrow{\text{初等行变换}} \begin{pmatrix} 1 & 0 & 0 & 2 \\ 0 & 1 & 0 & 1 \\ 0 & 0 & 1 & 0 \end{pmatrix}.$$

由此可得方程组 (2.1.4) 的解为 $x_1=2, x_2=1$ 和 $x_3=0$. 因此, $\boldsymbol{\beta}_1$ 能由向量组 $A$ 线性表示, 即

$$2\boldsymbol{\alpha}_1+1\boldsymbol{\alpha}_2+0\boldsymbol{\alpha}_3=\boldsymbol{\beta}_1.$$

几何表示见图 2.1.2(a). 同理, 可得 $\boldsymbol{\beta}_2$ 能由向量组 $A$ 线性表示, 即

$$\frac{7}{2}\boldsymbol{\alpha}_1+\frac{5}{2}\boldsymbol{\alpha}_2+\frac{3}{2}\boldsymbol{\alpha}_3=\boldsymbol{\beta}_2.$$

几何表示见图 2.1.2(b).

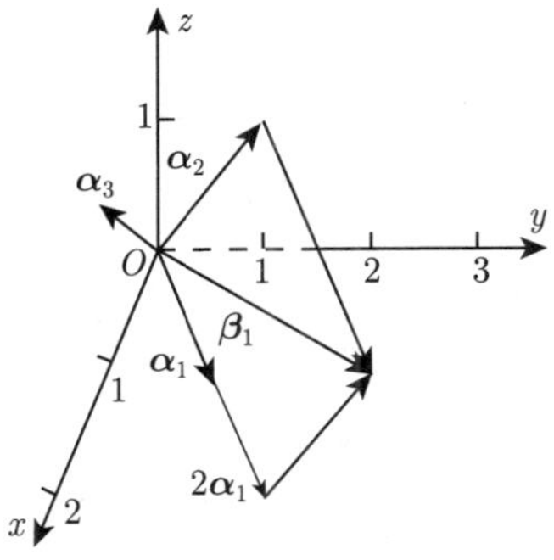


(a) $2\boldsymbol{\alpha}_1+1\boldsymbol{\alpha}_2+0\boldsymbol{\alpha}_3=\boldsymbol{\beta}_1$

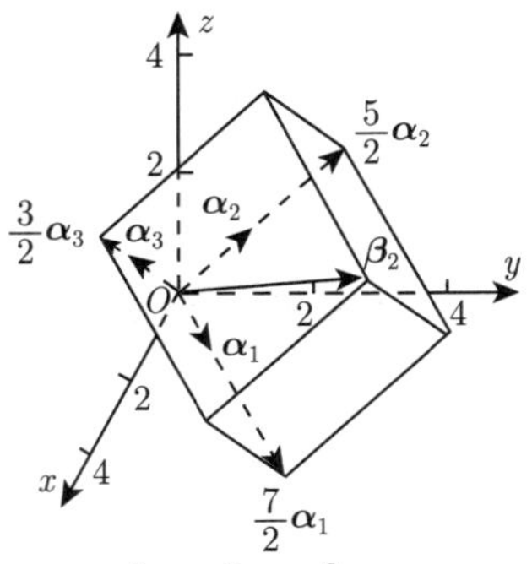


(b) $\frac{7}{2}\boldsymbol{\alpha}_1+\frac{5}{2}\boldsymbol{\alpha}_2+\frac{3}{2}\boldsymbol{\alpha}_3=\boldsymbol{\beta}_2$

图 2.1.2 例 2.1.1 向量的线性表示

注意, 方程组 (2.1.4) 的增广矩阵的列正好是 $\boldsymbol{\alpha}_1, \boldsymbol{\alpha}_2, \boldsymbol{\alpha}_3$ 和 $\boldsymbol{\beta}$, 该矩阵可写为

$$(\boldsymbol{\alpha}_1, \boldsymbol{\alpha}_2, \boldsymbol{\alpha}_3, \boldsymbol{\beta}), \tag{2.1.5}$$

我们可以根据向量方程 (2.1.1) 直接写出 (2.1.5).

一般地, 我们可以得到如下结论.

**结论 1** 向量 $\boldsymbol{\beta}$ 能由向量组 $A: \boldsymbol{\alpha}_1, \boldsymbol{\alpha}_2, \cdots, \boldsymbol{\alpha}_m$ 线性表示的充分必要条件是以

$$(\boldsymbol{\alpha}_1, \boldsymbol{\alpha}_2, \cdots, \boldsymbol{\alpha}_m, \boldsymbol{\beta})$$

为增广矩阵的线性方程组有解.

**结论 2** 向量 $\boldsymbol{\beta}$ 能由向量组 $A: \boldsymbol{\alpha}_1, \boldsymbol{\alpha}_2, \cdots, \boldsymbol{\alpha}_m$ 线性表示且表示式唯一的充分必要条件是以

$$(\boldsymbol{\alpha}_1, \boldsymbol{\alpha}_2, \cdots, \boldsymbol{\alpha}_m, \boldsymbol{\beta})$$

为增广矩阵的线性方程组有唯一解.

**结论 3** 向量 $\boldsymbol{\beta}$ 能由向量组 $A: \boldsymbol{\alpha}_1, \boldsymbol{\alpha}_2, \cdots, \boldsymbol{\alpha}_m$ 线性表示且表示式不唯一的充分必要条件是以

$$(\boldsymbol{\alpha}_1, \boldsymbol{\alpha}_2, \cdots, \boldsymbol{\alpha}_m, \boldsymbol{\beta})$$

为增广矩阵的线性方程组有无穷多解.

借助第 1 章中关于线性方程组的有解判别条件, 请读者自己写出利用矩阵的秩的方法判别 $\boldsymbol{\beta}$ 能由向量组 $A: \boldsymbol{\alpha}_1, \boldsymbol{\alpha}_2, \cdots, \boldsymbol{\alpha}_m$ 线性表示的条件.

### 2.1.3 向量组等价

**定义 2.1.4** 如果向量组 $B: \boldsymbol{\beta}_1, \boldsymbol{\beta}_2, \cdots, \boldsymbol{\beta}_t$ 中每一个向量 $\boldsymbol{\beta}_i\,(i = 1, 2, \cdots, t)$ 都可以由向量组 $A: \boldsymbol{\alpha}_1, \boldsymbol{\alpha}_2, \cdots, \boldsymbol{\alpha}_s$ 线性表示, 则称向量组 $B$ 能由向量组 $A$ 线性表示; 若向量组 $A$ 与向量组 $B$ 能相互线性表示, 则称向量组 $A$ 与向量组 $B$ 等价.

例如, 设向量组 $E: \boldsymbol{e}_1, \boldsymbol{e}_2, \boldsymbol{e}_3$, 向量组 $A: \boldsymbol{\alpha}_1 = \begin{pmatrix} 1 \\ 0 \\ 0 \end{pmatrix}, \boldsymbol{\alpha}_2 = \begin{pmatrix} 1 \\ 1 \\ 0 \end{pmatrix}, \boldsymbol{\alpha}_3 = \begin{pmatrix} 1 \\ 1 \\ 1 \end{pmatrix}$, 向量组 $A$ 中的每个向量均能由向量组 $E$ 线性表示, 故向量组 $A$ 能由向量组 $E$ 线性表示; 另一方面, $\boldsymbol{e}_1 = \boldsymbol{\alpha}_1$, $\boldsymbol{e}_2 = \boldsymbol{\alpha}_2 - \boldsymbol{\alpha}_1$, $\boldsymbol{e}_3 = \boldsymbol{\alpha}_3 - \boldsymbol{\alpha}_2$, 故向量组 $E$ 也能由向量组 $A$ 线性表示, 所以向量组 $A$ 与向量组 $E$ 等价.

记 $\boldsymbol{A} = (\boldsymbol{\alpha}_1, \boldsymbol{\alpha}_2, \cdots, \boldsymbol{\alpha}_s), \boldsymbol{B} = (\boldsymbol{\beta}_1, \boldsymbol{\beta}_2, \cdots, \boldsymbol{\beta}_t), (\boldsymbol{A}, \boldsymbol{B}) = (\boldsymbol{\alpha}_1, \boldsymbol{\alpha}_2, \cdots, \boldsymbol{\alpha}_s, \boldsymbol{\beta}_1, \boldsymbol{\beta}_2, \cdots, \boldsymbol{\beta}_t)$, 则有以下结论.

**结论 4** 向量组 $B:\boldsymbol{\beta}_1,\boldsymbol{\beta}_2,\cdots,\boldsymbol{\beta}_t$ 能由向量组 $A:\boldsymbol{\alpha}_1,\boldsymbol{\alpha}_2,\cdots,\boldsymbol{\alpha}_s$ 线性表示的充分必要条件为

$$\operatorname{rank}(\boldsymbol{A})=\operatorname{rank}((\boldsymbol{A},\boldsymbol{B}));$$

**结论 5** 向量组 $A:\boldsymbol{\alpha}_1,\boldsymbol{\alpha}_2,\cdots,\boldsymbol{\alpha}_s$ 与向量组 $B:\boldsymbol{\beta}_1,\boldsymbol{\beta}_2,\cdots,\boldsymbol{\beta}_t$ 等价的充分必要条件为

$$\operatorname{rank}(\boldsymbol{A})=\operatorname{rank}(\boldsymbol{B})=\operatorname{rank}((\boldsymbol{A},\boldsymbol{B})).$$

这两个结论, 我们只证明结论 4, 结论 5 可利用结论 4 完成.

**证明** **必要性** 由于向量组 $B$ 能由向量组 $A$ 线性表示, 依照定义 2.1.4 有

$$\boldsymbol{\beta}_j=p_{1j}\boldsymbol{\alpha}_1+p_{2j}\boldsymbol{\alpha}_2+\cdots+p_{sj}\boldsymbol{\alpha}_s,\quad j=1,2,\cdots,t,$$

则对矩阵 $(\boldsymbol{A},\boldsymbol{B})$ 作初等列变换, 有

$$\begin{aligned}(\boldsymbol{\alpha}_1,\boldsymbol{\alpha}_2,\cdots,\boldsymbol{\alpha}_s,\boldsymbol{\beta}_1,\boldsymbol{\beta}_2,\cdots,\boldsymbol{\beta}_t)&\xrightarrow[j=1,2,\cdots,t]{c_{s+j}-(p_{1j}c_1+p_{2j}c_2+\cdots+p_{sj}c_s)}\\&(\boldsymbol{\alpha}_1,\boldsymbol{\alpha}_2,\cdots,\boldsymbol{\alpha}_s,\mathbf{0},\mathbf{0},\cdots,\mathbf{0}),\end{aligned}$$

即

$$(\boldsymbol{A},\boldsymbol{B})\xrightarrow[j=1,2,\cdots,t]{c_{s+j}-(p_{1j}c_1+p_{2j}c_2+\cdots+p_{sj}c_s)}(\boldsymbol{A},\mathbf{0}).$$

由初等列变换不改变矩阵的秩, 所以 $\operatorname{rank}(\boldsymbol{A})=\operatorname{rank}((\boldsymbol{A},\boldsymbol{B}))$.

**充分性** 由条件 $\operatorname{rank}(\boldsymbol{A})=\operatorname{rank}((\boldsymbol{A},\boldsymbol{B}))$ 知,

$$\operatorname{rank}(\boldsymbol{A})=\operatorname{rank}((\boldsymbol{A},\boldsymbol{\beta}_j)),\quad j=1,2,\cdots,t,$$

因此, 以下 $t$ 个向量方程:

$$x_1\boldsymbol{\alpha}_1+x_2\boldsymbol{\alpha}_2+\cdots+x_s\boldsymbol{\alpha}_s=\boldsymbol{\beta}_j,\quad j=1,2,\cdots,t$$

均有解, 所以向量组 $B$ 中的每一个向量均能由向量组 $A$ 线性表示, 故向量组 $B$ 能由向量组 $A$ 线性表示. □

**例 2.1.2** 设 $\boldsymbol{\alpha}_1=\begin{pmatrix}1\\1\\0\\2\end{pmatrix},\boldsymbol{\alpha}_2=\begin{pmatrix}2\\0\\1\\1\end{pmatrix},\boldsymbol{\alpha}_3=\begin{pmatrix}3\\1\\1\\t\end{pmatrix},\boldsymbol{\beta}_1=\begin{pmatrix}1\\-1\\1\\-1\end{pmatrix}$, $\boldsymbol{\beta}_2=\begin{pmatrix}3\\-1\\2\\0\end{pmatrix}$, 问 $t$ 取何值时, 向量组 $\boldsymbol{\alpha}_1,\boldsymbol{\alpha}_2,\boldsymbol{\alpha}_3$ 与向量组 $\boldsymbol{\beta}_1,\boldsymbol{\beta}_2$ 等价.

**解** 设 $\boldsymbol{A}=(\boldsymbol{\alpha}_1,\boldsymbol{\alpha}_2,\boldsymbol{\alpha}_3),\boldsymbol{B}=(\boldsymbol{\beta}_1,\boldsymbol{\beta}_2)$, 根据结论 5, 只要判断 $t$ 取何值时, $\operatorname{rank}(\boldsymbol{A})=\operatorname{rank}(\boldsymbol{B})=\operatorname{rank}(\boldsymbol{A},\boldsymbol{B})$ 即可. 为此, 把矩阵 $(\boldsymbol{A},\boldsymbol{B})$ 化成行阶梯形:

$$(\boldsymbol{A},\boldsymbol{B})=\begin{pmatrix}1&2&3&1&3\\1&0&1&-1&-1\\0&1&1&1&2\\2&1&t&-1&0\end{pmatrix}\xrightarrow{\text{初等行变换}}\begin{pmatrix}1&2&3&1&3\\0&1&1&1&2\\0&0&t-3&0&0\\0&0&0&0&0\end{pmatrix}.$$

容易看出, $\operatorname{rank}(\boldsymbol{B})=2$. 可见, 当 $t=3$ 时, $\operatorname{rank}(\boldsymbol{A})=\operatorname{rank}(\boldsymbol{B})=\operatorname{rank}(\boldsymbol{A},\boldsymbol{B})=2$, 从而向量组 $\boldsymbol{\alpha}_1,\boldsymbol{\alpha}_2,\boldsymbol{\alpha}_3$ 与向量组 $\boldsymbol{\beta}_1,\boldsymbol{\beta}_2$ 等价.

## 习 题 2.1

1. 设向量 $\boldsymbol{\alpha}_1=(1,0,x),\boldsymbol{\alpha}_2=(1,y,2),\boldsymbol{\alpha}_3=(z,1,-1)$, 问 $x,y,z$ 为何值时, $\boldsymbol{\alpha}_1+2\boldsymbol{\alpha}_2+3\boldsymbol{\alpha}_3=\mathbf{0}$?

2. 设向量 $\boldsymbol{\alpha}_1=\begin{pmatrix}1\\2\\3\\5\end{pmatrix},\boldsymbol{\alpha}_2=\begin{pmatrix}-1\\4\\1\\1\end{pmatrix},\boldsymbol{\alpha}_3=\begin{pmatrix}5\\10\\10\\1\end{pmatrix}$, 向量 $\boldsymbol{\alpha}$ 满足 $3(\boldsymbol{\alpha}-\boldsymbol{\alpha}_1)-5(\boldsymbol{\alpha}+\boldsymbol{\alpha}_2)-2(\boldsymbol{\alpha}-\boldsymbol{\alpha}_3)=\mathbf{0}$, 求 $\boldsymbol{\alpha}$.

3. 设 $n$ 维向量 $\boldsymbol{\alpha}=\frac{1}{2}(1,0,\cdots,0,1)$, 矩阵 $\boldsymbol{A}=\boldsymbol{E}+2\boldsymbol{\alpha}^{\mathrm{T}}\boldsymbol{\alpha},\boldsymbol{B}=\boldsymbol{E}-\boldsymbol{\alpha}^{\mathrm{T}}\boldsymbol{\alpha}$, 其中 $\boldsymbol{E}$ 为 $n$ 阶单位矩阵, 求 $\boldsymbol{AB}$.

4. 设向量 $\boldsymbol{\beta}_1=\begin{pmatrix}4\\3\\-1\end{pmatrix}$ 和 $\boldsymbol{\beta}_2=\begin{pmatrix}4\\3\\0\end{pmatrix}$, 判断 $\boldsymbol{\beta}_1$ 和 $\boldsymbol{\beta}_2$ 能否由向量组 $\boldsymbol{\alpha}_1=\begin{pmatrix}1\\2\\-1\end{pmatrix}$, $\boldsymbol{\alpha}_2=\begin{pmatrix}2\\-1\\1\end{pmatrix}$ 线性表示? 若能, 请写出表示式.

5. 设向量 $\boldsymbol{\beta}=\begin{pmatrix}1\\0\\2\\k\end{pmatrix}$ 能由向量组 $\boldsymbol{\alpha}_1=\begin{pmatrix}1\\1\\3\\2\end{pmatrix},\boldsymbol{\alpha}_2=\begin{pmatrix}1\\2\\4\\1\end{pmatrix},\boldsymbol{\alpha}_3=\begin{pmatrix}1\\-3\\-1\\6\end{pmatrix},\boldsymbol{\alpha}_4=\begin{pmatrix}1\\3\\5\\0\end{pmatrix}$ 线性表示, 求 $k$.

6. 设向量 $\boldsymbol{\alpha}_1,\boldsymbol{\alpha}_2,\boldsymbol{\alpha}_3$ 分别可由 $\boldsymbol{\beta}_1,\boldsymbol{\beta}_2,\boldsymbol{\beta}_3$ 线性表示, 且 $\begin{cases}\boldsymbol{\alpha}_1=\boldsymbol{\beta}_1,\\ \boldsymbol{\alpha}_2=\boldsymbol{\beta}_1+\boldsymbol{\beta}_2,\\ \boldsymbol{\alpha}_3=\boldsymbol{\beta}_1+\boldsymbol{\beta}_2+\boldsymbol{\beta}_3.\end{cases}$ 试将 $\boldsymbol{\beta}_1,\boldsymbol{\beta}_2,\boldsymbol{\beta}_3$ 分别用 $\boldsymbol{\alpha}_1,\boldsymbol{\alpha}_2,\boldsymbol{\alpha}_3$ 线性表示.

7. 设有向量组 $A:\boldsymbol{\alpha}_1=\begin{pmatrix}1\\2\\3\\0\end{pmatrix},\boldsymbol{\alpha}_2=\begin{pmatrix}0\\1\\2\\3\end{pmatrix},\boldsymbol{\alpha}_3=\begin{pmatrix}3\\0\\1\\2\end{pmatrix}$ 和向量组 $B:\boldsymbol{\beta}_1=\begin{pmatrix}1\\1\\2\\2\end{pmatrix}$, $\boldsymbol{\beta}_2=\begin{pmatrix}-2\\1\\1\\0\end{pmatrix},\boldsymbol{\beta}_3=\begin{pmatrix}4\\1\\3\\4\end{pmatrix}$, 证明: 向量组 $B$ 可由向量组 $A$ 线性表示, 但向量组 $A$ 不能由向量组 $B$ 线性表示.

8. 设有向量组 $A:\boldsymbol{\alpha}_1=\begin{pmatrix}1\\1\\3\end{pmatrix},\boldsymbol{\alpha}_2=\begin{pmatrix}1\\0\\2\end{pmatrix},\boldsymbol{\alpha}_3=\begin{pmatrix}1\\-1\\\lambda+2\end{pmatrix}$ 和向量组 $B:\boldsymbol{\beta}_1=\begin{pmatrix}1\\-1\\3\end{pmatrix}$, $\boldsymbol{\beta}_2=\begin{pmatrix}1\\2\\\lambda+3\end{pmatrix},\boldsymbol{\beta}_3=\begin{pmatrix}2\\1\\\lambda+4\end{pmatrix}$, 问: (1) 当 $\lambda$ 取何值时, 向量组 $A$ 和向量组 $B$ 等价? (2) 当 $\lambda$ 取何值时, 向量组 $A$ 和向量组 $B$ 不等价? 此时向量组 $A$ 与向量组 $B$ 的线性表示关系如何?

## 2.2 线性相关性

通过上一节的学习, 我们知道了向量的线性运算、线性表示和向量组的等价; 本节, 我们将讨论向量组的线性相关性以及秩和极大线性无关组. 如无特殊声明, 本节中的向量均为 $\mathbb{R}^n$ 中的向量.

### 2.2.1 向量组的线性相关性

**定义 2.2.1** 给定 $\mathbb{R}^n$ 中向量组 $A:\boldsymbol{\alpha}_1,\boldsymbol{\alpha}_2,\cdots,\boldsymbol{\alpha}_m$, 若存在不全为零的实数 $k_1,k_2,\cdots,k_m$, 使得

$$k_1\boldsymbol{\alpha}_1+k_2\boldsymbol{\alpha}_2+\cdots+k_m\boldsymbol{\alpha}_m=\mathbf{0}, \tag{2.2.1}$$

则称向量组 $A:\boldsymbol{\alpha}_1,\boldsymbol{\alpha}_2,\cdots,\boldsymbol{\alpha}_m$ 是**线性相关**的; 若仅当 $k_1=k_2=\cdots=k_m=0$ 时 (2.2.1) 才成立, 则称向量组 $A:\boldsymbol{\alpha}_1,\boldsymbol{\alpha}_2,\cdots,\boldsymbol{\alpha}_m$ 是**线性无关**的.

例如, 向量组 $A:\boldsymbol{\alpha}_1=\begin{pmatrix}2\\1\\2\end{pmatrix},\boldsymbol{\alpha}_2=\begin{pmatrix}1\\3\\5\end{pmatrix},\boldsymbol{\alpha}_3=\begin{pmatrix}3\\-1\\-1\end{pmatrix}$ 是线性相关

的, 因为 $2\boldsymbol{\alpha}_1-\boldsymbol{\alpha}_2-\boldsymbol{\alpha}_3=\mathbf{0}$; 向量组 $E: \boldsymbol{e}_1=\begin{pmatrix}1\\0\\\vdots\\0\end{pmatrix}, \boldsymbol{e}_2=\begin{pmatrix}0\\1\\\vdots\\0\end{pmatrix}, \cdots, \boldsymbol{e}_n=\begin{pmatrix}0\\0\\\vdots\\1\end{pmatrix}$ 是线性无关的, 因为 $k_1\boldsymbol{e}_1+k_2\boldsymbol{e}_2+\cdots+k_n\boldsymbol{e}_n=\begin{pmatrix}k_1\\k_2\\\vdots\\k_n\end{pmatrix}$, 所以只有当 $k_1=k_2=\cdots=k_n=0$ 时, $k_1\boldsymbol{e}_1+k_2\boldsymbol{e}_2+\cdots+k_n\boldsymbol{e}_n=\mathbf{0}$ 才成立.

**例 2.2.1** 如果一个向量组 $A$ 中含有零向量, 即 $A: \boldsymbol{\alpha}_1, \boldsymbol{\alpha}_2, \cdots, \boldsymbol{\alpha}_m, \boldsymbol{\alpha}_{m+1}=\mathbf{0}$, 则向量组 $A$ 是线性相关的, 这是因为存在数 $k_1=k_2=\cdots=k_m=0, k_{m+1}=1$, 使得

$$k_1\boldsymbol{\alpha}_1+k_2\boldsymbol{\alpha}_2+\cdots+k_m\boldsymbol{\alpha}_m+1\cdot\mathbf{0}=\mathbf{0}.$$

**例 2.2.2** 如果一个向量组 $A$ 仅含一个向量 $\boldsymbol{\alpha}$, 向量组 $A$ 是线性无关的当且仅当 $\boldsymbol{\alpha}\neq\mathbf{0}$. 这是因为当 $\boldsymbol{\alpha}\neq\mathbf{0}$ 时, 只有当 $k=0$ 时, $k\boldsymbol{\alpha}=\mathbf{0}$ 才成立.

**例 2.2.3** 判断下列二维向量组的线性相关性.

(1) $A: \boldsymbol{\alpha}_1=\begin{pmatrix}1\\2\end{pmatrix}, \boldsymbol{\alpha}_2=\begin{pmatrix}2\\4\end{pmatrix}$; (2) $B: \boldsymbol{\beta}_1=\begin{pmatrix}1\\2\end{pmatrix}, \boldsymbol{\beta}_2=\begin{pmatrix}2\\2\end{pmatrix}$.

**解** (1) 因为 $2\boldsymbol{\alpha}_1-\boldsymbol{\alpha}_2=\mathbf{0}$, 所以向量组 $A$ 线性相关, 几何直观见图 2.2.1(a), 由 $\boldsymbol{\alpha}_1, \boldsymbol{\alpha}_2$ 确定的两个向量落在过原点的同一条直线上.

(2) 设 $x_1\boldsymbol{\beta}_1+x_2\boldsymbol{\beta}_2=\begin{pmatrix}x_1+2x_2\\2x_1+2x_2\end{pmatrix}=\begin{pmatrix}0\\0\end{pmatrix}$, 解线性方程组 $\begin{cases}x_1+2x_2=0,\\2x_1+2x_2=0\end{cases}$ 得唯一解 $x_1=x_2=0$, 因此向量组 $B$ 线性无关, 几何直观见图 2.2.1(b), 由 $\boldsymbol{\beta}_1, \boldsymbol{\beta}_2$ 确定的向量不同时落在过原点的任何一条直线上.

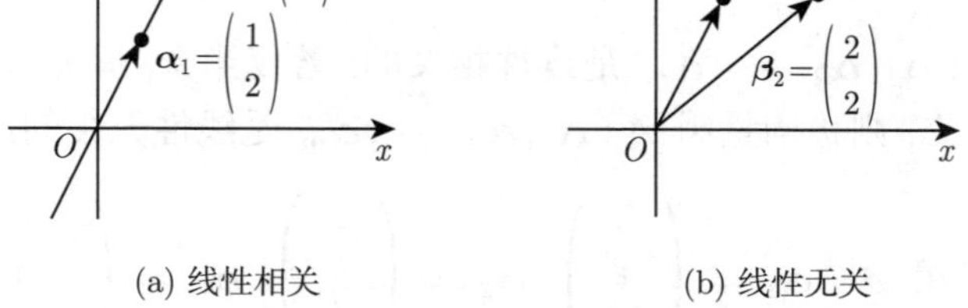


(a) 线性相关　　(b) 线性无关

图 2.2.1　两个二维向量的线性相关性

**例 2.2.4** 判断下列三维向量组的线性相关性.

(1) $A:\boldsymbol{\alpha}_1=\begin{pmatrix}1\\1\\0\end{pmatrix},\boldsymbol{\alpha}_2=\begin{pmatrix}0\\1\\1\end{pmatrix},\boldsymbol{\alpha}_3=\begin{pmatrix}2\\3\\1\end{pmatrix}$;

(2) $B:\boldsymbol{\beta}_1=\begin{pmatrix}1\\1\\0\end{pmatrix},\boldsymbol{\beta}_2=\begin{pmatrix}0\\1\\1\end{pmatrix},\boldsymbol{\beta}_3=\begin{pmatrix}1\\0\\1\end{pmatrix}$.

**解** (1) 因为 $2\boldsymbol{\alpha}_1+\boldsymbol{\alpha}_2-\boldsymbol{\alpha}_3=\mathbf{0}$, 所以向量组 $A$ 线性相关, 几何直观见图 2.2.2(a), 向量组 $\boldsymbol{\alpha}_1,\boldsymbol{\alpha}_2,\boldsymbol{\alpha}_3$ 共面.

(2) 设 $x_1\boldsymbol{\beta}_1+x_2\boldsymbol{\beta}_2+x_3\boldsymbol{\beta}_3=\begin{pmatrix}x_1+x_3\\x_1+x_2\\x_2+x_3\end{pmatrix}=\begin{pmatrix}0\\0\\0\end{pmatrix}$, 解线性方程组 $\begin{cases}x_1+x_3=0,\\x_1+x_2=0,\\x_2+x_3=0\end{cases}$ 得唯一解 $x_1=x_2=x_3=0$, 因此向量组 $B$ 线性无关, 几何直观见图 2.2.2(b), 向量组 $\boldsymbol{\alpha}_1,\boldsymbol{\alpha}_2,\boldsymbol{\alpha}_3$ 不共面.

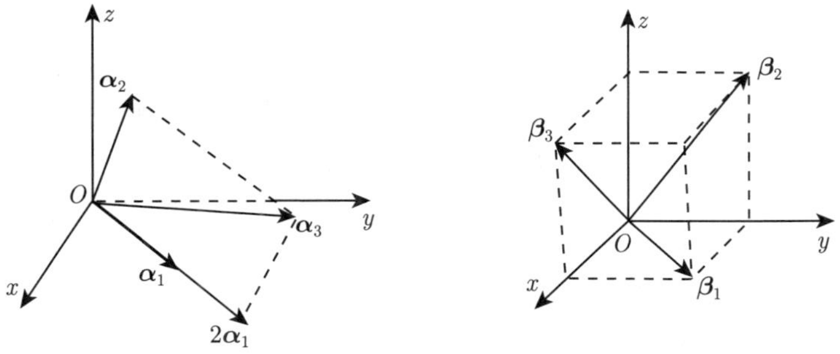


(a) 线性相关 (b) 线性无关

图 2.2.2 三个三维向量的线性相关性

利用二阶行列式和三阶行列式的几何意义, 我们还可以从平行四边形的面积和平行六面体的体积的角度来观察线性无关的几何含义. 例如, 对于向量组 $\boldsymbol{\alpha}_1=\begin{pmatrix}1\\2\end{pmatrix},\boldsymbol{\alpha}_2=\begin{pmatrix}2\\1\end{pmatrix}$, 以 $\boldsymbol{\alpha}_1,\boldsymbol{\alpha}_2$ 对应的向量为邻边作平行四边形, 则该平行四边形的面积为 $\left\|\begin{matrix}1&2\\2&1\end{matrix}\right\|=3\neq0$, 见图 2.2.3(a); 对于例 2.2.4 中的向量组 $B$, 以 $\boldsymbol{\beta}_1,\boldsymbol{\beta}_2,\boldsymbol{\beta}_3$ 对应的向量为邻边作平行六面体, 则该平行六面体的体积为 $\left\|\begin{matrix}1&1&0\\0&1&1\\1&0&1\end{matrix}\right\|=2\neq0$, 见图 2.2.3(b).

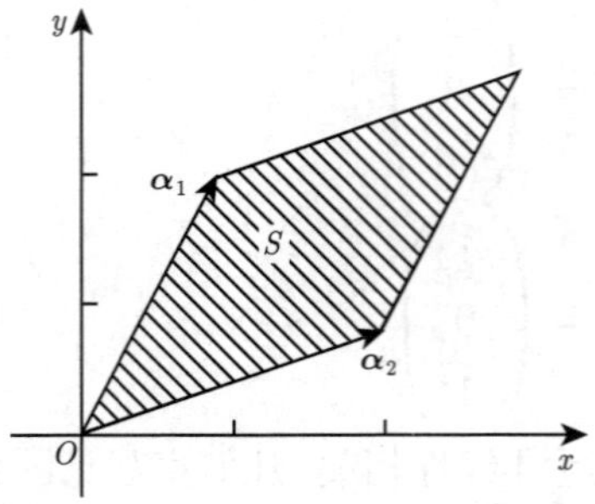


(a) 两个二维向量的线性无关

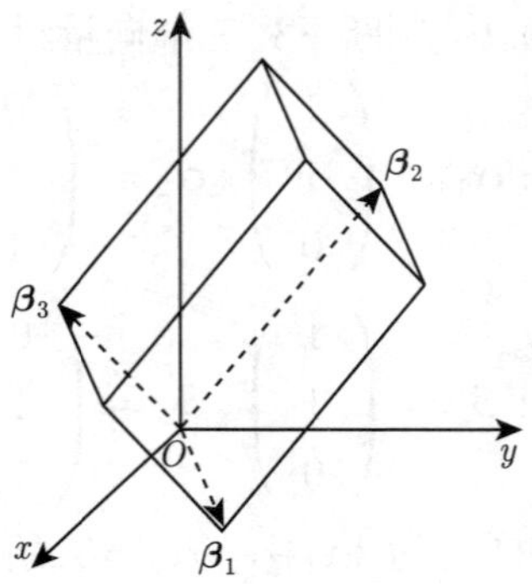


(b) 三个三维向量的线性无关

图 2.2.3 线性无关的几何意义 (行列式角度)

例 2.2.3 和例 2.2.4 的方法可以推广到一般情况.

一般地, 向量组 $A:\boldsymbol{\alpha}_1=\begin{pmatrix}a_{11}\\a_{21}\\\vdots\\a_{n1}\end{pmatrix},\boldsymbol{\alpha}_2=\begin{pmatrix}a_{12}\\a_{22}\\\vdots\\a_{n2}\end{pmatrix},\cdots,\boldsymbol{\alpha}_m=\begin{pmatrix}a_{1m}\\a_{2m}\\\vdots\\a_{nm}\end{pmatrix}$ 的线性相关性判别问题, 可以转化为齐次线性方程组的解的判断问题. 将向量方程 (2.2.1) 写成线性方程组的形式为

$$\begin{cases}a_{11}k_1+a_{12}k_2+\cdots+a_{1m}k_m=0,\\a_{21}k_1+a_{22}k_2+\cdots+a_{2m}k_m=0,\\\qquad\cdots\cdots\\a_{n1}k_1+a_{n2}k_2+\cdots+a_{nm}k_m=0.\end{cases}\tag{2.2.2}$$

考虑与 (2.2.2) 有相同系数的齐次线性方程组

$$\begin{cases}a_{11}x_1+a_{12}x_2+\cdots+a_{1m}x_m=0,\\a_{21}x_1+a_{22}x_2+\cdots+a_{2m}x_m=0,\\\qquad\cdots\cdots\\a_{n1}x_1+a_{n2}x_2+\cdots+a_{nm}x_m=0,\end{cases}\tag{2.2.3}$$

根据线性相关与线性无关的定义, 我们有以下定理.

**定理 2.2.1** (1) 向量组 $A:\boldsymbol{\alpha}_1,\boldsymbol{\alpha}_2,\cdots,\boldsymbol{\alpha}_m$ 线性相关的充分必要条件是齐次线性方程组 (2.2.3) 有非零解;

(2) 向量组 $A:\boldsymbol{\alpha}_1,\boldsymbol{\alpha}_2,\cdots,\boldsymbol{\alpha}_m$ 线性无关的充分必要条件是齐次线性方程组 (2.2.3) 只有零解.

利用第 1 章中关于线性方程组有解性的判别定理, 有如下定理.

**定理 2.2.2** 设向量组 $A:\boldsymbol{\alpha}_1,\boldsymbol{\alpha}_2,\cdots,\boldsymbol{\alpha}_m$, 以它们为列向量构成矩阵 $\boldsymbol{A}=(\boldsymbol{\alpha}_1,\boldsymbol{\alpha}_2,\cdots,\boldsymbol{\alpha}_m)$, 则

(1) 向量组 $A:\boldsymbol{\alpha}_1,\boldsymbol{\alpha}_2,\cdots,\boldsymbol{\alpha}_m$ 线性相关的充分必要条件为 $R(\boldsymbol{A})<m$;

(2) 向量组 $A:\boldsymbol{\alpha}_1,\boldsymbol{\alpha}_2,\cdots,\boldsymbol{\alpha}_m$ 线性无关的充分必要条件为 $R(\boldsymbol{A})=m$.

利用定理 2.2.2 结合第 1 章"初等行变换不改变矩阵的秩"可得**初等行变换不改变矩阵的列向量组的线性相关性**, 即, 若

$$\boldsymbol{A}=(\boldsymbol{\alpha}_1,\boldsymbol{\alpha}_2,\cdots,\boldsymbol{\alpha}_n)\xrightarrow{\text{初等行变换}}(\boldsymbol{\beta}_1,\boldsymbol{\beta}_2,\cdots,\boldsymbol{\beta}_n)=\boldsymbol{B},$$

则矩阵 $\boldsymbol{A}$ 的列向量组与矩阵 $\boldsymbol{B}$ 的列向量组有相同的线性相关性.

**例 2.2.5** 判定向量组 $A:\boldsymbol{\alpha}_1=\begin{pmatrix}1\\-2\\0\\4\end{pmatrix},\boldsymbol{\alpha}_2=\begin{pmatrix}0\\1\\1\\2\end{pmatrix},\boldsymbol{\alpha}_3=\begin{pmatrix}-1\\1\\2\\0\end{pmatrix},$ $\boldsymbol{\alpha}_4=\begin{pmatrix}2\\3\\-2\\4\end{pmatrix},\boldsymbol{\alpha}_5=\begin{pmatrix}0\\1\\2\\4\end{pmatrix}$ 的线性相关性.

**解** 将它们构成一个 $4\times 5$ 矩阵

$$\boldsymbol{A}=\begin{pmatrix}1&0&-1&2&0\\-2&1&1&3&1\\0&1&2&-2&2\\4&2&0&4&4\end{pmatrix},$$

对 $\boldsymbol{A}$ 作初等行变换, 得到行阶梯形矩阵

$$\boldsymbol{B}=\begin{pmatrix}1&0&-1&2&0\\0&1&-1&7&1\\0&0&3&-9&1\\0&0&0&0&0\end{pmatrix}.$$

行阶梯形矩阵 $\boldsymbol{B}$ 中非零行个数 $r=3$, 小于向量个数 $m=5$, 即 $R(\boldsymbol{A})<m$. 因而, 向量组 $A:\boldsymbol{\alpha}_1,\boldsymbol{\alpha}_2,\boldsymbol{\alpha}_3,\boldsymbol{\alpha}_4,\boldsymbol{\alpha}_5$ 线性相关.

### 2.2.2 线性相关性的一些常用结论

关于 $n$ 维向量构成的向量组 $A:\boldsymbol{\alpha}_1,\boldsymbol{\alpha}_2,\cdots,\boldsymbol{\alpha}_m$ 的线性相关性, 有下述定理.

**定理 2.2.3** 下述命题成立:

(1) $m$ 个 $n$ $(m>n)$ 维向量构成的向量组是线性相关的;

(2) 若向量组 $A:\boldsymbol{\alpha}_1,\boldsymbol{\alpha}_2,\cdots,\boldsymbol{\alpha}_m$ 的某一个部分组是线性相关的, 则向量组 $A$ 是线性相关的;

(3) 若向量组 $A:\boldsymbol{\alpha}_1,\boldsymbol{\alpha}_2,\cdots,\boldsymbol{\alpha}_m(m\geqslant 2)$ 是线性相关的充分必要条件是向量组 $A$ 中有一个向量可由其余向量线性表示;

(4) 若向量组 $A:\boldsymbol{\alpha}_1,\boldsymbol{\alpha}_2,\cdots,\boldsymbol{\alpha}_m$ 是线性无关的, 而向量组 $B:\boldsymbol{\alpha}_1,\boldsymbol{\alpha}_2,\cdots,\boldsymbol{\alpha}_m,\boldsymbol{\beta}$ 是线性相关的, 则向量 $\boldsymbol{\beta}$ 能由向量组 $A$ 唯一线性表示.

(5) 若向量组 $A:\boldsymbol{\alpha}_1,\boldsymbol{\alpha}_2,\cdots,\boldsymbol{\alpha}_s$ 能由向量组 $B:\boldsymbol{\beta}_1,\boldsymbol{\beta}_2,\cdots,\boldsymbol{\beta}_t$ 线性表出, 且 $s>t$, 则向量组 $A$ 是线性相关的;

(6) 设向量组 $B:\boldsymbol{\beta}_1,\boldsymbol{\beta}_2,\cdots,\boldsymbol{\beta}_s$ 是在向量组 $A:\boldsymbol{\alpha}_1,\boldsymbol{\alpha}_2,\cdots,\boldsymbol{\alpha}_s$ 中每个向量的相同位置添加 $k$ 个分量后得到的 $m+k$ 维向量组 (称 $B$ 为 $A$ 的延伸组, $A$ 称为 $B$ 的缩短组), 若向量组 $A$ 是线性无关的, 则向量组 $B$ 也是线性无关的.

这 6 个命题是最常用的, 我们只证明命题 (4), 其余留给读者自己证明.

**证明** (4) 由向量组 $B:\boldsymbol{\alpha}_1,\boldsymbol{\alpha}_2,\cdots,\boldsymbol{\alpha}_m,\boldsymbol{\beta}$ 是线性相关的, 于是

$$x_1\boldsymbol{\alpha}_1+x_2\boldsymbol{\alpha}_2+\cdots+x_m\boldsymbol{\alpha}_m+x_{m+1}\boldsymbol{\beta}=\mathbf{0}$$

有非零解. 不妨设有非零解

$$x_1=c_1,\quad x_2=c_2,\quad \cdots,\quad x_m=c_m,\quad x_{m+1}=\lambda.$$

假设 $\lambda=0$, 则由 $A$ 是线性无关的这一条件, 可得

$$c_1=c_2=\cdots=c_m=0,$$

于是向量组 $B$ 是线性无关的, 与条件向量组 $B$ 是线性相关的矛盾, 故 $\lambda\neq 0$. 因此, 向量 $\boldsymbol{\beta}$ 能由向量组 $A$ 线性表示.

又设

$$\boldsymbol{\beta}=c_1\boldsymbol{\alpha}_1+c_2\boldsymbol{\alpha}_2+\cdots+c_m\boldsymbol{\alpha}_m=d_1\boldsymbol{\alpha}_1+d_2\boldsymbol{\alpha}_2+\cdots+d_m\boldsymbol{\alpha}_m,$$

则有

$$(c_1-d_1)\,\boldsymbol{\alpha}_1+(c_2-d_2)\,\boldsymbol{\alpha}_2+\cdots+(c_m-d_m)\,\boldsymbol{\alpha}_m=\mathbf{0},$$

由于 $\boldsymbol{\alpha}_1,\boldsymbol{\alpha}_2,\cdots,\boldsymbol{\alpha}_m$ 线性无关, 因此

$$c_1-d_1=c_2-d_2=\cdots=c_m-d_m=0,$$

即 $c_i = d_i, i = 1, 2, \cdots, m$, 所以向量 $\boldsymbol{\beta}$ 能由向量组 $A: \boldsymbol{\alpha}_1, \boldsymbol{\alpha}_2, \cdots, \boldsymbol{\alpha}_m$ 唯一线性表出. □

**例 2.2.6** 设有 $m$ 维列向量组 $A: \boldsymbol{\alpha}_1, \boldsymbol{\alpha}_2, \boldsymbol{\alpha}_3$, 向量组 $B: \boldsymbol{\beta}_1 = \boldsymbol{\alpha}_2 + \boldsymbol{\alpha}_3, \boldsymbol{\beta}_2 = \boldsymbol{\alpha}_1 + \boldsymbol{\alpha}_3, \boldsymbol{\beta}_3 = \boldsymbol{\alpha}_1 + \boldsymbol{\alpha}_2$, 证明若向量组 $A$ 是线性无关的, 则向量组 $B$ 是线性无关的.

**证明 方法一** (利用定义, 将证明向量组是线性无关的转化为证明齐次线性方程组只有零解).

设有 $x_1, x_2, x_3$ 使得 $x_1\boldsymbol{\beta}_1 + x_2\boldsymbol{\beta}_2 + x_3\boldsymbol{\beta}_3 = \boldsymbol{0}$, 即

$$x_1(\boldsymbol{\alpha}_2 + \boldsymbol{\alpha}_3) + x_2(\boldsymbol{\alpha}_1 + \boldsymbol{\alpha}_3) + x_3(\boldsymbol{\alpha}_1 + \boldsymbol{\alpha}_2) = \boldsymbol{0}.$$

整理, 得

$$(x_2 + x_3)\boldsymbol{\alpha}_1 + (x_1 + x_3)\boldsymbol{\alpha}_2 + (x_1 + x_2)\boldsymbol{\alpha}_3 = \boldsymbol{0}.$$

由向量组 $A$ 是线性无关的, 有 $\begin{cases} x_2 + x_3 = 0, \\ x_1 + x_3 = 0, \\ x_1 + x_2 = 0, \end{cases}$ 由于此方程组的系数行列式 $\begin{vmatrix} 0 & 1 & 1 \\ 1 & 0 & 1 \\ 1 & 1 & 0 \end{vmatrix} = 2 \neq 0$, 故方程组只有零解 $x_1 = x_2 = x_3 = 0$. 所以向量组 $B$ 是线性无关的.

**方法二** (利用定义, 矩阵叙述).

设矩阵 $\boldsymbol{A} = (\boldsymbol{\alpha}_1, \boldsymbol{\alpha}_2, \boldsymbol{\alpha}_3), \boldsymbol{B} = (\boldsymbol{\beta}_1, \boldsymbol{\beta}_2, \boldsymbol{\beta}_3)$, 则

$$\boldsymbol{B} = (\boldsymbol{\beta}_1, \boldsymbol{\beta}_2, \boldsymbol{\beta}_3) = (\boldsymbol{\alpha}_1, \boldsymbol{\alpha}_2, \boldsymbol{\alpha}_3)\begin{pmatrix} 0 & 1 & 1 \\ 1 & 0 & 1 \\ 1 & 1 & 0 \end{pmatrix} = \boldsymbol{AK}, \quad \text{其中 } \boldsymbol{K} = \begin{pmatrix} 0 & 1 & 1 \\ 1 & 0 & 1 \\ 1 & 1 & 0 \end{pmatrix}.$$

设 $\boldsymbol{Bx} = \boldsymbol{0}$, 代入 $\boldsymbol{B} = \boldsymbol{AK}$ 得 $(\boldsymbol{AK})\boldsymbol{x} = \boldsymbol{A}(\boldsymbol{Kx}) = \boldsymbol{0}$, 由 $\boldsymbol{A}$ 的列向量组是线性无关的, 所以 $\boldsymbol{Kx} = \boldsymbol{0}$. 又因为 $|\boldsymbol{K}| = 2 \neq 0$, 所以 $\boldsymbol{Kx} = \boldsymbol{0}$ 只有零解 $\boldsymbol{x} = \boldsymbol{0}$. 所以矩阵 $\boldsymbol{B}$ 的列向量组 $\boldsymbol{\beta}_1, \boldsymbol{\beta}_2, \boldsymbol{\beta}_3$ 是线性无关的.

**方法三** (利用定理 2.2.2).

设矩阵 $\boldsymbol{A} = (\boldsymbol{\alpha}_1, \boldsymbol{\alpha}_2, \boldsymbol{\alpha}_3), \boldsymbol{B} = (\boldsymbol{\beta}_1, \boldsymbol{\beta}_2, \boldsymbol{\beta}_3)$, 则

$$\boldsymbol{B} = (\boldsymbol{\beta}_1, \boldsymbol{\beta}_2, \boldsymbol{\beta}_3) = (\boldsymbol{\alpha}_1, \boldsymbol{\alpha}_2, \boldsymbol{\alpha}_3)\begin{pmatrix} 0 & 1 & 1 \\ 1 & 0 & 1 \\ 1 & 1 & 0 \end{pmatrix} = \boldsymbol{AK}, \quad \text{其中 } \boldsymbol{K} = \begin{pmatrix} 0 & 1 & 1 \\ 1 & 0 & 1 \\ 1 & 1 & 0 \end{pmatrix}.$$

因为 $|\boldsymbol{K}|=2\neq 0$, 所以矩阵 $\boldsymbol{K}$ 可逆, 根据矩阵的秩的性质知 $\mathrm{rank}(\boldsymbol{B})=\mathrm{rank}(\boldsymbol{A})$. 由于 $\boldsymbol{A}$ 的列向量组是线性无关的, 根据前面的充要条件知 $\mathrm{rank}\,(\boldsymbol{A})=3$, 从而 $\mathrm{rank}\,(\boldsymbol{B})=3$. 所以矩阵 $\boldsymbol{B}$ 的列向量组 $\boldsymbol{\beta}_1,\boldsymbol{\beta}_2,\boldsymbol{\beta}_3$ 是线性无关的. □

### 2.2.3 向量组的秩

**定义 2.2.2** 给定 $n$ 维向量组 $A:\boldsymbol{\alpha}_1,\boldsymbol{\alpha}_2,\cdots,\boldsymbol{\alpha}_m$, 向量组 $B:\boldsymbol{\beta}_1,\boldsymbol{\beta}_2,\cdots,\boldsymbol{\beta}_r$ 是向量组 $A$ 的一个部分组, 若满足条件:

(1) 向量组 $B:\boldsymbol{\beta}_1,\boldsymbol{\beta}_2,\cdots,\boldsymbol{\beta}_r$ 线性无关;

(2) 向量组 $B$ 与向量组 $A$ 等价,

则称向量组 $B:\boldsymbol{\beta}_1,\boldsymbol{\beta}_2,\cdots,\boldsymbol{\beta}_r$ 为 $A$ 的一个**极大线性无关组**, 数 $r$ 称为向量组 $A$ 的**秩**, 记为 $\mathrm{rank}\,(A)$ 或 $R(A)$.

例如, 设向量组 $A:\boldsymbol{e}_1=\begin{pmatrix}1\\0\\0\end{pmatrix},\boldsymbol{e}_2=\begin{pmatrix}0\\1\\0\end{pmatrix},\boldsymbol{e}_3=\begin{pmatrix}0\\0\\1\end{pmatrix},\boldsymbol{\alpha}=\begin{pmatrix}1\\1\\0\end{pmatrix}$, $\boldsymbol{\beta}=\begin{pmatrix}1\\1\\1\end{pmatrix}$, 向量组 $E$: $\boldsymbol{e}_1,\boldsymbol{e}_2,\boldsymbol{e}_3$ 是 $A$ 的一个部分组且线性无关, 又 $\boldsymbol{\alpha}=\boldsymbol{e}_1+\boldsymbol{e}_2+0\boldsymbol{e}_3,\boldsymbol{\beta}=\boldsymbol{e}_1+\boldsymbol{e}_2+\boldsymbol{e}_3$, 因此向量组 $A$ 与向量组 $E$ 等价, 所以向量组 $E$ 是向量组 $A$ 的一个极大线性无关组; 同理, 向量组 $B:\boldsymbol{e}_1,\boldsymbol{e}_2,\boldsymbol{\beta}$ 也是向量组 $A$ 的一个极大线性无关组; 向量组 $A$ 的秩为 3.

**注 2.2.1** 此处的条件 (2) 既可以换成 "$A$ 中的任意向量均能由 $B$ 线性表示", 也可以换成 "向量组 $A$ 能由向量组 $B$ 线性表示", 甚至还可以换成 "矩阵 $\boldsymbol{B}=(\boldsymbol{\beta}_1,\boldsymbol{\beta}_2,\cdots,\boldsymbol{\beta}_r)$ 的秩等于矩阵 $\boldsymbol{A}=(\boldsymbol{\alpha}_1,\boldsymbol{\alpha}_2,\cdots,\boldsymbol{\alpha}_n)$ 的秩".

**注 2.2.2** 向量组 $A$ 的极大线性无关组不一定唯一, 但不同的极大线性无关组之间相互等价且含有相同的向量个数.

除了利用定义的方法找一个向量组的极大线性无关组和秩 (通常比较抽象) 以外, 还可以采用下面例题中的方法较为方便地确定数字型向量组的秩和一个极大线性无关组.

**例 2.2.7** 设向量组 $A:\boldsymbol{\alpha}_1=\begin{pmatrix}1\\2\\3\\4\end{pmatrix},\boldsymbol{\alpha}_2=\begin{pmatrix}1\\-1\\6\\-6\end{pmatrix},\boldsymbol{\alpha}_3=\begin{pmatrix}-2\\-1\\-9\\2\end{pmatrix},\boldsymbol{\alpha}_4=\begin{pmatrix}1\\1\\7\\-2\end{pmatrix},\boldsymbol{\alpha}_5=\begin{pmatrix}4\\2\\9\\4\end{pmatrix}$, 求向量组 $A$ 的秩和一个极大线性无关组, 并将剩余向量

用该极大线性无关组线性表示.

**解 第一步** 构成矩阵: $\boldsymbol{A}=(\boldsymbol{\alpha}_1,\boldsymbol{\alpha}_2,\boldsymbol{\alpha}_3,\boldsymbol{\alpha}_4,\boldsymbol{\alpha}_5)$;

**第二步** 利用初等行变换将矩阵 $\boldsymbol{A}$ 化为行阶梯形矩阵 $\boldsymbol{B}_1$, 即

$$\boldsymbol{A}\xrightarrow{\text{初等行变换}}\begin{pmatrix}1&1&-2&1&4\\0&-3&3&-1&-6\\0&0&0&3&-9\\0&0&0&0&0\end{pmatrix}=\boldsymbol{B}_1.$$

**第三步** 给出向量组 $\boldsymbol{A}$ 的一个极大线性无关组和秩.

**注 2.2.3** 由于矩阵 $\boldsymbol{B}_1$ 的列向量组线性相关, 且 $\boldsymbol{B}_1$ 中主元列第 1, 2, 4 列线性无关, 矩阵 $\boldsymbol{B}_1$ 的秩为 3, 由注 2.2.1 知, $\boldsymbol{B}_1$ 中主元列第 1, 2, 4 列为 $\boldsymbol{B}_1$ 的列向量组的一个极大线性无关组, 且 $\boldsymbol{B}_1$ 的列向量组的秩为 3.

由“矩阵的初等行变换不改变矩阵的列向量组的线性相关性”可得, 向量组 $A$ 的一个极大线性无关组和秩.

向量组 $A$ 的一个极大线性无关组为矩阵 $\boldsymbol{A}$ 的第 1, 2, 4 列, 即向量组 $\boldsymbol{\alpha}_1,\boldsymbol{\alpha}_2,\boldsymbol{\alpha}_4$, 向量组 $A$ 的秩 = 矩阵 $\boldsymbol{A}$ 的秩 = 矩阵 $\boldsymbol{B}_1$ 的秩 = 3.

**第四步** 用极大线性无关组表示剩余向量

$$\boldsymbol{B}_1\xrightarrow{\text{初等行变换}}\boldsymbol{B}=(\boldsymbol{\beta}_1,\boldsymbol{\beta}_2,\boldsymbol{\beta}_3,\boldsymbol{\beta}_4,\boldsymbol{\beta}_5)=\begin{pmatrix}1&0&-1&0&4\\0&1&-1&0&3\\0&0&0&1&-3\\0&0&0&0&0\end{pmatrix},$$

此处矩阵 $\boldsymbol{B}$ 为行最简形矩阵. 矩阵 $\boldsymbol{B}$ 的列向量组的极大线性无关组为 $\boldsymbol{\beta}_1,\boldsymbol{\beta}_2,\boldsymbol{\beta}_4$, 且 $\boldsymbol{\beta}_3=-\boldsymbol{\beta}_1-\boldsymbol{\beta}_2+0\boldsymbol{\beta}_4$, $\boldsymbol{\beta}_5=4\boldsymbol{\beta}_1+3\boldsymbol{\beta}_2-3\boldsymbol{\beta}_4$. 从而向量组 $A$ 中的剩余向量 $\boldsymbol{\alpha}_3,\boldsymbol{\alpha}_5$ 可由 $A$ 的一个极大线性无关组 $\boldsymbol{\alpha}_1,\boldsymbol{\alpha}_2,\boldsymbol{\alpha}_4$ 表示为

$$\boldsymbol{\alpha}_3=-\boldsymbol{\alpha}_1-\boldsymbol{\alpha}_2+0\boldsymbol{\alpha}_4,\quad \boldsymbol{\alpha}_5=4\boldsymbol{\alpha}_1+3\boldsymbol{\alpha}_2-3\boldsymbol{\alpha}_4.$$

## 习 题 2.2

1. 判断下列命题的真假, 并说明理由.

(1) 若方程 $\boldsymbol{Ax}=\boldsymbol{0}$ 有零解, 则矩阵 $\boldsymbol{A}$ 的各列线性无关.

(2) 若向量组 $A:\boldsymbol{\alpha}_1,\cdots,\boldsymbol{\alpha}_m$ 线性相关, 则 $A$ 中每个向量是其余列向量的线性组合.

(3) 若向量组 $B:\boldsymbol{\alpha},\boldsymbol{\beta}$ 线性无关, 向量组 $A:\boldsymbol{\alpha},\boldsymbol{\beta},\boldsymbol{\gamma}$ 线性相关, 则 $\boldsymbol{\gamma}$ 能由向量组 $B:\boldsymbol{\alpha},\boldsymbol{\beta}$ 线性表示.

(4) $\mathbb{R}^3$ 中两个向量线性相关, 当且仅当它们在一条过原点的直线上.

(5) 若 $\mathbb{R}^n$ 中一个向量组线性相关, 则此向量组包含的向量个数多于每个向量中分量的个数.

(6) 若 $\boldsymbol{\alpha}_1, \cdots, \boldsymbol{\alpha}_5 \in \mathbb{R}^5$, $\boldsymbol{\alpha}_1$ 不是 $\boldsymbol{\alpha}_2, \cdots, \boldsymbol{\alpha}_5$ 的线性组合, 则 $\boldsymbol{\alpha}_1, \cdots, \boldsymbol{\alpha}_5$ 线性无关.

2. 判断下列 $\mathbb{R}^2$ 中的向量组 $A$ 是否是线性相关的, 并给出几何解释.

(1) $A: \boldsymbol{\alpha}_1 = \begin{pmatrix} 1 \\ 2 \end{pmatrix}, \boldsymbol{\alpha}_2 = \begin{pmatrix} 2 \\ 3 \end{pmatrix}$; (2) $A: \boldsymbol{\alpha}_1 = \begin{pmatrix} 1 \\ 2 \end{pmatrix}, \boldsymbol{\alpha}_2 = \begin{pmatrix} 2 \\ 4 \end{pmatrix}$;

(3) $A: \boldsymbol{\alpha}_1 = \begin{pmatrix} 1 \\ -1 \end{pmatrix}, \boldsymbol{\alpha}_2 = \begin{pmatrix} 2 \\ 5 \end{pmatrix}, \boldsymbol{\alpha}_3 = \begin{pmatrix} 1 \\ 1 \end{pmatrix}$.

3. 判断下列 $\mathbb{R}^3$ 中的向量组 $A$ 是否是线性相关的, 并给出几何解释.

(1) $A: \boldsymbol{\alpha}_1 = \begin{pmatrix} 1 \\ 0 \\ 1 \end{pmatrix}, \boldsymbol{\alpha}_2 = \begin{pmatrix} 1 \\ 2 \\ 0 \end{pmatrix}, \boldsymbol{\alpha}_3 = \begin{pmatrix} 1 \\ 1 \\ 1 \end{pmatrix}$;

(2) $A: \boldsymbol{\alpha}_1 = \begin{pmatrix} 2 \\ 2 \\ -1 \end{pmatrix}, \boldsymbol{\alpha}_2 = \begin{pmatrix} 1 \\ 2 \\ 1 \end{pmatrix}, \boldsymbol{\alpha}_3 = \begin{pmatrix} 2 \\ 1 \\ 0 \end{pmatrix}$;

(3) $A: \boldsymbol{\alpha}_1 = \begin{pmatrix} 1 \\ 0 \\ 0 \end{pmatrix}, \boldsymbol{\alpha}_2 = \begin{pmatrix} 0 \\ 2 \\ 1 \end{pmatrix}, \boldsymbol{\alpha}_3 = \begin{pmatrix} 1 \\ 0 \\ 1 \end{pmatrix}, \boldsymbol{\alpha}_4 = \begin{pmatrix} 4 \\ -3 \\ 2 \end{pmatrix}$.

4. 设向量组 $A: \boldsymbol{\alpha}_1 = \begin{pmatrix} 0 \\ 1 \\ -2 \end{pmatrix}, \boldsymbol{\alpha}_2 = \begin{pmatrix} \lambda \\ 1 \\ 0 \end{pmatrix}, \boldsymbol{\alpha}_3 = \begin{pmatrix} 6 \\ \lambda+1 \\ 3 \end{pmatrix}$, 问 (1) $\lambda$ 取何值时, 向量组 $A$ 是线性相关的? (2) $\lambda$ 取何值时, 向量组 $A$ 是线性无关的?

5. 设向量组 $A: \boldsymbol{\alpha}_1, \boldsymbol{\alpha}_2, \boldsymbol{\alpha}_3, \boldsymbol{\alpha}_4$ 线性无关, 判断下列向量组的线性相关性:

(1) $B_1: \boldsymbol{\alpha}_1 - \boldsymbol{\alpha}_2, \boldsymbol{\alpha}_2 - \boldsymbol{\alpha}_3, \boldsymbol{\alpha}_3 - \boldsymbol{\alpha}_1$;

(2) $B_2: \boldsymbol{\alpha}_1 + \boldsymbol{\alpha}_2, \boldsymbol{\alpha}_2 + \boldsymbol{\alpha}_3, \boldsymbol{\alpha}_3 + \boldsymbol{\alpha}_4, \boldsymbol{\alpha}_4 + \boldsymbol{\alpha}_1$.

6. 设 $\boldsymbol{A} = \begin{pmatrix} 1 & 1 & 0 \\ 2 & -1 & -3 \\ -4 & 1 & t \end{pmatrix}$, 三维列向量 $\boldsymbol{\alpha}_1, \boldsymbol{\alpha}_2$ 线性无关, $\boldsymbol{A}\boldsymbol{\alpha}_1, \boldsymbol{A}\boldsymbol{\alpha}_2$ 线性相关, 求参数 $t$ 的值.

7. 设 $n$ 维列向量组 $A: \boldsymbol{\alpha}_1, \boldsymbol{\alpha}_2, \cdots, \boldsymbol{\alpha}_s (2 \leqslant s \leqslant n)$ 是线性无关的, $c_1, c_2, \cdots, c_{s-1}$ 是任意 $s-1$ 个数, 证明向量组 $B: \boldsymbol{\alpha}_1 + c_1\boldsymbol{\alpha}_2, \boldsymbol{\alpha}_2 + c_2\boldsymbol{\alpha}_3, \cdots, \boldsymbol{\alpha}_{s-1} + c_{s-1}\boldsymbol{\alpha}_s, \boldsymbol{\alpha}_s$ 也是线性无关的.

8. 设向量 $\boldsymbol{\beta}$ 可由向量组 $\boldsymbol{A}: \boldsymbol{\alpha}_1, \boldsymbol{\alpha}_2, \cdots, \boldsymbol{\alpha}_s$ 线性表示, 试证 $\boldsymbol{\beta}$ 可由向量组 $A$ 唯一线性表示的充分必要条件是 $A: \boldsymbol{\alpha}_1, \boldsymbol{\alpha}_2, \cdots, \boldsymbol{\alpha}_s$ 是线性无关的.

9. 求下列矩阵 $\boldsymbol{A}$ 的列向量组的一个极大线性无关组和秩, 并将剩余向量用极大线性无关组线性表示.

(1) $\boldsymbol{A} = \begin{pmatrix} 1 & 2 & 3 \\ 1 & -1 & 2 \end{pmatrix}$; (2) $\boldsymbol{A} = \begin{pmatrix} 1 & 1 & 2 & 2 \\ 2 & -1 & 3 & 0 \\ -1 & 2 & 4 & 5 \end{pmatrix}$;

(3) $\boldsymbol{A}=\begin{pmatrix} 8 & -3 & 0 & -7 & 2 \\ -9 & 4 & 5 & 11 & -7 \\ 6 & -2 & 2 & -4 & 4 \\ 5 & -1 & 7 & 0 & 10 \end{pmatrix}$.

10. 设三维向量组 $A$ : $\boldsymbol{\alpha}_1,\boldsymbol{\alpha}_2,\boldsymbol{\alpha}_3$ 线性无关, $\boldsymbol{\beta}_1=\boldsymbol{\alpha}_1-\boldsymbol{\alpha}_2+\boldsymbol{\alpha}_3$, $\boldsymbol{\beta}_2=2\boldsymbol{\alpha}_1+\boldsymbol{\alpha}_2$, $\boldsymbol{\beta}_3=3\boldsymbol{\alpha}_1+\boldsymbol{\alpha}_3$, $\boldsymbol{\beta}_4=3\boldsymbol{\alpha}_2-2\boldsymbol{\alpha}_3$, 求向量组 $\boldsymbol{\beta}_1,\boldsymbol{\beta}_2,\boldsymbol{\beta}_3,\boldsymbol{\beta}_4$ 的秩.

11. 设有向量组 (I): $\boldsymbol{\alpha}_1,\boldsymbol{\alpha}_2,\boldsymbol{\alpha}_3$; (Ⅱ) $\boldsymbol{\alpha}_1,\boldsymbol{\alpha}_2,\boldsymbol{\alpha}_3,\boldsymbol{\alpha}_4$; (Ⅲ) $\boldsymbol{\alpha}_1,\boldsymbol{\alpha}_2,\boldsymbol{\alpha}_3,\boldsymbol{\alpha}_5$. 如果向量组的秩 rank(I) = rank(Ⅱ) = 3, rank(Ⅲ) = 4. 证明向量组 $\boldsymbol{\alpha}_1,\boldsymbol{\alpha}_2,\boldsymbol{\alpha}_3,\boldsymbol{\alpha}_5-\boldsymbol{\alpha}_4$ 的秩为 4.

12. 设向量组 $A:\boldsymbol{\alpha}_1,\boldsymbol{\alpha}_2,\cdots,\boldsymbol{\alpha}_s$ 线性无关, 且可由向量组 $B:\boldsymbol{\beta}_1,\boldsymbol{\beta}_2,\cdots,\boldsymbol{\beta}_s$ 线性表示. 证明: 向量组 $\boldsymbol{A}$ 与向量组 $\boldsymbol{B}$ 等价.

13. 设向量组 $A:\boldsymbol{\alpha}_1=\begin{pmatrix}2\\-3\\1\end{pmatrix},\boldsymbol{\alpha}_2=\begin{pmatrix}0\\1\\3\end{pmatrix},\boldsymbol{\alpha}_3=\begin{pmatrix}6\\-7\\9\end{pmatrix}$ 与向量组 $B:\boldsymbol{\beta}_1=\begin{pmatrix}1\\-1\\0\end{pmatrix},\boldsymbol{\beta}_2=\begin{pmatrix}2\\1\\s\end{pmatrix},\boldsymbol{\beta}_3=\begin{pmatrix}1\\0\\t\end{pmatrix}$ 有相同的秩, 且 $\boldsymbol{\beta}_3$ 可由向量组 $A$ 线性表示, 求参数 $s,t$ 的值.

## 2.3 $n$ 维实向量空间

本节利用向量组的线性相关性来讨论 $n$ 维实向量空间 $\mathbb{R}^n$ 及其子空间的基本结构, 包含向量空间的基与坐标、标准正交基、基变换及坐标变换公式.

### 2.3.1 向量空间的概念

在 2.1 节和 2.2 节中, 定义 $\mathbb{R}^n$ 中向量的加法和数量乘法为普通的矩阵的加法和数量乘法, 利用矩阵的加法和数量乘法的运算规律, 容易验证 $\mathbb{R}^n$ 中向量的加法和数量乘法满足下述 8 条运算法则: 对任意 $\boldsymbol{x},\boldsymbol{y},\boldsymbol{z}\in\mathbb{R}^n$, 任意 $\lambda,\mu\in\mathbb{R}$, 有

**加法满足:**

(1) 交换律: $\boldsymbol{x}+\boldsymbol{y}=\boldsymbol{y}+\boldsymbol{x}$.

(2) 结合律: $(\boldsymbol{x}+\boldsymbol{y})+\boldsymbol{z}=\boldsymbol{x}+(\boldsymbol{y}+\boldsymbol{z})$.

(3) 存在零向量 $\mathbf{0}=(0,0,\cdots,0)^{\mathrm{T}}$, 有 $\boldsymbol{x}+\mathbf{0}=\boldsymbol{x}$.

(4) 对于 $\boldsymbol{x}=(x_1,x_2,\cdots,x_n)^{\mathrm{T}}\in\mathbb{R}^n$, 令 $-\boldsymbol{x}\overset{\text{def}}{=}(-x_1,-x_2,\cdots,-x_n)^{\mathrm{T}}\in\mathbb{R}^n$, 有 $\boldsymbol{x}+(-\boldsymbol{x})=\mathbf{0}$.

**数量乘法满足:**

(5) $1\boldsymbol{x}=\boldsymbol{x}$.

(6) 结合律: $\lambda(\mu\boldsymbol{x})=(\lambda\mu)\boldsymbol{x}$.

**数量乘法与加法满足分配律:**

(7) $\lambda(\boldsymbol{x}+\boldsymbol{y})=\lambda\boldsymbol{x}+\lambda\boldsymbol{y}$.

(8) $(\lambda+\mu)\boldsymbol{x}=\lambda\boldsymbol{x}+\mu\boldsymbol{x}$.

**定义 2.3.1**　集合 $\mathbb{R}^n$, 连同定义在它上面的加法运算和数量乘法运算及其满足的 8 条运算法则, 称为实数域上的一个 $\boldsymbol{n}$ **维实向量空间**, 简记为 $\mathbb{R}^n$.

当 $n=2$ (3) 时, 即 $\mathbb{R}^2$ ($\mathbb{R}^3$) 中的运算可以用平面 (或空间) 中的几何向量的加法和比例运算给出向量的加法和数量乘法的几何表示, 图 2.3.1 和图 2.3.2 分别给出了三维向量空间中的加法和数量乘法的几何表示.

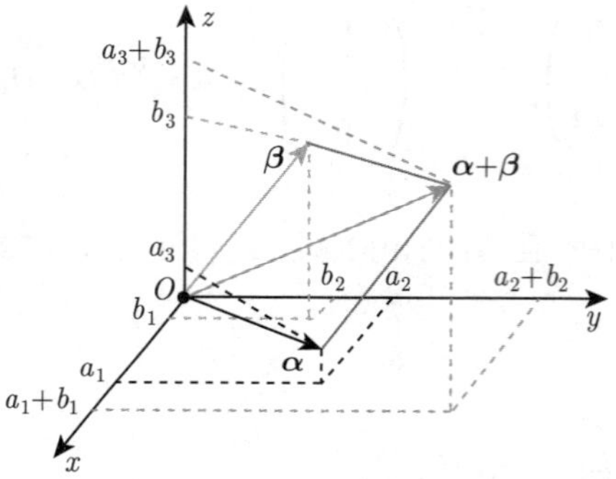


图 2.3.1　三维向量的加法

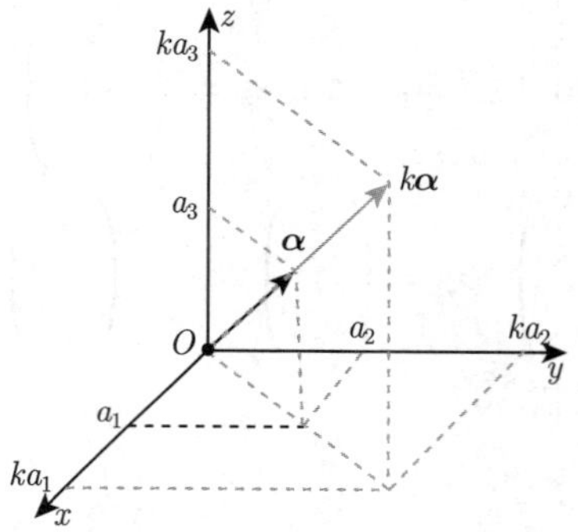


图 2.3.2　三维向量的数量乘法

**例 2.3.1**　对 $\mathbb{R}^3$ 的两个子集

$$V_1=\left\{\begin{pmatrix}x_1\\x_2\\x_3\end{pmatrix}\in\mathbb{R}^3\,\middle|\,x_1+x_2+x_3=0\right\}\quad\text{和}\quad V_2=\left\{\begin{pmatrix}x_1\\x_2\\x_3\end{pmatrix}\in\mathbb{R}^3\,\middle|\,x_1+x_2+x_3=1\right\},$$

考虑 $V_1$ 和 $V_2$ 对向量的加法和数量乘法运算性质.

对任意 $\boldsymbol{x}=\begin{pmatrix}x_1\\x_2\\x_3\end{pmatrix}\in V_1$, 任意 $\boldsymbol{y}=\begin{pmatrix}y_1\\y_2\\y_3\end{pmatrix}\in V_1$, 任意 $c\in\mathbb{R}$, 有 $x_1+x_2+x_3=0$ 和 $y_1+y_2+y_3=0$, 以及 $(x_1+y_1)+(x_2+y_2)+(x_3+y_3)=0$ 和 $cx_1+cx_2+cx_3=0$, 则 $\boldsymbol{x}+\boldsymbol{y}=\begin{pmatrix}x_1+y_1\\x_2+y_2\\x_3+y_3\end{pmatrix}\in V_1, c\boldsymbol{x}\in V_1$.

对任意 $\boldsymbol{x}=\begin{pmatrix}x_1\\x_2\\x_3\end{pmatrix}\in V_2$, 任意 $\boldsymbol{y}=\begin{pmatrix}y_1\\y_2\\y_3\end{pmatrix}\in V_2, c\in\mathbb{R}, c\neq1$, 有

$x_1+x_2+x_3=1$ 和 $y_1+y_2+y_3=1$, 以及 $(x_1+y_1)+(x_2+y_2)+(x_3+y_3)=2\neq 1$ 和 $cx_1+cx_2+cx_3=c\neq 1$, 则 $\boldsymbol{x}+\boldsymbol{y}=\begin{pmatrix} x_1+y_1 \\ x_2+y_2 \\ x_3+y_3 \end{pmatrix}\notin V_2, c\boldsymbol{x}\notin V_2$.

集合 $V_1$ 和 $V_2$ 中向量对加法和数量乘法表现出不同的特点: $V_1$ 对向量的加法和数量乘法表现出的特点分别称为对加法封闭和对数量乘法封闭, $V_2$ 就对向量的加法和数量乘法不封闭. 其几何图形上也不同: $V_1$ 的图形是过原点的一个平面 $\pi_1$ (图 2.3.3); $V_2$ 的图形是过点 $(1,0,0)$ 平行于 $\pi_1$ 的平面 $\pi_2$, 它不过原点 (图 2.3.4). 具有类似于 $V_1$ 的运算特点的向量集合是本节关注的一个重点.

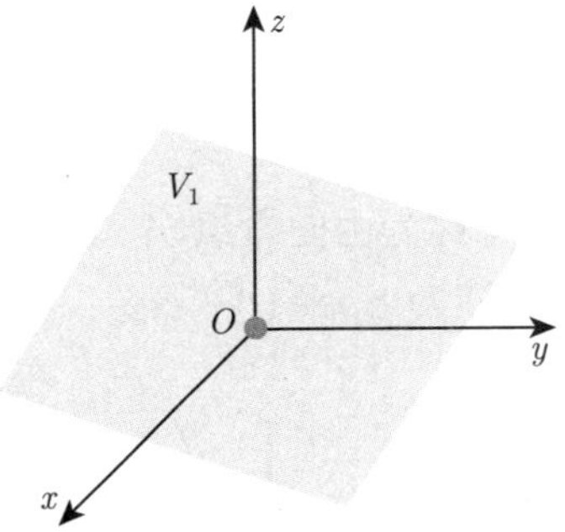


图 2.3.3 $V_1$ 的图形

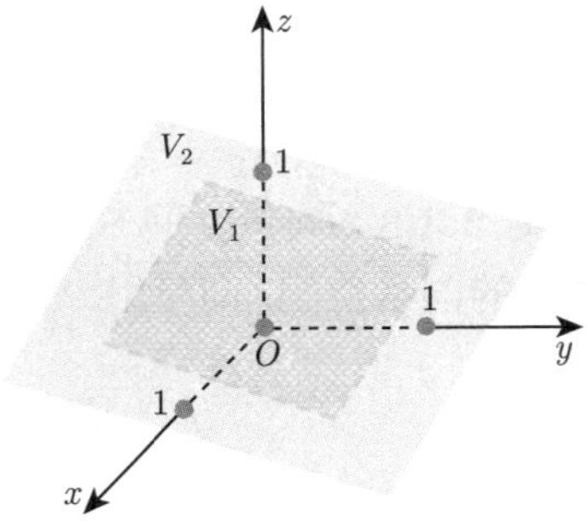


图 2.3.4 $V_2$ 的图形

**定义 2.3.2** 若 $V$ 为 $n$ 维向量空间 $\mathbb{R}^n$ 的非空子集, 且 $V$ 满足如下条件:

(1) 若 $\boldsymbol{x},\boldsymbol{y}\in V$, 则 $\boldsymbol{x}+\boldsymbol{y}\in V$;

(2) 若 $\boldsymbol{x}\in V, k\in\mathbb{R}$, 则 $k\boldsymbol{x}\in V$,

则 $V$ 称为 $\mathbb{R}^n$ 的**向量子空间**, 简称为**向量空间**.

条件 (1) 说明 $V$ 对 $\mathbb{R}^n$ 中的加法封闭, 条件 (2) 说明 $V$ 对 $\mathbb{R}^n$ 中数量乘法是封闭的. 例 2.3.1 中 $V_1$ 是 $\mathbb{R}^3$ 的向量子空间, $V_2$ 不是 $\mathbb{R}^3$ 的向量子空间. 判别 $\mathbb{R}^n$ 的非空子集 $V$ 是否是 $\mathbb{R}^n$ 的向量子空间, 也就只需要验证条件 (1) 和条件 (2).

**例 2.3.2** 设 $V=\left\{(0,x_2,\cdots,x_n)^{\mathrm{T}}\mid x_2,\cdots,x_n\in\mathbb{R}\right\}$, 则 $V$ 是 $\mathbb{R}^n$ 的向量子空间.

**例 2.3.3** 设 $W=\left\{(1,x_2,\cdots,x_n)^{\mathrm{T}}\mid x_2,\cdots,x_n\in\mathbb{R}\right\}$, 则 $W$ 不是 $\mathbb{R}^n$ 的向量子空间.

**注 2.3.1** 在向量空间 $\mathbb{R}^n$ 中, 容易验证 $\{0\}$ 和 $\mathbb{R}^n$ 都是 $\mathbb{R}^n$ 的向量子空间. 显然, $\{0\}$ 是 $\mathbb{R}^n$ 的最小的向量子空间, $\mathbb{R}^n$ 自身是 $\mathbb{R}^n$ 的最大的向量子空间, 空集不是 $\mathbb{R}^n$ 的向量子空间.

**例 2.3.4** 设向量组 $A:\boldsymbol{\alpha}_1,\boldsymbol{\alpha}_2,\cdots,\boldsymbol{\alpha}_m$ 是 $\mathbb{R}^n$ 中一向量组, 集合

$$\{k_1\boldsymbol{\alpha}_1+k_2\boldsymbol{\alpha}_2+\cdots+k_m\boldsymbol{\alpha}_m \mid k_1,k_2,\cdots,k_m\in\mathbb{R}\}$$

是 $\mathbb{R}^n$ 的向量子空间, 记为 $\mathrm{Span}\,(\boldsymbol{\alpha}_1,\boldsymbol{\alpha}_2,\cdots,\boldsymbol{\alpha}_m)$ 或 $\mathrm{Span}\boldsymbol{A}$.

事实上, 由 $\boldsymbol{\alpha}_1,\boldsymbol{\alpha}_2,\cdots,\boldsymbol{\alpha}_m\in\mathbb{R}^n$, 得 $k_1\boldsymbol{\alpha}_1+k_2\boldsymbol{\alpha}_2+\cdots+k_m\boldsymbol{\alpha}_m\in\mathbb{R}^n$, 所以 $\mathrm{Span}\,(\boldsymbol{\alpha}_1,\boldsymbol{\alpha}_2,\cdots,\boldsymbol{\alpha}_m)\subseteq\mathbb{R}^n$.

对 $\mathrm{Span}\,(\boldsymbol{\alpha}_1,\boldsymbol{\alpha}_2,\cdots,\boldsymbol{\alpha}_m)$ 中的任意两个向量 $\boldsymbol{\beta},\boldsymbol{\gamma}$, 它们可以表示为 $A:\boldsymbol{\alpha}_1,\boldsymbol{\alpha}_2,\cdots,\boldsymbol{\alpha}_m$ 的线性组合, 令

$$\boldsymbol{\beta}=s_1\boldsymbol{\alpha}_1+s_2\boldsymbol{\alpha}_2+\cdots+s_m\boldsymbol{\alpha}_m,\quad \boldsymbol{\gamma}=t_1\boldsymbol{\alpha}_1+t_2\boldsymbol{\alpha}_2+\cdots+t_m\boldsymbol{\alpha}_m,$$

其中 $s_i,t_i\in\mathbb{R},i=1,2,\cdots,m$, 则

$$\boldsymbol{\beta}+\boldsymbol{\gamma}=(s_1+t_1)\,\boldsymbol{\alpha}_1+(s_2+t_2)\,\boldsymbol{\alpha}_2+\cdots+(s_m+t_m)\,\boldsymbol{\alpha}_m\in\mathbb{R}^n.$$

又对任意的实数 $k$, 有

$$k\boldsymbol{\beta}=(ks_1)\,\boldsymbol{\alpha}_1+(ks_2)\,\boldsymbol{\alpha}_2+\cdots+(ks_m)\,\boldsymbol{\alpha}_m\in\mathbb{R}^n.$$

因此 $\mathrm{Span}\,(\boldsymbol{\alpha}_1,\boldsymbol{\alpha}_2,\cdots,\boldsymbol{\alpha}_m)$ 是 $\mathbb{R}^n$ 的向量子空间.

**定义 2.3.3**　向量空间 $\mathrm{Span}\,(\boldsymbol{\alpha}_1,\boldsymbol{\alpha}_2,\cdots,\boldsymbol{\alpha}_m)$ 称为由向量组 $A:\boldsymbol{\alpha}_1,\boldsymbol{\alpha}_2,\cdots,\boldsymbol{\alpha}_m$ **生成的向量空间**, 向量组 $A:\boldsymbol{\alpha}_1,\boldsymbol{\alpha}_2,\cdots,\boldsymbol{\alpha}_m$ 称为 $\mathrm{Span}\,(\boldsymbol{\alpha}_1,\boldsymbol{\alpha}_2,\cdots,\boldsymbol{\alpha}_m)$ 的**张集**.

**例 2.3.5**　设 $\boldsymbol{\alpha}_1=\begin{pmatrix}-1\\1\\1\end{pmatrix},\boldsymbol{\alpha}_2=\begin{pmatrix}1\\1\\-1\end{pmatrix}$, 则 $\mathrm{Span}\,(\boldsymbol{\alpha}_1)=\left\{k\begin{pmatrix}-1\\1\\1\end{pmatrix}\middle|\,k\in\mathbb{R}\right\}$,

$\mathrm{Span}\,(\boldsymbol{\alpha}_1,\boldsymbol{\alpha}_2)=\left\{k_1\begin{pmatrix}-1\\1\\1\end{pmatrix}+k_2\begin{pmatrix}1\\1\\-1\end{pmatrix}\middle|\,k_1,k_2\in\mathbb{R}\right\}$, 它们都是 $\mathbb{R}^3$ 的向量子空间. $\mathrm{Span}\,(\boldsymbol{\alpha}_1)$ 在三维空间中的图形为过原点的一条直线 (图 2.3.5), 向量 $\boldsymbol{\alpha}_1$ 称为该直线的一个方向向量; $\mathrm{Span}\,(\boldsymbol{\alpha}_1,\boldsymbol{\alpha}_2)$ 在三维空间中的图形为过原点的一个平面 (图 2.3.6), $\boldsymbol{\alpha}_1,\boldsymbol{\alpha}_2$ 位于该平面上.

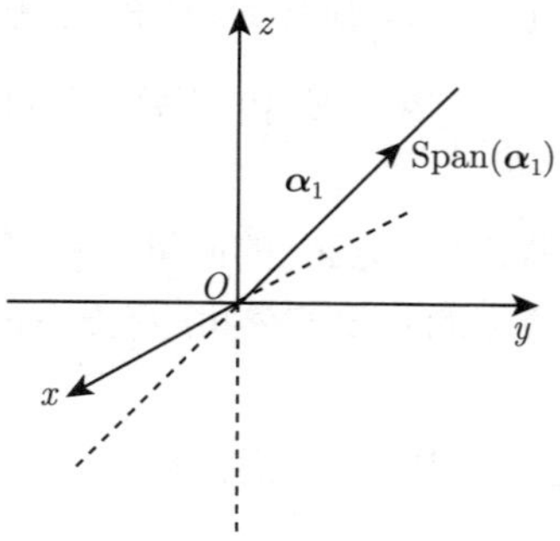


图 2.3.5　$\mathrm{Span}\,(\boldsymbol{\alpha}_1)$ 的图形

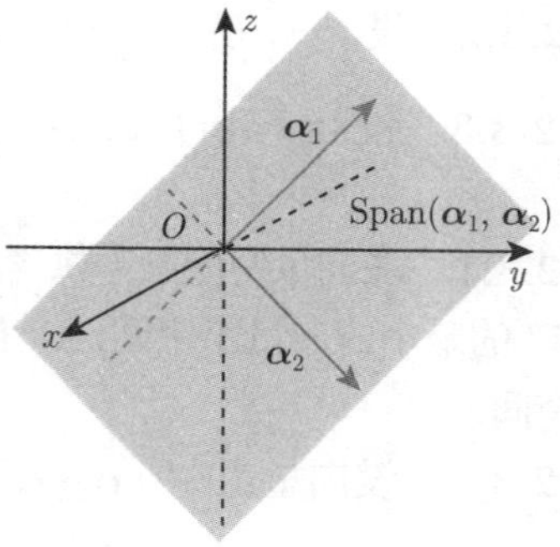


图 2.3.6　$\mathrm{Span}\,(\boldsymbol{\alpha}_1,\boldsymbol{\alpha}_2)$ 的图形

### 2.3.2 基与坐标

**定义 2.3.4** 设 $V$ 为 $\mathbb{R}^n$ 的向量子空间, 若 $V$ 中一组向量 $\boldsymbol{\alpha}_1, \boldsymbol{\alpha}_2, \cdots, \boldsymbol{\alpha}_r$ 满足:

(1) $\boldsymbol{\alpha}_1, \boldsymbol{\alpha}_2, \cdots, \boldsymbol{\alpha}_r$ 线性无关;

(2) $V$ 中任一向量都能由 $\boldsymbol{\alpha}_1, \boldsymbol{\alpha}_2, \cdots, \boldsymbol{\alpha}_r$ 线性表示.

那么, 称向量组 $\boldsymbol{\alpha}_1, \boldsymbol{\alpha}_2, \cdots, \boldsymbol{\alpha}_r$ 为向量空间 $V$ 的一个基, $r$ 称为向量空间 $V$ 的维数, 记作 $\dim V = r$, 并称 $V$ 为 $r$ 维向量空间.

**注 2.3.2** 定义 2.3.4 中条件 (2) 可以替换成 $V = \operatorname{Span}(\boldsymbol{\alpha}_1, \boldsymbol{\alpha}_2, \cdots, \boldsymbol{\alpha}_r)$.

**注 2.3.3** 如果向量空间 $V$ 中只有零向量, 那么 $V$ 没有基, 它的维数规定为 0.

**注 2.3.4** 向量空间的基不唯一, 但它们等价且含有相同的向量个数.

**注 2.3.5** 注意区分向量的维数 $n$ 和向量空间的维数 $r$, 一般地, $r \leqslant n$.

**定义 2.3.5** 设 $B: \boldsymbol{\alpha}_1, \boldsymbol{\alpha}_2, \cdots, \boldsymbol{\alpha}_n$ 为 $\mathbb{R}^n$ 的一个基, 若基 $B$ 中向量的先后次序固定不变, 则称基 $B$ 为有序基. 若 $\boldsymbol{\alpha}$ 为 $\mathbb{R}^n$ 中任一向量, 则 $\boldsymbol{\alpha}$ 能由 $B$ 唯一表示为

$$\boldsymbol{\alpha} = c_1\boldsymbol{\alpha}_1 + c_2\boldsymbol{\alpha}_2 + \cdots + c_n\boldsymbol{\alpha}_n, \tag{2.3.1}$$

其中 $c_i$ 为标量, 并称为 $\boldsymbol{\alpha}$ 在有序基 $B: \boldsymbol{\alpha}_1, \boldsymbol{\alpha}_2, \cdots, \boldsymbol{\alpha}_n$ 下的第 $i$ 个坐标分量; 向量 $(c_1, c_2, \cdots, c_n)^{\mathrm{T}}$ 称为向量 $\boldsymbol{\alpha}$ 在有序基 $B: \boldsymbol{\alpha}_1, \boldsymbol{\alpha}_2, \cdots, \boldsymbol{\alpha}_n$ 下的坐标向量, 并记为 $[\boldsymbol{\alpha}]_B$.

特别地, 在 $n$ 维向量空间 $\mathbb{R}^n$ 中取有序基 $E: \boldsymbol{e}_1, \boldsymbol{e}_2, \cdots, \boldsymbol{e}_n$, 则以 $c_1, c_2, \cdots, c_n$ 为分量的向量 $\boldsymbol{x}$, 可表示为 $\boldsymbol{x} = c_1\boldsymbol{e}_1 + c_2\boldsymbol{e}_2 + \cdots + c_n\boldsymbol{e}_n$, 可见向量 $\boldsymbol{x}$ 在基 $E: \boldsymbol{e}_1, \boldsymbol{e}_2, \cdots, \boldsymbol{e}_n$ 下的坐标向量的分量与该向量的分量相同. 通常称 $E: \boldsymbol{e}_1, \boldsymbol{e}_2, \cdots, \boldsymbol{e}_n$ 为 $\mathbb{R}^n$ 的自然基.

例如, $n$ 维向量组 $E: \boldsymbol{e}_1, \boldsymbol{e}_2, \cdots, \boldsymbol{e}_n$ 构成 $\mathbb{R}^n$ 的一个基; 任何 $n$ 个线性无关的 $n$ 维向量都构成向量空间 $\mathbb{R}^n$ 的一个基; $\mathbb{R}^n$ 的维数为 $n$.

**例 2.3.6** 向量空间 $V = \{\boldsymbol{x} = (0, x_2, \cdots, x_n)^{\mathrm{T}} | x_2, \cdots, x_n \in \mathbb{R}\}$ 的一个基可取为 $\boldsymbol{e}_2 = (0, 1, 0, \cdots, 0)^{\mathrm{T}}, \cdots, \boldsymbol{e}_n = (0, 0, \cdots, 1)^{\mathrm{T}}$, 并由此可知它是 $n-1$ 维向量空间.

若向量空间 $V \subset \mathbb{R}^n$, 则 $V$ 的维数不会超过 $n$. 并且, 当 $V$ 的维数为 $n$ 时, $V = \mathbb{R}^n$.

**注 2.3.6** 若向量组 $A: \boldsymbol{\alpha}_1, \boldsymbol{\alpha}_2, \cdots, \boldsymbol{\alpha}_r$ 是向量空间 $V$ 的一个基, 则 $V$ 可表示为

$$V = \{x = \lambda_1\boldsymbol{\alpha}_1 + \cdots + \lambda_r\boldsymbol{\alpha}_r | \lambda_1, \cdots, \lambda_r \in \mathbb{R}\},$$

即 $V$ 是由基 $A: \boldsymbol{\alpha}_1, \boldsymbol{\alpha}_2, \cdots, \boldsymbol{\alpha}_r$ 张成的, 这就较清楚地显示出向量空间 $V$ 的线性运算结构.

**注 2.3.7** 向量空间 $V=\mathrm{Span}(\boldsymbol{\alpha}_1,\boldsymbol{\alpha}_2,\cdots,\boldsymbol{\alpha}_n)$ 的一个基可选为向量组 $A:\boldsymbol{\alpha}_1,\boldsymbol{\alpha}_2,\cdots,\boldsymbol{\alpha}_n$ 的一个极大线性无关组, $\dim V=\mathrm{rank}(A)$.

**例 2.3.7** 设向量组 $A:\boldsymbol{\alpha}_1=\begin{pmatrix}1\\2\\1\end{pmatrix},\boldsymbol{\alpha}_2=\begin{pmatrix}-2\\0\\2\end{pmatrix},\boldsymbol{\alpha}_3=\begin{pmatrix}-2\\1\\3\end{pmatrix}$, 求向量空间 $\mathrm{Span}(\boldsymbol{\alpha}_1,\boldsymbol{\alpha}_2,\boldsymbol{\alpha}_3)$ 的一个基与维数.

**解** **第一步** 将向量组以列形式构成矩阵 $\boldsymbol{A}$,

$$\boldsymbol{A}=(\boldsymbol{\alpha}_1,\boldsymbol{\alpha}_2,\boldsymbol{\alpha}_3)=\begin{pmatrix}1&-2&-2\\2&0&1\\1&2&3\end{pmatrix}.$$

**第二步** 将矩阵 $\boldsymbol{A}$ 化为行阶梯形,

$$\boldsymbol{A}\xrightarrow{\text{初等行变换}}\begin{pmatrix}1&-2&-2\\0&4&5\\0&0&0\end{pmatrix}.$$

**第三步** 确定向量组 $A$ 的一个极大线性无关组和秩, 向量组 $A$ 的一个极大线性无关组为 $B:\boldsymbol{\alpha}_1,\boldsymbol{\alpha}_2$, 向量组 $A$ 的秩 $\mathrm{rank}(A)=2$.

**第四步** 写出向量空间的一个基和维数.

所以, 向量空间 $\mathrm{Span}(\boldsymbol{\alpha}_1,\boldsymbol{\alpha}_2,\boldsymbol{\alpha}_3)$ 的一个基为 $B:\boldsymbol{\alpha}_1,\boldsymbol{\alpha}_2$, 其维数为 2.

**例 2.3.8** 设 $\boldsymbol{A}=(\boldsymbol{\alpha}_1,\boldsymbol{\alpha}_2,\boldsymbol{\alpha}_3)=\begin{pmatrix}1&1&1\\1&2&3\\1&3&6\end{pmatrix},\boldsymbol{B}=(\boldsymbol{\beta}_1,\boldsymbol{\beta}_2)=\begin{pmatrix}2&1\\1&1\\-1&2\end{pmatrix}$, 证明 $\boldsymbol{\alpha}_1,\boldsymbol{\alpha}_2,\boldsymbol{\alpha}_3$ 是 $\mathbb{R}^3$ 的一个基, 并求 $\boldsymbol{\beta}_1,\boldsymbol{\beta}_2$ 在此基下的坐标向量.

**解** 因为 $\dim\mathbb{R}^3=3$, 要证明 $\boldsymbol{\alpha}_1,\boldsymbol{\alpha}_2,\boldsymbol{\alpha}_3$ 是 $\mathbb{R}^3$ 的一个基, 只需证明 $\boldsymbol{\alpha}_1,\boldsymbol{\alpha}_2,\boldsymbol{\alpha}_3$ 线性无关, 即只需证 $\boldsymbol{A}\sim\boldsymbol{E}$. 要求 $\boldsymbol{\beta}_1,\boldsymbol{\beta}_2$ 在基 $\boldsymbol{\alpha}_1,\boldsymbol{\alpha}_2,\boldsymbol{\alpha}_3$ 下的坐标 $x_{ij}$ $(i=1,2,3,j=1,2)$, 需求解方程组

$$\boldsymbol{\beta}_1=x_{11}\boldsymbol{\alpha}_1+x_{21}\boldsymbol{\alpha}_2+x_{31}\boldsymbol{\alpha}_3,\quad \boldsymbol{\beta}_2=x_{12}\boldsymbol{\alpha}_1+x_{22}\boldsymbol{\alpha}_2+x_{32}\boldsymbol{\alpha}_3,$$

即

$$(\boldsymbol{\beta}_1,\boldsymbol{\beta}_2)=(\boldsymbol{\alpha}_1,\boldsymbol{\alpha}_2,\boldsymbol{\alpha}_3)\begin{pmatrix}x_{11}&x_{12}\\x_{21}&x_{22}\\x_{31}&x_{32}\end{pmatrix},\quad \text{记作 }\boldsymbol{B}=\boldsymbol{A}\boldsymbol{X}.$$

对矩阵 $(\boldsymbol{A}|\boldsymbol{B})$ 施行初等行变换, 若 $\boldsymbol{A}$ 能变为 $\boldsymbol{E}$, 则 $\boldsymbol{\alpha}_1,\boldsymbol{\alpha}_2,\boldsymbol{\alpha}_3$ 为 $\mathbb{R}^3$ 的一个基, 且当 $\boldsymbol{A}$ 变为 $\boldsymbol{E}$ 时, $\boldsymbol{B}$ 变为 $\boldsymbol{X}=\boldsymbol{A}^{-1}\boldsymbol{B}$, 即 $\boldsymbol{\beta}_1,\boldsymbol{\beta}_2$ 在基下的坐标.

$$(\boldsymbol{A}|\boldsymbol{B})=\left(\begin{array}{ccc|cc}1&1&1&2&1\\1&2&3&1&1\\1&3&6&-1&2\end{array}\right)\xrightarrow{\text{初等行变换}}\left(\begin{array}{ccc|cc}1&0&0&2&2\\0&1&0&1&-2\\0&0&1&-1&1\end{array}\right).$$

因为 $\boldsymbol{A}\sim\boldsymbol{E}$, 故 $\boldsymbol{\alpha}_1,\boldsymbol{\alpha}_2,\boldsymbol{\alpha}_3$ 为 $\mathbb{R}^3$ 的一个基, 且

$$(\boldsymbol{\beta}_1,\boldsymbol{\beta}_2)=(\boldsymbol{\alpha}_1,\boldsymbol{\alpha}_2,\boldsymbol{\alpha}_3)\begin{pmatrix}2&2\\1&-2\\-1&1\end{pmatrix},$$

即 $\boldsymbol{\beta}_1,\boldsymbol{\beta}_2$ 在基 $\boldsymbol{\alpha}_1,\boldsymbol{\alpha}_2,\boldsymbol{\alpha}_3$ 中的坐标向量依次为 $(2,1,-1)^{\mathrm{T}},(2,-2,1)^{\mathrm{T}}$.

### 2.3.3* $\mathbb{R}^n$ 中的基变换与坐标变换公式

**定义 2.3.6** 设 $B_1:\boldsymbol{\alpha}_1,\boldsymbol{\alpha}_2,\cdots,\boldsymbol{\alpha}_n$ 和 $B_2:\boldsymbol{\beta}_1,\boldsymbol{\beta}_2,\cdots,\boldsymbol{\beta}_n$ 是向量空间 $\mathbb{R}^n$ 的两个有序基, 向量 $\boldsymbol{\beta}_i(i=1,2,\cdots,n)$ 在基 $B_1$ 下的线性表示为

$$\begin{cases}\boldsymbol{\beta}_1=p_{11}\boldsymbol{\alpha}_1+p_{21}\boldsymbol{\alpha}_2+\cdots+p_{n1}\boldsymbol{\alpha}_n,\\\boldsymbol{\beta}_2=p_{12}\boldsymbol{\alpha}_1+p_{22}\boldsymbol{\alpha}_2+\cdots+p_{n2}\boldsymbol{\alpha}_n,\\\qquad\cdots\cdots\\\boldsymbol{\beta}_n=p_{1n}\boldsymbol{\alpha}_1+p_{2n}\boldsymbol{\alpha}_2+\cdots+p_{nn}\boldsymbol{\alpha}_n,\end{cases}\tag{2.3.2}$$

以 $\boldsymbol{\beta}_i(i=1,2,\cdots,n)$ 在基 $B_1$ 下的坐标向量构成的矩阵

$$\boldsymbol{P}=\begin{pmatrix}p_{11}&p_{12}&\cdots&p_{1n}\\p_{21}&p_{22}&\cdots&p_{2n}\\\vdots&\vdots&&\vdots\\p_{n1}&p_{n2}&\cdots&p_{nn}\end{pmatrix}\tag{2.3.3}$$

称为从基 $B_1$ 到基 $B_2$ 的过渡矩阵.

利用矩阵记号, (2.3.2) 可记为

$$(\boldsymbol{\beta}_1,\boldsymbol{\beta}_2,\cdots,\boldsymbol{\beta}_n)=(\boldsymbol{\alpha}_1,\boldsymbol{\alpha}_2,\cdots,\boldsymbol{\alpha}_n)\,\boldsymbol{P},\tag{2.3.4}$$

利用 $B_1:\boldsymbol{\alpha}_1,\boldsymbol{\alpha}_2,\cdots,\boldsymbol{\alpha}_n$ 和 $B_2:\boldsymbol{\beta}_1,\boldsymbol{\beta}_2,\cdots,\boldsymbol{\beta}_n$ 是基, 可以推得矩阵 $\boldsymbol{P}$ 可逆.

**定理 2.3.1** 设 $B_1:\boldsymbol{\alpha}_1,\boldsymbol{\alpha}_2,\cdots,\boldsymbol{\alpha}_n$ 和 $B_2:\boldsymbol{\beta}_1,\boldsymbol{\beta}_2,\cdots,\boldsymbol{\beta}_n$ 是向量空间 $\mathbb{R}^n$ 的两个有序基, 矩阵 $\boldsymbol{P}$ 是基 $B_1$ 到基 $B_2$ 的过渡矩阵, 向量 $\boldsymbol{\alpha}$ 是 $V$ 中的一个向量, $\boldsymbol{\alpha}$ 在基 $B_1$ 和基 $B_2$ 下的坐标向量分别为 $\boldsymbol{x},\boldsymbol{y}$, 即

$$[\boldsymbol{\alpha}]_{B_1}=\boldsymbol{x}=(x_1,x_2,\cdots,x_n)^{\mathrm{T}},\quad [\boldsymbol{\alpha}]_{B_2}=\boldsymbol{y}=(y_1,y_2,\cdots,y_n)^{\mathrm{T}},$$

则

$$\boldsymbol{x}=\boldsymbol{P}\boldsymbol{y},\quad \boldsymbol{y}=\boldsymbol{P}^{-1}\boldsymbol{x}. \tag{2.3.5}$$

**证明** 由题设有

$$(\boldsymbol{\beta}_1,\boldsymbol{\beta}_2,\cdots,\boldsymbol{\beta}_n)=(\boldsymbol{\alpha}_1,\boldsymbol{\alpha}_2,\cdots,\boldsymbol{\alpha}_n)\boldsymbol{P},$$

$$\boldsymbol{\alpha}=x_1\boldsymbol{\alpha}_1+x_2\boldsymbol{\alpha}_2+\cdots+x_n\boldsymbol{\alpha}_n=(\boldsymbol{\alpha}_1,\boldsymbol{\alpha}_2,\cdots,\boldsymbol{\alpha}_n)x,$$

$$\boldsymbol{\alpha}=y_1\boldsymbol{\beta}_1+y_2\boldsymbol{\beta}_2+\cdots+y_n\boldsymbol{\beta}_n=(\boldsymbol{\beta}_1,\boldsymbol{\beta}_2,\cdots,\boldsymbol{\beta}_n)\boldsymbol{y}=(\boldsymbol{\alpha}_1,\boldsymbol{\alpha}_2,\cdots,\boldsymbol{\alpha}_n)\boldsymbol{P}\boldsymbol{y}.$$

由于 $\boldsymbol{x}$ 与 $\boldsymbol{P}\boldsymbol{y}$ 均为 $\boldsymbol{\alpha}$ 在基 $B_1$ 下的坐标, 由坐标唯一性知

$$\boldsymbol{x}=\boldsymbol{P}\boldsymbol{y}.$$

由 $\boldsymbol{P}$ 可逆即可推出

$$\boldsymbol{y}=\boldsymbol{P}^{-1}\boldsymbol{x}.$$ □

(2.3.4) 常称为基变换公式, (2.3.5) 常称为坐标变换公式.

## 习 题 2.3

1. 设 $\boldsymbol{\alpha}=\begin{pmatrix}1\\2\end{pmatrix},\boldsymbol{\beta}=\begin{pmatrix}-2\\1\end{pmatrix}$, 在平面直角坐标系中标出下列向量:

$$\boldsymbol{\alpha},\ \boldsymbol{\beta},\ -\boldsymbol{\beta},\ -2\boldsymbol{\beta},\ \boldsymbol{\alpha}+\boldsymbol{\beta},\ \boldsymbol{\alpha}-\boldsymbol{\beta},\ \boldsymbol{\alpha}-2\boldsymbol{\beta}.$$

2. 设 $\boldsymbol{\alpha}=\begin{pmatrix}1\\0\\1\end{pmatrix},\boldsymbol{\beta}=\begin{pmatrix}0\\1\\1\end{pmatrix},\boldsymbol{\gamma}=\begin{pmatrix}1\\1\\0\end{pmatrix}$, 在空间直角坐标系中标出下列向量:

$$\boldsymbol{\alpha},\ 2\boldsymbol{\alpha},\ -\boldsymbol{\beta},\ 2\boldsymbol{\gamma},\ \boldsymbol{\alpha}+\boldsymbol{\beta},\ \boldsymbol{\alpha}+\boldsymbol{\gamma},\ \boldsymbol{\gamma}-\boldsymbol{\beta},\ \boldsymbol{\alpha}+\boldsymbol{\beta}+\boldsymbol{\gamma}.$$

3. 设 $\boldsymbol{\alpha}=\begin{pmatrix}1\\1\end{pmatrix},\boldsymbol{\beta}=\begin{pmatrix}1\\-1\end{pmatrix}$, 在平面直角坐标系中画出 Span($\boldsymbol{\alpha}$), Span($\boldsymbol{\beta}$) 和 Span($\boldsymbol{\alpha}$, $\boldsymbol{\beta}$) 的图形, 并确定它们之间的关系.

4. 设 $\boldsymbol{\alpha} = \begin{pmatrix} 1 \\ 0 \\ 0 \end{pmatrix}, \boldsymbol{\beta} = \begin{pmatrix} 1 \\ 1 \\ 0 \end{pmatrix}, \boldsymbol{\gamma} = \begin{pmatrix} 1 \\ 1 \\ 1 \end{pmatrix}$, 在空间直角坐标系中画出 $\mathrm{Span}(\boldsymbol{\alpha})$, $\mathrm{Span}(\boldsymbol{\beta})$, $\mathrm{Span}(\boldsymbol{\alpha},\boldsymbol{\beta})$ 和 $\mathrm{Span}(\boldsymbol{\alpha},\boldsymbol{\beta},\boldsymbol{\gamma})$ 的图形, 并确定它们之间的关系.

5. 判断下列集合 $V$ 是否构成 $\mathbb{R}^2$ (或 $\mathbb{R}^3$) 的子空间.

(1) $V = \left\{ \begin{pmatrix} x_1 \\ x_2 \end{pmatrix} \middle| \, x_1 - 2x_2 = 0, x_1, x_2 \in \mathbb{R} \right\}$;

(2) $V = \left\{ \begin{pmatrix} x_1 \\ x_2 \end{pmatrix} \middle| 2x_1 + x_2 = 1, x_1, x_2 \in \mathbb{R} \right\}$;

(3) $V = \left\{ \begin{pmatrix} x_1 \\ x_2 \end{pmatrix} \middle| |x_1| = |x_2|, x_1, x_2 \in \mathbb{R} \right\}$;

(4) $V = \left\{ \begin{pmatrix} x_1 \\ x_2 \end{pmatrix} \middle| x_1 x_2 = 0, x_1, x_2 \in \mathbb{R} \right\}$;

(5) $V = \left\{ \begin{pmatrix} x_1 \\ x_2 \\ x_3 \end{pmatrix} \middle| x_1 = x_2 = x_3, x_1, x_2, x_3 \in \mathbb{R} \right\}$;

(6) $V = \left\{ \begin{pmatrix} x_1 \\ x_2 \\ x_3 \end{pmatrix} \middle| |x_3| = |x_1 + x_2|, x_1, x_2, x_3 \in \mathbb{R} \right\}$;

(7) $V = \left\{ \begin{pmatrix} x_1 \\ x_2 \\ x_3 \end{pmatrix} \middle| x_1^2 + x_2^2 + x_3^2 = 1, x_1, x_2, x_3 \in \mathbb{R} \right\}$;

(8) $V = \left\{ \begin{pmatrix} x_1 \\ x_2 \\ x_3 \end{pmatrix} \middle| |x_1| + |x_2| + |x_3| = 1, x_1, x_2, x_3 \in \mathbb{R} \right\}$.

6. 设 $V_1$ 和 $V_2$ 是 $\mathbb{R}^n$ 的两个子空间, 证明它们的交集 $V_1 \cap V_2$ 也是 $\mathbb{R}^n$ 的子空间.

7. 设 $V_1$ 和 $V_2$ 是 $\mathbb{R}^n$ 的两个子空间, 举例说明 $V_1 \cup V_2$ 不一定是 $\mathbb{R}^n$ 的子空间.

8. 设向量 $\boldsymbol{\alpha}_1 = \begin{pmatrix} 1 \\ 2 \end{pmatrix}, \boldsymbol{\alpha}_2 = \begin{pmatrix} -3 \\ 2 \end{pmatrix}, \boldsymbol{\alpha}_3 = \begin{pmatrix} 1 \\ -1 \end{pmatrix}$, 求 $\mathrm{Span}(\boldsymbol{\alpha}_1, \boldsymbol{\alpha}_2, \boldsymbol{\alpha}_3)$ 的一个基和维数.

9. 设向量 $\boldsymbol{\alpha}_1 = \begin{pmatrix} 1 \\ -1 \\ 1 \end{pmatrix}, \boldsymbol{\alpha}_2 = \begin{pmatrix} -2 \\ 1 \\ 1 \end{pmatrix}, \boldsymbol{\alpha}_3 = \begin{pmatrix} 1 \\ 0 \\ 3 \end{pmatrix}$, 求 $\mathrm{Span}(\boldsymbol{\alpha}_1, \boldsymbol{\alpha}_2, \boldsymbol{\alpha}_3)$ 的一个基和维数.

10. 验证: $\boldsymbol{\alpha}_1 = (1,1,0)^{\mathrm{T}}, \boldsymbol{\alpha}_2 = (2,-1,3)^{\mathrm{T}}, \boldsymbol{\alpha}_3 = (3,1,-2)^{\mathrm{T}}$ 为 $\mathbb{R}^3$ 的一个基, 并求 $\boldsymbol{v}_1 = (5,0,7)^{\mathrm{T}}, \boldsymbol{v}_2 = (-9,-8,-13)^{\mathrm{T}}$ 在这个基下的坐标向量.

11. 求从 $\mathbb{R}^2$ 的基 $\boldsymbol{\alpha}_1=\begin{pmatrix}1\\0\end{pmatrix},\boldsymbol{\alpha}_2=\begin{pmatrix}1\\-1\end{pmatrix}$ 到基 $\boldsymbol{\beta}_1=\begin{pmatrix}1\\1\end{pmatrix},\boldsymbol{\beta}_2=\begin{pmatrix}1\\2\end{pmatrix}$ 的过渡矩阵.

12. 设 $\boldsymbol{\alpha}_1=(1,1,0)^{\mathrm{T}},\boldsymbol{\alpha}_2=(0,1,1)^{\mathrm{T}},\boldsymbol{\alpha}_3=(1,1,1)^{\mathrm{T}}$ 和 $\boldsymbol{\beta}_1=(-1,1,1)^{\mathrm{T}}$, $\boldsymbol{\beta}_2=(1,1,-1)^{\mathrm{T}},\boldsymbol{\beta}_3=(1,-1,0)^{\mathrm{T}}$ 是向量空间 $\mathbb{R}^3$ 的两个基.

(1) 求由基 $\boldsymbol{\alpha}_1,\boldsymbol{\alpha}_2,\boldsymbol{\alpha}_3$ 到基 $\boldsymbol{\beta}_1,\boldsymbol{\beta}_2,\boldsymbol{\beta}_3$ 的过渡矩阵;

(2) 求由基 $\boldsymbol{\beta}_1,\boldsymbol{\beta}_2,\boldsymbol{\beta}_3$ 到基 $\boldsymbol{\alpha}_1,\boldsymbol{\alpha}_2,\boldsymbol{\alpha}_3$ 的过渡矩阵;

(3) 求向量 $\boldsymbol{\alpha}=\boldsymbol{\alpha}_1+2\boldsymbol{\alpha}_2-\boldsymbol{\alpha}_3$ 在基 $\boldsymbol{\beta}_1,\boldsymbol{\beta}_2,\boldsymbol{\beta}_3$ 下的坐标向量.

13. 设 $\boldsymbol{\alpha}_1,\boldsymbol{\alpha}_2,\boldsymbol{\alpha}_3$ 和 $\boldsymbol{\beta}_1,\boldsymbol{\beta}_2,\boldsymbol{\beta}_3$ 是向量空间 $\mathbb{R}^3$ 的两个基, 其中 $\boldsymbol{\alpha}_1=(0,1,1)^{\mathrm{T}},\boldsymbol{\alpha}_2=(1,0,1)^{\mathrm{T}}$, $\boldsymbol{\alpha}_3=(1,1,0)^{\mathrm{T}}$. 由基 $\boldsymbol{\alpha}_1,\boldsymbol{\alpha}_2,\boldsymbol{\alpha}_3$ 到基 $\boldsymbol{\beta}_1,\boldsymbol{\beta}_2,\boldsymbol{\beta}_3$ 的过渡矩阵为 $\boldsymbol{A}=\begin{pmatrix}1&1&-2\\-2&0&3\\4&-1&-6\end{pmatrix}$, 求基向量 $\boldsymbol{\beta}_1,\boldsymbol{\beta}_2,\boldsymbol{\beta}_3$.

14. 设向量 $\boldsymbol{\alpha}_1=(1,1,0)^{\mathrm{T}},\boldsymbol{\alpha}_2=(2,-1,3)^{\mathrm{T}}$,

(1) 问 $\mathrm{Span}(\boldsymbol{\alpha}_1,\boldsymbol{\alpha}_2)$ 是否与 $\mathbb{R}^3$ 相同?

(2) 取 $\boldsymbol{\alpha}_3\in\mathbb{R}^3$, 并构成向量组 $B:\boldsymbol{\alpha}_1,\boldsymbol{\alpha}_2,\boldsymbol{\alpha}_3$, 当 $B$ 满足什么条件时构成 $\mathbb{R}^3$ 的一个基?

(3) 求一个向量 $\boldsymbol{\alpha}_3$, 使得 $B:\boldsymbol{\alpha}_1,\boldsymbol{\alpha}_2,\boldsymbol{\alpha}_3$ 构成 $\mathbb{R}^3$ 的一个基.

15. 设 $A:\boldsymbol{\alpha}_1=\begin{pmatrix}1\\-1\\2\\4\end{pmatrix},\boldsymbol{\alpha}_2=\begin{pmatrix}0\\3\\1\\2\end{pmatrix},\boldsymbol{\alpha}_3=\begin{pmatrix}3\\0\\7\\14\end{pmatrix},\boldsymbol{\alpha}_4=\begin{pmatrix}1\\2\\3\\k\end{pmatrix}$. 讨论 $\mathrm{Span}(\boldsymbol{\alpha}_1,\boldsymbol{\alpha}_2,\boldsymbol{\alpha}_3,\boldsymbol{\alpha}_4)$ 的维数并确定它的一个基.

## 2.4 线性方程组解的结构

在第 1 章中, 读者已经学习了线性方程组的解法, 并能求出线性方程组的通解. 当线性方程组有无穷多解时, 解与解之间的关系即解的结构是本节的主题, 本节利用向量的知识来研究它. 下面对线性方程组的叙述采用矩阵形式 $\boldsymbol{Ax}=\boldsymbol{b}$, 并称 $\boldsymbol{Ax}=\boldsymbol{0}$ 为 $\boldsymbol{Ax}=\boldsymbol{b}$ 的导出组, 其中 $\boldsymbol{A}$ 为 $m\times n$ 矩阵.

### 2.4.1 齐次线性方程组 $\boldsymbol{Ax}=\boldsymbol{0}$ 解的结构

记齐次线性方程组解的全体为集合 $N(\boldsymbol{A})=\{\boldsymbol{x}\in\mathbb{R}^n|\boldsymbol{Ax}=\boldsymbol{0}\}$. 因为 $\boldsymbol{x}=\boldsymbol{0}$ 是 $\boldsymbol{Ax}=\boldsymbol{0}$ 的解, 所以 $N(\boldsymbol{A})$ 不是空集. $N(\boldsymbol{A})$ 满足如下两条性质.

**性质 2.4.1** 若 $\boldsymbol{\alpha}_1,\boldsymbol{\alpha}_2\in N(\boldsymbol{A})$, 则 $\boldsymbol{\alpha}_1+\boldsymbol{\alpha}_2\in N(\boldsymbol{A})$, 即 $\boldsymbol{Ax}=\boldsymbol{0}$ 的两个解的和仍是 $\boldsymbol{Ax}=\boldsymbol{0}$ 的解.

**证明** 设 $\boldsymbol{\alpha}_1,\boldsymbol{\alpha}_2\in N(\boldsymbol{A})$, 则 $\boldsymbol{A\alpha}_1=\boldsymbol{0},\boldsymbol{A\alpha}_2=\boldsymbol{0}$, $\boldsymbol{A}(\boldsymbol{\alpha}_1+\boldsymbol{\alpha}_2)=\boldsymbol{A\alpha}_1+\boldsymbol{A\alpha}_2=\boldsymbol{0}$, 所以 $\boldsymbol{\alpha}_1+\boldsymbol{\alpha}_2\in N(\boldsymbol{A})$. □

**性质 2.4.2** 若 $\boldsymbol{\alpha} \in N(\boldsymbol{A}), k \in \mathbb{R}$, 则 $k\boldsymbol{\alpha} \in N(\boldsymbol{A})$, 即 $\boldsymbol{Ax} = \boldsymbol{0}$ 的一个解常数倍仍是 $\boldsymbol{Ax} = \boldsymbol{0}$ 的解.

**证明** 设 $\boldsymbol{\alpha} \in N(\boldsymbol{A}), k \in \mathbb{R}$, 则 $\boldsymbol{A\alpha} = \boldsymbol{0}$, $\boldsymbol{A}(k\boldsymbol{\alpha}) = k(\boldsymbol{A\alpha}) = \boldsymbol{0}$, 所以 $k\boldsymbol{\alpha} \in N(\boldsymbol{A})$. □

由向量空间的子空间的定义, $N(\boldsymbol{A})$ 是 $\mathbb{R}^n$ 的子空间, 称之为齐次线性方程组 $\boldsymbol{Ax} = \boldsymbol{0}$ 的解空间.

**定义 2.4.1** 齐次线性方程组 $\boldsymbol{Ax} = \boldsymbol{0}$ 的解空间的任意一个基, 称为齐次线性方程组 $\boldsymbol{Ax} = \boldsymbol{0}$ 的基础解系.

注意: 当齐次线性方程组 $\boldsymbol{Ax} = \boldsymbol{0}$ 只有零解时, $N(\boldsymbol{A}) = \{0\}$, 此时 $\boldsymbol{Ax} = \boldsymbol{0}$ 没有基础解系.

设 $\boldsymbol{\xi}_1, \boldsymbol{\xi}_2, \cdots, \boldsymbol{\xi}_s$ 是 $\boldsymbol{Ax} = \boldsymbol{0}$ 的基础解系, 由向量空间的知识有

$$N(\boldsymbol{A}) = \{\boldsymbol{\xi} = c_1\boldsymbol{\xi}_1 + c_2\boldsymbol{\xi}_2 + \cdots + c_s\boldsymbol{\xi}_s | c_1, c_2, \cdots, c_s \in \mathbb{R}\},$$

称

$$\boldsymbol{\xi} = c_1\boldsymbol{\xi}_1 + c_2\boldsymbol{\xi}_2 + \cdots + c_s\boldsymbol{\xi}_s, \quad c_1, c_2, \cdots, c_s \in \mathbb{R} \tag{2.4.1}$$

为 $\boldsymbol{Ax} = \boldsymbol{0}$ 的通解. 解齐次线性方程组的关键就是要找到 $\boldsymbol{Ax} = \boldsymbol{0}$ 的基础解系, 然后利用 (2.4.1) 可以给出 $\boldsymbol{Ax} = \boldsymbol{0}$ 的通解. 下面的定理给出了 $\boldsymbol{Ax} = \boldsymbol{0}$ 的解空间的维数或者基础解系中解向量的个数, 证明也给出了一种求出基础解系的方法.

**定理 2.4.1** 设 $\boldsymbol{A}$ 为 $m \times n$ 矩阵, $\operatorname{rank}(\boldsymbol{A}) = r < n$, 则齐次线性方程组 $\boldsymbol{Ax} = \boldsymbol{0}$ 的基础解系含有 $n - r$ 个向量.

**证明** 不妨设矩阵 $\boldsymbol{A}$ 在初等行变换下的行最简形为

$$\boldsymbol{A} = \begin{pmatrix} a_{11} & a_{12} & \cdots & a_{1n} \\ a_{21} & a_{22} & \cdots & a_{2n} \\ \vdots & \vdots & & \vdots \\ a_{m1} & a_{m2} & \cdots & a_{mn} \end{pmatrix} \xrightarrow{\text{初等行变换}} \begin{pmatrix} 1 & & & & b_{1,r+1} & \cdots & b_{1n} \\ & 1 & & & b_{2,r+1} & \cdots & b_{2n} \\ & & \ddots & & \vdots & & \vdots \\ & & & 1 & b_{r,r+1} & \cdots & b_{rn} \\ 0 & 0 & \cdots & 0 & 0 & \cdots & 0 \\ \vdots & \vdots & & \vdots & \vdots & & \vdots \\ 0 & 0 & \cdots & 0 & 0 & \cdots & 0 \end{pmatrix},$$

故方程组

$$\begin{cases} x_1 \qquad + b_{1,r+1}x_{r+1} + \cdots + b_{1n}x_n = 0, \\ \quad x_2 \quad + b_{2,r+1}x_{r+1} + \cdots + b_{2n}x_n = 0, \\ \qquad \cdots\cdots \\ \qquad x_r + b_{r,r+1}x_{r+1} + \cdots + b_{rn}x_n = 0 \end{cases} \tag{2.4.2}$$

与原方程组 $\boldsymbol{Ax}=\mathbf{0}$ 同解. 将 (2.4.2) 改写为

$$\begin{cases} x_1=-b_{1,r+1}x_{r+1}-\cdots-b_{1n}x_n, \\ x_2=-b_{2,r+1}x_{r+1}-\cdots-b_{2n}x_n, \\ \qquad\qquad\cdots\cdots \\ x_r=-b_{r,r+1}x_{r+1}-\cdots-b_{rn}x_n. \end{cases} \tag{2.4.3}$$

任意给定 $x_{r+1},x_{r+2},\cdots,x_n$ 的一组数值, 代入 (2.4.3) 中都可以得到 (2.4.2) 的一个解, 也就是 $\boldsymbol{Ax}=\mathbf{0}$ 的一个解. 称 $x_{r+1},x_{r+2},\cdots,x_n$ 为方程组 (2.4.2) 的自由变量.

现在, 令 $\begin{pmatrix} x_{r+1} \\ x_{r+2} \\ \vdots \\ x_n \end{pmatrix}$ 分别取 $n-r$ 组数值: $\begin{pmatrix} 1 \\ 0 \\ \vdots \\ 0 \end{pmatrix},\begin{pmatrix} 0 \\ 1 \\ \vdots \\ 0 \end{pmatrix},\cdots,\begin{pmatrix} 0 \\ 0 \\ \vdots \\ 1 \end{pmatrix}$, 分别代入 (2.4.3) 可解出 $\begin{pmatrix} x_1 \\ x_2 \\ \vdots \\ x_r \end{pmatrix}$ 分别为 $\begin{pmatrix} -b_{1,r+1} \\ -b_{2,r+1} \\ \vdots \\ -b_{r,r+1} \end{pmatrix},\begin{pmatrix} -b_{1,r+2} \\ -b_{2,r+2} \\ \vdots \\ -b_{r,r+2} \end{pmatrix},\cdots,\begin{pmatrix} -b_{1n} \\ -b_{2n} \\ \vdots \\ -b_{rn} \end{pmatrix}$.

从而得到 $\boldsymbol{Ax}=\mathbf{0}$ 的 $n-r$ 个解

$$\boldsymbol{\xi}_1=\begin{pmatrix} -b_{1,r+1} \\ -b_{2,r+1} \\ \vdots \\ -b_{r,r+1} \\ 1 \\ 0 \\ \vdots \\ 0 \end{pmatrix},\boldsymbol{\xi}_2=\begin{pmatrix} -b_{1,r+2} \\ -b_{2,r+2} \\ \vdots \\ -b_{r,r+2} \\ 0 \\ 1 \\ \vdots \\ 0 \end{pmatrix},\cdots,\boldsymbol{\xi}_{n-r}=\begin{pmatrix} -b_{1n} \\ -b_{2n} \\ \vdots \\ -b_{rn} \\ 0 \\ 0 \\ \vdots \\ 1 \end{pmatrix},$$

并且 $\boldsymbol{\xi}_1,\boldsymbol{\xi}_2,\cdots,\boldsymbol{\xi}_{n-r}$ 是线性无关的.

最后, 证明 $\boldsymbol{Ax}=\mathbf{0}$ 的任意一个解都可由 $\boldsymbol{\xi}_1,\boldsymbol{\xi}_2,\cdots,\boldsymbol{\xi}_{n-r}$ 线性表出.

设齐次线性方程组 $\boldsymbol{Ax}=\mathbf{0}$ 的一个解为 $\boldsymbol{\alpha}=(c_1,c_2,\cdots,c_r,c_{r+1},\cdots,c_n)^{\mathrm{T}}$, 构造向量 $\boldsymbol{\beta}=c_{r+1}\boldsymbol{\xi}_1+c_{r+2}\boldsymbol{\xi}_2+\cdots+c_n\boldsymbol{\xi}_{n-r}-\boldsymbol{\alpha}$, 由解空间的性质, $\boldsymbol{\beta}$ 也是 $\boldsymbol{Ax}=\mathbf{0}$ 的解, 而此时 $\boldsymbol{\beta}$ 的自由变量的取值全为 0, 设 $\boldsymbol{\beta}$ 为 $(d_1,d_2,\cdots,d_r,0,\cdots,0)^{\mathrm{T}}$, 它

应满足 (2.4.3) 的每一个方程, 代入可得

$$d_1 = d_2 = \cdots = d_r = 0,$$

即 $\boldsymbol{\beta} = \mathbf{0}$, 也就是

$$\boldsymbol{\alpha} = c_{r+1}\boldsymbol{\xi}_1 + c_{r+2}\boldsymbol{\xi}_2 + \cdots + c_n\boldsymbol{\xi}_{n-r}.$$

因此, $\boldsymbol{\xi}_1, \boldsymbol{\xi}_2, \cdots, \boldsymbol{\xi}_{n-r}$ 就是 $N(\boldsymbol{A})$ 的一个基, 也就是 $\boldsymbol{Ax} = \mathbf{0}$ 的一个基础解系, 且基础解系中含有 $n-r$ 个解向量, 命题得证. □

**注 2.4.1**　(1) 如果 $\boldsymbol{Ax} = \mathbf{0}$ 只有零解, 那么它没有基础解系;

(2) 如果 $\boldsymbol{Ax} = \mathbf{0}$ 有无穷多解, 那么它的基础解系不唯一.

(3) 当 $\boldsymbol{x} \in \mathbb{R}^2$ ($\mathbb{R}^3$) 时, $\boldsymbol{Ax} = \mathbf{0}$ 的解集的几何解释为原点或过原点的一条直线或平面.

**例 2.4.1**　判断方程组 $\begin{cases} x_1 + 2x_2 - x_3 = 0, \\ 3x_1 + x_2 - 3x_3 = 0, \\ x_1 - 3x_2 - x_3 = 0 \end{cases}$ 解的情况. 若有无穷多解, 求其基础解系, 并给出其解集的几何图形.

**解**　设 $\boldsymbol{A}$ 为方程组的系数矩阵, 将 $\boldsymbol{A}$ 化成行最简形

$$\boldsymbol{A} = \begin{pmatrix} 1 & 2 & -1 \\ 3 & 1 & -3 \\ 1 & -3 & -1 \end{pmatrix} \xrightarrow{\text{初等行变换}} \begin{pmatrix} 1 & 0 & -1 \\ 0 & 1 & 0 \\ 0 & 0 & 0 \end{pmatrix},$$

$R(\boldsymbol{A}) = 2 < 3$, 方程组有无穷多解. 其同解方程组为 $\begin{cases} x_1 - x_3 = 0, \\ x_2 = 0, \end{cases}$ 将其改写成 $\begin{cases} x_1 = x_3, \\ x_2 = 0, \\ x_3 = x_3. \end{cases}$ 令 $x_3 = c$, 得方程组的通解为 $\boldsymbol{x} = c\begin{pmatrix} 1 \\ 0 \\ 1 \end{pmatrix}, c \in \mathbb{R}$, 其中 $\boldsymbol{\xi} = \begin{pmatrix} 1 \\ 0 \\ 1 \end{pmatrix}$ 是原方程组的一个基础解系. 几何直观上, 解集是 $\mathbb{R}^3$ 中过原点的一条直线 (图 2.4.1(a)).

**例 2.4.2**　求线性方程 $x_1 - 2x_2 - x_3 = 0$ 的一个基础解系, 并给出其解集的几何图形.

**解**　将方程改写为 $\begin{cases} x_1 = 2x_2 + x_3, \\ x_2 = x_2, \\ x_3 = x_3, \end{cases}$ 令 $x_2 = c_1, x_3 = c_2$, 方程组的通解为

$$\boldsymbol{x}=\begin{pmatrix}x_1\\x_2\\x_3\end{pmatrix}=c_1\boldsymbol{\xi}_1+c_2\boldsymbol{\xi}_2,\quad c_1,c_2\in\mathbb{R},$$

其中, $\boldsymbol{\xi}_1=\begin{pmatrix}2\\1\\0\end{pmatrix},\boldsymbol{\xi}_2=\begin{pmatrix}1\\0\\1\end{pmatrix}$ 为其一个基础解系. 解集在 $\mathbb{R}^3$ 中的图形为过原点的一个平面 (图 2.4.1(b)).

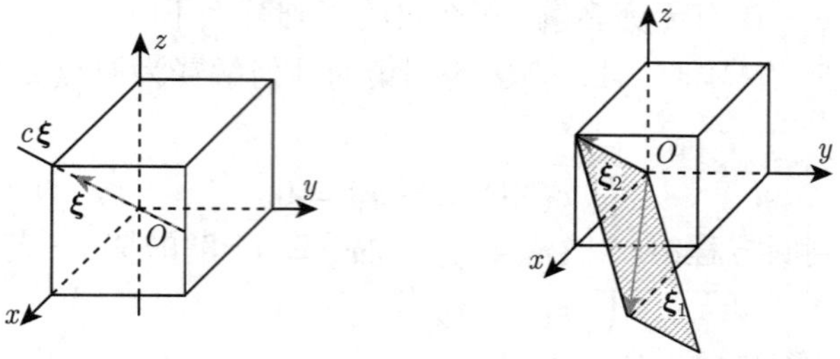

(a) 例2.4.1的解集 (b) 例2.4.2的解集

图 2.4.1 齐次线性方程组的解集的几何图形

### 2.4.2 非齐次线性方程组 $\boldsymbol{Ax}=\boldsymbol{b}$ 解的结构

非齐次线性方程组 $\boldsymbol{Ax}=\boldsymbol{b}$ 和导出组 $\boldsymbol{Ax}=\boldsymbol{0}$ 的解之间有密切的联系.

**性质 2.4.3** 设 $\boldsymbol{\eta}_1,\boldsymbol{\eta}_2$ 是 $\boldsymbol{Ax}=\boldsymbol{b}$ 的解, 则 $\boldsymbol{\eta}_1-\boldsymbol{\eta}_2$ 是 $\boldsymbol{Ax}=\boldsymbol{0}$ 的解.

**证明** 设 $\boldsymbol{\eta}_1,\boldsymbol{\eta}_2$ 是 $\boldsymbol{Ax}=\boldsymbol{b}$ 的解, 则 $\boldsymbol{A\eta}_1=\boldsymbol{b},\boldsymbol{A\eta}_2=\boldsymbol{b}$. 于是

$$\boldsymbol{A}(\boldsymbol{\eta}_1-\boldsymbol{\eta}_2)=\boldsymbol{A\eta}_1-\boldsymbol{A\eta}_2=\boldsymbol{b}-\boldsymbol{b}=\boldsymbol{0},$$

所以 $\boldsymbol{\eta}_1-\boldsymbol{\eta}_2$ 是 $\boldsymbol{Ax}=\boldsymbol{0}$ 的解. □

**性质 2.4.4** 设 $\boldsymbol{\eta}$ 是 $\boldsymbol{Ax}=\boldsymbol{b}$ 的解, $\boldsymbol{\xi}$ 是 $\boldsymbol{Ax}=\boldsymbol{0}$ 的解, 则 $\boldsymbol{\eta}+\boldsymbol{\xi}$ 是 $\boldsymbol{Ax}=\boldsymbol{b}$ 的解.

**证明** 设 $\boldsymbol{\eta}$ 是 $\boldsymbol{Ax}=\boldsymbol{b}$ 的解, $\boldsymbol{\xi}$ 是 $\boldsymbol{Ax}=\boldsymbol{0}$ 的解, 则 $\boldsymbol{A\eta}=\boldsymbol{b},\boldsymbol{A\xi}=\boldsymbol{0}$, 于是

$$\boldsymbol{A}(\boldsymbol{\eta}+\boldsymbol{\xi})=\boldsymbol{A\eta}+\boldsymbol{A\xi}=\boldsymbol{b}+\boldsymbol{0}=\boldsymbol{b},$$

所以 $\boldsymbol{\eta}+\boldsymbol{\xi}$ 是 $\boldsymbol{Ax}=\boldsymbol{b}$ 的解. □

设 $\boldsymbol{\eta}^*$ 是 $\boldsymbol{Ax}=\boldsymbol{b}$ 的一个解 (称为特解), $\boldsymbol{\xi}_1,\boldsymbol{\xi}_2,\cdots,\boldsymbol{\xi}_{n-r}$ 是导出方程组 $\boldsymbol{Ax}=\boldsymbol{0}$ 的基础解系, 利用本节性质 2.4.1—性质 2.4.4 可得, 非齐次线性方程组 $\boldsymbol{Ax}=\boldsymbol{b}$ 的通解可表示为

$$\boldsymbol{x}=c_1\boldsymbol{\xi}_1+c_2\boldsymbol{\xi}_2+\cdots+c_{n-r}\boldsymbol{\xi}_{n-r}+\boldsymbol{\eta}^*,\quad c_1,c_2,\cdots,c_{n-r}\in\mathbb{R}.$$

**注 2.4.2** 当 $\boldsymbol{x} \in \mathbb{R}^2$ $(\mathbb{R}^3)$ 时, 非齐次线性方程组 $\boldsymbol{Ax} = \boldsymbol{b}$ 的解集的几何解释为一个点 (不是原点) 或不过原点的一条直线或不过原点的一个平面.

**例 2.4.3** 求方程组 $\begin{cases} x + 4y + 3z = -3, \\ 2x - y - 3z = 3 \end{cases}$ 的通解, 并给出其在 $\mathbb{R}^3$ 中的几何图形.

**解** 对增广矩阵进行化简:

$$\left(\begin{array}{ccc|c} 1 & 4 & 3 & -3 \\ 2 & -1 & -3 & 3 \end{array}\right) \xrightarrow{\text{初等行变换}} \left(\begin{array}{ccc|c} 1 & 4 & 3 & -3 \\ 0 & -9 & -9 & 9 \end{array}\right)$$

$$\xrightarrow{\text{初等行变换}} \left(\begin{array}{ccc|c} 1 & 0 & -1 & 1 \\ 0 & 1 & 1 & -1 \end{array}\right),$$

取 $z$ 为自由变量, 原方程组的通解为

$$\begin{pmatrix} x \\ y \\ z \end{pmatrix} = c\boldsymbol{\xi} + \boldsymbol{\eta}^*, \quad c \in \mathbb{R},$$

其中 $\boldsymbol{\xi} = \begin{pmatrix} 1 \\ -1 \\ 1 \end{pmatrix}$ 为导出方程组的一个基础解系, $\boldsymbol{\eta}^* = \begin{pmatrix} 1 \\ -1 \\ 0 \end{pmatrix}$ 为原方程组的一个特解. 在 $\mathbb{R}^3$ 中的几何表示为过点 $\boldsymbol{\eta}^*$ 的平行于 $\mathrm{Span}(\boldsymbol{\xi})$ 的一条直线, 见图 2.4.2(a).

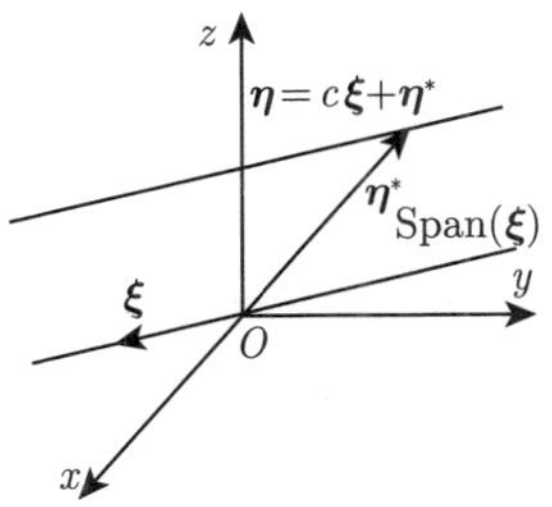


(a) 例2.4.3的图形

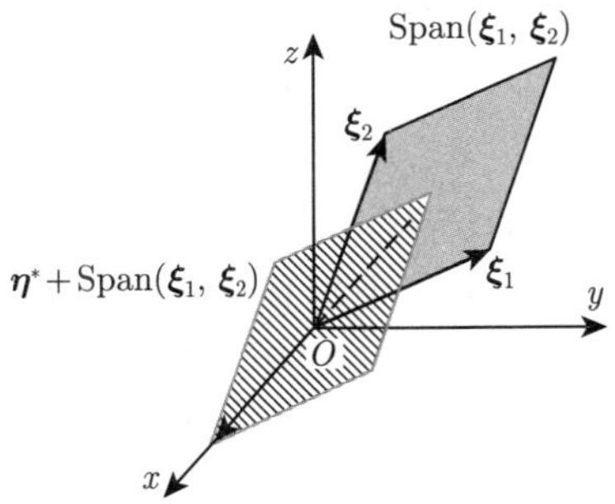


(b) 例2.4.4的图形

图 2.4.2 非齐次线性方程组的解集的几何图形

**例 2.4.4** 求方程 $x + y + z = 1$ 的通解, 并给出其在 $\mathbb{R}^3$ 中的几何图形.

**解** 该方程的通解为 $x = -y - z + 1$, 取 $y, z$ 为自由变量, 则通解为

$$\begin{pmatrix} x \\ y \\ z \end{pmatrix} = c_1\boldsymbol{\xi}_1 + c_2\boldsymbol{\xi}_2 + \boldsymbol{\eta}^*, \quad c_1, c_2 \in \mathbb{R},$$

其中导出方程组的一个基础解系为 $\boldsymbol{\xi}_1 = \begin{pmatrix} -1 \\ 1 \\ 0 \end{pmatrix}, \boldsymbol{\xi}_2 = \begin{pmatrix} -1 \\ 0 \\ 1 \end{pmatrix}$, 一个特解为 $\boldsymbol{\eta}^* = \begin{pmatrix} 1 \\ 0 \\ 0 \end{pmatrix}$. 在 $\mathbb{R}^3$ 中的几何表示过点 $\boldsymbol{\eta}^*$ 的一个平面, 该平面平行于平面 $\mathrm{Span}(\boldsymbol{\xi}_1, \boldsymbol{\xi}_2)$, 见图 2.4.2(b).

**例 2.4.5**　设四元非齐次方程组的系数矩阵的秩为 3, 已知 $\boldsymbol{\eta}_1, \boldsymbol{\eta}_2, \boldsymbol{\eta}_3$ 是它的三个解向量, 且 $\boldsymbol{\eta}_1 = (2,3,4,5)^{\mathrm{T}}, \boldsymbol{\eta}_2 + \boldsymbol{\eta}_3 = (1,2,3,4)^{\mathrm{T}}$, 求该方程组的通解.

**解**　这类问题主要考察非线性方程组 $\boldsymbol{Ax} = \boldsymbol{b}$ 的解的结构及它与导出方程组 $\boldsymbol{Ax} = \boldsymbol{0}$ 的解之间的联系. 可按以下四步完成.

**第一步**　依照定理 2.4.1, 只要确定了未知量的个数 $n$、系数矩阵的秩 $R(\boldsymbol{A})$, 就能确定 $\boldsymbol{Ax} = \boldsymbol{0}$ 的基础解系中所含解向量的个数 $n - \mathrm{rank}(\boldsymbol{A})$. 对于本题,

$$n = 4, \quad \mathrm{rank}(\boldsymbol{A}) = 3, \quad n - \mathrm{rank}(\boldsymbol{A}) = 1.$$

**第二步**　依照零空间及基础解系的定义, $\boldsymbol{S}_0 : \boldsymbol{\xi}_1, \boldsymbol{\xi}_2, \cdots, \boldsymbol{\xi}_{n-R(\boldsymbol{A})}$ 成为 $\boldsymbol{Ax}=\boldsymbol{0}$ 的基础解系, 它只需要满足条件: (1) $\boldsymbol{\xi}_i (i = 1, 2, \cdots, n - \mathrm{rank}(\boldsymbol{A}))$ 是 $\boldsymbol{Ax} = \boldsymbol{0}$ 的解; (2) $\boldsymbol{S}_0$ 线性无关.

**注 2.4.3**　$\boldsymbol{S}_0$ 中所含向量个数一定要等于 $n - \mathrm{rank}(\boldsymbol{A})$.

对本题, 由于 $n - \mathrm{rank}(\boldsymbol{A}) = 1$, 只需确定 $\boldsymbol{Ax} = \boldsymbol{0}$ 的一个非零解向量即可. 由

$\boldsymbol{A}(\boldsymbol{\eta}_1 - \boldsymbol{\eta}_2) = \boldsymbol{A}\boldsymbol{\eta}_1 - \boldsymbol{A}\boldsymbol{\eta}_2 = \boldsymbol{b} - \boldsymbol{b} = \boldsymbol{0}$, 即 $\boldsymbol{\eta}_1 - \boldsymbol{\eta}_2$ 是 $\boldsymbol{Ax} = \boldsymbol{0}$ 的解;

$\boldsymbol{A}(\boldsymbol{\eta}_1 - \boldsymbol{\eta}_3) = \boldsymbol{A}\boldsymbol{\eta}_1 - \boldsymbol{A}\boldsymbol{\eta}_3 = \boldsymbol{b} - \boldsymbol{b} = \boldsymbol{0}$, 即 $\boldsymbol{\eta}_1 - \boldsymbol{\eta}_3$ 是 $\boldsymbol{Ax} = \boldsymbol{0}$ 的解;

又由 $\boldsymbol{A}((\boldsymbol{\eta}_1 - \boldsymbol{\eta}_2) + (\boldsymbol{\eta}_1 - \boldsymbol{\eta}_3)) = \boldsymbol{A}(2\boldsymbol{\eta}_1 - (\boldsymbol{\eta}_2 + \boldsymbol{\eta}_3)) = \boldsymbol{0}$ 可知, $2\boldsymbol{\eta}_1 - (\boldsymbol{\eta}_2 + \boldsymbol{\eta}_3)$ 也是 $\boldsymbol{Ax} = \boldsymbol{0}$ 的解, 经计算可得

$$\boldsymbol{\xi} = 2\boldsymbol{\eta}_1 - (\boldsymbol{\eta}_2 + \boldsymbol{\eta}_3) = (3,4,5,6)^{\mathrm{T}}$$

是 $\boldsymbol{Ax} = \boldsymbol{0}$ 的非零解, 即 $\boldsymbol{Ax} = \boldsymbol{0}$ 的基础解系为 $\boldsymbol{\xi}$.

**第三步**　确定方程组 $\boldsymbol{Ax} = \boldsymbol{b}$ 的一个特解 $\boldsymbol{\eta}^*$: $\boldsymbol{A}\boldsymbol{\eta}^* = \boldsymbol{b}$.

本题的一个特解可选为 $\boldsymbol{\eta}_1$.

**第四步** 写出 $\boldsymbol{Ax}=\boldsymbol{b}$ 的通解

$$\boldsymbol{x}=c\boldsymbol{\xi}+\boldsymbol{\eta}_1,\quad c\in\mathbb{R}.$$

## 习 题 2.4

1. 求下列齐次线性方程组的基础解系.

(1) $\begin{cases} x_1-2x_2+x_3+x_4=0, \\ x_1+2x_2+5x_3+13x_4=0, \\ -x_1-3x_2+2x_4=0; \end{cases}$ (2) $\begin{cases} x_1+x_2-x_3+2x_4=0, \\ 2x_1+2x_2-3x_3+x_4=0, \\ x_1+x_2+5x_4=0. \end{cases}$

2. 求下列线性方程组的通解.

(1) $\begin{cases} x_1+3x_2-5x_3+x_4=0, \\ x_1+4x_2-8x_3+2x_4=0, \\ 3x_1+7x_2-9x_3-x_4=0; \end{cases}$ (2) $\begin{cases} x_1+3x_2-5x_3+x_4=4, \\ x_1+4x_2-8x_3+2x_4=7, \\ 3x_1+7x_2-9x_3-x_4=6. \end{cases}$

3. 求下列方程组的解集, 并在 $\mathbb{R}^3$ 中画出解集的图形.

(1) $\begin{cases} x_1+3x_2+x_3=0, \\ 4x_1+9x_2-2x_3=0, \\ x_2+2x_3=0; \end{cases}$ (2) $\begin{cases} x_1+3x_2+x_3=1, \\ 4x_1+9x_2-2x_3=1, \\ x_2+2x_3=1. \end{cases}$

4. 构造一个 $3\times 3$ 的非零矩阵 $\boldsymbol{A}$, 使得 $\boldsymbol{\xi}=\begin{pmatrix}1\\1\\1\end{pmatrix}$ 是 $\boldsymbol{Ax}=\boldsymbol{0}$ 的一个解.

5. 构造一个 $3\times 3$ 的非零矩阵 $\boldsymbol{A}$, 使 $\boldsymbol{\xi}=\begin{pmatrix}1\\-1\\1\end{pmatrix}$ 是 $\boldsymbol{Ax}=\boldsymbol{0}$ 的一个基础解系.

6. 构造一个 $2\times 2$ 矩阵 $\boldsymbol{A}$, 使方程 $\boldsymbol{Ax}=\boldsymbol{0}$ 的解集是一条经过原点 (0,0) 和 (4,1) 的 $\mathbb{R}^2$ 中的直线.

7. 设矩阵 $\boldsymbol{A}=(\boldsymbol{\alpha}_1,\boldsymbol{\alpha}_2,\boldsymbol{\alpha}_3,\boldsymbol{\alpha}_4)$, 其中 $\boldsymbol{\alpha}_2,\boldsymbol{\alpha}_3,\boldsymbol{\alpha}_4$ 线性无关, $\boldsymbol{\alpha}_1=2\boldsymbol{\alpha}_3-3\boldsymbol{\alpha}_4$. 向量 $\boldsymbol{b}=\boldsymbol{\alpha}_1+2\boldsymbol{\alpha}_2+3\boldsymbol{\alpha}_3+4\boldsymbol{\alpha}_4$, 求方程 $\boldsymbol{Ax}=\boldsymbol{b}$ 的通解.

8. 设 $\boldsymbol{A},\boldsymbol{B}$ 都是 $n$ 阶矩阵, 且 $\boldsymbol{AB}=\boldsymbol{O}$, 证明:

(1) $\operatorname{rank}(\boldsymbol{A})+\operatorname{rank}(\boldsymbol{B})\leqslant n$; (2) 若 $\boldsymbol{A}^2=\boldsymbol{A}$, 则 $\operatorname{rank}(\boldsymbol{A})+\operatorname{rank}(\boldsymbol{A}-\boldsymbol{E})=n$.

9. 设 3 阶矩阵 $\boldsymbol{B}\neq\boldsymbol{O}$, 且 $\boldsymbol{B}$ 的每个列向量都是方程组 $\begin{cases} x_1+2x_2-2x_3=0, \\ 2x_1-x_2+\lambda x_3=0, \\ 3x_1+x_2-x_3=0 \end{cases}$ 的解,

(1) 求 $\lambda$ 的值; (2) 证明: $|\boldsymbol{B}|=0$.

10. 设 $\boldsymbol{\alpha}_1,\boldsymbol{\alpha}_2,\boldsymbol{\alpha}_3$ 是齐次线性方程组 $\boldsymbol{Ax}=\boldsymbol{0}$ 的基础解系, 证明: $\boldsymbol{\alpha}_1+\boldsymbol{\alpha}_2,\boldsymbol{\alpha}_2+\boldsymbol{\alpha}_3,\boldsymbol{\alpha}_1+\boldsymbol{\alpha}_3$ 也是 $\boldsymbol{Ax}=\boldsymbol{0}$ 的基础解系.

11. 设 $\boldsymbol{\alpha}_1,\boldsymbol{\alpha}_2,\cdots,\boldsymbol{\alpha}_s(s>2)$ 是齐次线性方程组 $\boldsymbol{Ax}=\boldsymbol{0}$ 的基础解系, 问当 $t$ 满足何种条件时, $\boldsymbol{\alpha}_1+t\boldsymbol{\alpha}_2,\boldsymbol{\alpha}_2+t\boldsymbol{\alpha}_3,\cdots,\boldsymbol{\alpha}_{s-1}+t\boldsymbol{\alpha}_s,\boldsymbol{\alpha}_s+t\boldsymbol{\alpha}_1$ 也是 $\boldsymbol{Ax}=\boldsymbol{0}$ 的基础解系?

12. 若齐次线性方程组 $\boldsymbol{A}_{m\times n}\boldsymbol{x}=\boldsymbol{0}$ 的解均为齐次线性方程组 $\boldsymbol{B}_{l\times n}\boldsymbol{x}=\boldsymbol{0}$ 的解, 证明: $\operatorname{rank}(\boldsymbol{A})\geqslant\operatorname{rank}(\boldsymbol{B})$.

13. 设 $\boldsymbol{\eta}^*$ 是非齐次线性方程组 $\boldsymbol{Ax} = \boldsymbol{b}$ 的一个解, $\boldsymbol{\xi}_1, \boldsymbol{\xi}_2, \cdots, \boldsymbol{\xi}_{n-r}$ 是其导出方程组 $\boldsymbol{Ax} = \boldsymbol{0}$ 的一个基础解系, 证明:

(1) $\boldsymbol{\eta}^*, \boldsymbol{\xi}_1, \boldsymbol{\xi}_2, \cdots, \boldsymbol{\xi}_{n-r}$ 线性无关;

(2) $\boldsymbol{\eta}^*, \boldsymbol{\eta}^* + \boldsymbol{\xi}_1, \boldsymbol{\eta}^* + \boldsymbol{\xi}_2, \cdots, \boldsymbol{\eta}^* + \boldsymbol{\xi}_{n-r}$ 线性无关.

# 2.5 内积、长度和正交性

本节通过引入内积, 在向量空间中增加结构. 对每一对向量, 内积并不是真正的向量乘法, 因为内积得到一个标量, 而不是向量空间中的一个向量. 一般地, 若 $V$ 为定义了内积的向量空间, 且 $V$ 中的两个向量的内积为零, 则称它们正交. 可以将正交理解为任何定义了内积的向量空间中垂直概念的推广. 通过在向量空间 $V$ 中引入内积, 可以考虑一般的最小二乘问题: 给定 $V$ 中的向量 $\boldsymbol{v}$ 和一个子空间 $W$, 希望在 $W$ 中寻找与 $\boldsymbol{v}$ 最 "接近" 的向量, 其解 $\boldsymbol{u}$ 必与 $\boldsymbol{v} - \boldsymbol{u}$ 正交. 最小二乘问题常常出现在很多涉及数据拟合的应用问题中.

## 2.5.1 内积、长度

**定义 2.5.1** 设 $\boldsymbol{\alpha} = \begin{pmatrix} a_1 \\ a_2 \\ \vdots \\ a_n \end{pmatrix}, \boldsymbol{\beta} = \begin{pmatrix} b_1 \\ b_2 \\ \vdots \\ b_n \end{pmatrix}$ 是 $\mathbb{R}^n$ 中两个向量,

$$[\boldsymbol{\alpha}, \boldsymbol{\beta}] = a_1 b_1 + a_2 b_2 + \cdots + a_n b_n$$

称为向量 $\boldsymbol{\alpha}, \boldsymbol{\beta}$ 的**内积**, 也称为 $\mathbb{R}^n$ 上的标准内积, 此时 $\mathbb{R}^n$ 称为欧几里得空间.

利用矩阵的乘法, 向量 $\boldsymbol{\alpha}, \boldsymbol{\beta}$ 的内积可表示为 $[\boldsymbol{\alpha}, \boldsymbol{\beta}] = \boldsymbol{\alpha}^{\mathrm{T}} \boldsymbol{\beta}$, 它具有下面三条性质.

(1) 对称性: $\forall \boldsymbol{\alpha}, \boldsymbol{\beta} \in \mathbb{R}^n, [\boldsymbol{\alpha}, \boldsymbol{\beta}] = [\boldsymbol{\beta}, \boldsymbol{\alpha}]$.

(2) 线性性: 对 $\forall \boldsymbol{\alpha}, \boldsymbol{\beta}, \boldsymbol{\gamma} \in \mathbb{R}^n$ 以及所有的数 $\lambda, \mu \in \mathbb{R}$, 有

$$[\lambda \boldsymbol{\alpha} + \mu \boldsymbol{\beta}, \boldsymbol{\gamma}] = \lambda [\boldsymbol{\alpha}, \boldsymbol{\gamma}] + \mu [\boldsymbol{\beta}, \boldsymbol{\gamma}].$$

(3) 非负性: $\forall \boldsymbol{\alpha} \in \mathbb{R}^n, [\boldsymbol{\alpha}, \boldsymbol{\alpha}] \geqslant 0$, 并有当且仅当 $\boldsymbol{\alpha} = \boldsymbol{0}$ 时 $[\boldsymbol{\alpha}, \boldsymbol{\alpha}] = 0$.

**定义 2.5.2** 在欧几里得空间 $\mathbb{R}^n$ 中, $\forall \boldsymbol{\alpha} \in \mathbb{R}^n$ 规定向量 $\boldsymbol{\alpha}$ 的**范数** (或**长度**) $\|\boldsymbol{\alpha}\|$ 为

$$\|\boldsymbol{\alpha}\| = \sqrt{[\boldsymbol{\alpha}, \boldsymbol{\alpha}]} = \sqrt{a_1^2 + a_2^2 + \cdots + a_n^2}.$$

长度为 1 的向量称为**单位向量**. 若 $\boldsymbol{\alpha} \neq \boldsymbol{0}$, 则 $\dfrac{1}{\|\boldsymbol{\alpha}\|} \boldsymbol{\alpha}$ 的长度为 1. $\boldsymbol{\alpha}^0 = \dfrac{1}{\|\boldsymbol{\alpha}\|} \boldsymbol{\alpha}$ 称为 $\boldsymbol{\alpha}$ 的单位化向量.

例如, $\boldsymbol{\alpha}=\begin{pmatrix}1\\1\end{pmatrix}$, $[\boldsymbol{\alpha},\boldsymbol{\alpha}]=1\times1+1\times1=2$, $\|\boldsymbol{\alpha}\|=\sqrt{2}$, $\boldsymbol{\alpha}^0=\begin{pmatrix}\frac{1}{\sqrt{2}}\\\frac{1}{\sqrt{2}}\end{pmatrix}$.

利用内积的非负性, 可以证明如下不等式.

**定理 2.5.1*** (柯西-施瓦茨 (Cauchy-Schwarz) 不等式) 设 $\boldsymbol{\alpha},\boldsymbol{\beta}\in\mathbb{R}^n$, 则

$$[\boldsymbol{\alpha},\boldsymbol{\beta}]^2\leqslant\|\boldsymbol{\alpha}\|^2\|\boldsymbol{\beta}\|^2,$$

其中等号当且仅当 $\boldsymbol{\alpha}$ 与 $\boldsymbol{\beta}$ 线性相关时成立.

根据柯西-施瓦茨不等式, 对任何非零向量 $\boldsymbol{\alpha},\boldsymbol{\beta}$, 总有

$$-1\leqslant\frac{[\boldsymbol{\alpha},\boldsymbol{\beta}]}{\|\boldsymbol{\alpha}\|\cdot\|\boldsymbol{\beta}\|}\leqslant1,$$

由此可以在 $\mathbb{R}^n$ 中引入两个非零向量的夹角的概念.

**定义 2.5.3** 在 $\mathbb{R}^n$ 中, 任意两个非零向量 $\boldsymbol{\alpha}$ 和 $\boldsymbol{\beta}$, 规定 $\boldsymbol{\alpha}$ 与 $\boldsymbol{\beta}$ 的夹角 $\theta$ 由

$$\cos\theta=\frac{[\boldsymbol{\alpha},\boldsymbol{\beta}]}{\|\boldsymbol{\alpha}\|\cdot\|\boldsymbol{\beta}\|},\quad 0\leqslant\theta\leqslant\pi \tag{2.5.1}$$

所确定.

### 2.5.2 正交性

**定义 2.5.4** 设 $\boldsymbol{\alpha},\boldsymbol{\beta}\in\mathbb{R}^n$, 若 $[\boldsymbol{\alpha},\boldsymbol{\beta}]=0$, 则称 $\boldsymbol{\alpha}$ 与 $\boldsymbol{\beta}$ 正交, 记作 $\boldsymbol{\alpha}\perp\boldsymbol{\beta}$.

**例 2.5.1** 在 $\mathbb{R}^4$ 中, 设 $\boldsymbol{\alpha}=(1,1,1,1)^{\mathrm{T}}$, $\boldsymbol{\beta}=(-2,1,-3,4)^{\mathrm{T}}$, 因为 $[\boldsymbol{\alpha},\boldsymbol{\beta}]=\boldsymbol{\alpha}^{\mathrm{T}}\boldsymbol{\beta}=0$, 所以 $\boldsymbol{\alpha}\perp\boldsymbol{\beta}$.

由两两正交的非零向量构成的向量组称为正交向量组. 例 2.5.1 中的向量组就是正交向量组, 又如 $\boldsymbol{\alpha}_1=\begin{pmatrix}2\\1\\2\end{pmatrix}$, $\boldsymbol{\alpha}_2=\begin{pmatrix}-2\\2\\1\end{pmatrix}$, $\boldsymbol{\alpha}_3=\begin{pmatrix}1\\2\\-2\end{pmatrix}$ 也是一个正交向量组.

关于正交向量组, 有如下结果.

**定理 2.5.2** 若 $n$ 维向量组 $A:\boldsymbol{\alpha}_1,\boldsymbol{\alpha}_2,\cdots,\boldsymbol{\alpha}_m$ 是正交向量组, 则 $A:\boldsymbol{\alpha}_1,\boldsymbol{\alpha}_2,\cdots,\boldsymbol{\alpha}_m$ 线性无关.

**证明** 设向量组 $A:\boldsymbol{\alpha}_1,\boldsymbol{\alpha}_2,\cdots,\boldsymbol{\alpha}_m$ 是正交向量组, 若有一组数 $\lambda_1,\lambda_2,\cdots,\lambda_m$ 使得

$$\lambda_1\boldsymbol{\alpha}_1+\lambda_2\boldsymbol{\alpha}_2+\cdots+\lambda_m\boldsymbol{\alpha}_m=\mathbf{0}.$$

在上式两端同时与 $\boldsymbol{\alpha}_1$ 作内积, 因当 $i \geqslant 2$ 时, $[\boldsymbol{\alpha}_1, \boldsymbol{\alpha}_i] = 0$, 故得 $\lambda_1[\boldsymbol{\alpha}_1, \boldsymbol{\alpha}_1] = 0$, 因为 $\boldsymbol{\alpha}_1 \neq 0$, 所以 $[\boldsymbol{\alpha}_1, \boldsymbol{\alpha}_1] = \|\boldsymbol{\alpha}_1\|^2 > 0$, 于是, $\lambda_1 = 0$. 类似可证 $\lambda_2 = \lambda_3 = \cdots = \lambda_m = 0$. 于是, 向量组 $A: \boldsymbol{\alpha}_1, \boldsymbol{\alpha}_2, \cdots, \boldsymbol{\alpha}_m$ 是线性无关的. □

**定义 2.5.5** 设向量组 $A: \boldsymbol{\alpha}_1, \boldsymbol{\alpha}_2, \cdots, \boldsymbol{\alpha}_n$ 是向量空间 $\mathbb{R}^n$ 的一个基, 如果 $A: \boldsymbol{\alpha}_1, \boldsymbol{\alpha}_2, \cdots, \boldsymbol{\alpha}_n$ 是正交向量组, 且都是单位向量, 则称 $A: \boldsymbol{\alpha}_1, \boldsymbol{\alpha}_2, \cdots, \boldsymbol{\alpha}_n$ 是 $\mathbb{R}^n$ 的一个**标准正交基**.

由此定义可知, $A: \boldsymbol{\alpha}_1, \boldsymbol{\alpha}_2, \cdots, \boldsymbol{\alpha}_n$ 是 $\mathbb{R}^n$ 的一个标准正交基的充分必要条件即为

$$[\boldsymbol{\alpha}_i, \boldsymbol{\alpha}_j] = \begin{cases} 1, & i = j, \\ 0, & i \neq j, \end{cases} \quad i, j = 1, 2, \cdots, n.$$

**例 2.5.2** $E: \boldsymbol{e}_1, \boldsymbol{e}_2, \cdots, \boldsymbol{e}_n$ 是 $\mathbb{R}^n$ 的一个标准正交基; $A: \boldsymbol{\alpha}_1 = \left(\dfrac{1}{\sqrt{2}}, \dfrac{1}{\sqrt{2}}, 0, 0\right)^{\mathrm{T}}$, $\boldsymbol{\alpha}_2 = \left(\dfrac{1}{\sqrt{2}}, -\dfrac{1}{\sqrt{2}}, 0, 0\right)^{\mathrm{T}}$, $\boldsymbol{\alpha}_3 = \left(0, 0, \dfrac{1}{\sqrt{2}}, \dfrac{1}{\sqrt{2}}\right)^{\mathrm{T}}$, $\boldsymbol{\alpha}_4 = \left(0, 0, \dfrac{1}{\sqrt{2}}, -\dfrac{1}{\sqrt{2}}\right)^{\mathrm{T}}$ 是 $\mathbb{R}^4$ 的一个标准正交基.

若 $A: \boldsymbol{\alpha}_1, \boldsymbol{\alpha}_2, \cdots, \boldsymbol{\alpha}_n$ 是 $\mathbb{R}^n$ 的一个标准正交基, $\boldsymbol{\beta}$ 为 $\mathbb{R}^n$ 中向量, 设

$$x_1\boldsymbol{\alpha}_1 + x_2\boldsymbol{\alpha}_2 + \cdots + x_n\boldsymbol{\alpha}_n = \boldsymbol{\beta},$$

为求坐标分量 $x_i (i=1, 2, \cdots, n)$, 可用 $\boldsymbol{\alpha}_i$ 与方程两边同时作内积并利用

$$[\boldsymbol{\alpha}_i, \boldsymbol{\alpha}_j] = \begin{cases} 1, & i = j, \\ 0, & i \neq j, \end{cases}$$

有

$$x_i = [\boldsymbol{\alpha}_i, \boldsymbol{\beta}] = \boldsymbol{\alpha}_i^{\mathrm{T}}\boldsymbol{\beta},$$

这就是向量在标准正交基下的坐标分量的计算公式. 内积运算与求向量的坐标分量运算都很简单了. 因而下一个问题自然是寻找标准正交基, 这个问题的解决办法称为施密特 (Schmidt) 正交规范化方法.

### 2.5.3 Schmidt 正交规范化方法

设 $A: \boldsymbol{\alpha}_1, \boldsymbol{\alpha}_2, \cdots, \boldsymbol{\alpha}_m$ 是向量空间 $V$ 的一个基, 要求 $V$ 的一个标准正交基, 也就是要找一组两两正交的单位向量组 $G: \boldsymbol{\gamma}_1, \boldsymbol{\gamma}_2, \cdots, \boldsymbol{\gamma}_m$, 使 $G: \boldsymbol{\gamma}_1, \boldsymbol{\gamma}_2, \cdots, \boldsymbol{\gamma}_m$ 与 $A: \boldsymbol{\alpha}_1, \boldsymbol{\alpha}_2, \cdots, \boldsymbol{\alpha}_m$ 等价, 具体步骤如下.

**第一步** 按以下公式计算向量组 $B: \boldsymbol{\beta}_1, \boldsymbol{\beta}_2, \cdots, \boldsymbol{\beta}_m$:

$\boldsymbol{\beta}_1 = \boldsymbol{\alpha}_1$;

$$\beta_2=\alpha_2-\frac{[\alpha_2,\beta_1]}{[\beta_1,\beta_1]}\beta_1;$$

$$\beta_3=\alpha_3-\frac{[\alpha_3,\beta_2]}{[\beta_2,\beta_2]}\beta_2-\frac{[\alpha_3,\beta_1]}{[\beta_1,\beta_1]}\beta_1;$$

$$\cdots\cdots$$

$$\beta_m=\alpha_m-\frac{[\alpha_m,\beta_{m-1}]}{[\beta_{m-1},\beta_{m-1}]}\beta_{m-1}-\cdots-\frac{[\alpha_m,\beta_2]}{[\beta_2,\beta_2]}\beta_2-\frac{[\alpha_m,\beta_1]}{[\beta_1,\beta_1]}\beta_1.$$

易验证 $B:\beta_1,\beta_2,\cdots,\beta_m$ 两两正交, 且 $B:\beta_1,\beta_2,\cdots,\beta_m$ 与 $A:\alpha_1,\alpha_2,\cdots,\alpha_m$ 等价.

**第二步** 将 $B:\beta_1,\beta_2,\cdots,\beta_m$ 单位化, 即

$$\gamma_1=\frac{1}{\|\beta_1\|}\beta_1,\quad \gamma_2=\frac{1}{\|\beta_2\|}\beta_2,\quad \cdots,\quad \gamma_m=\frac{1}{\|\beta_m\|}\beta_m.$$

$G:\gamma_1,\gamma_2,\cdots,\gamma_m$ 就是 $V$ 的一个标准正交基. 它不仅满足 $G:\gamma_1,\gamma_2,\cdots,\gamma_m$ 与 $A:\alpha_1,\alpha_2,\cdots,\alpha_m$ 等价, 还满足: 对任何 $k$ $(1\leqslant k\leqslant m)$, 向量组 $G:\gamma_1,\gamma_2,\cdots,\gamma_m$ 与 $A:\alpha_1,\alpha_2,\cdots,\alpha_m$ 等价.

**例 2.5.3** 设 $\alpha_1=(1,2,-1)^{\mathrm T},\alpha_2=(-1,3,1)^{\mathrm T},\alpha_3=(4,-1,0)^{\mathrm T}$, 试用施密特正交规范化过程把这组向量标准正交化.

**解** 取 $\beta_1=\alpha_1=(1,2,-1)^{\mathrm T}$;

$$\beta_2=\alpha_2-\frac{[\alpha_2,\beta_1]}{\|\beta_1\|^2}\beta_1=(-1,3,1)^{\mathrm T}-\frac{4}{6}(1,2,-1)^{\mathrm T}=\frac{5}{3}(-1,1,1)^{\mathrm T};$$

$$\begin{aligned}\beta_3&=\alpha_3-\frac{[\alpha_3,\beta_1]}{\|\beta_1\|^2}\beta_1-\frac{[\alpha_3,\beta_2]}{\|\beta_2\|^2}\beta_2\\&=(4,-1,0)^{\mathrm T}-\frac{1}{3}(1,2,-1)^{\mathrm T}+\frac{5}{3}(-1,1,1)^{\mathrm T}=2(1,0,1)^{\mathrm T}.\end{aligned}$$

再把它们单位化, 取

$$\gamma_1=\frac{\beta_1}{\|\beta_1\|}=\frac{1}{\sqrt6}(1,2,-1)^{\mathrm T},\quad \gamma_2=\frac{\beta_2}{\|\beta_2\|}=\frac{1}{\sqrt3}(-1,1,1)^{\mathrm T},$$

$$\gamma_3=\frac{\beta_3}{\|\beta_3\|}=\frac{1}{\sqrt2}(1,0,1)^{\mathrm T},$$

$\gamma_1,\gamma_2,\gamma_3$ 即为所求.

### 2.5.4 正交矩阵

**定义 2.5.6** 如果 $n$ 阶矩阵 $\boldsymbol{A}$ 满足 $\boldsymbol{A}^{\mathrm{T}}\boldsymbol{A}=\boldsymbol{E}$, 那么称 $\boldsymbol{A}$ 为**正交矩阵**, 简称为正交阵.

对 $\boldsymbol{A}$ 作列分块 $\boldsymbol{A}=(\boldsymbol{\alpha}_1,\boldsymbol{\alpha}_2,\cdots,\boldsymbol{\alpha}_n)$, 当 $\boldsymbol{A}$ 为正交阵时, 有

$$\begin{pmatrix}\boldsymbol{\alpha}_1^{\mathrm{T}}\\ \boldsymbol{\alpha}_2^{\mathrm{T}}\\ \vdots\\ \boldsymbol{\alpha}_n^{\mathrm{T}}\end{pmatrix}(\boldsymbol{\alpha}_1,\boldsymbol{\alpha}_2,\cdots,\boldsymbol{\alpha}_n)=\boldsymbol{E}=\begin{pmatrix}1&0&\cdots&0\\0&1&\cdots&0\\ \vdots&\vdots&&\vdots\\0&0&\cdots&1\end{pmatrix}.$$

于是

$$[\boldsymbol{\alpha}_i,\boldsymbol{\alpha}_j]=\boldsymbol{\alpha}_i^{\mathrm{T}}\boldsymbol{\alpha}_j=\boldsymbol{\delta}_{ij}=\begin{cases}1, & i=j,\\ 0, & i\neq j\end{cases}\qquad (i,j=1,2,\cdots,n),$$

这说明: 若矩阵 $\boldsymbol{A}$ 为正交阵, 则 $\boldsymbol{A}$ 的列向量都是单位向量, 且两两正交; 反之亦真.

因为 $\boldsymbol{A}^{\mathrm{T}}\boldsymbol{A}=\boldsymbol{E}$ 与 $\boldsymbol{A}\boldsymbol{A}^{\mathrm{T}}=\boldsymbol{E}$ 等价, 所以上述结论对 $\boldsymbol{A}$ 的行向量亦成立. 由此可见, **$\boldsymbol{n}$ 阶正交阵 $\boldsymbol{A}$ 的列向量组构成向量空间 $\mathbb{R}^n$ 的一个标准正交基**.

关于正交矩阵, 还有下述性质:

(1) 若 $\boldsymbol{A}$ 为正交阵, 则 $|\boldsymbol{A}|=1$ 或 $-1$;

(2) 若 $\boldsymbol{A}$ 为正交阵, 则 $\boldsymbol{A}^{-1},\boldsymbol{A}^*$ 也是正交阵;

(3) 若 $\boldsymbol{A}$ 和 $\boldsymbol{B}$ 都是正交阵, 则 $\boldsymbol{AB}$ 也是正交阵.

这些性质都可根据正交阵的定义及矩阵的运算证明, 请读者自己证明.

## 习 题 2.5

1. 求下列向量 $\boldsymbol{\alpha}$ 与 $\boldsymbol{\beta}$ 之间的内积与夹角.

(1) $\boldsymbol{\alpha}=(1,2)^{\mathrm{T}},\boldsymbol{\beta}=(3,-2)^{\mathrm{T}}$; (2) $\boldsymbol{\alpha}=(1,1,1)^{\mathrm{T}},\boldsymbol{\beta}=(1,1,-2)^{\mathrm{T}}$.

2. 判断下列向量组是否为正交向量组.

(1) $A:\boldsymbol{\alpha}_1=(1,1,1)^{\mathrm{T}},\boldsymbol{\alpha}_2=(1,-1,0)^{\mathrm{T}},\boldsymbol{\alpha}_3=(1,2,2)^{\mathrm{T}}$;

(2) $A:\boldsymbol{\alpha}_1=\begin{pmatrix}1\\1\\1\\1\end{pmatrix},\boldsymbol{\alpha}_2=\begin{pmatrix}1\\-1\\-1\\1\end{pmatrix},\boldsymbol{\alpha}_3=\begin{pmatrix}1\\-1\\1\\-1\end{pmatrix},\boldsymbol{\alpha}_4=\begin{pmatrix}1\\1\\-1\\-1\end{pmatrix}$.

3. 下列向量组, 哪些构成 $\mathbb{R}^2$(或 $\mathbb{R}^3$) 的标准正交基.

(1) $A:\boldsymbol{\alpha}_1=(1,1)^{\mathrm{T}},\boldsymbol{\alpha}_2=(1,-1)^{\mathrm{T}}$; (2) $A:\boldsymbol{\alpha}_1=\left(\dfrac{1}{2},\dfrac{\sqrt{3}}{2}\right)^{\mathrm{T}},\boldsymbol{\alpha}_2=\left(\dfrac{\sqrt{3}}{2},-\dfrac{1}{2}\right)^{\mathrm{T}}$;

(3) $A:\boldsymbol{\alpha}_1=(1,1,-1)^{\mathrm{T}},\boldsymbol{\alpha}_2=(1,-1,1)^{\mathrm{T}},\boldsymbol{\alpha}_3=(1,1,2)^{\mathrm{T}}$;

(4) $A:\boldsymbol{\alpha}_1=\left(\frac{1}{3\sqrt{2}},\frac{1}{3\sqrt{2}},-\frac{4}{3\sqrt{2}}\right)^{\mathrm{T}},\boldsymbol{\alpha}_2=\left(\frac{2}{3},\frac{2}{3},\frac{1}{3}\right)^{\mathrm{T}},\boldsymbol{\alpha}_3=\left(\frac{1}{\sqrt{2}},-\frac{1}{\sqrt{2}},0\right)^{\mathrm{T}}$.

4. 求由向量 $\boldsymbol{\alpha}_1=(1,2,1,0)^{\mathrm{T}},\boldsymbol{\alpha}_2=(1,1,1,2)^{\mathrm{T}},\boldsymbol{\alpha}_3=(3,4,3,4)^{\mathrm{T}},\boldsymbol{\alpha}_4=(1,1,2,1)^{\mathrm{T}}$ 所生成的向量空间的一个基及其维数, 并在此基础上进一步求其一个标准正交基.

5. 下列矩阵是不是正交阵? 并说明理由.

(1) $\begin{pmatrix} 1 & -\frac{1}{2} & \frac{1}{3} \\ -\frac{1}{2} & 1 & \frac{1}{2} \\ \frac{1}{3} & \frac{1}{2} & -1 \end{pmatrix}$; (2) $\begin{pmatrix} \frac{1}{9} & -\frac{8}{9} & -\frac{4}{9} \\ -\frac{8}{9} & \frac{1}{9} & -\frac{4}{9} \\ -\frac{4}{9} & -\frac{4}{9} & \frac{7}{9} \end{pmatrix}$.

6. 设 $\boldsymbol{u}$ 为 $n$ 维单位列向量, 证明矩阵 $\boldsymbol{H}=\boldsymbol{E}-2\boldsymbol{u}\boldsymbol{u}^{\mathrm{T}}$ 是正交阵; 并在 $\boldsymbol{u}=\left(\frac{1}{\sqrt{3}},\frac{1}{\sqrt{3}},-\frac{1}{\sqrt{3}}\right)^{\mathrm{T}}$ 时, 求出 $\boldsymbol{H}$.

7. 设 $\boldsymbol{A}$ 为 $n$ 阶对称矩阵, 且满足 $\boldsymbol{A}^2-4\boldsymbol{A}+3\boldsymbol{E}=\boldsymbol{0}$, 证明: $\boldsymbol{A}-2\boldsymbol{E}$ 为正交矩阵.

8. 设 $\boldsymbol{\alpha}$ 为 $n$ 维非零列向量, $\boldsymbol{E}$ 为 $n$ 阶单位矩阵, 证明: $\boldsymbol{A}=\boldsymbol{E}-\frac{2}{\boldsymbol{\alpha}^{\mathrm{T}}\boldsymbol{\alpha}}\boldsymbol{\alpha}\boldsymbol{\alpha}^{\mathrm{T}}$ 为正交矩阵.

# 2.6* 线性空间

前面的理论, 只依赖于 $n$ 维实向量空间 $\mathbb{R}^n$ 上的某些代数性质. 实际上, 许多其他的数学系统也具有同样的性质, 这样的系统称为线性空间. 本节先给出线性空间的定义及部分例子, 然后给出相关的一些概念.

## 2.6.1 线性空间的定义

**定义 2.6.1** 设 $F$ 为实数域 (或复数域), $V$ 为一个定义了加法和标量乘法运算的非空集合, 即对 $V$ 中的每一对元素 $\boldsymbol{u}$ 和 $\boldsymbol{v}$, 可唯一对应于 $V$ 中的一个元素 $\boldsymbol{u}+\boldsymbol{v}$, 且对 $V$ 中每一个元素 $\boldsymbol{u}$ 和 $F$ 中的每一个数 $a$, 可以唯一对应于 $V$ 中的元素 $a\boldsymbol{u}$. 如果集合 $V$ 连同其上的加法和标量乘法运算, 满足下列公理:

(1) **交换性** 对所有 $\boldsymbol{u},\boldsymbol{v}\in V$, 都有 $\boldsymbol{u}+\boldsymbol{v}=\boldsymbol{v}+\boldsymbol{u}$;

(2) **结合性** 对所有 $\boldsymbol{u},\boldsymbol{v},\boldsymbol{w}\in V$, $a,b\in F$, 都有 $(\boldsymbol{u}+\boldsymbol{v})+\boldsymbol{w}=\boldsymbol{u}+(\boldsymbol{v}+\boldsymbol{w}),(ab)\boldsymbol{v}=a(b\boldsymbol{v})$;

(3) **加法单位元** $V$ 中存在一个元素 $\boldsymbol{0}$, 使得对所有 $\boldsymbol{v}\in V$, 都有 $\boldsymbol{v}+\boldsymbol{0}=\boldsymbol{v}$;

(4) **加法逆** 对每个 $\boldsymbol{v}\in V$, 都存在 $\boldsymbol{w}\in V$ 使得 $\boldsymbol{v}+\boldsymbol{w}=\boldsymbol{0}$;

(5) **乘法单位元** 对所有 $\boldsymbol{v}\in V$, 都有 $1\boldsymbol{v}=\boldsymbol{v}$;

(6) **分配性质** 对所有 $a,b\in F$ 以及 $\boldsymbol{u},\boldsymbol{v}\in V$, 都有

$$a(\boldsymbol{u}+\boldsymbol{v})=a\boldsymbol{u}+a\boldsymbol{v},\quad (a+b)\boldsymbol{u}=a\boldsymbol{u}+b\boldsymbol{u},$$

则称 $V$ 为 $F$ 上的**线性空间**.

我们称集合 $V$ 为线性空间的全集, 它的元素称为**向量**, 常用黑体斜体小写字母 $\boldsymbol{u},\boldsymbol{v},\boldsymbol{w}$ 表示. 术语标量常指实数或复数, 常用斜体小写字母 $a,b,c$ 表示.

依次定义, 前面的向量空间 $\mathbb{R}^2,\mathbb{R}^3$, $\mathbb{R}^n$ 以及线性方程组的解空间是线性空间.

线性空间定义中一个重要的部分是两个运算的封闭性, 即

(1) 若 $\boldsymbol{u}\in V$, $\boldsymbol{v}\in V$, 则 $\boldsymbol{u}+\boldsymbol{v}\in V$;

(2) 若 $\boldsymbol{u}\in V$, 且 $a\in F$, 则 $a\boldsymbol{u}\in V$.

下面再举几个例子.

**例 2.6.1** ($\mathbb{R}^{m\times n}$) 以 $\mathbb{R}^{m\times n}$ 记所有 $m\times n$ 实矩阵的集合. $\mathbb{R}^{m\times n}$ 中的加法和标量乘法如第 1 章所定义, 由第 1 章中矩阵的运算性质知, 它们满足线性空间的定义.

**例 2.6.2** (连续函数空间 $C[a,b]$) 以 $C[a,b]$ 记所有定义在闭区间 $[a,b]$ 上的实值连续函数. $C[a,b]$ 中的向量即为 $C[a,b]$ 中的函数.

事实上, $C[a,b]$ 中两个函数 $f,g$ 的和 $f+g$ 定义为对所有 $[a,b]$ 中的 $x$,

$$(f+g)(x)=f(x)+g(x).$$

和函数 $f+g$ 仍是 $C[a,b]$ 的元素, 因为两个连续函数的和仍为连续函数.

若 $f$ 为 $C[a,b]$ 中的函数, 标量 $k$ 为实数, 则 $kf$ 定义为对所有 $[a,b]$ 中的 $x$,

$$(kf)(x)=kf(x).$$

显然, $kf$ 也是 $C[a,b]$ 中的元素.

可以验证线性空间的所有公理都成立. 因此, $C[a,b]$ 连同一般的函数加法和标量乘法, 构成一个线性空间, 称为连续函数空间.

**例 2.6.3** (多项式空间 $P_n[x]$) 对 $n\geqslant 0$, 次数不超过 $n$ 的多项式集合 $P_n[x]$ 由如下形式的多项式构成:

$$p(x)=a_0+a_1x+a_2x^2+\cdots+a_nx^n,$$

其中 $a_0,a_1,\cdots,a_n$ 和变量 $x$ 均为实数. $P_n[x]$ 中的向量就是次数不超过 $n$ 的多项式.

对任意的 $p,q\in P_n[x]$ 和标量 $k$, 定义 $p+q$ 和 $kp$ 为对所有的实数 $x$,

$$(p+q)(x)=p(x)+q(x),\quad (cp)(x)=cp(x).$$

此时, 零向量是零多项式, $z(x)=0+0x+\cdots+0x^n$.

容易验证在 $P_n[x]$ 中线性空间的所有公理都成立. 因此, $P_n[x]$ 连同一般的函数加法和标量乘法, 构成一个线性空间, 称为多项式空间 $P_n[x]$.

**定义 2.6.2** 若 $S$ 是 $F$ 上线性空间 $V$ 的非空子集, 且 $S$ 满足如下条件:

(1) 若 $\boldsymbol{u} \in S, \boldsymbol{v} \in S$, 则 $\boldsymbol{u}+\boldsymbol{v} \in S$;

(2) 对任意标量 $k \in F$, 若 $\boldsymbol{u} \in S$, 则 $k\boldsymbol{u} \in S$,

则称 $S$ 为线性空间 $V$ 的子空间.

**例 2.6.4** 令 $S = \left\{ \boldsymbol{A} = \begin{pmatrix} a_{11} & a_{12} \\ a_{21} & a_{22} \end{pmatrix} \in \mathbb{R}^{2\times 2} \middle| a_{12} = a_{21} \right\}$. 集合 $S$ 构成 $\mathbb{R}^{2\times 2}$ 的一个子空间, 因为

(1) 若 $\boldsymbol{A}, \boldsymbol{B} \in S$, 则它们可分别表示为

$$\boldsymbol{A} = \begin{pmatrix} a_{11} & a_{12} \\ a_{12} & a_{22} \end{pmatrix} \quad 和 \quad \boldsymbol{B} = \begin{pmatrix} b_{11} & b_{12} \\ b_{12} & b_{22} \end{pmatrix},$$

且

$$\boldsymbol{A}+\boldsymbol{B} = \begin{pmatrix} a_{11}+b_{11} & a_{12}+b_{12} \\ a_{12}+b_{12} & a_{22}+b_{22} \end{pmatrix},$$

于是 $\boldsymbol{A}+\boldsymbol{B} \in S$.

(2) 若 $\boldsymbol{A} \in S$, 则它可表示为

$$\boldsymbol{A} = \begin{pmatrix} a_{11} & a_{12} \\ a_{12} & a_{22} \end{pmatrix},$$

且有

$$c\boldsymbol{A} = \begin{pmatrix} ca_{11} & ca_{12} \\ ca_{12} & ca_{22} \end{pmatrix},$$

于是 $c\boldsymbol{A} \in S$.

**例 2.6.5** (可微函数全体 $C^1[a,b]$) 以 $C^1[a,b]$ 记区间 $[a,b]$ 上可微函数的全体, 则 $C^1[a,b]$ 是 $C[a,b]$ 的子空间. 事实上, 由可微函数必是连续函数知, $C^1[a,b]$ 是 $C[a,b]$ 的子集.

若函数 $f(x), g(x) \in C^1[a,b]$, 由可微函数的性质: 可微函数的和仍是可微函数, 即 $[f(x)+g(x)]' = f'(x)+g'(x)$, 所以 $C^1[a,b]$ 对函数的加法运算封闭.

若 $f(x) \in C^1[a,b]$, $k \in \mathbb{R}$, 由可微函数的性质: 常数乘以可微函数仍是可微函数, 即 $[kf(x)]' = kf'(x)$, 所以 $C^1[a,b]$ 对函数的标量乘法运算封闭.

因此, $C^1[a,b]$ 是 $C[a,b]$ 的子空间.

### 2.6.2 线性空间中的线性相关性

**定义 2.6.3** 设 $\boldsymbol{v}_1, \boldsymbol{v}_2, \cdots, \boldsymbol{v}_n$ 为线性空间 $V$ 中的向量, $c_1, c_2, \cdots, c_n$ 为标量, $c_1\boldsymbol{v}_1 + c_2\boldsymbol{v}_2 + \cdots + c_n\boldsymbol{v}_n$ 称为向量 $\boldsymbol{v}_1, \boldsymbol{v}_2, \cdots, \boldsymbol{v}_n$ 的线性组合. 向量 $\boldsymbol{v}_1, \boldsymbol{v}_2, \cdots, \boldsymbol{v}_n$ 的所有线性组合构成的集合, 称为由 $\boldsymbol{v}_1, \boldsymbol{v}_2, \cdots, \boldsymbol{v}_n$ 张成的集合, 记为 $\mathrm{Span}(\boldsymbol{v}_1, \boldsymbol{v}_2, \cdots, \boldsymbol{v}_n)$.

容易证明 $\operatorname{Span}(\boldsymbol{v}_1, \boldsymbol{v}_2, \cdots, \boldsymbol{v}_n)$ 是 $V$ 的一个子空间.

**定义 2.6.4**　若 $\operatorname{Span}(\boldsymbol{v}_1, \boldsymbol{v}_2, \cdots, \boldsymbol{v}_n) = V$, 则称向量 $\boldsymbol{v}_1, \boldsymbol{v}_2, \cdots, \boldsymbol{v}_n$ 张成 $V$ 或者 $\boldsymbol{v}_1, \boldsymbol{v}_2, \cdots, \boldsymbol{v}_n$ 是 $V$ 的一个张集.

可以证明 $\boldsymbol{v}_1, \boldsymbol{v}_2, \cdots, \boldsymbol{v}_n$ 是 $V$ 的一个张集的充分必要条件为 $V$ 中的每个向量都可以写为 $\boldsymbol{v}_1, \boldsymbol{v}_2, \cdots, \boldsymbol{v}_n$ 的一个线性组合.

**例 2.6.6**　验证 $\{x+1, x+2, x^2-1\}$ 是 $P_2[x]$ 的张集.

**解**　令 $a_0 + a_1x + a_2x^2$ 为 $P_2[x]$ 中的任意多项式, 设

$$a_0 + a_1x + a_2x^2 = c_1(x+1) + c_2(x+2) + c_3(x^2-1),$$

整理得

$$a_0 + a_1x + a_2x^2 = (c_1 + 2c_2 - c_3) + (c_1 + c_2)x + c_3x^2.$$

令

$$\begin{cases} c_1 + 2c_2 - c_3 = a_0, \\ c_1 + c_2 = a_1, \\ c_3 = a_2 \end{cases}$$

并求解, 得到 $c_1 = -a_0 + 2a_1 - a_2, c_2 = a_0 - a_1 + a_2, c_3 = a_2$. 所以 $P_2[x]$ 中的任意多项式均能表示为 $x+1, x+2, x^2-1$ 的一个线性组合, 即 $\{x+1, x+2, x^2-1\}$ 是 $P_2[x]$ 的张集.

**定义 2.6.5**　若线性空间 $V$ 中的向量 $\boldsymbol{v}_1, \boldsymbol{v}_2, \cdots, \boldsymbol{v}_n$ 满足

$$c_1\boldsymbol{v}_1 + c_2\boldsymbol{v}_2 + \cdots + c_n\boldsymbol{v}_n = \mathbf{0},$$

就可以推出所有标量 $c_1, c_2, \cdots, c_n$ 必为 0, 则称它们为**线性无关**的; 若存在不全为零的标量 $c_1, c_2, \cdots, c_n$ 满足 $c_1\boldsymbol{v}_1 + c_2\boldsymbol{v}_2 + \cdots + c_n\boldsymbol{v}_n = \mathbf{0}$, 则称它们是线性相关的.

为确定 $\mathbb{R}^n$ 中的向量集合是否线性无关, 我们需要解一个齐次线性方程组. 对线性空间也有类似结果.

**例 2.6.7**　判断 $P_2[x]$ 中的向量 $x+1, x+2, x^2-1$ 是否线性无关.

**解**　令

$$c_1(x+1) + c_2(x+2) + c_3(x^2-1) = 0 + 0x + 0x^2,$$

由方程两端系数相等得到方程组

$$\begin{cases} c_1 + 2c_2 - c_3 = 0, \\ c_1 + c_2 = 0, \\ c_3 = 0, \end{cases}$$

该方程组只有零解 $c_1 = c_2 = c_3 = 0$, 因此它们线性无关.

**例 2.6.8** 确定 $\mathbb{R}^{2\times 2}$ 中的向量 $\boldsymbol{v}_1 = \begin{pmatrix} 1 & 0 \\ 0 & 1 \end{pmatrix}, \boldsymbol{v}_2 = \begin{pmatrix} 0 & 1 \\ 0 & 0 \end{pmatrix}, \boldsymbol{v}_3 = \begin{pmatrix} 2 & 3 \\ 0 & 2 \end{pmatrix}$ 是否线性无关.

**解** 令

$$c_1\boldsymbol{v}_1 + c_2\boldsymbol{v}_2 + c_3\boldsymbol{v}_3 = \begin{pmatrix} c_1 + 2c_3 & c_2 + 3c_3 \\ 0 & c_1 + 2c_3 \end{pmatrix} = \begin{pmatrix} 0 & 0 \\ 0 & 0 \end{pmatrix},$$

对比两个矩阵的元素, 可以得到 $c_1 = 2, c_2 = 3, c_3 = -1$ 是其中一个非零解, 所以它们线性相关, 此时有 $2\boldsymbol{v}_1 + 3\boldsymbol{v}_2 - \boldsymbol{v}_3 = \mathbf{0}$.

### 2.6.3 线性空间中的基与基变换

与 $\mathbb{R}^n$ 类似, 我们也可以定义一般线性空间的基、维数和基变换等内容.

**定义 2.6.6** 当且仅当线性空间 $V$ 中的向量 $\boldsymbol{v}_1, \boldsymbol{v}_2, \cdots, \boldsymbol{v}_n$ 满足

(1) $\boldsymbol{v}_1, \boldsymbol{v}_2, \cdots, \boldsymbol{v}_n$ 线性无关;

(2) $\boldsymbol{v}_1, \boldsymbol{v}_2, \cdots, \boldsymbol{v}_n$ 张成 $V$ 时, 称 $\boldsymbol{v}_1, \boldsymbol{v}_2, \cdots, \boldsymbol{v}_n$ 是线性空间 $V$ 的**基**.

**定义 2.6.7** 令 $V$ 为线性空间. 如果有有限多个向量张成 $V$, 则称 $V$ 是有限维的; 否则称 $V$ 是无限维的.

若 $V$ 的一个基含有 $n$ 个向量, 我们称 $V$ 的维数为 $n$. $V$ 的子空间 $\{0\}$ 的维数为 0.

**例 2.6.9** $P_2[x]$ 是有限维的, 并且其维数为 3. 事实上, $P_2[x]$ 中的向量 $1, x, x^2$ 是线性无关的, 并且 $1, x, x^2$ 张成 $P_2[x]$, 于是, $1, x, x^2$ 是 $P_2[x]$ 的一个基. 所以 $P_2[x]$ 是一个 3 维的线性空间.

**例 2.6.10** 可以证明 $C[a,b]$ 是无限维线性空间.

**例 2.6.11** $\mathbb{R}^{2\times 2}$ 是一个 4 维线性空间, 向量 $\begin{pmatrix} 1 & 0 \\ 0 & 0 \end{pmatrix}, \begin{pmatrix} 0 & 1 \\ 0 & 0 \end{pmatrix}, \begin{pmatrix} 0 & 0 \\ 1 & 0 \end{pmatrix}, \begin{pmatrix} 0 & 0 \\ 0 & 1 \end{pmatrix}$ 是其一个基.

**定义 2.6.8** 设 $V$ 为 $n$ 维线性空间, 且令 $\boldsymbol{B} = (\boldsymbol{v}_1, \boldsymbol{v}_2, \cdots, \boldsymbol{v}_n)$ 为 $V$ 的一个有序基. 若 $\boldsymbol{v}$ 为 $V$ 中的任何元素, 则 $\boldsymbol{v}$ 可表示为

$$\boldsymbol{v} = c_1\boldsymbol{v}_1 + c_2\boldsymbol{v}_2 + \cdots + c_n\boldsymbol{v}_n,$$

其中 $c_1, c_2, \cdots, c_n$ 为标量. 因此, 可以将每一向量 $\boldsymbol{v}$ 唯一对应于 $F^n$ 中的一个向量 $\boldsymbol{c} = (c_1, c_2, \cdots, c_n)^{\mathrm{T}}$. 采用这种方式定义的向量 $\boldsymbol{c}$ 称为 $\boldsymbol{v}$ 相应于有序基 $\boldsymbol{B}$ 的坐标向量, 并记为 $[\boldsymbol{v}]_{\boldsymbol{B}}$. $c_i$ 称为 $\boldsymbol{v}$ 相对于 $\boldsymbol{B}$ 的**坐标**.

设 $V$ 为 $n$ 维线性空间, $\boldsymbol{B} = (\boldsymbol{u}_1, \boldsymbol{u}_2, \cdots, \boldsymbol{u}_n)$ 及 $\boldsymbol{C} = (\boldsymbol{v}_1, \boldsymbol{v}_2, \cdots, \boldsymbol{v}_n)$ 为 $V$ 的两个有序基, 则 $\boldsymbol{u}_j$ 可表示为 $\boldsymbol{v}_i$ 的线性组合:

$$\begin{gathered}
\boldsymbol{u}_1 = p_{11}\boldsymbol{v}_1 + p_{21}\boldsymbol{v}_2 + \cdots + p_{n1}\boldsymbol{v}_n, \\
\boldsymbol{u}_2 = p_{12}\boldsymbol{v}_1 + p_{22}\boldsymbol{v}_2 + \cdots + p_{n2}\boldsymbol{v}_n, \\
\cdots\cdots \\
\boldsymbol{u}_n = p_{1n}\boldsymbol{v}_1 + p_{2n}\boldsymbol{v}_2 + \cdots + p_{nn}\boldsymbol{v}_n.
\end{gathered}$$

令 $\boldsymbol{w} \in V$, $\boldsymbol{x} = [\boldsymbol{w}]_{\boldsymbol{B}}$, 则

$$\begin{aligned}
\boldsymbol{w} &= x_1\boldsymbol{u}_1 + x_2\boldsymbol{u}_2 + \cdots + x_n\boldsymbol{u}_n \\
&= \left(\sum_{j=1}^{n} p_{1j}x_j\right)\boldsymbol{v}_1 + \left(\sum_{j=1}^{n} p_{2j}x_j\right)\boldsymbol{v}_2 + \cdots + \left(\sum_{j=1}^{n} p_{nj}x_j\right)\boldsymbol{v}_n.
\end{aligned}$$

因此, 若 $\boldsymbol{y} = [\boldsymbol{w}]_{\boldsymbol{C}}$, 则

$$y_i = \sum_{j=1}^{n} p_{ij}x_j, \quad i = 1, 2, \cdots, n.$$

于是

$$\boldsymbol{y} = \boldsymbol{P}\boldsymbol{x}.$$

此处, 矩阵 $\boldsymbol{P}$ 称为从基 $\boldsymbol{B}$ 到 $\boldsymbol{C}$ 的坐标变换矩阵 (或过渡矩阵).

**例 2.6.12** 设 $\boldsymbol{B} = (1, x, x^2)$ 和 $\boldsymbol{C} = (x+1, x+2, x^2-1)$, $\boldsymbol{B}$ 和 $\boldsymbol{C}$ 为 $P_2[x]$ 的两组有序基. 试确定 $\boldsymbol{B}$ 到 $\boldsymbol{C}$ 和 $\boldsymbol{C}$ 到 $\boldsymbol{B}$ 的坐标变换矩阵, 并求 $p(x) = a + bx + cx^2$ 在两组基下的坐标向量.

**解** 因为

$$\begin{gathered}
x + 1 = 1 \cdot 1 + 1 \cdot x + 0 \cdot x^2, \\
x + 2 = 2 \cdot 1 + 1 \cdot x + 0 \cdot x^2, \\
x^2 - 1 = -1 \cdot 1 + 0 \cdot x + 1 \cdot x^2,
\end{gathered}$$

所以从 $\boldsymbol{C}$ 到 $\boldsymbol{B}$ 的坐标变换矩阵为

$$\boldsymbol{P} = \begin{pmatrix} 1 & 2 & -1 \\ 1 & 1 & 0 \\ 0 & 0 & 1 \end{pmatrix}.$$

$\boldsymbol{P}$ 的逆矩阵就是从 $\boldsymbol{B}$ 到 $\boldsymbol{C}$ 的坐标变换矩阵:

$$\boldsymbol{P}^{-1} = \begin{pmatrix} -1 & 2 & -1 \\ 1 & -1 & 1 \\ 0 & 0 & 1 \end{pmatrix}.$$

$p(x) = a + bx + cx^2$ 相应于基 $\boldsymbol{B}$ 的坐标为 $\boldsymbol{x} = [p(x)]_{\boldsymbol{B}} = (a, b, c)^{\mathrm{T}}$, $p(x) = a + bx + cx^2$ 相应于基 $\boldsymbol{C}$ 的坐标为

$$\boldsymbol{y} = [p(x)]_{\boldsymbol{C}} = \boldsymbol{P}^{-1}[p(x)]_{\boldsymbol{B}} = \begin{pmatrix} -1 & 2 & -1 \\ 1 & -1 & 1 \\ 0 & 0 & 1 \end{pmatrix}\begin{pmatrix} a \\ b \\ c \end{pmatrix} = \begin{pmatrix} -a+2b-c \\ a-b+c \\ c \end{pmatrix}.$$

因此

$$p(x) = (-a+2b-c)\cdot(x+1) + (a-b+c)\cdot(x+2) + c\cdot(x^2-1).$$

### 2.6.4 内积空间

**定义 2.6.9** 一个线性空间 $V$ 上的内积为 $V$ 上的运算, 它将 $V$ 中的向量 $\boldsymbol{u}$ 和 $\boldsymbol{v}$ 与一个实数 $[\boldsymbol{u}, \boldsymbol{v}]$ 对应, 并且满足下列条件.

(1) **对称性** 对 $V$ 中所有的 $\boldsymbol{u}$ 和 $\boldsymbol{v}$, 有 $[\boldsymbol{u}, \boldsymbol{v}] = [\boldsymbol{v}, \boldsymbol{u}]$.

(2) **线性性** 对 $V$ 中所有的 $\boldsymbol{u}, \boldsymbol{v}, \boldsymbol{w}$ 及所有的标量 $c_1, c_2$, 有

$$[c_1\boldsymbol{u} + c_2\boldsymbol{v}, \boldsymbol{w}] = c_1[\boldsymbol{u}, \boldsymbol{w}] + c_2[\boldsymbol{v}, \boldsymbol{w}].$$

(3) **正定性** 对 $V$ 中所有的 $\boldsymbol{u}$, $[\boldsymbol{u}, \boldsymbol{u}] \geqslant 0$, 且 $[\boldsymbol{u}, \boldsymbol{u}] = 0$ 当且仅当 $\boldsymbol{u} = \boldsymbol{0}$.

定义了内积的线性空间 $V$ 叫作**内积空间**.

**例 2.6.13** 在 $\mathbb{R}^n$ 中任意两个 $n$ 维列向量 $\boldsymbol{x} = (x_1, x_2, \cdots, x_n)^{\mathrm{T}}, \boldsymbol{y} = (y_1, y_2, \cdots, y_n)^{\mathrm{T}}$, 令 $[\boldsymbol{x}, \boldsymbol{y}] = \boldsymbol{x}^{\mathrm{T}}\boldsymbol{y} = x_1y_1 + x_2y_2 + \cdots + x_ny_n$, 称 $[\boldsymbol{x}, \boldsymbol{y}]$ 为向量 $\boldsymbol{x}$ 与 $\boldsymbol{y}$ 的内积, 也称为 $\mathbb{R}^n$ 上的标准内积.

**例 2.6.14** 在 $\mathbb{R}^2$ 中, 设 $\boldsymbol{u} = (a_1, a_2)^{\mathrm{T}}, \boldsymbol{v} = (b_1, b_2)^{\mathrm{T}}$, 令

$$[\boldsymbol{u}, \boldsymbol{v}] = 2a_1b_1 - a_2b_1 - a_1b_2 + 4a_2b_2,$$

写成矩阵形式, 即

$$[\boldsymbol{u}, \boldsymbol{v}] = (a_1, a_2)\begin{pmatrix} 2 & -1 \\ -1 & 4 \end{pmatrix}\begin{pmatrix} b_1 \\ b_2 \end{pmatrix},$$

可以验证这是 $\mathbb{R}^2$ 的内积, $\mathbb{R}^2$ 在如上所定义的内积下也构成一个内积空间.

**例 2.6.15** 在线性空间 $C[a,b]$ 中, 我们可以定义内积

$$[f,g]=\int_a^b f(x)g(x)\mathrm{d}x.$$

**定义 2.6.10** 若 $\boldsymbol{v}$ 为内积空间 $V$ 中的一个向量, $\boldsymbol{v}$ 的长度 (length) 或范数 (norm) 定义为

$$\|\boldsymbol{v}\|=\sqrt{[\boldsymbol{v},\boldsymbol{v}]}.$$

长度为 1 的向量称为**单位向量**. 若 $\boldsymbol{v}\neq\mathbf{0}$, 则 $\boldsymbol{v}^0=\dfrac{1}{\|\boldsymbol{v}\|}\boldsymbol{v}$ 的长度为 1, 称为 $\boldsymbol{v}$ 的**单位化向量**.

对于同一个线性空间 $V$, 如果定义不同的内积, 则会构成不同的内积空间, 此时同一个向量的长度可能会不一样.

例如, 对于线性空间 $\mathbb{R}^2$ 中的向量 $\boldsymbol{v}=(1,1)^{\mathrm{T}}$, 在标准内积定义之下, 有 $\|\boldsymbol{v}\|=\sqrt{2}$; 在例 2.6.14 定义的内积之下,

$$[\boldsymbol{v},\boldsymbol{v}]=(1,1)\begin{pmatrix}2&-1\\-1&4\end{pmatrix}\begin{pmatrix}1\\1\end{pmatrix}=4,\quad \|\boldsymbol{v}\|=2.$$

**定义 2.6.11** 若内积空间 $V$ 中两个向量 $\boldsymbol{u}$ 和 $\boldsymbol{v}$ 满足 $[\boldsymbol{u},\boldsymbol{v}]=0$, 则称它们是**正交**的.

例如, 在 $\mathbb{R}^2$ 中的标准内积之下, 向量 $\boldsymbol{u}=(1,1)^{\mathrm{T}}$ 和 $\boldsymbol{v}=(1,-1)^{\mathrm{T}}$ 是正交的, 但在例 2.6.14 定义的内积之下, 向量 $\boldsymbol{u},\boldsymbol{v}$ 不是正交的; 而向量 $\boldsymbol{u}=(1,1)^{\mathrm{T}}$ 和 $\boldsymbol{v}=(3,-2)^{\mathrm{T}}$ 在标准内积之下不是正交的, 但在例 2.6.14 定义的内积之下是正交的. 因此, 讲正交性时, 应该先明确内积定义; 离开内积的定义方式谈正交性是容易引起误会的.

**定理 2.6.1** (勾股定理或毕达哥拉斯定理) 若 $\boldsymbol{u}$ 和 $\boldsymbol{v}$ 为一个内积空间 $V$ 中的正交向量, 则 $\|\boldsymbol{u}+\boldsymbol{v}\|^2=\|\boldsymbol{u}\|^2+\|\boldsymbol{v}\|^2$.

**定理 2.6.2** (柯西-施瓦茨不等式) 若 $\boldsymbol{u}$ 和 $\boldsymbol{v}$ 为一个内积空间 $V$ 中的两个向量, 则

$$|[\boldsymbol{u},\boldsymbol{v}]|\leqslant\|\boldsymbol{u}\|\cdot\|\boldsymbol{v}\|,$$

等式成立的充要条件是 $\boldsymbol{u}$ 和 $\boldsymbol{v}$ 为线性相关的.

**定义 2.6.12** 设 $\boldsymbol{v}_1,\boldsymbol{v}_2,\cdots,\boldsymbol{v}_n$ 为内积空间 $V$ 中的非零向量. 若当 $i\neq j$ 时有 $[\boldsymbol{v}_i,\boldsymbol{v}_j]=0$, 则称 $\{\boldsymbol{v}_1,\boldsymbol{v}_2,\cdots,\boldsymbol{v}_n\}$ 为正交集合; 若 $\{\boldsymbol{v}_1,\boldsymbol{v}_2,\cdots,\boldsymbol{v}_n\}$ 是单位向量的正交集合, 则称为规范正交的向量集合.

**例 2.6.16** 对线性空间 $C[0,2\pi]$, 我们可以定义内积

$$[f,g]=\frac{1}{\pi}\int_0^{2\pi}f(x)g(x)\mathrm{d}x,$$

则当 $m\neq n$ 且为非负整数时, 可得到

$$[\cos mx,\sin nx]=\frac{1}{\pi}\int_0^{2\pi}\cos mx\sin nx\mathrm{d}x=0,$$

$$[\cos mx,\cos nx]=\frac{1}{\pi}\int_0^{2\pi}\cos mx\cos nx\mathrm{d}x=0,$$

$$[\sin mx,\sin nx]=\frac{1}{\pi}\int_0^{2\pi}\sin mx\sin nx\mathrm{d}x=0,$$

$$[\cos mx,\cos mx]=\frac{1}{\pi}\int_0^{2\pi}\cos mx\cos mx\mathrm{d}x=1,$$

$$[\sin mx,\sin mx]=\frac{1}{\pi}\int_0^{2\pi}\sin mx\sin mx\mathrm{d}x=1.$$

因此, $\cos mx$ 和 $\sin nx$ 为相应于这种内积的正交单位向量, $\cos mx$ 和 $\cos nx$, $\sin mx$ 和 $\sin nx$ 也为相应于这种内积的正交单位向量.

$C[0,2\pi]$ 中的向量集合 $\{1,\cos x,\sin x,\cos 2x,\sin 2x,\cdots,\cos nx,\sin nx\}$ 为一个正交向量集合, 而 $\left\{\frac{1}{\sqrt{2}},\cos x,\sin x,\cos 2x,\sin 2x,\cdots,\cos nx,\sin nx\right\}$ 为一个规范正交的向量集合.

此处定义的内积在应用三角函数逼近一般函数的傅里叶分析中扮演着关键的角色.

## 习 题 2.6

1. 设 $V=\left\{x(t)\left|\frac{\mathrm{d}^2x(t)}{\mathrm{d}t^2}+x(t)=0\right.\right\}$, 定义 $V$ 上的加法和标量乘法为普通的函数加法和标量乘法运算. 证明 $V$ 是一个线性空间.

2. 证明: $V=\{f(x)\in C[a,b]|f(a)=f(b)\}$ 是 $C[a,b]$ 的一个子空间.

3. 验证 $C[0,1]$ 上的子集 $\{\sin t,\cos t\}$ 是线性无关的.

4. 判断集合 $\{1,x,2x-3,x^2+1\}$ 是否是 $P_3[x]$ 的张集.

5. 在 $P_3[x]$, 求从有序基 $[1,x,x^2]$ 到 $[1,1+x,1+x+x^2]$ 的坐标变换矩阵.

6. 设 $t_0,t_1,\cdots,t_n$ 是互不相同的实数, 证明: 对于 $p(x),q(x)\in P_n[x]$, 运算

$$[p(x),q(x)]=p(t_0)q(t_0)+p(t_1)q(t_1)+\cdots+p(t_n)q(t_n)$$

定义了 $P_n[x]$ 上的一个内积.

7. 在线性空间 $C[0,1]$ 中取定多项式 $p_1(x)=1, p_2(x)=2x-1, p_3(x)=12x^2$, 令 $W$ 是由 $p_1(x), p_2(x), p_3(x)$ 张成的子空间, 定义内积

$$[f(x), g(x)] = \int_0^1 f(x)g(x)\mathrm{d}x.$$

证明: $q_1(x)=1, q_2(x)=2x-1, q_3(x)=12x^2-12x+2$ 是 $W$ 的一组正交基.

## 2.7* 应 用 案 例

本节给出向量、向量空间和内积的一些应用例子, 供大家选读, 了解它们在某些方面的应用.

**例 2.7.1** (配平化学方程式) 如下化学反应式可以在工业中应用, 如 $AsH_3$ 的生产,

$$(x_1)\ \mathrm{MnS} + (x_2)\mathrm{As_2Cr_{10}O_{35}} + (x_3)\mathrm{H_2SO_4} \to (x_4)\mathrm{HMnO_4} + (x_5)\ \mathrm{AsH_3}$$
$$+ (x_6)\mathrm{CrS_3O_{12}} + (x_7)\mathrm{H_2O},$$

试配平这一方程式.

**解** 该方程中包含了 6 种不同的元素 (锰、硫、砷、铬、氧、氢), 于是, 在 $\mathbb{R}^6$ 中为该反应式的每一种反应物和生成物构造一个向量, 分量数字依次代表各元素的数目 (按锰、硫、砷、铬、氧、氢的次序), 7 种物质的向量表示如下:

$$\mathrm{MnS}: \begin{pmatrix}1\\1\\0\\0\\0\\0\end{pmatrix},\ \mathrm{As_2Cr_{10}O_{35}}: \begin{pmatrix}0\\0\\2\\10\\35\\0\end{pmatrix},\ \mathrm{H_2SO_4}: \begin{pmatrix}0\\1\\0\\0\\4\\2\end{pmatrix},\ \mathrm{HMnO_4}: \begin{pmatrix}1\\0\\0\\0\\4\\1\end{pmatrix},$$

$$\mathrm{AsH_3}: \begin{pmatrix}0\\0\\1\\0\\0\\3\end{pmatrix},\ \mathrm{CrS_3O_{12}}: \begin{pmatrix}0\\3\\0\\1\\12\\0\end{pmatrix},\ \mathrm{H_2O}: \begin{pmatrix}0\\0\\0\\0\\1\\2\end{pmatrix}.$$

为了配平该方程式, 系数 $x_1, x_2, \cdots, x_7$ 必须满足

$$x_1\begin{pmatrix}1\\1\\0\\0\\0\\0\end{pmatrix}+x_2\begin{pmatrix}0\\0\\2\\10\\35\\0\end{pmatrix}+x_3\begin{pmatrix}0\\1\\0\\0\\4\\2\end{pmatrix}=x_4\begin{pmatrix}1\\0\\0\\0\\4\\1\end{pmatrix}+x_5\begin{pmatrix}0\\0\\1\\0\\0\\3\end{pmatrix}+x_6\begin{pmatrix}0\\3\\0\\1\\12\\0\end{pmatrix}+x_7\begin{pmatrix}0\\0\\0\\0\\1\\2\end{pmatrix}.$$

对该方程组的增广矩阵进行化简, 得到通解

$$(x_1,x_2,x_3,x_4,x_5,x_6,x_7)^{\mathrm{T}}=c\left(\frac{16}{327},\frac{13}{327},\frac{374}{327},\frac{16}{327},\frac{26}{327},\frac{130}{327},1\right)^{\mathrm{T}},\quad c\in\mathbb{R}.$$

由于化学方程式中的系数必须是正整数, 取 $c=327$, 配平后的化学方程式为

$$16\mathrm{MnS}+13\mathrm{As_2Cr_{10}O_{35}}+374\mathrm{H_2SO_4}=16\mathrm{HMnO_4}+26\mathrm{AsH_3}$$
$$+130\mathrm{CrS_3O_{12}}+327\mathrm{H_2O}.$$

**例 2.7.2** (药方配置问题) 表 2.7.1 是某医院某 7 种中草药各种成分的含量.

**表 2.7.1 7 种中草药的成分含量表**

| 成分 | 成品药 | | | | | | |
|---|---|---|---|---|---|---|---|
| | 药品 1 | 药品 2 | 药品 3 | 药品 4 | 药品 5 | 药品 6 | 药品 7 |
| A | 10 | 2 | 14 | 12 | 20 | 38 | 100 |
| B | 12 | 0 | 12 | 25 | 35 | 60 | 55 |
| C | 5 | 3 | 11 | 0 | 5 | 14 | 0 |
| D | 7 | 9 | 25 | 5 | 15 | 47 | 35 |
| E | 0 | 1 | 2 | 25 | 5 | 33 | 6 |
| F | 25 | 5 | 35 | 5 | 35 | 55 | 50 |
| G | 9 | 4 | 17 | 25 | 2 | 39 | 25 |
| H | 6 | 5 | 16 | 10 | 10 | 35 | 10 |
| I | 8 | 2 | 12 | 0 | 0 | 6 | 20 |

该医院要购买这 7 种药品, 但药厂的药品 3 和药品 6 已经卖完, 请问能用其他几种药品配制出这两种脱销的药品吗?

**解** 用列向量 $\boldsymbol{\alpha}_i\ (i=1,2,\cdots,7)$ 分别表示这 7 种成品药的成分含量, 那么问能否用其他几种药品配制出脱销药品 3 和药品 6, 实际上就是在问向量 $\boldsymbol{\alpha}_3,\boldsymbol{\alpha}_6$ 能否由其余向量 $\boldsymbol{\alpha}_1,\boldsymbol{\alpha}_2,\boldsymbol{\alpha}_4,\boldsymbol{\alpha}_5,\boldsymbol{\alpha}_7$ 线性表示. 这可以转化为判断下面两个向量方程

$$x_1\boldsymbol{\alpha}_1+x_2\boldsymbol{\alpha}_2+x_4\boldsymbol{\alpha}_4+x_5\boldsymbol{\alpha}_5+x_7\boldsymbol{\alpha}_7=\boldsymbol{\alpha}_3$$

和

$$y_1\boldsymbol{\alpha}_1+y_2\boldsymbol{\alpha}_2+y_4\boldsymbol{\alpha}_4+y_5\boldsymbol{\alpha}_5+y_7\boldsymbol{\alpha}_7=\boldsymbol{\alpha}_6$$

是否有解. 构造矩阵

$$(\boldsymbol{\alpha}_1, \boldsymbol{\alpha}_2, \boldsymbol{\alpha}_4, \boldsymbol{\alpha}_5, \boldsymbol{\alpha}_7 | \boldsymbol{\alpha}_3, \boldsymbol{\alpha}_6),$$

并计算得其行最简形矩阵

$$\begin{pmatrix} 1 & 0 & 0 & 0 & 0 & 1 & 0 \\ 0 & 1 & 0 & 0 & 0 & 2 & 3 \\ 0 & 0 & 1 & 0 & 0 & 0 & 1 \\ 0 & 0 & 0 & 1 & 0 & 0 & 1 \\ 0 & 0 & 0 & 0 & 1 & 0 & 0 \\ 0 & 0 & 0 & 0 & 0 & 0 & 0 \\ 0 & 0 & 0 & 0 & 0 & 0 & 0 \\ 0 & 0 & 0 & 0 & 0 & 0 & 0 \\ 0 & 0 & 0 & 0 & 0 & 0 & 0 \end{pmatrix}.$$

易知, 这两个向量方程均有解. 因此, 向量 $\boldsymbol{\alpha}_3, \boldsymbol{\alpha}_6$ 均能由其余向量 $\boldsymbol{\alpha}_1, \boldsymbol{\alpha}_2, \boldsymbol{\alpha}_4, \boldsymbol{\alpha}_5, \boldsymbol{\alpha}_7$ 线性表示, 且表示结果为

$$\boldsymbol{\alpha}_3 = \boldsymbol{\alpha}_1 + 2\boldsymbol{\alpha}_2, \quad \boldsymbol{\alpha}_6 = 3\boldsymbol{\alpha}_2 + \boldsymbol{\alpha}_4 + \boldsymbol{\alpha}_5.$$

由表示结果知道, 药品 3 可以通过药品 1 和药品 2 按照 1:2 的比例配制得到; 药品 6 可以通过药品 2、药品 4 和药品 5 按照 3:1:1 的比例配制得到.

**例 2.7.3** (混凝土配方比例) 一个混凝土生产企业的设备只能生产存储三种基本的混凝土, 即超强型、通用型和长寿型. 它们的配方如表 2.7.2 所示.

**表 2.7.2 混凝土的种类**

| | 超强型 $A$ | 通用型 $B$ | 长寿型 $C$ |
|---|---|---|---|
| 水泥 $c$ | 20 | 18 | 12 |
| 水 $w$ | 10 | 10 | 10 |
| 砂 $s$ | 20 | 25 | 15 |
| 石 $g$ | 10 | 5 | 15 |
| 灰 $f$ | 0 | 2 | 8 |

于是, 每一种基本类型混凝土就可以用一个五维的列向量 $(c, w, s, g, f)^{\mathrm{T}}$ 来表示, 生产企业希望, 客户所订购的其他混凝土都由这三种基本类型按一定比例混合而成.

(1) 假如某客户要求的混凝土的五种成分为 $16, 10, 21, 9, 4$, 试问 $A$, $B$, $C$ 三种类型应各占多少比例?

(2) 如果客户要求的成分为 $16, 12, 19, 9, 4$, 则这种材料能用 $A$, $B$, $C$ 三种类型配成吗? 为什么?

**解** 用列向量 $\boldsymbol{\alpha}_i(i=1,2,3)$ 分别表示 3 种基本的混凝土的配方比例含量, $\boldsymbol{\beta}_1=(16,10,21,9,4)^{\mathrm{T}},\boldsymbol{\beta}_2=(16,12,19,9,4)^{\mathrm{T}}$ 表示客户需求的混凝土的配方比例, 那么问能否用它们配出客户要求的混凝土, 实际上就是在问向量 $\boldsymbol{\beta}_1,\boldsymbol{\beta}_2$ 能否由向量 $\boldsymbol{\alpha}_1,\boldsymbol{\alpha}_2,\boldsymbol{\alpha}_3$ 线性表示. 这可以转化为判断下面两个向量方程

$$x_1\boldsymbol{\alpha}_1+x_2\boldsymbol{\alpha}_2+x_3\boldsymbol{\alpha}_3=\boldsymbol{\beta}_1 \tag{2.7.1}$$

和

$$y_1\boldsymbol{\alpha}_1+y_2\boldsymbol{\alpha}_2+y_3\boldsymbol{\alpha}_3=\boldsymbol{\beta}_2 \tag{2.7.2}$$

是否有解. 构造矩阵

$$(\boldsymbol{\alpha}_1,\boldsymbol{\alpha}_2,\boldsymbol{\alpha}_3|\boldsymbol{\beta}_1,\boldsymbol{\beta}_2),$$

计算得其行最简形矩阵

$$\begin{pmatrix} 1 & 0 & 0 & \dfrac{2}{25} & 0 \\ 0 & 1 & 0 & \dfrac{14}{25} & 0 \\ 0 & 0 & 1 & \dfrac{9}{25} & 0 \\ 0 & 0 & 0 & 0 & 1 \\ 0 & 0 & 0 & 0 & 0 \end{pmatrix}.$$

易知, 向量方程 (2.7.1) 有解, 其解为 $x_1=0.08,x_2=0.56,x_3=0.36$. 因此, 假如某客户要求的混凝土的五种成分为 $16,10,21,9,4$, 三种基本的混凝土 $A$, $B$, $C$ 的占比分别为 8%, 56%, 36%.

向量方程 (2.7.2) 无解. 因此, 如果客户要求的成分为 $16,12,19,9,4$, 将无法用 A, B, C 按照一定比例配成.

**例 2.7.4** (基因间 "距离" 的表示) 在 A, B, O 血型的人中, 对各种群体的基因的频率进行了研究. 表 2.7.3 给出了四种等位基因的相对频率.

**表 2.7.3 基因频率表**

| 基因 | 人群 | | | |
|---|---|---|---|---|
| | 爱斯基摩人 | 班图人 | 英国人 | 朝鲜人 |
| $A_1$ | 0.2914 | 0.1034 | 0.2090 | 0.2208 |
| $A_2$ | 0.0000 | 0.0866 | 0.0696 | 0.0000 |
| $B$ | 0.0316 | 0.1200 | 0.0612 | 0.2069 |
| $O$ | 0.6770 | 0.6900 | 0.6602 | 0.5723 |
| 合计 | 1.0000 | 1.0000 | 1.0000 | 1.0000 |

问题: 哪两个群体的基因更接近? 哪两个群体的基因差异最大?

**解**　群体与群体的接近程度如何, 可用“距离”来表示. 换句话讲, 就是要找出一个表示基因间“距离”的合适的量度. 我们利用本章中的内积的方法来解决这个问题.

首先, 构造一组单位向量 $\boldsymbol{\alpha}_i = \begin{pmatrix} a_{1i} \\ a_{2i} \\ a_{3i} \\ a_{4i} \end{pmatrix} (i=1,2,3,4)$ 表示每一个群体的基因相对频率. 由于对这四种群体的每一种均有

$$\sum_{i=1}^{4} f_{ki} = 1,$$

取

$$a_{ki} = \sqrt{f_{ki}}, \quad i, k = 1, 2, 3, 4,$$

这意味着四个向量 $\boldsymbol{\alpha}_i (i=1,2,3,4)$ 都是单位向量.

现在用两个向量间的夹角的度数来表示两个对应的群体基因间的“距离”. 如果将 $\boldsymbol{\alpha}_i$ 和 $\boldsymbol{\alpha}_j$ 之间的夹角记为 $\theta_{ij}$, 那么由于 $||\boldsymbol{\alpha}_i|| = ||\boldsymbol{\alpha}_j|| = 1$, 再由内积公式得到

$$\cos\theta_{ij} = [\boldsymbol{\alpha}_i, \boldsymbol{\alpha}_j].$$

通过计算, 可得到基因之间的“距离”如表 2.7.4 所示.

**表 2.7.4　人种之间的距离**

| | 爱斯基摩人 | 班图人 | 英国人 | 朝鲜人 |
|---|---|---|---|---|
| 爱斯基摩人 | 0 | 23.3 | 16.4 | 16.9 |
| 班图人 | 23.3 | 0 | 9.8 | 20.4 |
| 英国人 | 16.4 | 9.8 | 0 | 19.6 |
| 朝鲜人 | 16.9 | 20.4 | 19.6 | 0 |

由表 2.7.4 可知, 最小的基因“距离”是班图人和英国人之间的“距离”, 而爱斯基摩人和班图人之间的基因“距离”最大.

因此, 班图人和英国人的接近程度要高于爱斯基摩人和班图人的接近程度.

$n$ 维向量
测试题

线性方程组
测试题

# 第 3 章　线性变换与二次型

## 3.1　向量空间上的线性映射

给定一个 $m \times n$ 矩阵 $\boldsymbol{A}$, 利用矩阵乘法可将 $n$-维向量 $\boldsymbol{v}$ 变为 $m$-维向量 $\boldsymbol{A}\boldsymbol{v}$. 由此可以定义向量空间 $\mathbb{R}^n$ 到 $\mathbb{R}^m$ 的一个映射:

$$\mathcal{A}: \mathbb{R}^n \to \mathbb{R}^m,$$

$$\boldsymbol{v} \mapsto \mathcal{A}(\boldsymbol{v}) = \boldsymbol{A}\boldsymbol{v}.$$

由矩阵的运算规则, 对于任意的 $n$-维向量 $\boldsymbol{v}, \boldsymbol{w} \in \mathbb{R}^n$ 和数 $c \in \mathbb{R}$,

$$\mathcal{A}(\boldsymbol{v}+\boldsymbol{w}) = \boldsymbol{A}\boldsymbol{v} + \boldsymbol{A}\boldsymbol{w} = \mathcal{A}(\boldsymbol{v}) + \mathcal{A}(\boldsymbol{w}), \quad \mathcal{A}(c\boldsymbol{v}) = \boldsymbol{A}(c\boldsymbol{v}) = c\boldsymbol{A}\boldsymbol{v} = c\mathcal{A}(\boldsymbol{v}). \tag{3.1.1}$$

一般地,

**定义 3.1.1**　向量空间 $\mathbb{R}^n$ 到向量空间 $\mathbb{R}^m$ 的映射 $\mathcal{A}$ 称为**线性映射**, 若对于任意的向量 $\boldsymbol{v} \in \mathbb{R}^n, \boldsymbol{\omega} \in \mathbb{R}^n$ 和数 $c \in \mathbb{R}$, 有

$$\mathcal{A}(\boldsymbol{v}+\boldsymbol{w}) = \mathcal{A}(\boldsymbol{v}) + \mathcal{A}(\boldsymbol{w}), \qquad \mathcal{A}(c\boldsymbol{v}) = c\mathcal{A}(\boldsymbol{v}). \tag{3.1.2}$$

显然,

(1) 如果输入的向量是零向量 $\boldsymbol{v} = \boldsymbol{0}$, 输出的向量也是零向量 $\mathcal{A}(\boldsymbol{v}) = \boldsymbol{0}$.

(2) 如果 $\boldsymbol{u} = c_1\boldsymbol{v}_1 + c_2\boldsymbol{v}_2 + \cdots + c_n\boldsymbol{v}_n$, 则

$$\mathcal{A}(\boldsymbol{u}) = c_1\mathcal{A}(\boldsymbol{v}_1) + c_2\mathcal{A}(\boldsymbol{v}_2) + \cdots + c_n\mathcal{A}(\boldsymbol{v}_n).$$

**例 3.1.1**　设变换 $\mathcal{A}$ 将平面上的每个向量关于原点逆时针旋转 30°. 利用极坐标将平面上的向量写为

$$\boldsymbol{v} = \begin{pmatrix} r\cos\alpha \\ r\sin\alpha \end{pmatrix}.$$

将向量关于原点逆时针旋转 30°, 这一变换可以用下面映射刻画:

$$\mathcal{A}: \mathbb{R}^2 \longrightarrow \mathbb{R}^2,$$

$$\boldsymbol{v} \mapsto \boldsymbol{A}\boldsymbol{v},$$

其中

$$\boldsymbol{Av} = \begin{pmatrix} \cos 30^\circ & -\sin 30^\circ \\ \sin 30^\circ & \cos 30^\circ \end{pmatrix} \begin{pmatrix} r\cos\alpha \\ r\sin\alpha \end{pmatrix} = \begin{pmatrix} r\cos(\alpha+30^\circ) \\ r\sin(\alpha+30^\circ) \end{pmatrix},$$

容易验证 $\mathcal{A}$ 是平面上的线性映射.

**例 3.1.2** 同样设 $\mathcal{A}$ 是平面上的变换, 输入任意一个向量, 输出该向量的长度, 也就是定义了映射 $\mathcal{A}:\mathbb{R}^2\to\mathbb{R}$,

$$\mathcal{A}(\boldsymbol{v}) = ||\boldsymbol{v}||.$$

由 $||\boldsymbol{v}+\boldsymbol{w}|| \leqslant ||\boldsymbol{v}|| + ||\boldsymbol{w}||$ 可知 $\mathcal{A}$ 不是线性映射.

相对应于函数关系中的零点和值域, 下面给出线性映射的核与像的定义.

**定义 3.1.2** 给定一个 $m\times n$ 矩阵 $\boldsymbol{A}$, 对于向量空间 $\mathbb{R}^n$ 到 $\mathbb{R}^m$ 的线性映射:

$$\mathcal{A}:\mathbb{R}^n \to \mathbb{R}^m,$$

$$\boldsymbol{v} \mapsto \mathcal{A}(\boldsymbol{v}) = \boldsymbol{Av},$$

定义它的核和像分别为

$$\operatorname{Ker}\mathcal{A} = \{\boldsymbol{v}\in\mathbb{R}^n \mid \mathcal{A}(\boldsymbol{v}) = \boldsymbol{0}\},$$

$$\operatorname{Im}\mathcal{A} = \{\mathcal{A}(\boldsymbol{v})\in\mathbb{R}^m \mid \boldsymbol{v}\in\mathbb{R}^n\}.$$

根据定义, 线性映射的核 $\operatorname{Ker}\mathcal{A}$ 由满足线性方程组 $\boldsymbol{Ax}=\boldsymbol{0}$ 的 $n$-维向量构成, 也就是齐次线性方程组 $\boldsymbol{Ax}=\boldsymbol{0}$ 的解空间. 而像 $\operatorname{Im}\mathcal{A}$ 为矩阵 $\boldsymbol{A}$ 的列空间, 这是因为对于任意 $\boldsymbol{v}\in\mathbb{R}^n$,

$$\mathcal{A}(\boldsymbol{v}) = A\boldsymbol{v} = (\boldsymbol{A}_1, \boldsymbol{A}_2, \cdots, \boldsymbol{A}_n)\begin{pmatrix} c_1 \\ c_2 \\ \vdots \\ c_n \end{pmatrix} = c_1\boldsymbol{A}_1 + c_2\boldsymbol{A}_2 + \cdots + c_n\boldsymbol{A}_n.$$

因此要计算线性映射的像就只需要计算矩阵 $\boldsymbol{A}$ 的列向量构成的向量组中的极大线性无关组就行了.

**例 3.1.3** 设

$$\boldsymbol{A} = \begin{pmatrix} 1 & -2 & -1 \\ -3 & 1 & -2 \\ 0 & 1 & 1 \\ 2 & 1 & 3 \end{pmatrix},$$

对它进行初等行变换得到

$$A \to \begin{pmatrix} 1 & -2 & -1 \\ 0 & 1 & 1 \\ 0 & 0 & 0 \\ 0 & 0 & 0 \end{pmatrix}.$$

由此知

$$\text{rank}(\boldsymbol{A}) = 2,$$

且前两列 $\boldsymbol{A}_1 = \begin{pmatrix} 1 \\ -3 \\ 0 \\ 2 \end{pmatrix}, \boldsymbol{A}_2 = \begin{pmatrix} -2 \\ 1 \\ 1 \\ 1 \end{pmatrix}$ 即为所求的极大线性无关组, 故

$$\operatorname{Im} \mathcal{A} = \{c_1\boldsymbol{A}_1 + c_2\boldsymbol{A}_2 \mid c_1, c_2 \in \mathbb{R}\}.$$

要计算线性映射的核 $\operatorname{Ker} \mathcal{A}$, 也就是求齐次线性方程组 $\boldsymbol{Ax} = \boldsymbol{0}$ 的解空间.

## 习 题 3.1

1. 设 $m, n$ 为正整数且 $m < n$. 定义 $\mathbb{R}^n$ 到 $\mathbb{R}^m$ 的映射 $f$ 如下:

$$\boldsymbol{\alpha} = \begin{pmatrix} a_1 \\ a_2 \\ \vdots \\ a_n \end{pmatrix} \mapsto f(\boldsymbol{\alpha}) = \begin{pmatrix} a_1 \\ a_2 \\ \vdots \\ a_m \end{pmatrix}.$$

又定义 $\mathbb{R}^m$ 到 $\mathbb{R}^n$ 的映射 $g$ 如下:

$$\boldsymbol{\alpha} = \begin{pmatrix} a_1 \\ a_2 \\ \vdots \\ a_m \end{pmatrix} \mapsto g(\boldsymbol{\alpha}) = \begin{pmatrix} a_1 \\ \vdots \\ a_m \\ 0 \\ \vdots \\ 0 \end{pmatrix}.$$

(1) 证明 $f, g$ 均为线性映射;

(2) 求 $\operatorname{Ker} f, \operatorname{Im} f, \operatorname{Ker} g, \operatorname{Im} g$.

## 3.2 线性变换和特征向量

当给定矩阵 $\boldsymbol{A}$ 是 $n\times n$ 方阵时, 对应的线性映射将任意 $n$-维向量 $\boldsymbol{v}$ 变为 $n$-维向量 $\boldsymbol{Av}$:

$$\begin{aligned}\mathcal{A}:\mathbb{R}^n&\to\mathbb{R}^n,\\ \boldsymbol{v}&\mapsto\mathcal{A}(\boldsymbol{v})=\boldsymbol{Av}.\end{aligned}$$

这样的线性映射 $\mathcal{A}$ 称为向量空间 $\mathbb{R}^n$ 上的线性变换.

**例 3.2.1** 实平面 $\mathbb{R}^2$ 上关于原点逆时针旋转 $\theta$ 角度的旋转变换是一个线性变换.

$$\mathcal{R}:\mathbb{R}^2\longrightarrow\mathbb{R}^2,$$

$$\boldsymbol{v}=\begin{pmatrix} r\cos\alpha\\ r\sin\alpha\end{pmatrix}\mapsto\boldsymbol{Rv}=\begin{pmatrix}\cos\theta & -\sin\theta\\ \sin\theta & \cos\theta\end{pmatrix}\begin{pmatrix} r\cos\alpha\\ r\sin\alpha\end{pmatrix}=\begin{pmatrix} r\cos(\alpha+\theta)\\ r\sin(\alpha+\theta)\end{pmatrix}.$$

**例 3.2.2** 类似地, 实平面 $\mathbb{R}^2$ 上关于 $x$-轴的翻转变换也是一个线性变换.

$$\mathcal{S}:\mathbb{R}^2\longrightarrow\mathbb{R}^2,$$

$$\boldsymbol{v}=\begin{pmatrix} x\\ y\end{pmatrix}\mapsto\boldsymbol{Sv}=\begin{pmatrix}1 & 0\\ 0 & -1\end{pmatrix}\begin{pmatrix} x\\ y\end{pmatrix}=\begin{pmatrix} x\\ -y\end{pmatrix}.$$

在例 3.2.1 中, 如果 $\theta=30^\circ$, 则平面上所有的非零向量在线性变换下都不能维持原方向, 而在例 3.2.2 中, 所有位于 $x$-轴上的非零向量都保持其方向不变. 由此给出以下定义.

**定义 3.2.1** 设 $\boldsymbol{A}$ 是 $n\times n$ 矩阵, 如果存在实数 $\lambda$ 与 $n$ 维非零向量 $\boldsymbol{v}\in\mathbb{R}^n$ 使得

$$\boldsymbol{Av}=\lambda\boldsymbol{v},$$

则称 $\lambda$ 是 $\boldsymbol{A}$ 的一个特征值, $\boldsymbol{v}$ 是 $\boldsymbol{A}$ 的属于特征值 $\lambda$ 的特征向量.

**例 3.2.3** 对 $2\times 2$ 矩阵

$$\boldsymbol{A}=\begin{pmatrix}4 & 1\\ 0 & 2\end{pmatrix}$$

而言, 向量

$$\boldsymbol{\varepsilon}_1=\begin{pmatrix}1\\ 0\end{pmatrix}$$

是属于特征值 4 的特征向量.

**例 3.2.4** 如果 $\boldsymbol{A}$ 是单位矩阵, 则对于任意非零向量 $\boldsymbol{v}$ 都有 $\boldsymbol{A}\boldsymbol{v}=\boldsymbol{v}$, 因此所有的非零向量都是属于特征值 $\lambda=1$ 的特征向量.

接下来, 考虑如何求矩阵的特征值和特征向量. 若 $\boldsymbol{v}$ 是 $\boldsymbol{A}$ 的属于特征值 $\lambda$ 的特征向量, 亦即

$$\boldsymbol{A}\boldsymbol{v}=\lambda\boldsymbol{v},$$

改写一下即为

$$(\lambda\boldsymbol{E}-\boldsymbol{A})\boldsymbol{v}=\boldsymbol{0},$$

其中 $\boldsymbol{E}$ 为单位矩阵. 因此, 非零向量 $\boldsymbol{v}$ 是 $\boldsymbol{A}$ 的特征向量当且仅当 $\boldsymbol{v}$ 是齐次线性方程组 $(\lambda\boldsymbol{E}-\boldsymbol{A})\boldsymbol{x}=\boldsymbol{0}$ 的解.

由于特征向量 $\boldsymbol{v}$ 是非零向量, 这就意味着齐次线性方程组

$$(\lambda\boldsymbol{E}-\boldsymbol{A})\boldsymbol{x}=\boldsymbol{0}$$

有非零解, 更进一步,

$$\det(\lambda\boldsymbol{E}-\boldsymbol{A})=0.$$

因此, 确定一个方阵的特征值与特征向量的方法可以分成下面几步:

(1) 通过 $\det(\lambda\boldsymbol{E}-\boldsymbol{A})=0$ 求出 $\boldsymbol{A}$ 的全部特征值;

(2) 把所求得的特征值逐个代入齐次线性方程组 $(\lambda\boldsymbol{E}-\boldsymbol{A})\boldsymbol{x}=\boldsymbol{0}$. 对于每一个特征值, 解方程组 $(\lambda_j\boldsymbol{E}-\boldsymbol{A})\boldsymbol{x}=\boldsymbol{0}$, 求出一组基础解系, 它们就是属于这个特征值 $\lambda_j$ 的线性无关的特征向量;

(3) 利用基础解系写出属于每个特征值的全部特征向量.

**例 3.2.5** 设矩阵

$$\boldsymbol{A}=\begin{pmatrix}1&2&2\\2&1&2\\2&2&1\end{pmatrix},$$

求 $\boldsymbol{A}$ 的特征值与特征向量.

(1) 首先利用 $\det(\lambda\boldsymbol{E}-\boldsymbol{A})=\boldsymbol{0}$ 求特征值:

$$|\lambda\boldsymbol{E}-\boldsymbol{A}|=\begin{vmatrix}\lambda-1&-2&-2\\-2&\lambda-1&-2\\-2&-2&\lambda-1\end{vmatrix}=(\lambda+1)^2(\lambda-5).$$

所以特征值是 $-1$ (二重) 和 5.

(2) 求相应的特征向量.

(a) 把特征值 $-1$ 代入齐次线性方程组 $(\lambda\boldsymbol{E}-\boldsymbol{A})\boldsymbol{X}=\boldsymbol{0}$, 得到

$$\begin{cases}-2x_1-2x_2-2x_3=0,\\-2x_1-2x_2-2x_3=0,\\-2x_1-2x_2-2x_3=0,\end{cases}$$

它的一个基础解系是

$$\begin{pmatrix}1\\0\\-1\end{pmatrix},\quad\begin{pmatrix}0\\1\\-1\end{pmatrix}.$$

因此属于特征值 $-1$ 的全部特征向量就是

$$k_1\begin{pmatrix}1\\0\\-1\end{pmatrix}+k_2\begin{pmatrix}0\\1\\-1\end{pmatrix},\quad k_1,k_2\text{不全为零}.$$

(b) 再将特征值 5 代入齐次线性方程组 $(\lambda\boldsymbol{E}-\boldsymbol{A})\boldsymbol{X}=\boldsymbol{0}$ 得到

$$\begin{cases}4x_1-2x_2-2x_3=0,\\-2x_1+4x_2-2x_3=0,\\-2x_1-2x_2+4x_3=0,\end{cases}$$

解得它的一个基础解系为

$$\begin{pmatrix}1\\1\\1\end{pmatrix}.$$

因此属于特征值 5 的全部特征向量就是

$$k\begin{pmatrix}1\\1\\1\end{pmatrix},\quad k\neq 0.$$

从上面的例子看出, 行列式 $\det(\lambda\boldsymbol{E}-\boldsymbol{A})$ 是关于未知量 $\lambda$ 的多项式, 称为矩

阵 $\boldsymbol{A}$ 的**特征多项式**. 按照行列式的计算方法将

$$\det(\lambda\boldsymbol{E}-\boldsymbol{A})=\begin{vmatrix}\lambda-a_{11} & -a_{12} & \cdots & -a_{1n}\\ -a_{21} & \lambda-a_{22} & \cdots & -a_{2n}\\ \vdots & \vdots & & \vdots\\ -a_{n1} & -a_{n2} & \cdots & \lambda-a_{nn}\end{vmatrix}$$

完全展开, 由于变量 $\lambda$ 均位于对角线的位置, 因此特征多项式的次数为 $n$, 首项系数为 1, $n-1$ 次项的系数的相反数为矩阵对角线上元素的和 (称为矩阵的**迹**):

$$\operatorname{trace}\boldsymbol{A}=a_{11}+a_{22}+\cdots+a_{nn}.$$

常数项为 $(-1)^n\det\boldsymbol{A}$. 更进一步, 若 $\lambda_1,\cdots,\lambda_n$ 为 $\boldsymbol{A}$ 的特征值, 则由多项式根与系数的关系可知

$$\det\boldsymbol{A}=\lambda_1\lambda_2\cdots\lambda_n,$$

$$\operatorname{trace}\boldsymbol{A}=\lambda_1+\lambda_2+\cdots+\lambda_n.$$

**例 3.2.6** 设 $\lambda_0$ 是 $\boldsymbol{A}$ 的特征值, 试证:

(1) $a\lambda_0$ 是 $a\boldsymbol{A}$ 的特征值;

(2) $\lambda_0^2$ 是 $\boldsymbol{A}^2$ 的特征值;

(3) 一般地,

$$a_0+a_1\lambda_0+\cdots+a_k\lambda_0^k$$

是

$$a_0\boldsymbol{E}+a_1\boldsymbol{A}+\cdots+a_k\boldsymbol{A}^k$$

的特征值.

**证明** 因为 $\lambda_0$ 是 $\boldsymbol{A}$ 的特征值, 故有非零向量 $\boldsymbol{v}$, 使得 $\boldsymbol{A}\boldsymbol{v}=\lambda_0\boldsymbol{v}$. 于是,

$$a\boldsymbol{A}\boldsymbol{v}=a(\boldsymbol{A}\boldsymbol{v})=a(\lambda_0\boldsymbol{v})=a\lambda_0\boldsymbol{v},$$

即 $a\lambda_0$ 是 $a\boldsymbol{A}$ 的特征值. 同样

$$\boldsymbol{A}^2\boldsymbol{v}=\boldsymbol{A}(\boldsymbol{A}\boldsymbol{v})=\boldsymbol{A}(\lambda_0\boldsymbol{v})=\lambda_0(\boldsymbol{A}\boldsymbol{v})=\lambda_0^2\boldsymbol{v}.$$

类似可证

$$a_0+a_1\lambda_0+\cdots+a_k\lambda_0^k$$

是

$$a_0\boldsymbol{E}+a_1\boldsymbol{A}+\cdots+a_k\boldsymbol{A}^k$$

的特征值. □

**例 3.2.7** 设 $n$ 阶方阵 $\boldsymbol{A}$ 的特征值是 $\lambda_1=0,\lambda_2=1,\cdots,\lambda_n=n-1$, 问:
(1) $\boldsymbol{A}$ 是否可逆?
(2) $\frac{1}{2}\boldsymbol{E}-\boldsymbol{A}$ 是否可逆? 求 $\det\left(\frac{1}{2}\boldsymbol{E}-\boldsymbol{A}\right)$.

由

$$\det\boldsymbol{A}=\lambda_1\cdots\lambda_n=0\cdot1\cdot\cdots\cdot n-1=0$$

知 $\boldsymbol{A}$ 不可逆. 由上面的例子知矩阵 $\frac{1}{2}\boldsymbol{E}-\boldsymbol{A}$ 的特征值为

$$\frac{1}{2}-\lambda_1=\frac{1}{2},\quad \frac{1}{2}-\lambda_2=-\frac{1}{2},\quad \cdots,\quad \frac{1}{2}-\lambda_n=-\frac{2n-3}{2}.$$

故

$$\det\left(\frac{1}{2}\boldsymbol{E}-\boldsymbol{A}\right)=(-1)^{n-1}\frac{(2n-3)!!}{2^n}\neq0.$$

于是 $\frac{1}{2}\boldsymbol{E}-\boldsymbol{A}$ 可逆.

下面考察特征向量的线性相关性, 首先有下面的引理.

**引理 3.2.1** (1) 属于不同特征值的特征向量是线性无关的.

(2) 如果 $\lambda_1,\cdots,\lambda_k$ 是矩阵 $\boldsymbol{A}$ 的不同的特征值, 而 $\boldsymbol{\alpha}_{i1},\cdots,\boldsymbol{\alpha}_{ir_i}$ 是属于特征值 $\lambda_i$ 的线性无关的特征向量, $i=1,2,\cdots,k$, 那么向量组 $\boldsymbol{\alpha}_{11},\cdots,\boldsymbol{\alpha}_{1r_1},\cdots,\boldsymbol{\alpha}_{k1},\cdots,\boldsymbol{\alpha}_{kr_k}$ 也是线性无关的.

**证明** 对特征值的个数使用数学归纳法. 由于特征向量是不为零的, 所以单个的特征向量必然线性无关. 现在设属于 $k$ 个不同特征值的特征向量线性无关, 以下往证属于 $k+1$ 个不同特征值 $\lambda_1,\cdots,\lambda_{k+1}$ 的特征向量 $\boldsymbol{\xi}_1,\cdots,\boldsymbol{\xi}_{k+1}$ 也线性无关. 设

$$a_1\boldsymbol{\xi}_1+\cdots+a_{k+1}\boldsymbol{\xi}_{k+1}=\boldsymbol{0}. \tag{3.2.1}$$

等式两端乘以 $\lambda_{k+1}$, 得

$$a_1\lambda_{k+1}\boldsymbol{\xi}_1+\cdots+a_k\lambda_{k+1}\boldsymbol{\xi}_k+a_{k+1}\lambda_{k+1}\boldsymbol{\xi}_{k+1}=\boldsymbol{0}. \tag{3.2.2}$$

再在式 (3.2.1) 两边同时乘矩阵 $\boldsymbol{A}$, 得

$$a_1\lambda_1\boldsymbol{\xi}_1+\cdots+a_k\lambda_k\boldsymbol{\xi}_k+a_{k+1}\lambda_{k+1}\boldsymbol{\xi}_{k+1}=\boldsymbol{0}. \tag{3.2.3}$$

式 (3.2.3) 减式 (3.2.2) 得到

$$a_1(\lambda_1-\lambda_{k+1})\boldsymbol{\xi}_1+\cdots+a_k(\lambda_k-\lambda_{k+1})\boldsymbol{\xi}_k=\boldsymbol{0}.$$

由归纳假设 $\boldsymbol{\xi}_1, \cdots, \boldsymbol{\xi}_k$ 线性无关, 于是

$$a_i(\lambda_i - \lambda_{k+1}) = 0, \quad i = 1, 2, \cdots, k,$$

但 $\lambda_i - \lambda_{k+1} \neq 0$, 故 $a_i = 0$, $i = 1, 2, \cdots, k$.

此时式 (3.2.1) 变为 $a_{k+1}\boldsymbol{\xi}_{k+1} = \mathbf{0}$. 又 $\boldsymbol{\xi}_{k+1} \neq \mathbf{0}$, 故 $a_{k+1} = 0$. 这就证明了 $\boldsymbol{\xi}_1, \cdots, \boldsymbol{\xi}_{k+1}$ 线性无关.

利用数学归纳法可以类似地证明第二个论断, 详细过程留给读者. □

**定理 3.2.1** 如果 $n$ 阶方阵 $\boldsymbol{A}$ 具有 $n$ 个不同的特征值, 则存在可逆矩阵 $\boldsymbol{P}$, 使得 $\boldsymbol{P}^{-1}\boldsymbol{A}\boldsymbol{P}$ 是对角矩阵.

**证明** 设 $\lambda_1, \lambda_2, \cdots, \lambda_n$ 是 $\boldsymbol{A}$ 的互不相同的特征值, 也就是存在非零向量 $\boldsymbol{\xi}_i, i = 1, \cdots, n$ 使得

$$\boldsymbol{A}\boldsymbol{\xi}_i = \lambda_i\boldsymbol{\xi}_i.$$

由上面引理知 $\boldsymbol{\xi}_1, \boldsymbol{\xi}_2, \cdots, \boldsymbol{\xi}_n$ 线性无关. 以它们为列向量构成可逆矩阵 $\boldsymbol{P} = (\boldsymbol{\xi}_1, \boldsymbol{\xi}_2, \cdots, \boldsymbol{\xi}_n)$, 则

$$\begin{aligned}\boldsymbol{A}\boldsymbol{P} &= \boldsymbol{A}(\boldsymbol{\xi}_1, \boldsymbol{\xi}_2, \cdots, \boldsymbol{\xi}_n) = (\boldsymbol{A}\boldsymbol{\xi}_1, \boldsymbol{A}\boldsymbol{\xi}_2, \cdots, \boldsymbol{A}\boldsymbol{\xi}_n) \\ &= (\lambda_1\boldsymbol{\xi}_1, \lambda_2\boldsymbol{\xi}_2, \cdots, \lambda_n\boldsymbol{\xi}_n) = (\boldsymbol{\xi}_1, \boldsymbol{\xi}_2, \cdots, \boldsymbol{\xi}_n)\begin{pmatrix}\lambda_1 & & & \\ & \lambda_2 & & \\ & & \ddots & \\ & & & \lambda_n\end{pmatrix},\end{aligned}$$

进而有

$$\boldsymbol{P}^{-1}\boldsymbol{A}\boldsymbol{P} = \begin{pmatrix}\lambda_1 & & & \\ & \lambda_2 & & \\ & & \ddots & \\ & & & \lambda_n\end{pmatrix}.$$

□

**定义 3.2.2** (1) 若对 $n$ 阶方阵 $\boldsymbol{A}$, $\boldsymbol{B}$, 存在可逆矩阵 $\boldsymbol{P}$ 使得

$$\boldsymbol{B} = \boldsymbol{P}^{-1}\boldsymbol{A}\boldsymbol{P}.$$

则称 $\boldsymbol{A}$ 与 $\boldsymbol{B}$ 相似.

(2) 若 $n$ 阶方阵 $\boldsymbol{A}$ 与对角矩阵相似, 称 $\boldsymbol{A}$ 可相似对角化.

矩阵的相似是等价关系, 它与线性变换关系密切, 实际上它体现了同一个线性变换在不同基下的矩阵之间的关系 (参见 3.3.5 节).

**定理 3.2.2**　相似矩阵具有相同的特征多项式, 进而具有相同的特征值.

**证明**　如果存在可逆矩阵 $\boldsymbol{P}$ 使得

$$\boldsymbol{B}=\boldsymbol{P}^{-1}\boldsymbol{A}\boldsymbol{P},$$

则

$$\begin{aligned}\det(\lambda\boldsymbol{E}-\boldsymbol{B})&=\det(\lambda\boldsymbol{E}-\boldsymbol{P}^{-1}\boldsymbol{A}\boldsymbol{P})\\&=\det(\lambda\boldsymbol{P}^{-1}\boldsymbol{P}-\boldsymbol{P}^{-1}\boldsymbol{A}\boldsymbol{P})\\&=\det(\boldsymbol{P}^{-1}(\lambda\boldsymbol{E}-\boldsymbol{A})\boldsymbol{P})\\&=\det\boldsymbol{P}^{-1}\det(\lambda\boldsymbol{E}-\boldsymbol{A})\det\boldsymbol{P}\\&=\det(\lambda\boldsymbol{E}-\boldsymbol{A}).\end{aligned}$$

□

本节的主要结果如下.

**定理 3.2.3**　$n\times n$ 矩阵 $\boldsymbol{A}$ 可以对角化的充分必要条件是 $\boldsymbol{A}$ 有 $n$ 个线性无关的特征向量.

**证明**　由定理 3.2.1 的证明可知, 如果 $\boldsymbol{A}$ 有 $n$ 个线性无关的特征向量, 将这 $n$ 个特征向量作为列向量构成矩阵 $\boldsymbol{P}$, 则 $\boldsymbol{P}$ 可逆并且 $\boldsymbol{P}^{-1}\boldsymbol{A}\boldsymbol{P}$ 是对角矩阵.

反过来, 如果 $\boldsymbol{A}$ 可以对角化, 也就是存在可逆矩阵 $\boldsymbol{P}$, 使得

$$\boldsymbol{P}^{-1}\boldsymbol{A}\boldsymbol{P}=\begin{pmatrix}\lambda_1&&&\\&\lambda_2&&\\&&\ddots&\\&&&\lambda_n\end{pmatrix}.$$

进而

$$\boldsymbol{A}(\boldsymbol{P}_1,\boldsymbol{P}_2,\cdots,\boldsymbol{P}_n)=(\boldsymbol{P}_1,\boldsymbol{P}_2,\cdots,\boldsymbol{P}_n)\begin{pmatrix}\lambda_1&&&\\&\lambda_2&&\\&&\ddots&\\&&&\lambda_n\end{pmatrix},$$

也就是

$$\boldsymbol{A}\boldsymbol{P}_i=\lambda_i\boldsymbol{P}_i,\quad i=1,2,\cdots,n.$$

由 $\boldsymbol{P}$ 可逆知, $\boldsymbol{A}$ 有 $n$ 个线性无关的特征向量 $\boldsymbol{P}_1,\boldsymbol{P}_2,\cdots,\boldsymbol{P}_n$.　□

**例 3.2.8** 前面的例 3.2.5 已经算出

$$\boldsymbol{A}=\begin{pmatrix}1&2&2\\2&1&2\\2&2&1\end{pmatrix}$$

的特征值是 $-1$ (二重) 与 5. 属于 $-1$ 的两个线性无关的特征向量为

$$\begin{pmatrix}1\\0\\-1\end{pmatrix},\quad\begin{pmatrix}0\\1\\-1\end{pmatrix};$$

属于 5 的一个特征向量是

$$\begin{pmatrix}1\\1\\1\end{pmatrix},$$

故 $\boldsymbol{A}$ 相似于对角矩阵, 即 $\boldsymbol{P}^{-1}\boldsymbol{A}\boldsymbol{P}=\boldsymbol{D}$, 其中

$$\boldsymbol{D}=\begin{pmatrix}-1&0&0\\0&-1&0\\0&0&5\end{pmatrix},$$

$$\boldsymbol{P}=\begin{pmatrix}1&0&1\\0&1&1\\-1&-1&1\end{pmatrix}.$$

如果更换一下特征值的顺序, 则 $\boldsymbol{A}$ 还相似于对角矩阵

$$\begin{pmatrix}-1&0&0\\0&5&0\\0&0&-1\end{pmatrix},$$

这时可逆矩阵 $\boldsymbol{P}$ 为

$$\begin{pmatrix}1&1&0\\0&1&1\\-1&1&-1\end{pmatrix}\text{ 或者 }\begin{pmatrix}0&1&1\\1&1&0\\-1&1&-1\end{pmatrix}.$$

即所求可逆矩阵 $\boldsymbol{P}$ 的列向量 (特征向量) 的顺序与对角矩阵对角线上元素 (特征值) 的顺序相对应即可.

## 习 题 3.2

1. 求下列方阵的特征值与特征向量.

(1) $\boldsymbol{A}=\begin{pmatrix}0&0&1\\0&1&0\\1&0&0\end{pmatrix}$; (2) $\boldsymbol{A}=\begin{pmatrix}3&1&0\\-4&-1&0\\4&-8&-2\end{pmatrix}$;

(3) $\boldsymbol{A}=\begin{pmatrix}-6&1&-2\\-5&-1&-3\\1&0&-2\end{pmatrix}$.

2. 已知向量

$$\begin{pmatrix}1\\1\\1\end{pmatrix},\quad \begin{pmatrix}1\\0\\-1\end{pmatrix},\quad \begin{pmatrix}1\\-1\\0\end{pmatrix}$$

是矩阵

$$\boldsymbol{A}=\begin{pmatrix}1&1&1\\a&b&c\\d&e&f\end{pmatrix}$$

的特征向量, 求 $a,b,c,d,e,f$ 的值.

3. 求矩阵

$$\boldsymbol{A}=\begin{pmatrix}1&1&\cdots&1\\1&1&\cdots&1\\\vdots&\vdots&&\vdots\\1&1&\cdots&1\end{pmatrix}$$

的特征值与特征向量.

4. 设

$$\boldsymbol{A}=\begin{pmatrix}-8&5&0\\-10&7&0\\20&-10&2\end{pmatrix},$$

求 $\boldsymbol{A}^n$.

5. 若矩阵 $\boldsymbol{A}$ 满足 $\boldsymbol{A}^2=\boldsymbol{A}$, 证明: $\boldsymbol{A}$ 的特征值只能为 0 或 1.

6. 设 3 阶方阵 $\boldsymbol{A}$ 的特征值为 $1,2,-3$. 求

$$\det(\boldsymbol{A}^*),\quad \det(\boldsymbol{A}^2-\boldsymbol{A}+3\boldsymbol{E}).$$

7. 设 3 阶方阵 $\boldsymbol{A}$ 的特征值为 $1,0,-1$, 对应的特征向量分别为

$$\begin{pmatrix}1\\2\\2\end{pmatrix},\quad \begin{pmatrix}2\\-2\\1\end{pmatrix},\quad \begin{pmatrix}-2\\-1\\2\end{pmatrix}.$$

求 $\boldsymbol{A},\boldsymbol{A}^m$.

8. 设矩阵 $\boldsymbol{A},\boldsymbol{B}$ 相似, 其中

$$\boldsymbol{A}=\begin{pmatrix}-2&0&0\\2&x&2\\3&1&1\end{pmatrix},\quad \boldsymbol{B}=\begin{pmatrix}-1&0&0\\0&2&0\\0&0&y\end{pmatrix}.$$

(1) 求 $x,y$;

(2) 求可逆矩阵 $\boldsymbol{P}$, 使得 $\boldsymbol{P}^{-1}\boldsymbol{A}\boldsymbol{P}=\boldsymbol{B}$.

## 3.3* 一般线性空间上的线性映射和线性变换

以下考虑 $\mathbb{R}$ 上的一般线性空间.

### 3.3.1 线性映射的定义

设 $V$ 是 $n$ 维线性空间, $W$ 是 $m$ 维线性空间.

**定义 3.3.1** 我们称线性空间 $V$ 到线性空间 $W$ 的映射 $\mathcal{T}:V\to W$ 为线性映射, 如果 $\mathcal{T}$ 与 $V$ 和 $W$ 上的加法和数乘运算兼容: 即对任意的 $\boldsymbol{v}_1,\boldsymbol{v}_2\in V, c\in\mathbb{R}$,

$$\mathcal{T}(\boldsymbol{v}_1+\boldsymbol{v}_2)=\mathcal{T}(\boldsymbol{v}_1)+\mathcal{T}(\boldsymbol{v}_2),\quad \mathcal{T}(c\boldsymbol{v}_1)=c\mathcal{T}(\boldsymbol{v}_1).$$

**例 3.3.1** 设 $\boldsymbol{S}=(\boldsymbol{v}_1,\cdots,\boldsymbol{v}_n)$ 是线性空间 $V$ 上的一组基, 则映射

$$\mathbb{R}^n\to V,$$
$$\boldsymbol{X}\mapsto \boldsymbol{S}\boldsymbol{X}$$

是一个一一对应的线性映射. 事实上, 由于 $\boldsymbol{S}$ 是 $V$ 的一组基, $V$ 中的每一个向量 $\boldsymbol{v}$ 都可以唯一地写成 $\boldsymbol{S}\boldsymbol{X}$ 的形式, $n$ 维向量 $\boldsymbol{X}$ 是向量 $\boldsymbol{v}$ 在基 $\boldsymbol{S}$ 下的坐标. 把这样的一一对应的线性映射叫作同构. 这样就有: 任意一个 $n$ 维实线性空间都与 $n$ 维实向量空间 $\mathbb{R}^n$ 同构.

### 3.3.2 维数公式

设 $\mathcal{T}: V \to W$ 是线性空间 $V$ 到 $W$ 的线性映射, 一般地有如下两个重要的集合:

$$\operatorname{Ker}\mathcal{T} = \{\boldsymbol{v} \in V | \mathcal{T}(\boldsymbol{v}) = \boldsymbol{0}\},$$

$$\operatorname{Im}\mathcal{T} = \{\boldsymbol{w} \in W | \boldsymbol{w} = \mathcal{T}(\boldsymbol{v}), \boldsymbol{v} \in V\}.$$

前者称为线性映射 $\mathcal{T}$ 的核, 后者称为线性映射 $\mathcal{T}$ 的像. 容易验证, 核是 $V$ 的子空间, 像是 $W$ 的子空间.

**定理 3.3.1** (维数公式) 设 $\mathcal{T}: V \to W$ 是 $n$ 维线性空间 $V$ 到 $m$ 维线性空间 $W$ 的线性映射, 则

$$\dim\operatorname{Ker}\mathcal{T} + \dim\operatorname{Im}\mathcal{T} = \dim V.$$

**证明** 由于 $\operatorname{Ker}\mathcal{T}$ 是 $V$ 的子空间, 设 $\dim\operatorname{Ker}\mathcal{T} = k$ 且

$$(\boldsymbol{u}_1, \cdots, \boldsymbol{u}_k)$$

是 $\operatorname{Ker}\mathcal{T}$ 的一组基, 将其扩充为 $V$ 的一组基

$$(\boldsymbol{u}_1, \cdots, \boldsymbol{u}_k, \boldsymbol{v}_1, \cdots, \boldsymbol{v}_{n-k}).$$

于是对于任意 $\boldsymbol{w} \in \operatorname{Im}\mathcal{T}$, 存在 $\boldsymbol{v} \in V, a_1, \cdots, a_k, b_1, \cdots, b_{n-k} \in \mathbb{R}$, 使得

$$\begin{aligned}\boldsymbol{w} &= \mathcal{T}(\boldsymbol{v}) \\ &= \mathcal{T}(a_1\boldsymbol{u}_1 + \cdots + a_k\boldsymbol{u}_k + b_1\boldsymbol{v}_1 + \cdots + b_{n-k}\boldsymbol{v}_{n-k}).\end{aligned}$$

注意到 $\boldsymbol{u}_i \in \operatorname{Ker}\mathcal{T}$, 于是

$$\begin{aligned}\mathcal{T}(\boldsymbol{v}) &= a_1\mathcal{T}(\boldsymbol{u}_1) + \cdots + a_k\mathcal{T}(\boldsymbol{u}_k) + b_1\mathcal{T}(\boldsymbol{v}_1) + \cdots + b_{n-k}\mathcal{T}(\boldsymbol{v}_{n-k}) \\ &= b_1\mathcal{T}(\boldsymbol{v}_1) + \cdots + b_{n-k}\mathcal{T}(\boldsymbol{v}_{n-k}),\end{aligned}$$

亦即 $\operatorname{Im}\mathcal{T} = \operatorname{Span}(\mathcal{T}(\boldsymbol{v}_1), \cdots, \mathcal{T}(\boldsymbol{v}_{n-k}))$.

下面证明 $(\mathcal{T}(\boldsymbol{v}_1), \cdots, \mathcal{T}(\boldsymbol{v}_{n-k}))$ 线性无关. 若

$$c_1\mathcal{T}(\boldsymbol{v}_1) + \cdots + c_{n-k}\mathcal{T}(\boldsymbol{v}_{n-k}) = \boldsymbol{0},$$

则有

$$\mathcal{T}(c_1\boldsymbol{v}_1 + \cdots + c_{n-k}\boldsymbol{v}_{n-k}) = \boldsymbol{0},$$

亦即

$$c_1\boldsymbol{v}_1+\cdots+c_{n-k}\boldsymbol{v}_{n-k}\in\operatorname{Ker}\mathcal{T}.$$

又 $(\boldsymbol{u}_1,\cdots,\boldsymbol{u}_k)$ 是 $\operatorname{Ker}\mathcal{T}$ 的一组基, 故存在 $d_1,\cdots,d_k\in\mathbb{R}$ 使得

$$c_1\boldsymbol{v}_1+\cdots+c_{n-k}\boldsymbol{v}_{n-k}=d_1\boldsymbol{u}_1+\cdots d_k\boldsymbol{u}_k,$$

亦即

$$-d_1\boldsymbol{u}_1-\cdots-d_k\boldsymbol{u}_k+c_1\boldsymbol{v}_1+\cdots+c_{n-k}\boldsymbol{v}_{n-k}=\mathbf{0}.$$

注意到 $(\boldsymbol{u}_1,\cdots,\boldsymbol{u}_k,\boldsymbol{v}_1,\cdots,\boldsymbol{v}_{n-k})$ 是 $V$ 的一组基, 有

$$-d_1=\cdots=-d_k=c_1=\cdots=c_{n-k}=0.$$

因此, $(\mathcal{T}(\boldsymbol{v}_1),\cdots,\mathcal{T}(\boldsymbol{v}_{n-k}))$ 线性无关, 从而是 $\operatorname{Im}\mathcal{T}$ 的一组基,

$$\dim\operatorname{Im}\mathcal{T}=n-k=\dim V-\dim\operatorname{Ker}\mathcal{T}.$$

□

### 3.3.3 线性映射的矩阵

下面利用基和坐标刻画线性映射. 给定 $V$ 的一组基

$$\boldsymbol{S}=(\boldsymbol{v}_1,\cdots,\boldsymbol{v}_n),$$

对于 $V$ 中的任意向量 $\boldsymbol{v}$, 有

$$\boldsymbol{v}=x_1\boldsymbol{v}_1+\cdots+x_n\boldsymbol{v}_n=(\boldsymbol{v}_1,\cdots,\boldsymbol{v}_n)\begin{pmatrix}x_1\\ \vdots\\ x_n\end{pmatrix}=\boldsymbol{S}\boldsymbol{X}.$$

于是

$$\begin{aligned}\mathcal{T}(\boldsymbol{v})=&\mathcal{T}(x_1\boldsymbol{v}_1+\cdots+x_n\boldsymbol{v}_n)\\ =&x_1\mathcal{T}(\boldsymbol{v}_1)+\cdots+x_n\mathcal{T}(\boldsymbol{v}_n)\\ =&(\mathcal{T}(\boldsymbol{v}_1),\cdots,\mathcal{T}(\boldsymbol{v}_n))\begin{pmatrix}x_1\\ \vdots\\ x_n\end{pmatrix}.\end{aligned}$$

因此, 给定了 $V$ 的一组基

$$\boldsymbol{S}=(\boldsymbol{v}_1,\cdots,\boldsymbol{v}_n)$$

后, 要刻画线性映射 $\mathcal{T}: V \to W$, 仅需刻画清楚线性空间 $W$ 中的超向量

$$\boldsymbol{\mathcal{T}}(\boldsymbol{S}) = (\mathcal{T}(\boldsymbol{v}_1), \cdots, \mathcal{T}(\boldsymbol{v}_n)).$$

设

$$\boldsymbol{T} = (\boldsymbol{w}_1, \cdots, \boldsymbol{w}_m)$$

是 $W$ 的一组基. 那么对于向量 $\boldsymbol{\mathcal{T}}(\boldsymbol{v}_j)$ 有

$$\boldsymbol{\mathcal{T}}(\boldsymbol{v}_j) = \boldsymbol{w}_1 a_{1j} + \cdots + \boldsymbol{w}_m a_{mj} = (\boldsymbol{w}_1, \cdots, \boldsymbol{w}_m) \begin{pmatrix} a_{1j} \\ \vdots \\ a_{mj} \end{pmatrix} = \boldsymbol{T}\boldsymbol{A}_j, \quad j = 1, \cdots, n,$$

其中 $\boldsymbol{A}_j$ 是向量 $\boldsymbol{\mathcal{T}}(\boldsymbol{v}_j)$ 在基 $\boldsymbol{T}$ 下的坐标. 因此得到一个 $m \times n$ 矩阵

$$\boldsymbol{A} = (\boldsymbol{A}_1, \cdots, \boldsymbol{A}_n) = \begin{pmatrix} a_{11} & \cdots & a_{1n} \\ \vdots & & \vdots \\ a_{m1} & \cdots & a_{mn} \end{pmatrix},$$

满足

$$\boldsymbol{\mathcal{T}}(\boldsymbol{B}) = (\boldsymbol{\mathcal{T}}(\boldsymbol{v}_1), \cdots, \boldsymbol{\mathcal{T}}(\boldsymbol{v}_n)) = (\boldsymbol{w}_1, \cdots, \boldsymbol{w}_m) \begin{pmatrix} a_{11} & \cdots & a_{1n} \\ \vdots & & \vdots \\ a_{m1} & \cdots & a_{mn} \end{pmatrix} = \boldsymbol{T}\boldsymbol{A},$$

以下将 $\boldsymbol{A}$ 称为线性变换 $\mathcal{T}: V \to W$ 在基 $\boldsymbol{S}$ 和 $\boldsymbol{T}$ 下的矩阵.

进一步, 对于 $V$ 中的任意向量 $\boldsymbol{v} = \boldsymbol{S}\boldsymbol{X}$, 有 $\boldsymbol{w} = \boldsymbol{\mathcal{T}}(\boldsymbol{v}) \in W$, 记向量 $\boldsymbol{w}$ 在基 $\boldsymbol{T}$ 下的坐标为 $\boldsymbol{Y}$, 亦即

$$\boldsymbol{w} = \boldsymbol{\mathcal{T}}(\boldsymbol{v}) = \boldsymbol{T}\boldsymbol{Y},$$

另一方面

$$\boldsymbol{\mathcal{T}}(\boldsymbol{v}) = \boldsymbol{\mathcal{T}}(\boldsymbol{S}\boldsymbol{X}) = \boldsymbol{\mathcal{T}}(\boldsymbol{S})\boldsymbol{X} = \boldsymbol{T}\boldsymbol{A}\boldsymbol{X},$$

由坐标的唯一性知

$$\boldsymbol{Y} = \boldsymbol{A}\boldsymbol{X}.$$

总结一下, 给了实数域上的任意一个 $m \times n$ 矩阵 $\boldsymbol{A}$, 利用 "左乘" 可得到一个线性变换如下:

$$\mathbb{R}^n \xrightarrow{\boldsymbol{A}} \mathbb{R}^m,$$

$$\boldsymbol{X} \mapsto \boldsymbol{A}\boldsymbol{X}.$$

反过来, 任给一个从 $n$ 维线性空间 $V$ 到 $m$ 维线性空间 $W$ 的线性映射 $\mathcal{T}: V \longrightarrow W$, 给定 $V$ 的一组基 $\boldsymbol{S}$ 和 $W$ 的一组基 $\boldsymbol{T}$ 后, 有唯一的 $m \times n$ 的矩阵 $\boldsymbol{A}$ 与之对应. 鉴于此, 可以将线性映射视作矩阵的提升.

### 3.3.4 线性映射在不同基下的矩阵

设

$$\boldsymbol{S} = (\boldsymbol{v}_1, \cdots, \boldsymbol{v}_n), \quad \boldsymbol{S}' = (\boldsymbol{v}'_1, \cdots, \boldsymbol{v}'_n)$$

是线性空间 $V$ 的两组基, $n$ 阶可逆矩阵 $\boldsymbol{P}$ 是它们之间的过渡矩阵, 即

$$\boldsymbol{S}' = \boldsymbol{S}\boldsymbol{P}.$$

同样, 设

$$\boldsymbol{T} = (\boldsymbol{w}_1, \cdots, \boldsymbol{w}_m), \quad \boldsymbol{T}' = (\boldsymbol{w}'_1, \cdots, \boldsymbol{w}'_m)$$

是线性空间 $W$ 的两组基, $m$ 阶可逆矩阵 $\boldsymbol{Q}$ 是它们之间的过渡矩阵, 亦即

$$\boldsymbol{T}' = \boldsymbol{T}\boldsymbol{Q}.$$

对于任意 $\boldsymbol{v} \in V$, 有

$$\boldsymbol{v} = \boldsymbol{S}\boldsymbol{X} = \boldsymbol{S}'\boldsymbol{X}',$$

以及

$$\mathcal{T}(\boldsymbol{v}) = \boldsymbol{T}\boldsymbol{Y} = \boldsymbol{T}'\boldsymbol{Y}'.$$

设 $\boldsymbol{A}$ 是线性映射 $\mathcal{T}$ 在基 $\boldsymbol{S}$ 和 $\boldsymbol{T}$ 下的矩阵, 在 3.3.3 节中我们知道

$$\boldsymbol{Y} = \boldsymbol{A}\boldsymbol{X}.$$

由向量在不同基下的坐标之间的关系可知

$$\boldsymbol{Q}\boldsymbol{Y}' = \boldsymbol{A}(\boldsymbol{P}\boldsymbol{X}'),$$

亦即

$$\boldsymbol{Y}' = \boldsymbol{Q}^{-1}\boldsymbol{A}\boldsymbol{P}\boldsymbol{X}' = (\boldsymbol{Q}^{-1}\boldsymbol{A}\boldsymbol{P})\boldsymbol{X}'.$$

若记 $\boldsymbol{A}'$ 为 $\mathcal{T}$ 在 “新” 基 $\boldsymbol{S}'$ 和 $\boldsymbol{T}'$ 下的矩阵, 则得到

$$\boldsymbol{A}' = \boldsymbol{Q}^{-1}\boldsymbol{A}\boldsymbol{P}.$$

进一步有以下定理.

**定理 3.3.2** 设 $\mathcal{T}: V \longrightarrow W$ 是 $n$ 维线性空间 $V$ 到 $m$ 维线性空间 $W$ 的线性映射, 则存在 $V$ 的一组基 $\boldsymbol{S}$ 和 $W$ 的一组基 $\boldsymbol{T}$, 使得 $\mathcal{T}$ 在基 $\boldsymbol{S}$ 和 $\boldsymbol{T}$ 下的矩阵为

$$\begin{pmatrix} \boldsymbol{E}_r & \boldsymbol{O} \\ \boldsymbol{O} & \boldsymbol{O} \end{pmatrix},$$

其中 $\boldsymbol{E}_r$ 是 $r \times r$ 单位矩阵.

**证明** 将 $\operatorname{Ker}\mathcal{T}$ 的一组基

$$(\boldsymbol{u}_1, \cdots, \boldsymbol{u}_k)$$

扩充为线性空间 $V$ 的一组基

$$\boldsymbol{S} = (\boldsymbol{v}_1, \cdots, \boldsymbol{v}_r, \boldsymbol{u}_1, \cdots, \boldsymbol{u}_k),$$

其中 $r = n - k$. 记 $\boldsymbol{w}_i = \mathcal{T}(\boldsymbol{v}_i)$. 同定理 3.3.1 的证明一样, 我们有

$$(\boldsymbol{w}_1, \cdots, \boldsymbol{w}_r)$$

是 $\operatorname{Im}\mathcal{T}$ 的一组基, 将其扩充为 $W$ 的一组基

$$\boldsymbol{T} = (\boldsymbol{w}_1, \cdots, \boldsymbol{w}_r, \boldsymbol{z}_1, \cdots, \boldsymbol{z}_{m-r}).$$

则由

$$\mathcal{T}(\boldsymbol{v}_1) = \boldsymbol{w}_1, \ \cdots, \ \mathcal{T}(\boldsymbol{v}_r) = \boldsymbol{w}_r, \quad \mathcal{T}(\boldsymbol{u}_1) = \boldsymbol{0}, \ \cdots, \ \mathcal{T}(\boldsymbol{u}_k) = \boldsymbol{0}$$

可知, 线性映射 $\mathcal{T}$ 在基 $\boldsymbol{S}$ 和 $\boldsymbol{T}$ 下的矩阵为

$$\begin{pmatrix} \boldsymbol{E}_r & \boldsymbol{O} \\ \boldsymbol{O} & \boldsymbol{O} \end{pmatrix}.$$

□

根据上面的讨论, 我们得到对于任意 $m \times n$ 矩阵 $\boldsymbol{A}$, 存在 $m$ 阶可逆矩阵 $\boldsymbol{Q}$ 和 $n$ 阶可逆矩阵 $\boldsymbol{P}$, 使得

$$\boldsymbol{Q}^{-1}\boldsymbol{A}\boldsymbol{P} = \begin{pmatrix} \boldsymbol{E}_r & \boldsymbol{O} \\ \boldsymbol{O} & \boldsymbol{O} \end{pmatrix}.$$

由可逆矩阵 $\boldsymbol{P}, \boldsymbol{Q}$ 写为一系列初等矩阵的乘积可知, 此定理实际是重申了矩阵的标准形, 亦即对于任意 $m \times n$ 矩阵 $\boldsymbol{A}$, 经过若干初等行变换和列变换后化为它的标准形

$$\begin{pmatrix} \boldsymbol{E}_r & \boldsymbol{O} \\ \boldsymbol{O} & \boldsymbol{O} \end{pmatrix},$$

其中 $r$ 是矩阵 $\boldsymbol{A}$ 的秩.

### 3.3.5 一般线性空间上的线性变换

本节学习从线性空间 $V$ 到 $V$ 的线性映射 $\mathcal{A}: V \to V$, 这样的线性映射称为线性空间 $V$ 上的线性变换.

记 $\mathrm{End}_{\mathbb{R}}(V)$ 为实线性空间 $V$ 上所有线性变换构成的集合, 对 $\mathcal{A},\mathcal{B}\in\mathrm{End}_{\mathbb{R}}(V)$, 定义

$$\begin{aligned}\mathcal{A}+\mathcal{B}: V &\to V,\\ \boldsymbol{v} &\mapsto (\mathcal{A}+\mathcal{B})(\boldsymbol{v}) = \mathcal{A}(\boldsymbol{v})+\mathcal{B}(\boldsymbol{v}),\end{aligned}$$

以及任意实数 $c\in\mathbb{R}$, 我们定义

$$\begin{aligned}c\mathcal{A}: V &\to V,\\ \boldsymbol{v} &\mapsto (c\mathcal{A})(\boldsymbol{v}) = c\mathcal{A}(\boldsymbol{v}),\end{aligned}$$

容易证明 $\mathrm{End}_{\mathbb{R}}(V)$ 按这样的加法和数乘也构成一个实线性空间.

线性变换 $\mathcal{A}: V \to V$ 是特殊的线性映射, 因此, 关于线性映射的结论对于线性变换都成立. 比如有如下的维数公式:

$$\dim \mathrm{Ker}\,\mathcal{A} + \dim \mathrm{Im}\,\mathcal{A} = \dim V.$$

取 $\boldsymbol{S} = (\boldsymbol{v}_1, \boldsymbol{v}_2, \cdots, \boldsymbol{v}_n)$ 为线性空间 $V$ 的一组基, 若方阵 $\boldsymbol{A} = (\boldsymbol{A}_1, \boldsymbol{A}_2, \cdots, \boldsymbol{A}_n)$ 满足

$$\mathcal{A}(\boldsymbol{v}_j) = \boldsymbol{S}\boldsymbol{A}_j,$$

称方阵 $\boldsymbol{A}$ 为线性变换 $\mathcal{A}$ 在基 $\boldsymbol{S}$ 下的矩阵. 显然有

$$\mathcal{A}(\boldsymbol{S}) = \boldsymbol{S}\boldsymbol{A}.$$

设 $\boldsymbol{v}$ 在基 $\boldsymbol{S}$ 下的坐标为 $\boldsymbol{X}$, $\mathcal{A}(\boldsymbol{v})$ 在 $\boldsymbol{S}$ 下的坐标为 $\boldsymbol{Y}$, 则

$$\boldsymbol{v} = \boldsymbol{S}\boldsymbol{X}, \quad \mathcal{A}(\boldsymbol{v}) = \boldsymbol{S}\boldsymbol{Y}.$$

又

$$\mathcal{A}(\boldsymbol{v}) = \mathcal{A}(\boldsymbol{S}\boldsymbol{X}) = \mathcal{A}(\boldsymbol{S})\boldsymbol{X} = \boldsymbol{S}\boldsymbol{A}\boldsymbol{X},$$

由坐标的唯一性可得

$$\boldsymbol{A}\boldsymbol{X} = \boldsymbol{Y}.$$

$\mathcal{A}$ 是 $\mathbb{R}^n$ 上的线性变换, 设 $\mathcal{A}$ 在自然基下的矩阵为 $\boldsymbol{A}$, 则 $\boldsymbol{A}$ 是 $n$ 阶方阵, 注意到 $\mathbb{R}^n$ 中的向量在自然基下的坐标就是向量本身, 故对任意 $\boldsymbol{v}\in\mathbb{R}^n$ 有 $\mathcal{A}(\boldsymbol{v}) = \boldsymbol{A}\boldsymbol{v}$.

下面考虑基变换. 设 $\boldsymbol{S},\boldsymbol{S}'$ 是 $V$ 的两组基, 且

$$\boldsymbol{S}'=\boldsymbol{S}\boldsymbol{P},$$

其中可逆矩阵 $\boldsymbol{P}$ 是基 $\boldsymbol{S}$ 到 $\boldsymbol{S}'$ 的过渡矩阵. 记线性变换 $\mathcal{A}:V\to V$ 在基 $\boldsymbol{S}$ 和 $\boldsymbol{S}'$ 下的矩阵分别为 $\boldsymbol{A}$ 和 $\boldsymbol{A}'$. 于是

$$\mathcal{A}(\boldsymbol{S}')=\mathcal{A}(\boldsymbol{S}\boldsymbol{P})=\mathcal{A}(\boldsymbol{S})\boldsymbol{P}=\boldsymbol{S}\boldsymbol{A}\boldsymbol{P}=(\boldsymbol{S}'\boldsymbol{P}^{-1})\boldsymbol{A}\boldsymbol{P}=\boldsymbol{S}'(\boldsymbol{P}^{-1}\boldsymbol{A}\boldsymbol{P}).$$

由坐标的唯一性知

$$\boldsymbol{A}'=\boldsymbol{P}^{-1}\boldsymbol{A}\boldsymbol{P}.$$

这意味着矩阵的相似体现了同一个线性变换 $\mathcal{A}:V\to V$ 在不同基下的矩阵之间的关系.

最后, 若线性变换 $\mathcal{A},\mathcal{B}$ 在基 $\boldsymbol{S}$ 下的矩阵分别为 $\boldsymbol{A},\boldsymbol{B}$, 则线性变换 $\mathcal{A}+\mathcal{B}$ 在同一组基 $\boldsymbol{S}$ 下的矩阵为 $\boldsymbol{A}+\boldsymbol{B}$; 类似地, 线性变换 $c\mathcal{A}$ 在基 $\boldsymbol{S}$ 下的矩阵为 $c\boldsymbol{A}$. 更进一步, 线性变换的合成 $\mathcal{A}\circ\mathcal{B}$ 也是线性空间 $V$ 上的线性变换, 它在基 $\boldsymbol{S}$ 下的矩阵为 $\boldsymbol{A}\boldsymbol{B}$. 再一次看出, 线性映射 (线性变换) 是矩阵 (方阵) 的提升.

## 习 题 3.3

1. 定义向量空间 $\mathbb{R}^4$ 到 $\mathbb{R}^3$ 的映射如下:

$$\mathcal{T}\begin{pmatrix}x_1\\x_2\\x_3\\x_4\end{pmatrix}=\begin{pmatrix}-x_1+x_2+2x_3+x_4\\-2x_2+x_3\\-x_1-x_2+3x_3+x_4\end{pmatrix}.$$

(1) 证明: $\mathcal{T}$ 是一个线性映射;

(2) 求 $\mathcal{T}$ 在下列基下的矩阵.

$$\mathbb{R}^4\text{中的基}B:\quad \boldsymbol{\eta}_1=\begin{pmatrix}1\\0\\1\\1\end{pmatrix},\boldsymbol{\eta}_2=\begin{pmatrix}0\\1\\0\\1\end{pmatrix},\boldsymbol{\eta}_3=\begin{pmatrix}0\\0\\1\\0\end{pmatrix},\boldsymbol{\eta}_4=\begin{pmatrix}0\\0\\2\\1\end{pmatrix}$$

和

$$\mathbb{R}^3\text{中的基}C:\quad \gamma_1=\begin{pmatrix}1\\1\\1\end{pmatrix},\gamma_2=\begin{pmatrix}1\\0\\-1\end{pmatrix},\gamma_3=\begin{pmatrix}0\\1\\0\end{pmatrix}.$$

2. 定义向量空间 $\mathbb{R}^3$ 到 $\mathbb{R}^4$ 的映射如下:

$$\mathcal{T}\begin{pmatrix} x_1 \\ x_2 \\ x_3 \end{pmatrix} = \begin{pmatrix} x_1 + x_3 \\ -x_1 + x_2 + x_3 \\ 2x_1 + x_3 \\ x_2 + 2x_3 \end{pmatrix}.$$

(1) 证明: $\mathcal{T}$ 是一个线性映射.

(2) 求 $\mathcal{T}$ 在下列基下的矩阵.

$$\mathbb{R}^3\text{中的基}C: \quad \boldsymbol{\eta}_1 = \begin{pmatrix} 1 \\ 1 \\ 1 \end{pmatrix}, \boldsymbol{\eta}_2 = \begin{pmatrix} 1 \\ 0 \\ -1 \end{pmatrix}, \boldsymbol{\eta}_3 = \begin{pmatrix} 0 \\ 1 \\ 0 \end{pmatrix}$$

和

$$\mathbb{R}^4\text{中的基}B: \quad \gamma_1 = \begin{pmatrix} 1 \\ 0 \\ 1 \\ 1 \end{pmatrix}, \gamma_2 = \begin{pmatrix} 0 \\ 1 \\ 0 \\ 1 \end{pmatrix}, \gamma_3 = \begin{pmatrix} 0 \\ 0 \\ 1 \\ 0 \end{pmatrix}, \gamma_4 = \begin{pmatrix} 0 \\ 0 \\ 2 \\ 1 \end{pmatrix}.$$

3. 设三维实线性空间 $V$ 内一个线性变换 $\mathcal{A}$ 在基 $\boldsymbol{\eta}_1, \boldsymbol{\eta}_2, \boldsymbol{\eta}_3$ 下的矩阵为

$$\boldsymbol{A} = \begin{pmatrix} a_{11} & a_{12} & a_{13} \\ a_{21} & a_{22} & a_{23} \\ a_{31} & a_{32} & a_{33} \end{pmatrix}.$$

(1) 求 $\mathcal{A}$ 在基 $\boldsymbol{\eta}_1, \boldsymbol{\eta}_2, r\boldsymbol{\eta}_3$ 下的矩阵 $(r \neq 0)$;

(2) 求 $\mathcal{A}$ 在基 $\boldsymbol{\eta}_1 + \boldsymbol{\eta}_2, \boldsymbol{\eta}_2, \boldsymbol{\eta}_3$ 下的矩阵.

4. 在 $\mathbb{R}^3$ 中定义线性变换

$$\mathcal{A}\begin{pmatrix} x_1 \\ x_2 \\ x_3 \end{pmatrix} = \begin{pmatrix} 2x_1 - x_2 + 3x_3 \\ x_2 + x_3 \\ x_2 - x_3 \end{pmatrix}.$$

(1) 求 $\mathcal{A}$ 在标准基

$$\varepsilon_1 = \begin{pmatrix} 1 \\ 0 \\ 0 \end{pmatrix}, \quad \varepsilon_2 = \begin{pmatrix} 0 \\ 1 \\ 0 \end{pmatrix}, \quad \varepsilon_3 = \begin{pmatrix} 0 \\ 0 \\ 1 \end{pmatrix}$$

下的矩阵.

(2) 求 $\mathcal{A}$ 在另一组基 $\varepsilon_1, \varepsilon_1 + \varepsilon_2, \varepsilon_1 + \varepsilon_2 + \varepsilon_3$ 下的矩阵.

5. 设 $\mathbb{R}^3$ 上的线性变换 $\mathcal{A}$ 在基

$$\boldsymbol{\eta}_1=\begin{pmatrix}-1\\1\\1\end{pmatrix},\quad \boldsymbol{\eta}_2=\begin{pmatrix}1\\0\\-1\end{pmatrix},\quad \boldsymbol{\eta}_3=\begin{pmatrix}0\\1\\1\end{pmatrix}$$

下的矩阵为

$$\boldsymbol{A}=\begin{pmatrix}1&1&-1\\0&1&2\\1&0&0\end{pmatrix}.$$

求 $\mathcal{A}$ 在自然基

$$\boldsymbol{\varepsilon}_1=\begin{pmatrix}1\\0\\0\end{pmatrix},\quad \boldsymbol{\varepsilon}_2=\begin{pmatrix}0\\1\\0\end{pmatrix},\quad \boldsymbol{\varepsilon}_3=\begin{pmatrix}0\\0\\1\end{pmatrix}$$

下的矩阵.

6. 设 $\mathcal{A}$ 是线性空间 $V$ 内的线性变换, $\boldsymbol{v}$ 是 $V$ 中向量, $d$ 是正整数, 若

$$\mathcal{A}^{d-1}\boldsymbol{v}\neq\boldsymbol{0},\quad \mathcal{A}^{d}\boldsymbol{v}=\boldsymbol{0},$$

证明: $\boldsymbol{v},\mathcal{A}\boldsymbol{v},\cdots,\mathcal{A}^{d-1}\boldsymbol{v}$ 线性无关.

7. 设在 $n$ 维线性空间 $V$ 中有线性变换 $\mathcal{A}$ 与向量 $\boldsymbol{v}$, 使得

$$\mathcal{A}^{d-1}\boldsymbol{v}\neq\boldsymbol{0},\quad \mathcal{A}^{d}\boldsymbol{v}=\boldsymbol{0}.$$

证明: $\mathcal{A}$ 在某一组基下的矩阵是

$$\boldsymbol{A}=\begin{pmatrix}0&&&&\\1&0&&&\\&1&0&&\\&&\ddots&\ddots&\\&&&1&0\end{pmatrix}.$$

8. 若矩阵 $\boldsymbol{A}$ 与 $\boldsymbol{B}$ 相似, $\boldsymbol{C}$ 与 $\boldsymbol{D}$ 相似, 证明下面两矩阵相似:

$$\begin{pmatrix}\boldsymbol{A}&\boldsymbol{O}\\\boldsymbol{O}&\boldsymbol{C}\end{pmatrix},\quad \begin{pmatrix}\boldsymbol{B}&\boldsymbol{O}\\\boldsymbol{O}&\boldsymbol{D}\end{pmatrix}.$$

## 3.4　实对称矩阵的对角化

我们在前面定义特征值及相似关系时, 将讨论范围设定为实数域, 若将实数域扩展为复数域时, 有类似的结论, 如

$$\boldsymbol{A}=\begin{pmatrix}0&-1\\1&0\end{pmatrix}$$

是一个二阶实矩阵, 但

$$|\lambda \boldsymbol{E}-\boldsymbol{A}|=\begin{vmatrix} \lambda & 1 \\ -1 & \lambda \end{vmatrix}=(\lambda+\mathrm{i})(\lambda-\mathrm{i}),$$

$\boldsymbol{A}$ 有两个不同的特征值 i 和 $-$i, 相应的特征向量是复向量. 因此, $\boldsymbol{A}$ 在复数域上与对角阵相似, 但不存在可逆的实矩阵 $\boldsymbol{P}$, 使得 $\boldsymbol{P}^{-1}\boldsymbol{A}\boldsymbol{P}$ 为对角阵. 一般来说, 我们将讨论范围都设定为实数域, 可即使矩阵 $\boldsymbol{A}$ 的元素都是实数, 其特征值未必都是实数. 无法找到实矩阵使得矩阵 $\boldsymbol{A}$ 能相似对角化. 但对于实对称矩阵 $\boldsymbol{A}$, 可以证明存在正交矩阵 $\boldsymbol{Q}$, 使得

$$\boldsymbol{Q}^{-1}\boldsymbol{A}\boldsymbol{Q}=\boldsymbol{Q}^{\mathrm{T}}\boldsymbol{A}\boldsymbol{Q}$$

成对角形. 下面先讨论实对称矩阵的性质.

**引理 3.4.1** 设 $\boldsymbol{A}$ 是 $n$ 阶实对称矩阵, 则 $\boldsymbol{A}$ 的特征值皆为实数.

**证明** 设 $\lambda$ 为 $\boldsymbol{A}$ 的一个特征值, $\boldsymbol{\alpha}$ 为 $\boldsymbol{A}$ 相应于 $\lambda$ 的特征向量. 于是有 $\boldsymbol{A}\boldsymbol{\alpha}=\lambda\boldsymbol{\alpha}$. 从而

$$\overline{\lambda}\overline{\boldsymbol{\alpha}}^{\mathrm{T}}\boldsymbol{\alpha}=\overline{\lambda\boldsymbol{\alpha}}^{\mathrm{T}}\boldsymbol{\alpha}=\overline{\boldsymbol{A}\boldsymbol{\alpha}}^{\mathrm{T}}\boldsymbol{\alpha}=(\boldsymbol{A}\overline{\boldsymbol{\alpha}})^{\mathrm{T}}\boldsymbol{\alpha}=\overline{\boldsymbol{\alpha}}^{\mathrm{T}}\boldsymbol{A}\boldsymbol{\alpha}=\lambda\overline{\boldsymbol{\alpha}}^{\mathrm{T}}\boldsymbol{\alpha}.$$

注意到 $\boldsymbol{\alpha}$ 为非零向量, 故 $\overline{\boldsymbol{\alpha}}^{\mathrm{T}}\boldsymbol{\alpha}>0$. 从而 $\overline{\lambda}=\lambda$, 即 $\lambda$ 为实数. □

进一步有以下引理.

**引理 3.4.2** 设 $\boldsymbol{A}$ 是实对称矩阵, 则 $\mathbb{R}^n$ 中属于 $\boldsymbol{A}$ 的不同特征值的特征向量必正交.

**证明** 设 $\lambda_1,\lambda_2$ 为 $\boldsymbol{A}$ 的两个不同的特征值, $\boldsymbol{\alpha}_1,\boldsymbol{\alpha}_2$ 分别为 $\boldsymbol{A}$ 相应于 $\lambda_1,\lambda_2$ 的特征向量. 于是有

$$\boldsymbol{A}\boldsymbol{\alpha}_1=\lambda_1\boldsymbol{\alpha}_1,\quad \boldsymbol{A}\boldsymbol{\alpha}_2=\lambda_2\boldsymbol{\alpha}_2.$$

从而

$$\lambda_1\boldsymbol{\alpha}_1^{\mathrm{T}}\boldsymbol{\alpha}_2=(\lambda_1\boldsymbol{\alpha}_1)^{\mathrm{T}}\boldsymbol{\alpha}_2=(A\boldsymbol{\alpha}_1)^{\mathrm{T}}\boldsymbol{\alpha}_2=\boldsymbol{\alpha}_1^{\mathrm{T}}\boldsymbol{A}^{\mathrm{T}}\boldsymbol{\alpha}_2=\boldsymbol{\alpha}_1^{\mathrm{T}}\boldsymbol{A}\boldsymbol{\alpha}_2=\lambda_2\boldsymbol{\alpha}_1^{\mathrm{T}}\boldsymbol{\alpha}_2.$$

由 $\lambda_1\neq\lambda_2$ 可得 $\boldsymbol{\alpha}_1^{\mathrm{T}}\boldsymbol{\alpha}_2=0$, 即 $\boldsymbol{\alpha}_1$ 与 $\boldsymbol{\alpha}_2$ 正交. □

一般地, 对于 $n$ 阶实对称阵, 属于 $\boldsymbol{A}$ 的同一个特征值的一组线性无关的特征向量不一定相互正交, 可用施密特正交化过程将其正交化, 得到 $\boldsymbol{A}$ 的属于该特征值的正交特征向量组. 假设 $\lambda_1,\lambda_2,\cdots,\lambda_m$ 是 $\boldsymbol{A}$ 的互不相同的特征值, $\boldsymbol{\alpha}_{i1},\boldsymbol{\alpha}_{i2},\cdots,\boldsymbol{\alpha}_{is_i}$ 是属于特征值 $\lambda_i$ 的正交特征向量组 $(1\leqslant i\leqslant m)$, 由以上引理, $\boldsymbol{\alpha}_{11},\cdots,\boldsymbol{\alpha}_{1s_1},\boldsymbol{\alpha}_{21},\cdots,\boldsymbol{\alpha}_{2s_2},\cdots,\boldsymbol{\alpha}_{m1},\cdots,\boldsymbol{\alpha}_{ms_m}$ 仍构成正交向量组. 另外, 若 $\boldsymbol{A}$

有 $n$ 个正交的特征向量, 则 $\boldsymbol{A}$ 相似于对角形矩阵. 实际上, 我们有下面的重要结论.

**定理 3.4.1** 对于任意 $n$ 阶实对称矩阵 $\boldsymbol{A}$, 存在 $n$ 阶正交矩阵 $\boldsymbol{Q}$, 使得

$$\boldsymbol{Q}^{\mathrm{T}}\boldsymbol{A}\boldsymbol{Q}=\boldsymbol{Q}^{-1}\boldsymbol{A}\boldsymbol{Q}$$

为对角阵.

正交矩阵 $\boldsymbol{Q}$ 的求法可以按以下步骤进行.

(1) 求出 $\boldsymbol{A}$ 的全部不同的特征值 $\lambda_1,\cdots,\lambda_m$, 设 $\lambda_i$ 的重数为 $r_i\ (i=1,2,\cdots,m)$.

(2) 对于每个 $\lambda_i$, 解齐次线性方程组

$$(\lambda_i\boldsymbol{E}-\boldsymbol{A})\begin{pmatrix}x_1\\x_2\\\vdots\\x_n\end{pmatrix}=\boldsymbol{0},$$

求出一个基础解系 $\boldsymbol{\alpha}_{i1},\cdots,\boldsymbol{\alpha}_{ir_i}$, 利用施密特正交化过程将其标准正交化, 得到 $\boldsymbol{A}$ 的 $r_i$ 个属于 $\lambda_i$ 的标准正交特征向量 $\boldsymbol{\eta}_{i1},\cdots,\boldsymbol{\eta}_{ir_i}(i=1,2,\cdots,m)$. 共求出 $\boldsymbol{A}$ 的 $\sum\limits_{i=1}^{m}r_i=n$ 个标准正交特征向量.

(3) 将所得到的向量作为列构成正交矩阵 $\boldsymbol{Q}$.

**例 3.4.1** 设

$$\boldsymbol{A}=\begin{pmatrix}0&-2&2\\-2&-3&4\\2&4&-3\end{pmatrix},$$

求正交矩阵 $\boldsymbol{T}$, 使得 $\boldsymbol{T}^{-1}\boldsymbol{A}\boldsymbol{T}$ 为对角形矩阵.

**解** 首先, 求 $\boldsymbol{A}$ 的特征值. 由

$$|\lambda\boldsymbol{E}-\boldsymbol{A}|=\begin{vmatrix}\lambda&2&-2\\2&\lambda+3&-4\\-2&-4&\lambda+3\end{vmatrix}=(\lambda-1)^2(\lambda+8),$$

即得 $\boldsymbol{A}$ 的特征值为 1 (二重), $-8$.

其次, 求属于 1 的特征向量. 把 $\lambda=1$ 代入

$$(\lambda\boldsymbol{E}-\boldsymbol{A})\boldsymbol{X}=\boldsymbol{0},$$

即

$$\begin{pmatrix} 1 & 2 & -2 \\ 2 & 4 & -4 \\ -2 & -4 & 4 \end{pmatrix}\begin{pmatrix} x_1 \\ x_2 \\ x_3 \end{pmatrix}=\begin{pmatrix} 0 \\ 0 \\ 0 \end{pmatrix},$$

由

$$\begin{pmatrix} 1 & 2 & -2 \\ 2 & 4 & -4 \\ -2 & -4 & 4 \end{pmatrix}\longrightarrow\begin{pmatrix} 1 & 2 & -2 \\ 0 & 0 & 0 \\ 0 & 0 & 0 \end{pmatrix},$$

故有基础解系

$$\boldsymbol{\alpha}_1=\begin{pmatrix} -2 \\ 1 \\ 0 \end{pmatrix},\quad \boldsymbol{\alpha}_2=\begin{pmatrix} 2 \\ 0 \\ 1 \end{pmatrix}.$$

将 $\boldsymbol{\alpha}_1,\boldsymbol{\alpha}_2$ 正交化: 令 $\boldsymbol{\beta}_1=\boldsymbol{\alpha}_1$,

$$\begin{aligned}\boldsymbol{\beta}_2&=\boldsymbol{\alpha}_2-\frac{(\boldsymbol{\alpha}_2,\boldsymbol{\beta}_1)}{(\boldsymbol{\beta}_1,\boldsymbol{\beta}_1)}\boldsymbol{\beta}_1\\&=\begin{pmatrix} 2 \\ 0 \\ 1 \end{pmatrix}-\frac{-4}{5}\begin{pmatrix} -2 \\ 1 \\ 0 \end{pmatrix}\\&=\frac{1}{5}\begin{pmatrix} 2 \\ 4 \\ 5 \end{pmatrix}.\end{aligned}$$

显然 $5\boldsymbol{\beta}_2$ 也是矩阵 $\boldsymbol{A}$ 的特征向量, 且 $\boldsymbol{\beta}_1,5\boldsymbol{\beta}_2$ 正交. 故对于 $\lambda_1=1$, 也可取正交的特征向量 $\boldsymbol{\beta}_1,5\boldsymbol{\beta}_2$. 再单位化得

$$\boldsymbol{\eta}_1=\begin{pmatrix} -\dfrac{2}{\sqrt{5}} \\ \dfrac{1}{\sqrt{5}} \\ 0 \end{pmatrix},\quad \boldsymbol{\eta}_2=\begin{pmatrix} \dfrac{2}{3\sqrt{5}} \\ \dfrac{4}{3\sqrt{5}} \\ \dfrac{5}{3\sqrt{5}} \end{pmatrix}.$$

这是属于特征值 1 的标准正交的特征向量.

再求属于 $-8$ 的特征向量.

$$(-8\boldsymbol{E}-\boldsymbol{A})\boldsymbol{X}=\boldsymbol{0}$$

的基础解系为

$$\begin{pmatrix} 1 \\ 2 \\ -2 \end{pmatrix}.$$

把它单位化得

$$\boldsymbol{\eta}_3=\begin{pmatrix} \frac{1}{3} \\ \frac{2}{3} \\ \frac{-2}{3} \end{pmatrix}.$$

所求的正交矩阵为

$$\boldsymbol{T}=\begin{pmatrix} -\frac{2}{\sqrt{5}} & \frac{2}{3\sqrt{5}} & \frac{1}{3} \\ \frac{1}{\sqrt{5}} & \frac{4}{3\sqrt{5}} & \frac{2}{3} \\ 0 & \frac{5}{3\sqrt{5}} & \frac{-2}{3} \end{pmatrix}.$$

这时

$$\boldsymbol{T}^{-1}\boldsymbol{A}\boldsymbol{T}=\begin{pmatrix} 1 & & \\ & 1 & \\ & & -8 \end{pmatrix}.$$

## 习 题 3.4

1. 设 $n$ 阶方阵 $\boldsymbol{A},\boldsymbol{B}$ 是正交矩阵, 证明 $\boldsymbol{AB},\boldsymbol{A}^{\mathrm{T}},\boldsymbol{A}^*$ 都是正交矩阵.

2. 设 $\boldsymbol{A}$ 是正交矩阵, 证明:

(1) $|\boldsymbol{A}|=\pm 1$;

(2) $\boldsymbol{A}$ 的实特征值为 $\pm 1$.

3. 求正交矩阵 $\boldsymbol{P}$ 使得 $\boldsymbol{P}^{\mathrm{T}}\boldsymbol{A}\boldsymbol{P}$ 为对角矩阵, 其中:

(1) $\boldsymbol{A}=\begin{pmatrix} 2 & 2 & -2 \\ 2 & 5 & -4 \\ -2 & -4 & 5 \end{pmatrix}$;

(2) $\boldsymbol{A}=\begin{pmatrix} 0 & 0 & 4 & 1 \\ 0 & 0 & 1 & 4 \\ 4 & 1 & 0 & 0 \\ 1 & 4 & 0 & 0 \end{pmatrix}$.

4. 设三阶实对称方阵 $\boldsymbol{A}$ 的特征值为 $6,3,3$,

$$\boldsymbol{\alpha}=\begin{pmatrix} 1 \\ 1 \\ 1 \end{pmatrix}$$

是 $\boldsymbol{A}$ 对应于特征值 6 的一个特征向量, 求方阵 $\boldsymbol{A}$.

## 3.5 二次型及其标准形

先做一个观察, 设

$$\boldsymbol{A}=\begin{pmatrix} a_{11} & a_{12} & \cdots & a_{1n} \\ a_{21} & a_{22} & \cdots & a_{2n} \\ \vdots & \vdots & & \vdots \\ a_{n1} & a_{n2} & \cdots & a_{nn} \end{pmatrix}, \quad \boldsymbol{x}=\begin{pmatrix} x_1 \\ x_2 \\ \vdots \\ x_n \end{pmatrix},$$

计算 $\boldsymbol{x}^{\mathrm{T}}\boldsymbol{A}\boldsymbol{x}$,

$$\begin{aligned}
\boldsymbol{x}^{\mathrm{T}}\boldsymbol{A}\boldsymbol{x} &= (x_1, x_2, \cdots, x_n)\begin{pmatrix} a_{11} & a_{12} & \cdots & a_{1n} \\ a_{21} & a_{22} & \cdots & a_{2n} \\ \vdots & \vdots & & \vdots \\ a_{n1} & a_{n2} & \cdots & a_{nn} \end{pmatrix}\begin{pmatrix} x_1 \\ x_2 \\ \vdots \\ x_n \end{pmatrix} \\
&= (x_1, x_2, \cdots, x_n)\begin{pmatrix} a_{11}x_1 + a_{12}x_2 + \cdots + a_{1n}x_n \\ a_{21}x_1 + a_{22}x_2 + \cdots + a_{2n}x_n \\ \vdots \\ a_{n1}x_1 + a_{n2}x_2 + \cdots + a_{nn}x_n \end{pmatrix} \\
&= x_1\left(a_{11}x_1 + a_{12}x_2 + \cdots + a_{1n}x_n\right) + x_2\left(a_{21}x_1 + a_{22}x_2 + \cdots + a_{2n}x_n\right) \\
&\quad + \cdots + x_n\left(a_{n1}x_1 + a_{n2}x_2 + \cdots + a_{nn}x_n\right) \\
&= a_{11}x_1^2 + \left(a_{12} + a_{21}\right)x_1x_2 + \cdots + \left(a_{1n} + a_{n1}\right)x_1x_n
\end{aligned}$$

$$+ a_{22}x_2^2 + (a_{23}+a_{32})\,x_2x_3 + \cdots + (a_{2n}+a_{n2})\,x_2x_n + \cdots + a_{nn}x_n^2.$$

观察可得, $\boldsymbol{x}^{\mathrm{T}}\boldsymbol{A}\boldsymbol{x}$ 的计算结果是关于 $x_1, x_2, \cdots x_n$ 的一个二次齐次多项式.

**定义 3.5.1** 含有 $n$ 个变量 $x_1, \cdots, x_n$ 的二次齐次多项式

$$f(x_1, \cdots, x_n) = \boldsymbol{x}^{\mathrm{T}}\boldsymbol{A}\boldsymbol{x} = \sum_{i=1}^{n} a_{ii}x_i^2 + \sum_{1\leqslant i<j\leqslant n} (a_{ij}+a_{ji})\,x_ix_j$$

称为 $n$ 元**二次型** (quadratic form).

矩阵的元素 $a_{ij}$ 产生二次型的 $a_{ij}x_ix_j$ 项, 故对角线元素 $a_{ii}$ 产生的项是 $a_{ii}x_i^2$, 称为**平方项**, 当 $i \neq j$ 时 $a_{ij}$ 产生的项 $a_{ij}x_ix_j$ 称为混合项. 注意到, 若 $x_ix_j = x_jx_i$, 即 $\boldsymbol{A}$ 为对称矩阵, 则二次型中的**混合项** $a_{ij}x_ix_j$ 与 $a_{ji}x_jx_i$ 可以合并, 于是有

$$\begin{aligned} f(x_1, \cdots, x_n) = \boldsymbol{x}^{\mathrm{T}}\boldsymbol{A}\boldsymbol{x} = \sum_{i=1}^{n} a_{ij}x_i^2 + \sum_{1\leqslant i<j\leqslant n} 2a_{ij}x_ix_j. \\ = a_{11}x_1^2 + 2a_{12}x_1x_2 + 2a_{13}x_1x_3 + \cdots + 2a_{1n}x_1x_n \\ + a_{22}x_2^2 + 2a_{23}x_2x_3 + \cdots + 2a_{2n}x_2x_n \\ + a_{33}x_3^2 + \cdots + 2a_{3n}x_3x_n \\ + \cdots \\ + a_{nn}x_n^2. \end{aligned}$$

反之给出一个二次型, 构造一个矩阵 $\boldsymbol{A} = (a_{ij})$ 满足: 主对角线元素 $a_{ii}$ 等于平方项 $x_i^2$ 的系数, 当 $i \neq j$ 时 $a_{ij} + a_{ji}$ 等于混合项 $x_ix_j$ 的系数, 则二次型就可以表示成 $\boldsymbol{x}^{\mathrm{T}}\boldsymbol{A}\boldsymbol{x}$. 显然, 同一个二次型矩阵 $\boldsymbol{A}$ 的构造并不唯一, 但若要求矩阵 $\boldsymbol{A}$ 是对称矩阵, 即当 $i \neq j$ 时 $a_{ij} = a_{ji} =$ 混合项 $x_ix_j$ 的系数的一半, 则对称矩阵 $\boldsymbol{A}$ 由二次型唯一决定. 今后称对称矩阵 $\boldsymbol{A}$ 为**二次型的矩阵**, 如二次型

$$f(x_1, x_2, x_3, x_4) = x_1^2 + 4x_1x_2 - 2x_1x_4 + 2x_2x_3 - x_3^2 + 6x_3x_4 + 2x_4^2,$$

引入矩阵

$$\boldsymbol{A} = \begin{pmatrix} 1 & 2 & 0 & -1 \\ 2 & 0 & 1 & 0 \\ 0 & 1 & -1 & 3 \\ -1 & 0 & 3 & 2 \end{pmatrix}, \quad \boldsymbol{B} = \begin{pmatrix} 1 & -2 & 0 & -1 \\ 6 & 0 & 0 & 0 \\ 0 & 2 & -1 & 2 \\ -1 & 0 & 4 & 2 \end{pmatrix}, \quad \boldsymbol{x} = \begin{pmatrix} x_1 \\ x_2 \\ x_3 \\ x_4 \end{pmatrix},$$

有

$$f(x_1, x_2, x_3, x_4) = \boldsymbol{x}^{\mathrm{T}}\boldsymbol{A}\boldsymbol{x} = \boldsymbol{x}^{\mathrm{T}}\boldsymbol{B}\boldsymbol{x}.$$

$\boldsymbol{A}$ 为此二次型的矩阵, 但 $\boldsymbol{B}$ 并不是此二次型的矩阵.

**注 3.5.1** (1) 二次型是仅次于线性多项式的最简单的多项式.

(2) 二次型有明显的几何意义: 如二次曲线、二次曲面都可以描绘为二次型的零点.

(3) 若方阵 $\boldsymbol{A}$ 不是对称矩阵时, 二次型 $\boldsymbol{x}^{\mathrm{T}}\boldsymbol{A}\boldsymbol{x}$ 的矩阵不是 $\boldsymbol{A}$, 而是对称矩阵 $\dfrac{1}{2}(\boldsymbol{A}+\boldsymbol{A}^{\mathrm{T}})$.

对二次型许多性质的研究可归结为研究二次型的矩阵, 如称二次型$f(x_1, x_2, \cdots, x_n)$ 的矩阵 $\boldsymbol{A}$ 的秩为该**二次型的秩**. 再令 $\boldsymbol{x} = \begin{pmatrix} x_1 \\ \vdots \\ x_n \end{pmatrix}$, 那么二次型有如下的矩阵表示:

$$f(x_1, x_2, \cdots, x_n) = \boldsymbol{x}^{\mathrm{T}}\boldsymbol{A}\boldsymbol{x},$$

其中 $\boldsymbol{A}^{\mathrm{T}} = \boldsymbol{A}$.

**例 3.5.1** 二次型

$$f(x_1, x_2, x_3) = 3x_1^2 + 2x_1x_2 + 4x_1x_3 + x_2^2 + x_2x_3 + x_3^2$$

的矩阵为

$$\boldsymbol{A} = \begin{pmatrix} 3 & 1 & 2 \\ 1 & 1 & \dfrac{1}{2} \\ 2 & \dfrac{1}{2} & 1 \end{pmatrix}.$$

**例 3.5.2** 设矩阵 $\boldsymbol{C} = \begin{pmatrix} 1 & -1 & -1 \\ 1 & 1 & -1 \\ 0 & 0 & 1 \end{pmatrix}$, $\boldsymbol{x} = (x_1, x_2, x_3)^{\mathrm{T}}$, 则二次型

$$f(x_1, x_2, x_3) = \boldsymbol{x}^{\mathrm{T}}\boldsymbol{C}\boldsymbol{x} = x_1^2 - x_1x_3 + x_2^2 - x_2x_3 + x_3^2$$

的矩阵不是 $\boldsymbol{C}$, 而是

$$\frac{1}{2}\left(\boldsymbol{C}+\boldsymbol{C}^{\mathrm{T}}\right)=\begin{pmatrix}1 & 0 & -\frac{1}{2}\\ 0 & 1 & -\frac{1}{2}\\ \frac{1}{2} & -\frac{1}{2} & 1\end{pmatrix}.$$

由此例可以看出, 即使 $\boldsymbol{A}$ 不对称, $\boldsymbol{x}^{\mathrm{T}}\boldsymbol{A}\boldsymbol{x}$ 仍为二次型.

对于给定的二次型, 希望通过适当地变量替换后使其具有相对简单的形式. 比如,

**例 3.5.3** $f(x,y)=4x^2+5y^2-4xy=(2x-y)^2+(2y)^2$, 令

$$\begin{cases}x=\dfrac{u}{2}+\dfrac{v}{4},\\ y=\dfrac{v}{2}\end{cases}\Rightarrow\begin{cases}u=2x-y,\\ v=2y,\end{cases}$$

就将 $f(x,y)$ 变为了 $g(u,v)=u^2+v^2$.

特别地, 我们将只有平方项的二次型

$$d_1x_1^2+\cdots+d_nx_n^2$$

称为对角二次型或简称为对角型. 显然, 二次型为对角型当且仅当其矩阵为对角阵.

下面考察怎样作变量替换使得二次型变为对角二次型. 设

$$f(x_1,\cdots,x_n)=\boldsymbol{x}^{\mathrm{T}}\boldsymbol{A}\boldsymbol{x}$$

为二次型, 经可逆线性变换

$$\boldsymbol{x}=\boldsymbol{P}\boldsymbol{y},$$

二次型变为

$$f(x_1,\cdots,x_n)=\boldsymbol{x}^{\mathrm{T}}\boldsymbol{A}\boldsymbol{x}=\boldsymbol{y}^{\mathrm{T}}\boldsymbol{P}^{\mathrm{T}}\boldsymbol{A}\boldsymbol{P}\boldsymbol{y}=\boldsymbol{y}^{\mathrm{T}}(\boldsymbol{P}^{\mathrm{T}}\boldsymbol{A}\boldsymbol{P})\boldsymbol{y}=g(y_1,\cdots,y_n).$$

二次型 $g(y_1,\cdots,y_n)$ 的矩阵为 $\boldsymbol{P}^{\mathrm{T}}\boldsymbol{A}\boldsymbol{P}$. 于是, 二次型经可逆线性变换仍变为二次型, 且它们的矩阵是合同的. 将二次型 $f(x_1,\cdots,x_n)=\boldsymbol{x}^{\mathrm{T}}\boldsymbol{A}\boldsymbol{x}$ 化为对角型, 理论上等价于求可逆矩阵 $\boldsymbol{P}$ 使得 $\boldsymbol{P}^{\mathrm{T}}\boldsymbol{A}\boldsymbol{P}$ 为对角阵.

由于 $\boldsymbol{A}$ 为实对称矩阵, 根据实对称矩阵的对角化理论, 存在正交矩阵 $\boldsymbol{P}$ 使得 $\boldsymbol{P}^{\mathrm{T}}\boldsymbol{AP}$ 为对角阵. 作正交变换 $\boldsymbol{x} = \boldsymbol{Py}$, 则

$$f(x_1, \cdots, x_n) = \boldsymbol{x}^{\mathrm{T}}\boldsymbol{Ax} = \boldsymbol{y}^{\mathrm{T}}(\boldsymbol{P}^{\mathrm{T}}\boldsymbol{AP})\boldsymbol{y}$$

为以 $\boldsymbol{y}$ 为变量的对角二次型. 于是, 任意一个实二次型都可以经过正交变换 $\boldsymbol{x} = \boldsymbol{Py}$ 变成一个对角二次型

$$\lambda_1 y_1^2 + \lambda_2 y_2^2 + \cdots + \lambda_n y_n^2,$$

其中 $\lambda_1, \lambda_2, \cdots, \lambda_n$ 为 $\boldsymbol{A}$ 的所有特征值.

化为对角型过后, 其中一些系数可能为零, 去掉以后得到

$$c_1 z_1^2 + c_2 z_2^2 + \cdots + c_r z_r^2, \qquad c_i \neq 0,$$

称为二次型的**标准形**.

**例 3.5.4** 将

$$f(x_1, x_2, x_3) = x_1^2 + 2x_2^2 - 2x_3^2 + 4x_1x_3$$

化为标准形.

**解** 先写出 $f$ 的矩阵 $\boldsymbol{A} = \begin{pmatrix} 1 & 0 & 2 \\ 0 & 2 & 0 \\ 2 & 0 & -2 \end{pmatrix}$. 求特征值

$$|\lambda \boldsymbol{E} - \boldsymbol{A}| = \begin{vmatrix} \lambda - 1 & 0 & -2 \\ 0 & \lambda - 2 & 0 \\ -2 & 0 & \lambda + 2 \end{vmatrix} = (\lambda + 3)(\lambda - 2)^2.$$

故特征值

$$\lambda_1 = -3, \quad \lambda_2 = \lambda_3 = 2.$$

将 $\lambda = -3$ 代入 $(\lambda \boldsymbol{E} - \boldsymbol{A})\boldsymbol{x} = \boldsymbol{0}$, 由

$$\begin{pmatrix} -4 & 0 & -2 \\ 0 & -5 & 0 \\ -2 & 0 & -1 \end{pmatrix} \to \begin{pmatrix} 1 & 0 & \frac{1}{2} \\ 0 & 1 & 0 \\ 0 & 0 & 0 \end{pmatrix},$$

可得 $\boldsymbol{A}$ 属于特征值 $-3$ 的一个特征向量

$$\begin{pmatrix} -1 \\ 0 \\ 2 \end{pmatrix}.$$

将 $\lambda = 2$ 代入 $(\lambda\boldsymbol{E} - \boldsymbol{A})\boldsymbol{x} = \boldsymbol{0}$, 由

$$\begin{pmatrix} 1 & 0 & -2 \\ 0 & 0 & 0 \\ -2 & 0 & 4 \end{pmatrix} \to \begin{pmatrix} 1 & 0 & -2 \\ 0 & 0 & 0 \\ 0 & 0 & 0 \end{pmatrix}$$

可得 $\boldsymbol{A}$ 属于特征值 2 的两个线性无关的特征向量

$$\boldsymbol{\xi}_1 = \begin{pmatrix} 0 \\ 1 \\ 0 \end{pmatrix}, \quad \boldsymbol{\xi}_2 = \begin{pmatrix} 2 \\ 0 \\ 1 \end{pmatrix}.$$

将它们正交化:

$$\boldsymbol{\beta}_1 = \begin{pmatrix} -1 \\ 0 \\ 2 \end{pmatrix}, \quad \boldsymbol{\beta}_2 = \boldsymbol{\xi}_1 = \begin{pmatrix} 0 \\ 1 \\ 0 \end{pmatrix},$$

$$\boldsymbol{\beta}_3 = \boldsymbol{\xi}_2 - \frac{(\boldsymbol{\xi}_2, \boldsymbol{\beta}_2)}{(\boldsymbol{\beta}_2, \boldsymbol{\beta}_2)}\boldsymbol{\beta}_2 = \begin{pmatrix} 2 \\ 0 \\ 1 \end{pmatrix}.$$

再将它们单位化:

$$\boldsymbol{\eta}_1 = \frac{1}{\sqrt{5}}\begin{pmatrix} -1 \\ 0 \\ 2 \end{pmatrix}, \quad \boldsymbol{\eta}_2 = \begin{pmatrix} 0 \\ 1 \\ 0 \end{pmatrix}, \quad \boldsymbol{\eta}_3 = \frac{1}{\sqrt{5}}\begin{pmatrix} 2 \\ 0 \\ 1 \end{pmatrix}.$$

令

$$\boldsymbol{P} = \begin{pmatrix} -\frac{1}{\sqrt{5}} & 0 & \frac{2}{\sqrt{5}} \\ 0 & 1 & 0 \\ \frac{2}{\sqrt{5}} & 0 & \frac{1}{\sqrt{5}} \end{pmatrix}, \quad \boldsymbol{x} = \boldsymbol{P}\boldsymbol{y},$$

得

$$f(x_1,x_2,x_3)=\boldsymbol{y}^{\mathrm{T}}(\boldsymbol{P}^{\mathrm{T}}\boldsymbol{A}\boldsymbol{P})\boldsymbol{y}=-3y_1^2+2y_2^2+2y_3^2.$$

如果令

$$\boldsymbol{P}'=\begin{pmatrix}0 & -\dfrac{1}{\sqrt{5}} & \dfrac{2}{\sqrt{5}}\\ 1 & 0 & 0\\ 0 & \dfrac{2}{\sqrt{5}} & \dfrac{1}{\sqrt{5}}\end{pmatrix},\quad \boldsymbol{x}=\boldsymbol{P}'\boldsymbol{y},$$

则

$$f(x_1,x_2,x_3)=2y_1^2-3y_2^2+2y_3^2.$$

由此看出二次型的标准形不是唯一的, 因为正交变换有多种形式.

将二次型化为标准形时, 如果所用线性变换不要求是正交变换, 也可采用配方法通过可逆线性变换将其化为标准形. 下面举例说明这种方法.

**例 3.5.5** 将

$$f(x_1,x_2,x_3)=2x_1^2+5x_2^2+5x_3^2+4x_1x_2-4x_1x_3-8x_2x_3$$

化为标准形.

**解** 由于 $f$ 中含有 $x_1$ 的平方项, 可先就 $x_1$ 进行配方:

$$\begin{aligned}f(x_1,x_2,x_3)&=2(x_1^2+2x_1x_2-2x_1x_3)+5x_2^2+5x_3^2-8x_2x_3\\&=2(x_1+x_2-x_3)^2+3x_2^2+3x_3^2-4x_2x_3.\end{aligned}$$

表达式

$$3x_2^2+3x_3^2-4x_2x_3$$

中不含 $x_1$, 再就 $x_2$ 进行配方, 得

$$f(x_1,x_2,x_3)=2(x_1+x_2-x_3)^2+3\left(x_2-\frac{2}{3}x_3\right)^2+\frac{5}{3}x_3^2.$$

令

$$\begin{cases}y_1=x_1+x_2-x_3,\\ y_2=x_2-\dfrac{2}{3}x_3,\\ y_3=x_3\end{cases}\quad\Rightarrow\begin{cases}x_1=y_1-y_2+\dfrac{1}{3}y_3,\\ x_2=y_2+\dfrac{2}{3}y_3,\\ x_3=y_3,\end{cases}$$

则二次型化为

$$f(x_1,x_2,x_3)=2y_1^2+3y_2^2+\frac{5}{3}y_3^2.$$

**例 3.5.6** 将

$$f(x_1,x_2,x_3)=x_1x_2+x_2x_3+x_1x_3$$

化为标准形.

**解** 由于 $f$ 中不含平方项, 为了使用配方法, 先通过线性变换 "造出" 平方项. 注意到 $f$ 中含有混合项 $x_1x_2$, 令

$$\begin{cases} x_1=y_1-y_2, \\ x_2=y_1+y_2, \\ x_3=y_3, \end{cases}$$

或者

$$\boldsymbol{x}=\boldsymbol{C}_1\boldsymbol{y},$$

其中

$$\boldsymbol{C}_1=\begin{pmatrix} 1 & -1 & 0 \\ 1 & 1 & 0 \\ 0 & 0 & 1 \end{pmatrix},$$

则二次型化为

$$f=y_1^2-y_2^2+2y_1y_3.$$

就 $y_1$ 进行配方, 得

$$f=y_1^2-y_2^2+2y_1y_3=(y_1+y_3)^2-y_2^2-y_3^2.$$

令

$$\begin{cases} z_1=y_1+y_3, \\ z_2=y_2, \\ z_3=y_3 \end{cases} \Rightarrow \begin{cases} y_1=z_1-z_3, \\ y_2=z_2, \\ y_3=z_3, \end{cases}$$

则二次型化为

$$f=z_1^2-z_2^2-z_3^2.$$

由

$$\boldsymbol{y}=\boldsymbol{C}_2\boldsymbol{z},\quad \boldsymbol{C}_2=\begin{pmatrix} 1 & 0 & -1 \\ 0 & 1 & 0 \\ 0 & 0 & 1 \end{pmatrix},$$

所用线性变换为

$$\boldsymbol{x} = \boldsymbol{C}\boldsymbol{z},$$

其中

$$\boldsymbol{C} = \boldsymbol{C}_1\boldsymbol{C}_2 = \begin{pmatrix} 1 & -1 & -1 \\ 1 & 1 & -1 \\ 0 & 0 & 1 \end{pmatrix}.$$

二次型问题具有明显的代数意义和几何意义. 在平面解析几何中, 如果一个有心二次曲线的中心与坐标原点重合, 则其方程具有形式

$$ax^2 + bxy + cy^2 = d.$$

可以通过适当的坐标旋转变换

$$\begin{cases} x = x'\cos\theta - y'\sin\theta, \\ y = x'\sin\theta + y'\cos\theta \end{cases}$$

将其化为标准方程. 从代数的角度看, 化二次曲线方程为标准形就是通过正交线性变换化简二次型, 使其成为标准形.

## 习 题 3.5

1. 用矩阵记号表示下列二次型:

(1) $f(x_1, x_2, x_3) = x_1^2 + 4x_2^2 + 3x_3^2 + 4x_1x_2 - 2x_1x_3$;

(2) $f(x_1, x_2, x_3, x_4) = x_1^2 + 8x_1x_4 + 2x_2x_3 + 2x_2x_4 - 2x_3x_4$.

2. 写出下列矩阵对应的二次型:

(1) $\boldsymbol{A} = \begin{pmatrix} 1 & 1 & 0 \\ 1 & 2 & 2 \\ 0 & 2 & 4 \end{pmatrix}$;

(2) $\boldsymbol{A} = \begin{pmatrix} 1 & 2 & 3 \\ 1 & 2 & 2 \\ 5 & 4 & 4 \end{pmatrix}$.

3. 用正交变换化下列二次型为标准形, 并写出所用正交变换:

(1) $f(x_1, x_2, x_3) = 2x_1^2 + x_2^2 - 4x_1x_2 - 4x_2x_3$;

(2) $f(x_1, x_2, x_3) = x_1^2 - 2x_2^2 - 2x_3^2 - 4x_1x_2 + 4x_1x_3 + 8x_2x_3$.

4. 用配方法化下列二次型为标准形, 并写出所用线性变换:

(1) $f(x_1, x_2, x_3) = x_1^2 + 4x_2^2 + 2x_3^2 - 4x_1x_2 + 2x_1x_3$;

(2) $f(x_1, x_2, x_3) = x_1x_2 + 4x_1x_3 + 4x_2x_3$.

## 3.6 正定二次型

在实二次型中, 正定二次型占有重要地位. 本节提出正定二次型的概念并给出判定方法.

**定义 3.6.1** 设有 $n$ 元实二次型 $f(x_1, x_2, \cdots, x_n)$, 如果对任意一组不全为零的实数 $c_1, \cdots, c_n$ 都有

(1) $f(c_1, \cdots, c_n) > 0$, 则称 $f$ 为**正定二次型**; 对应的矩阵称为**正定矩阵**;

(2) $f(c_1, \cdots, c_n) \geqslant 0$, 则称 $f$ 为**半正定二次型**;

(3) $f(c_1, \cdots, c_n) < 0$, 则称 $f$ 为**负定二次型**;

(4) $f(c_1, \cdots, c_n) \leqslant 0$, 则称 $f$ 为**半负定二次型**;

(5) 如果 $f$ 既能取正值又能取负值, 则称 $f$ 为**不定二次型**.

**例 3.6.1** (1) $f(x_1, x_2, x_3) = 3x_1^2 + x_2^2 + 5x_3^2$ 为正定二次型.

(2) $g(x_1, x_2, x_3) = -x_1^2 - x_3^2$ 为半负定二次型, 因为 $g(0, 1, 0) = 0$, 且 $g(x_1, x_2, x_3) \leqslant 0$ 显然成立.

(3) $h(x_1, x_2, x_3) = x_1x_2 + x_2^2 + 5x_3^2$ 为不定二次型, 因为

$$h(1, 1, 1) > 0, \quad h(-2, 1, 0) = -1 < 0.$$

若二次型本身是标准形, 则容易判别其类型. 我们又知道二次型总能找到可逆的线性变换将其变为标准形. 对 $n$ 元二次型 $f(\boldsymbol{x}) = \boldsymbol{x}^{\mathrm{T}}\boldsymbol{A}\boldsymbol{x}$ 作可逆线性变换 $\boldsymbol{x} = \boldsymbol{C}\boldsymbol{y}$, 则二次型变成了以 $y_1, \cdots, y_n$ 为自变量的二次型 $f(\boldsymbol{C}\boldsymbol{y}) = \boldsymbol{y}^{\mathrm{T}}\boldsymbol{C}^{\mathrm{T}}\boldsymbol{A}\boldsymbol{C}\boldsymbol{y}$, 由于 $\boldsymbol{C}$ 可逆, 故当 $\boldsymbol{y}$ 取遍 $\mathbb{R}^n$ 中所有向量, 则 $\boldsymbol{x}$ 也取遍 $\mathrm{R}^n$ 中所有向量, 这表明可逆的线性变换不改变二次型的类型, 基于这个观察我们有如下定理.

**定理 3.6.1** (惯性定理) $n$ 元实二次型 $f = \boldsymbol{x}^{\mathrm{T}}\boldsymbol{A}\boldsymbol{x}$ 经过任意可逆线性变换化为标准形后, 标准形中正平方项的项数 $p$ 及负平方项的项数 $q$ 都是唯一确定的.

**推论 3.6.1** 任意 $n$ 元实二次型 $f(x_1, \cdots, x_n) = \boldsymbol{x}^{\mathrm{T}}\boldsymbol{A}\boldsymbol{x}$, 总可以经过可以逆线性变换化为以下形式的标准形:

$$f = y_1^2 + y_2^2 + \cdots + y_p^2 - y_{p+1}^2 - \cdots - y_r^2,$$

称为 $f$ 的规范形.

**定义 3.6.2** 在秩为 $r$ 的二次型的标准形或者规范形中, 正平方项的项数 $p$ 称为 $f$ 的**正惯性指数**, 负平方项的项数 $q = r - p$ 称为 $f$ 的**负惯性指数**, $p - q = 2p - r$ 称为 $f$ 的**符号差**.

**定理 3.6.2** 设 $A$ 是 $n$ 阶实对称矩阵, $f = \boldsymbol{x}^{\mathrm{T}}\boldsymbol{A}\boldsymbol{x}$, 则下列命题等价:

(1) $\boldsymbol{A}$ 为正定矩阵;

(2) $\boldsymbol{A}$ 的特征值全为正实数;

(3) $f$ 的正惯性指数 $p=n$;

(4) 存在可逆实矩阵 $\boldsymbol{C}$, 使得 $\boldsymbol{C}^{\mathrm{T}}\boldsymbol{A}\boldsymbol{C}=\boldsymbol{E}$;

(5) 存在可逆实矩阵 $\boldsymbol{P}$, 使得 $\boldsymbol{A}=\boldsymbol{P}^{\mathrm{T}}\boldsymbol{P}$.

**证明** (1) ⇒ (2) 设 $\lambda$ 是 $\boldsymbol{A}$ 的一个特征值, $\boldsymbol{x}$ 是 $\boldsymbol{A}$ 的相应于 $\lambda$ 的特征向量. 注意到 $\lambda$ 是实数, $\boldsymbol{x}$ 是实向量, $\boldsymbol{x}^{\mathrm{T}}\boldsymbol{x}>0$, 再由 $\boldsymbol{A}$ 正定知,

$$0<\boldsymbol{x}^{\mathrm{T}}\boldsymbol{A}\boldsymbol{x}=\boldsymbol{x}^{\mathrm{T}}\boldsymbol{\lambda}\boldsymbol{x}=\boldsymbol{\lambda}\boldsymbol{x}^{\mathrm{T}}\boldsymbol{x},$$

于是 $\lambda>0$.

(2) ⇒ (3) 由于 $\boldsymbol{A}$ 的特征值 $\lambda_1,\cdots,\lambda_n$ 全为正数, 故存在正交变换 $\boldsymbol{x}=\boldsymbol{P}\boldsymbol{y}$ 使得

$$f=\lambda_1y_1^2+\cdots+\lambda_ny_n^2.$$

故正惯性指数

$$p=n.$$

(3) ⇒ (4) 由于 $f$ 的正惯性指数为 $n$, 故存在可逆线性变换 $\boldsymbol{x}=\boldsymbol{C}\boldsymbol{y}$, 将二次型化为规范形

$$f=y_1^2+\cdots+y_n^2.$$

规范形的矩阵为单位矩阵, 故

$$\boldsymbol{C}^{\mathrm{T}}\boldsymbol{A}\boldsymbol{C}=\boldsymbol{E}.$$

(4) ⇒ (5) 假设 $\boldsymbol{C}$ 是可逆矩阵, 且

$$\boldsymbol{C}^{\mathrm{T}}\boldsymbol{A}\boldsymbol{C}=\boldsymbol{E}.$$

于是有

$$\boldsymbol{A}=(\boldsymbol{C}^{\mathrm{T}})^{-1}\boldsymbol{C}^{-1}=(\boldsymbol{C}^{-1})^{\mathrm{T}}\boldsymbol{C}^{-1}.$$

令

$$\boldsymbol{P}=\boldsymbol{C}^{-1},$$

则

$$\boldsymbol{A}=\boldsymbol{P}^{\mathrm{T}}\boldsymbol{P}.$$

(5) ⇒ (1) 设 $\boldsymbol{A}=\boldsymbol{P}^{\mathrm{T}}\boldsymbol{P}$, $\boldsymbol{P}$ 为可逆实矩阵. 对于任意非零实向量 $\boldsymbol{x}$, $\boldsymbol{y}=\boldsymbol{P}\boldsymbol{x}$ 是非零实向量,

$$f=\boldsymbol{x}^{\mathrm{T}}\boldsymbol{A}\boldsymbol{x}=\boldsymbol{x}^{\mathrm{T}}\boldsymbol{P}^{\mathrm{T}}\boldsymbol{P}\boldsymbol{x}=\boldsymbol{y}^{\mathrm{T}}\boldsymbol{y}>0.$$

故 $f$ 是正定二次型, 即 $\boldsymbol{A}$ 是正定矩阵. □

**推论 3.6.2** 正定矩阵的行列式大于零.

**证明** 设矩阵 $\boldsymbol{A}$ 正定, 则存在可逆矩阵 $\boldsymbol{P}$ 使得

$$\boldsymbol{A} = \boldsymbol{P}^{\mathrm{T}}\boldsymbol{P},$$

故

$$|\boldsymbol{A}| = |\boldsymbol{P}|^2 > 0.$$

□

实二次型的正定性还可以用二次型的矩阵 $\boldsymbol{A}$ 的 $n$ 个顺序主子式来判别.

**定义 3.6.3** $\boldsymbol{A} = (a_{ij})_n$ 位于左上角的子式

$$a_{11}, \quad \begin{vmatrix} a_{11} & a_{12} \\ a_{21} & a_{22} \end{vmatrix}, \quad \cdots, \quad |\boldsymbol{A}|$$

分别称为 $\boldsymbol{A}$ 的 $1, 2, \cdots, n$ 阶**顺序主子式**.

**定理 3.6.3** $n$ 元实二次型 $f = \boldsymbol{x}^{\mathrm{T}}\boldsymbol{A}\boldsymbol{x}$ 正定的充分必要条件是 $\boldsymbol{A}$ 的各阶顺序主子式均大于零. 负定的充要条件是

$$(-1)^k \begin{vmatrix} a_{11} & a_{12} & \cdots & a_{1k} \\ a_{21} & a_{22} & \cdots & a_{2k} \\ \vdots & \vdots & & \vdots \\ a_{k1} & a_{k2} & \cdots & a_{kk} \end{vmatrix} > 0 \quad (k = 1, 2, \cdots, n).$$

**例 3.6.2** 对于二次型

$$f(x_1, x_2, x_3) = tx_1^2 + tx_2^2 + tx_3^2 + 2x_1x_2 + 2x_1x_3 - 2x_2x_3,$$

给出其正定及负定的条件.

**解** 二次型 $f$ 的矩阵为

$$\boldsymbol{A} = \begin{pmatrix} t & 1 & 1 \\ 1 & t & -1 \\ 1 & -1 & t \end{pmatrix},$$

其一、二、三阶主子式分别为

$$t, \quad t^2 - 1, \quad (t+1)^2(t-2).$$

$t > 0$, $t^2 - 1 > 0$, $(t+1)^2(t-2) > 0$ 的充分必要条件为 $t > 2$. 故 $t > 2$ 时, $f$ 为正定二次型.

$t < 0$, $t^2 - 1 > 0$, $(t+1)^2(t-2) < 0$ 的充分必要条件为 $t < -1$. 故 $t < -1$ 时, $f$ 为负定二次型.

**例 3.6.3** 设 $n$ 阶方阵 $\boldsymbol{A}$ 是正定矩阵, 证明: $\boldsymbol{A}^{-1}, \boldsymbol{A}^*, \boldsymbol{A}^m$ ($m$ 为正整数) 都是正定矩阵.

**证明** 因为 $\boldsymbol{A}$ 是正定矩阵, 故其特征值 $\lambda_1, \lambda_2, \cdots, \lambda_n$ 均为正数.

(1) $\boldsymbol{A}^{-1}$ 的特征值

$$\frac{1}{\lambda_1}, \frac{1}{\lambda_2}, \cdots, \frac{1}{\lambda_n}$$

均为正数. 故 $\boldsymbol{A}^{-1}$ 为正定矩阵.

(2) 注意到 $|\boldsymbol{A}| > 0$, 故 $\boldsymbol{A}^*$ 的特征值

$$\frac{|\boldsymbol{A}|}{\lambda_1}, \frac{|\boldsymbol{A}|}{\lambda_2}, \cdots, \frac{|\boldsymbol{A}|}{\lambda_n}$$

均为正数. 从而 $\boldsymbol{A}^*$ 为正定矩阵.

(3) $\boldsymbol{A}^m$ 的特征值

$$\lambda_1^m, \lambda_2^m, \cdots, \lambda_n^m$$

均为正数. 故 $\boldsymbol{A}^m$ 为正定矩阵. □

## 习 题 3.6

1. 判断下列二次型的正定性:

(1) $f(x_1, x_2, x_3) = x_1^2 + 2x_2^2 + 6x_3^2 + 2x_1x_2 + 2x_1x_3 + 6x_2x_3$;

(2) $f(x_1, x_2, x_3) = 5x_1^2 + x_2^2 + 5x_3^2 + 4x_1x_2 - 8x_1x_3 - 4x_2x_3$.

2. 求 $t$ 的取值范围, 使得二次型 $f(x_1, x_2, x_3) = t(x_1^2 + x_2^2 + x_3^2) + 2x_1x_2$ 为 (1) 正定二次型; (2) 负定二次型.

3. 证明:

(1) 若 $\boldsymbol{A}$ 为正定矩阵, 则 $|\boldsymbol{A} + \boldsymbol{E}| > 1$;

(2) 若 $\boldsymbol{A}, \boldsymbol{B}$ 都是 $n$ 阶正定矩阵, 则 $\boldsymbol{A} + \boldsymbol{B}$ 也是正定矩阵.

4. 设 $\boldsymbol{A}$ 是 $n$ 阶矩阵, 证明:

(1) $\boldsymbol{A}$ 为反对称矩阵当且仅当对于任意 $n$ 维列向量 $\boldsymbol{x}$, 有 $\boldsymbol{x}^{\mathrm{T}}\boldsymbol{A}\boldsymbol{x} = 0$;

(2) 如果 $\boldsymbol{A}$ 是对称矩阵, 且对于任意 $n$ 维列向量 $\boldsymbol{x}$ 有 $\boldsymbol{x}^{\mathrm{T}}\boldsymbol{A}\boldsymbol{x} = 0$, 则 $\boldsymbol{A} = \boldsymbol{O}$.

5. 设 $f(x_1, \cdots, x_n) = \boldsymbol{x}^{\mathrm{T}}\boldsymbol{A}\boldsymbol{x}$ 为实二次型, 且存在 $n$ 维列向量 $\boldsymbol{x}_1, \boldsymbol{x}_2$ 使得 $\boldsymbol{x}_1^{\mathrm{T}}\boldsymbol{A}\boldsymbol{x}_1 > 0$, $\boldsymbol{x}_2^{\mathrm{T}}\boldsymbol{A}\boldsymbol{x}_2 < 0$. 证明: 存在 $n$ 维列向量 $\boldsymbol{x}_0$ 使得 $\boldsymbol{x}_0^{\mathrm{T}}\boldsymbol{A}\boldsymbol{x}_0 = 0$.

6. 若二次型 $f(x_1, x_2, x_3) = 2x_1^2 + 3x_2^2 + 3x_3^2 + 2tx_2x_3 (t < 0)$, 则通过正交变换化为 $f = 2y_1^2 + y_2^2 + 5y_3^2$.

(1) 求 $t$.

(2) 证明: 当 $x_1^2 + x_2^2 + x_3^2 = 1$ 时, $f$ 的最大值为 5.

矩阵的特征值
和特征向量测试题

二次型测试题

# 部分习题参考答案

## 习 题 1.1

1\. 提示: (1) 令 $\boldsymbol{A}=(a_{ij})=\begin{pmatrix}2&1&3&4\\0&6&2&8\\4&7&4&1\end{pmatrix}$, $a_{ij}$ 表示产地 $P_i$ 到销售点 $Q_j$ 的发货量, 其中 $i=1,2,3;j=1,2,3,4$.

(2) $\sum\limits_{j=1}^{4}a_{ij}$ 表示产地 $P_i$ 的总发货量, $i=1,2,3$.

(3) $\sum\limits_{i=1}^{3}a_{ij}$ 表示销售点 $Q_j$ 的总收货量, $j=1,2,3,4$.

## 习 题 1.2

1\. $\dfrac{1}{2}\boldsymbol{A}-3\boldsymbol{B}=\begin{pmatrix}\dfrac{13}{2}&1\\-\dfrac{7}{2}&3\\4&-\dfrac{3}{2}\end{pmatrix}$, $\boldsymbol{A}\boldsymbol{B}^{\mathrm{T}}=\begin{pmatrix}-2&-1&1\\2&-1&1\\-4&-1&1\end{pmatrix}$, $\boldsymbol{A}^{\mathrm{T}}\boldsymbol{B}=\begin{pmatrix}-5&3\\-7&3\end{pmatrix}$.

2\. $\boldsymbol{A}$ 与 $\boldsymbol{B}^{\mathrm{T}}$ 是同型矩阵.

3\. (1) 14; (2) $\begin{pmatrix}1&2&3\\2&4&6\\3&6&9\end{pmatrix}$; (3) $\begin{pmatrix}\cos n\theta&-\sin n\theta\\\sin n\theta&\cos n\theta\end{pmatrix}$; (4) $\begin{pmatrix}1&0\\\lambda&0\end{pmatrix}$;

(5) $a_{11}x_1^2+(a_{12}+a_{21})x_1x_2+(a_{13}+a_{31})x_1x_3+a_{22}x_2^2+(a_{23}+a_{32})x_2x_3+a_{33}x_3^2$.

4\. (1) $\boldsymbol{A}=\begin{pmatrix}0&1\\0&0\end{pmatrix}$; (2) $\boldsymbol{A}=\begin{pmatrix}1&0\\1&0\end{pmatrix}$;

(3) $\boldsymbol{A}=\begin{pmatrix}1&1\\1&1\end{pmatrix}$, $\boldsymbol{B}=\begin{pmatrix}2&-3\\-2&3\end{pmatrix}$, $\boldsymbol{C}=\begin{pmatrix}4&5\\-4&-5\end{pmatrix}$.

5\. (1) $\boldsymbol{D}\boldsymbol{A}=\begin{pmatrix}d_1a_{11}&d_1a_{12}&\cdots&d_1a_{1n}\\d_2a_{21}&d_2a_{22}&\cdots&d_2a_{2n}\\\vdots&\vdots&&\vdots\\d_na_{n1}&d_na_{n2}&\cdots&d_na_{nn}\end{pmatrix}$,

$$AD=\begin{pmatrix} d_1a_{11} & d_2a_{12} & \cdots & d_na_{1n} \\ d_1a_{21} & d_2a_{22} & \cdots & d_na_{2n} \\ \vdots & \vdots & & \vdots \\ d_1a_{n1} & d_2a_{n2} & \cdots & d_na_{nn} \end{pmatrix};$$

(2) 提示: 证明当 $\boldsymbol{DA}=\boldsymbol{AD}$ 时, $\boldsymbol{A}$ 为对角矩阵, 比较 $\boldsymbol{DA}$ 与 $\boldsymbol{AD}$ 对应位置的元素即可.

6. 提示: 用矩阵乘法的定义表达出 $\boldsymbol{A}^2$ 的对角线元素进行讨论.

7. 提示: $\boldsymbol{A}=\dfrac{1}{2}(\boldsymbol{A}+\boldsymbol{A}^{\mathrm{T}})+\dfrac{1}{2}(\boldsymbol{A}-\boldsymbol{A}^{\mathrm{T}})$.

8. 提示: 利用条件将 $\boldsymbol{A}$ 用 $\boldsymbol{B}$ 表示并计算 $\boldsymbol{AB},\boldsymbol{BA}$.

9. 提示: 利用矩阵是对称矩阵当且仅当转置后不变来证明.

10. 提示: 用矩阵与向量 $\boldsymbol{\alpha}=(1,1,\cdots,1)^{\mathrm{T}}$ 进行乘积并使用矩阵运算规律.

11. 提示: 计算 $\boldsymbol{Ae}_j\ (1\leqslant j\leqslant n)$, 其中 $\boldsymbol{e}_j$ 是第 $j$ 行元素为 1 其余各行为 0 的 $n$ 维列向量.

12. 提示: 与第 11 题同样方法.

## 习 题 1.3

1. 分块得分块矩阵 $\boldsymbol{A}=\begin{pmatrix}\boldsymbol{A}_{11} & \boldsymbol{A}_{12}\\ 3\boldsymbol{E} & \boldsymbol{O}\end{pmatrix}$, $\boldsymbol{B}=\begin{pmatrix}\boldsymbol{O} & \boldsymbol{B}_{12}\\ \boldsymbol{B}_{21} & \boldsymbol{O}\end{pmatrix}$, 其中

$\boldsymbol{A}_{11}=\begin{pmatrix}-1 & 2\\ 4 & 1\\ 0 & 5\end{pmatrix}$, $\boldsymbol{A}_{12}=\begin{pmatrix}0&0&0\\0&1&0\\0&0&1\end{pmatrix}$, $\boldsymbol{B}_{12}=\begin{pmatrix}2\\3\end{pmatrix}$, $\boldsymbol{B}_{21}=\begin{pmatrix}2&1&-3\\1&-2&1\\0&1&4\end{pmatrix}$, 计算分块矩阵乘法得 $\boldsymbol{AB}=\begin{pmatrix}\boldsymbol{A}_{12}\boldsymbol{B}_{21} & \boldsymbol{A}_{11}\boldsymbol{B}_{12}\\ \boldsymbol{O} & 3\boldsymbol{B}_{12}\end{pmatrix}$; $\boldsymbol{AB}=\begin{pmatrix}0&0&0&4\\1&-2&1&11\\0&1&4&15\\0&0&0&6\\0&0&0&9\end{pmatrix}$.

2. 分块得分块矩阵 $\boldsymbol{A}=\begin{pmatrix}\boldsymbol{A}_{11} & \boldsymbol{E}\\ \boldsymbol{O} & \boldsymbol{A}_{22}\end{pmatrix}$, $\boldsymbol{B}=\begin{pmatrix}\boldsymbol{B}_{11} & \boldsymbol{B}_{12}\\ \boldsymbol{O} & \boldsymbol{B}_{22}\end{pmatrix}$, 其中

$$\boldsymbol{A}_{11}=\begin{pmatrix}1&2\\0&1\end{pmatrix},\quad \boldsymbol{A}_{22}=\begin{pmatrix}2&1\\0&3\end{pmatrix},\quad \boldsymbol{B}_{11}=\begin{pmatrix}1&0\\1&2\end{pmatrix}$$

$$\boldsymbol{B}_{12}=\begin{pmatrix}3&1\\0&-1\end{pmatrix},\quad \boldsymbol{B}_{22}=\begin{pmatrix}-2&2\\0&-3\end{pmatrix},$$

计算分块矩阵的乘积得 $\boldsymbol{AB}=\begin{pmatrix}\boldsymbol{A}_{11}\boldsymbol{B}_{11} & \boldsymbol{A}_{11}\boldsymbol{B}_{12}+\boldsymbol{B}_{22}\\ \boldsymbol{O} & \boldsymbol{A}_{22}\boldsymbol{B}_{22}\end{pmatrix}$, 得

$$\boldsymbol{AB}=\begin{pmatrix}3&4&1&1\\1&2&0&-4\\0&0&-4&1\\0&0&0&-9\end{pmatrix}.$$

3. 分块得分块矩阵 $\boldsymbol{A}=\begin{pmatrix}\boldsymbol{A}_{11} & \boldsymbol{E}\\ \boldsymbol{O} & \boldsymbol{A}_{22}\end{pmatrix}$, 其中 $\boldsymbol{A}_{11}=\begin{pmatrix}3 & 4\\ 4 & -3\end{pmatrix}$, $\boldsymbol{A}_{22}=\begin{pmatrix}2 & 0\\ 2 & 2\end{pmatrix}$, 计算分块矩阵乘积 $\boldsymbol{A}^2=\begin{pmatrix}\boldsymbol{A}_{11}^2 & \boldsymbol{A}_{11}+\boldsymbol{A}_{22}\\ \boldsymbol{O} & \boldsymbol{A}_{22}^2\end{pmatrix}$, 计算 $\boldsymbol{A}^4=\boldsymbol{A}^2\boldsymbol{A}^2=\begin{pmatrix}625\boldsymbol{E} & 25\boldsymbol{B}_{12}+\boldsymbol{B}_{12}\boldsymbol{B}_{22}\\ \boldsymbol{O} & \boldsymbol{B}_{22}^2\end{pmatrix}$,

$$\boldsymbol{A}^4=\begin{pmatrix}625 & 0 & 177 & 116\\ 0 & 625 & 166 & -29\\ 0 & 0 & 16 & 0\\ 0 & 0 & 64 & 16\end{pmatrix}.$$

## 习　题　1.4

1. (1) $m=6, n=2$; (2) $m=1, n=4$.
2. 符号为 $-$.
3. $x^4, x^3$ 的系数分别为 $9, -6$.
4. $a=0, b=0$.
5. (1) $-12$; (2) $-18$; (3) 3.
6. 6.
7. 提示: 利用反对称矩阵的转置等于其负矩阵这一性质.
8. 提示: 利用行列式线性性质将行列式第二列元素变成都能被 13 整除的数.
9. 提示: 使用行列式的线性性质进行证明.
10. $\det \boldsymbol{A}=7, a=-2$.
11. (2) $A_{41}+A_{42}+A_{43}=-9, A_{44}+A_{45}=18$;
(3) $A_{31}+A_{32}+A_{33}=0, A_{34}+A_{35}=0$.
12. 使用拉普拉斯定理可得 $(-1)^n 6$.
13. (1) 160; (2) $-8$; (3) $-55$.
14. 按第一行展开可得 $x^n+(-1)^{1+n}y^n$.
15. 利用初等行变换先将其转化为箭形, 再利用列变换转化为三角形行列式, 行列式为

$$\left(a_1+\sum_{j=1}^{n}\frac{ia_1}{a_j}\right)\prod_{j=2}^{n}a_j.$$

16. 提示: 将行列式其余各行加到第 $i$ 行后提取第 $i$ 行公因子 $x+(n-1)a$ 后的行列式就是第 $i$ 行的代数余子式之和. 第 $i$ 行的代数余子式之和为 $(x-a)^{n-1}$.

## 习　题　1.5

1. (1) $\begin{pmatrix}5 & -2\\ -2 & 1\end{pmatrix}$; (2) $-\dfrac{1}{2}\begin{pmatrix}4 & -2 & 0\\ -7 & 4 & -1\\ -8 & 6 & -2\end{pmatrix}$; (3) $\begin{pmatrix}a_1^{-1} & 0 & \cdots & 0\\ 0 & a_2^{-1} & \cdots & 0\\ \vdots & \vdots & & \vdots\\ 0 & 0 & \cdots & a_n^{-1}\end{pmatrix}$.

2. 提示: 使用分块的方法将其划分为分块准对角矩阵; $\boldsymbol{A}^{-1}=\begin{pmatrix}1&-\dfrac{2}{3}&0&0\\0&\dfrac{1}{3}&0&0\\0&0&-6&5\\0&0&5&-4\end{pmatrix}$.

3. (1) $\begin{pmatrix}\boldsymbol{A}&\boldsymbol{A}_1\\\boldsymbol{O}&|\boldsymbol{A}|(b-\boldsymbol{A}_1^{\mathrm{T}}\boldsymbol{A}^{-1}\boldsymbol{A}_1)\end{pmatrix}$; (2) 提示: 由于 $\boldsymbol{P}$ 可逆, 则 $\boldsymbol{Q}$ 可逆当且仅当 $\boldsymbol{PQ}$ 可逆, 利用 (1) 使用拉普拉斯定理计算出 $\boldsymbol{PQ}$ 的行列式.

4. $\begin{pmatrix}|\boldsymbol{B}|\boldsymbol{A}^*&\boldsymbol{O}\\\boldsymbol{O}&|\boldsymbol{A}|\boldsymbol{B}^*\end{pmatrix}$.

5. 提示: 使用性质 $\boldsymbol{AA}^*=\boldsymbol{A}^*\boldsymbol{A}=|\boldsymbol{A}|\boldsymbol{E}$, $\boldsymbol{A}^*$ 可逆时证明 $\boldsymbol{A}$ 可逆可使用反证法.

6. 提示: 使用 $|\boldsymbol{E}-\boldsymbol{A}|=|\boldsymbol{AA}^{\mathrm{T}}-\boldsymbol{A}|$ 求出 $|\boldsymbol{E}-\boldsymbol{A}|=0$.

7. $|\boldsymbol{A}^*|=4$, $\left|2\boldsymbol{A}^*+8\boldsymbol{A}^{-1}\right|=-32$, $|-2(\boldsymbol{A}^*\boldsymbol{B})^2|=-521$.

8. $\boldsymbol{B}=\begin{pmatrix}0&3&3\\-1&2&3\\1&1&0\end{pmatrix}$.

9. 提示: 使用两方阵乘积为单位矩阵则两矩阵可逆且互为逆矩阵这一性质.

$$\boldsymbol{A}^{-1}=\frac{1}{2}(\boldsymbol{A}-\boldsymbol{E}),\quad \frac{1}{4}(3\boldsymbol{E}-\boldsymbol{A}).$$

10. 提示: $\boldsymbol{E}^k-\boldsymbol{A}^k=\boldsymbol{E}$, 分解 $\boldsymbol{E}^k-\boldsymbol{A}^k$.

11. 计算 $\boldsymbol{A}\left(\boldsymbol{A}^{-1}+\boldsymbol{B}^{-1}\right)\boldsymbol{B}$. $\left(\boldsymbol{A}^{-1}+\boldsymbol{B}^{-1}\right)^{-1}=\boldsymbol{B}(\boldsymbol{A}+\boldsymbol{B})^{-1}\boldsymbol{A}$.

12. 提示: 使用拉普拉斯定理计算出行列式并证明其可逆, 设出逆矩阵 (也设为分块矩阵) 求解. $\begin{pmatrix}\boldsymbol{O}&\boldsymbol{A}\\\boldsymbol{B}&\boldsymbol{O}\end{pmatrix}^{-1}=\begin{pmatrix}\boldsymbol{O}&\boldsymbol{B}^{-1}\\\boldsymbol{A}^{-1}&\boldsymbol{O}\end{pmatrix}$.

13. 提示: 使用结合律. $\boldsymbol{A}^{10}=\dfrac{1}{3}\begin{pmatrix}2^{12}-1&2^{12}-4\\1-2^{10}&4-2^{10}\end{pmatrix}$.

14. 提示: 同上. $\boldsymbol{A}^8\left(5\boldsymbol{E}-6\boldsymbol{A}+\boldsymbol{A}^2\right)=\begin{pmatrix}4&4&4\\4&4&4\\4&4&4\end{pmatrix}$.

15. 提示: $\boldsymbol{A\alpha}=a\boldsymbol{\alpha}$, 其中 $\boldsymbol{\alpha}=(1,1,\cdots,1)^{\mathrm{T}}$.

## 习 题 1.6

1. (C).

2. (1) $\begin{pmatrix}1&0&2&-1\\0&0&-1&3\\0&0&0&0\end{pmatrix}$, $\begin{pmatrix}1&0&0&5\\0&0&1&-3\\0&0&0&0\end{pmatrix}$;

(2) $\begin{pmatrix} 0 & 2 & -3 & 1 \\ 0 & 0 & 1 & 3 \\ 0 & 0 & 0 & 0 \end{pmatrix}$, $\begin{pmatrix} 0 & 1 & 0 & 5 \\ 0 & 0 & 1 & 3 \\ 0 & 0 & 0 & 0 \end{pmatrix}$;

(3) $\begin{pmatrix} 1 & -1 & 3 & -4 & 3 \\ 0 & 0 & -4 & 8 & -8 \\ 0 & 0 & 0 & 0 & 0 \\ 0 & 0 & 0 & 0 & 0 \end{pmatrix}$, $\begin{pmatrix} 1 & -1 & 0 & 2 & -3 \\ 0 & 0 & 1 & -2 & 2 \\ 0 & 0 & 0 & 0 & 0 \\ 0 & 0 & 0 & 0 & 0 \end{pmatrix}$;

(4) $\begin{pmatrix} 1 & 2 & 0 & -2 & -4 \\ 0 & -1 & 1 & 1 & 1 \\ 0 & 0 & 0 & 1 & 4 \\ 0 & 0 & 0 & 0 & 0 \end{pmatrix}$, $\begin{pmatrix} 1 & 0 & 2 & 0 & -2 \\ 0 & -1 & 1 & 0 & -3 \\ 0 & 0 & 0 & 1 & 4 \\ 0 & 0 & 0 & 0 & 0 \end{pmatrix}$.

注: 答案不唯一.

3. (1) 不可逆; (2) 可逆, 其逆矩阵为 $\begin{pmatrix} 0 & 0 & 0 & 1 \\ \frac{1}{2} & 0 & 0 & -\frac{1}{2} \\ -1 & 1 & 2 & -3 \\ \frac{1}{2} & 0 & -1 & \frac{1}{2} \end{pmatrix}$.

4. $\boldsymbol{A}^{-1} = \begin{pmatrix} \frac{1}{2} & -1 & 0 & \cdots & 0 & 0 \\ 0 & 1 & -1 & \cdots & 0 & 0 \\ 0 & 0 & 1 & \cdots & 0 & 0 \\ \vdots & \vdots & \vdots & & \vdots & \vdots \\ 0 & 0 & 0 & \cdots & 1 & -1 \\ 0 & 0 & 0 & \cdots & 0 & 1 \end{pmatrix}$, $\sum\limits_{i,j=1}^{n} A_{ij} = 1$.

5. (1) $\begin{pmatrix} 2 & -23 \\ 0 & 8 \end{pmatrix}$; (2) $\begin{pmatrix} -2 & 2 & 1 \\ -\frac{8}{3} & 5 & -\frac{2}{3} \end{pmatrix}$; (3) $\begin{pmatrix} 1 & 1 \\ \frac{1}{4} & 0 \end{pmatrix}$; (4) $\begin{pmatrix} 2 & -1 & 0 \\ 1 & 3 & -4 \\ 1 & 0 & -2 \end{pmatrix}$.

## 习 题 1.7

1. 提示: 显然 $\operatorname{rank}(\boldsymbol{A}) \leqslant m$, 找一个不为零的 $m$ 阶子式. $\operatorname{rank}(\boldsymbol{A}) = m$.

2. 提示: 使用初等变换将矩阵化为行阶梯形, 或者考察矩阵的行列式不为 0 与为 0 的情形. 当 $a = -1$ 时, $\operatorname{rank}(\boldsymbol{A}) = 2$; 当 $a \neq -1$ 时, $\operatorname{rank}(\boldsymbol{A}) = 3$.

3. 提示: 利用乘积矩阵的秩性质分析 $\boldsymbol{AB}$ 的秩.

4. 提示: 可逆矩阵是有限个初等矩阵的乘积.

5. 提示: 利用条件证明 $\boldsymbol{A}$ 可逆与 $\boldsymbol{AB} = \boldsymbol{BA}$.

6. (1) 2; (2) 3.

7. 当 $\lambda = 3$ 时, $\operatorname{rank}(\boldsymbol{A})$ 最小为 2.

8. 当 $n = 2$, $a = 1$ 或 $a = -1$ 时有 $\operatorname{rank}(\boldsymbol{A}) = n - 1$; 当 $n > 2$, $a = \dfrac{1}{1-n}$ 时有

$\mathrm{rank}\,(\boldsymbol{A}) = n-1$.

9. $\mathrm{rank}\,(\boldsymbol{A}) = 1$.

10. 提示: 当 $\mathrm{rank}\,(\boldsymbol{A}) = 1$ 时, 矩阵的行之间是成比例的.

11. (1) 无解; (2) 有解, 解为 $\begin{pmatrix} x_1 \\ x_2 \\ x_3 \\ x_4 \end{pmatrix} = \begin{pmatrix} -2 \\ 3 \\ 1 \\ 0 \end{pmatrix} + k \begin{pmatrix} 0 \\ 3 \\ -2 \\ 1 \end{pmatrix},\ k \in \mathbb{R}$;

(3) 有解, 解为 $\begin{pmatrix} x_1 \\ x_2 \\ x_3 \\ x_4 \end{pmatrix} = \begin{pmatrix} \frac{1}{2} \\ 0 \\ 0 \\ 0 \end{pmatrix} + k_1 \begin{pmatrix} -\frac{1}{2} \\ 1 \\ 0 \\ 0 \end{pmatrix} + k_2 \begin{pmatrix} \frac{1}{2} \\ 0 \\ 1 \\ 0 \end{pmatrix},\ k_1, k_2 \in \mathbb{R}$;

(4) 有解, 解为 $\begin{pmatrix} x_1 \\ x_2 \\ x_3 \\ x_4 \end{pmatrix} = \begin{pmatrix} \frac{6}{7} \\ -\frac{5}{7} \\ 0 \\ 0 \end{pmatrix} + k_1 \begin{pmatrix} \frac{1}{7} \\ \frac{5}{7} \\ 1 \\ 0 \end{pmatrix} + k_2 \begin{pmatrix} \frac{1}{7} \\ -\frac{9}{7} \\ 0 \\ 1 \end{pmatrix},\ k_1, k_2 \in \mathbb{R}$.

12. 提示: 由克拉默法则用行列式表示 $x_1$. $\begin{vmatrix} a & b & c \\ 1 & -1 & 1 \\ 1 & 1 & -1 \end{vmatrix} = 4$.

13. 提示: 由克拉默法则得, $(x_1, x_2, \cdots, x_n)^{\mathrm{T}} = (1, 0, \cdots, 0)^{\mathrm{T}}$.

15. 提示: 计算系数矩阵的行列式, 分为不为 0 与为 0 情况讨论.

当 $a \neq 1$ 且 $b \neq 0$ 时, 方程组有唯一解: $x_1 = \dfrac{1-3b}{2b\,(1-a)}, x_2 = \dfrac{1}{2b}, x_3 = \dfrac{8b-5ab-1}{2b\,(1-a)}$.

当 $a = 1$ 且 $b \neq \dfrac{1}{3}$ 时, 方程组无解; 当 $a = 1$ 且 $b = \dfrac{1}{3}$ 时, 方程组有解且解为

$$\begin{pmatrix} x_1 \\ x_2 \\ x_3 \end{pmatrix} = \begin{pmatrix} \frac{5}{2} \\ \frac{3}{2} \\ 0 \end{pmatrix} + k \begin{pmatrix} -1 \\ 0 \\ 1 \end{pmatrix}, \quad k \in \mathbb{R}.$$

当 $b = 0$ 时, 方程组无解.

16. 提示: 由齐次方程组有非零解 (系数矩阵为方阵时) 当且仅当行列式为 0 以及 $\boldsymbol{A}^*$ 与 $\boldsymbol{A}$ 可逆性相同可得. $a = 6$ 或者 $a = -4$.

## 习 题 2.1

1. $x = -1, y = -\dfrac{3}{2}, z = -1$.

2. $\boldsymbol{\alpha} = \left(3, -\dfrac{3}{2}, \dfrac{3}{2}, -\dfrac{9}{2}\right)$.

3. $\boldsymbol{E}$.

4. $\boldsymbol{\beta}_1 = 2\boldsymbol{\alpha}_1 + \boldsymbol{\alpha}_2$, $\boldsymbol{\beta}_2$ 不能由 $\boldsymbol{\alpha}_1, \boldsymbol{\alpha}_2$ 线性表示.

5. $k = 3$.

6. $\boldsymbol{\beta}_1 = \boldsymbol{\alpha}_1, \boldsymbol{\beta}_2 = \boldsymbol{\alpha}_2 - \boldsymbol{\alpha}_1, \boldsymbol{\beta}_3 = \boldsymbol{\alpha}_3 - \boldsymbol{\alpha}_2$.

7. 提示: 设 $\boldsymbol{A} = (\boldsymbol{\alpha}_1, \boldsymbol{\alpha}_2, \boldsymbol{\alpha}_3), \boldsymbol{B} = (\boldsymbol{\beta}_1, \boldsymbol{\beta}_2, \boldsymbol{\beta}_3), \boldsymbol{C} = (\boldsymbol{A}, \boldsymbol{B})$, 利用矩阵 $\boldsymbol{A}, \boldsymbol{B}, \boldsymbol{C}$ 的秩进行判断.

8. (1) $\lambda \neq -1$; (2) $\lambda = -1$, 此时向量组 $\boldsymbol{A}$ 能由向量组 $\boldsymbol{B}$ 线性表示.

## 习 题 2.2

1. (1) ×; (2) ×; (3) √; (4) √; (5) ×; (6) ×.

2. (1) 线性无关; (2) 线性相关; (3) 线性相关.

3. (1) 线性无关; (2) 线性无关; (3) 线性相关.

4. (1) $\lambda = -4$ 或 $\lambda = \dfrac{3}{2}$; (2) $\lambda \neq -4$ 且 $\lambda \neq \dfrac{3}{2}$.

5. (1) 线性相关; (2) 线性相关.

6. $t = 5$.

7. 提示: 证明两个向量组等价.

8. 提示: 利用线性方程组有唯一解的判别条件.

9. (1) 极大线性无关组为 $\boldsymbol{\alpha}_1, \boldsymbol{\alpha}_2$, 秩为 2, $\boldsymbol{\alpha}_3 = \dfrac{7}{3}\boldsymbol{\alpha}_1 + \dfrac{1}{3}\boldsymbol{\alpha}_2$, 注: 答案不唯一;

(2) 极大线性无关组为 $\boldsymbol{\alpha}_1, \boldsymbol{\alpha}_2, \boldsymbol{\alpha}_3$, 秩为 3, $\boldsymbol{\alpha}_4 = -\dfrac{1}{3}\boldsymbol{\alpha}_1 + \dfrac{17}{15}\boldsymbol{\alpha}_2 + \dfrac{3}{5}\boldsymbol{\alpha}_3$, 注: 答案不唯一;

(3) 极大线性无关组为 $\boldsymbol{\alpha}_1, \boldsymbol{\alpha}_2, \boldsymbol{\alpha}_5$, 秩为 3, $\boldsymbol{\alpha}_3 = 3\boldsymbol{\alpha}_1 + 8\boldsymbol{\alpha}_2 + 0\boldsymbol{\alpha}_5, \boldsymbol{\alpha}_4 = \boldsymbol{\alpha}_1 + 5\boldsymbol{\alpha}_2 + 0\boldsymbol{\alpha}_5$, 注: 答案不唯一.

10. 2.

11. 提示: 证明其线性无关.

12. 提示: 反证法.

13. $t = 5, s = 15$.

## 习 题 2.3

3. $\mathrm{Span}(\boldsymbol{\alpha}), \mathrm{Span}(\boldsymbol{\beta})$ 是 $\mathrm{Span}(\boldsymbol{\alpha}, \boldsymbol{\beta})$ 的子空间.

4. $\mathrm{Span}(\boldsymbol{\alpha}), \mathrm{Span}(\boldsymbol{\beta})$ 是 $\mathrm{Span}(\boldsymbol{\alpha}, \boldsymbol{\beta})$ 的子空间; $\mathrm{Span}(\boldsymbol{\alpha}), \mathrm{Span}(\boldsymbol{\beta}), \mathrm{Span}(\boldsymbol{\alpha}, \boldsymbol{\beta})$ 是 $\mathrm{Span}(\boldsymbol{\alpha}, \boldsymbol{\beta}, \boldsymbol{\gamma})$ 的子空间.

5. (1) 是; (2) 不是; (3) 不是; (4) 不是; (5) 是; (6) 不是; (7) 不是; (8) 不是.

6. 提示: 利用定义即可.

7. 例: 取 $n = 2$, $V_1 = \left\{\lambda \begin{pmatrix} 1 \\ 0 \end{pmatrix} \middle| \lambda \in \mathbb{R}\right\}, V_2 = \left\{\mu \begin{pmatrix} 0 \\ 1 \end{pmatrix} \middle| \mu \in \mathbb{R}\right\}$.

8. 基: $\boldsymbol{\alpha}_1, \boldsymbol{\alpha}_2$ 或 $\boldsymbol{\alpha}_1, \boldsymbol{\alpha}_3$ 或 $\boldsymbol{\alpha}_2, \boldsymbol{\alpha}_3$; 维数: 2.

9. 基: $\boldsymbol{\alpha}_1, \boldsymbol{\alpha}_2, \boldsymbol{\alpha}_3$; 维数: 3.

10. 说明 $\boldsymbol{\alpha}_1, \boldsymbol{\alpha}_2, \boldsymbol{\alpha}_3$ 线性无关即可; 坐标向量分别为 $\boldsymbol{x} = \left(\dfrac{5}{2}, 2, -\dfrac{1}{2}\right), \boldsymbol{y} = \left(-\dfrac{40}{3}, -\dfrac{7}{3}, 3\right)$.

11. 过渡矩阵 $\boldsymbol{P}$ 为 $\begin{pmatrix} 2 & 3 \\ -1 & -2 \end{pmatrix}$.

12. (1) 过渡矩阵为 $\begin{pmatrix} 0 & 2 & -1 \\ 2 & 0 & -2 \\ -1 & -1 & 2 \end{pmatrix}$; (2) 过渡矩阵为 $\begin{pmatrix} 1 & \frac{3}{2} & 2 \\ 1 & \frac{1}{2} & 1 \\ 1 & 1 & 2 \end{pmatrix}$; (3) 坐标向量为 $(2,1,1)$.

13. $\boldsymbol{\beta}_1 = \begin{pmatrix} 2 \\ 5 \\ -1 \end{pmatrix}, \boldsymbol{\beta}_2 = \begin{pmatrix} -1 \\ 0 \\ 1 \end{pmatrix}, \boldsymbol{\beta}_3 = \begin{pmatrix} -3 \\ -8 \\ 1 \end{pmatrix}$.

14. (1) 不同; (2) 线性无关; (3) $\boldsymbol{\alpha}_3 = \begin{pmatrix} 0 \\ 0 \\ 1 \end{pmatrix}$, 注: 答案不唯一.

15. (1) 当 $k \neq 6$ 时, 维数为 3; 一组基为 $\boldsymbol{\alpha}_1, \boldsymbol{\alpha}_2, \boldsymbol{\alpha}_4$, 注: 答案不唯一;
(2) 当 $k = 6$ 时, 维数为 2; 一组基为 $\boldsymbol{\alpha}_1, \boldsymbol{\alpha}_2$, 注: 答案不唯一.

## 习 题 2.4

1. (1) $\boldsymbol{\xi} = \begin{pmatrix} 2 \\ 0 \\ -3 \\ 1 \end{pmatrix}$; (2) $\boldsymbol{\xi}_1 = \begin{pmatrix} -1 \\ 1 \\ 0 \\ 0 \end{pmatrix}, \boldsymbol{\xi}_2 = \begin{pmatrix} -5 \\ 0 \\ -3 \\ 1 \end{pmatrix}$, 注: 答案不唯一.

2. (1) $\boldsymbol{x} = c\begin{pmatrix} -4 \\ 3 \\ 1 \\ 0 \end{pmatrix}, c \in \mathbb{R}$; (2) $\boldsymbol{x} = c\begin{pmatrix} -4 \\ 3 \\ 1 \\ 0 \end{pmatrix} + \begin{pmatrix} -5 \\ 3 \\ 0 \\ 0 \end{pmatrix}, c \in \mathbb{R}$, 注: 答案不唯一.

3. (1) $\boldsymbol{x} = c\begin{pmatrix} 5 \\ -2 \\ 1 \end{pmatrix}, c \in \mathbb{R}$; (2) $\boldsymbol{x} = c\begin{pmatrix} 5 \\ -2 \\ 1 \end{pmatrix} + \begin{pmatrix} -2 \\ 1 \\ 0 \end{pmatrix}, c \in \mathbb{R}$, 注: 答案不唯一.

4. 满足条件的 $\boldsymbol{A}$ 有无穷多个, 例如 $\boldsymbol{A} = \begin{pmatrix} 1 & 1 & -2 \\ -2 & 1 & 1 \\ 1 & -2 & 1 \end{pmatrix}$.

5. 满足条件的 $\boldsymbol{A}$ 有无穷多个, 例如 $\boldsymbol{A} = \begin{pmatrix} 1 & 2 & 1 \\ 1 & -1 & -2 \\ 2 & 1 & -1 \end{pmatrix}$.

6. 满足条件的 $\boldsymbol{A}$ 有无穷多个, 例如 $\boldsymbol{A} = \begin{pmatrix} 1 & -4 \\ 0 & 0 \end{pmatrix}$.

7. 通解为 $\boldsymbol{\eta}=c\begin{pmatrix}1\\0\\-2\\3\end{pmatrix}+\begin{pmatrix}1\\2\\3\\4\end{pmatrix}, c\in\mathbb{R}$; 注: 答案不唯一.

8. (1) 提示: $\boldsymbol{B}$ 的每一列都是齐次线性方程组 $\boldsymbol{Ax}=\boldsymbol{0}$ 的解; (2) 利用 (1) 的结论和秩的性质.

9. (1) $\lambda=1$; (2) 提示: 证明 $\boldsymbol{B}$ 的列向量组的秩小于 3.

10. 提示: 证明 $\boldsymbol{\alpha}_1+\boldsymbol{\alpha}_2,\boldsymbol{\alpha}_2+\boldsymbol{\alpha}_3,\boldsymbol{\alpha}_1+\boldsymbol{\alpha}_3$ 与 $\boldsymbol{\alpha}_1,\boldsymbol{\alpha}_2,\boldsymbol{\alpha}_3$ 等价.

11. $1+(-1)^{s+1}t^s\neq 0$.

12. 提示: $\boldsymbol{Ax}=\boldsymbol{0}$ 的基础解系均能由 $\boldsymbol{Bx}=\boldsymbol{0}$ 的基础解系线性表示.

13. (1) 利用定义或者反证法; (2) 证明其与 $\boldsymbol{\eta}^*,\boldsymbol{\xi}_1,\boldsymbol{\xi}_2,\cdots,\boldsymbol{\xi}_{n-r}$ 等价.

## 习　题　2.5

1. (1) $-1,\arccos\dfrac{-1}{\sqrt{65}}$; (2) $0,\dfrac{\pi}{2}$.

2. (1) 不是; (2) 是.

3. (1) 是正交基, 但不是标准正交基; (2) 是标准正交基; (3) 是基, 但既不是正交基, 也不是标准正交基; (4) 是标准正交基.

4. 一个基为 $\boldsymbol{\alpha}_1,\boldsymbol{\alpha}_2,\boldsymbol{\alpha}_4$, 维数为 3; 标准正交基为 $\boldsymbol{\eta}_1=\dfrac{1}{\sqrt{6}}\begin{pmatrix}1\\2\\1\\0\end{pmatrix}, \boldsymbol{\eta}_2=\dfrac{1}{\sqrt{39}}\begin{pmatrix}1\\-1\\1\\6\end{pmatrix}$, $\boldsymbol{\eta}_3=\dfrac{1}{\sqrt{806}}\begin{pmatrix}-1\\-12\\25\\-6\end{pmatrix}$, 注: 答案不唯一.

5. (1) 不是; (2) 是.

6. 提示: 证明 $\boldsymbol{H}^{\mathrm{T}}\boldsymbol{H}=\boldsymbol{E}$; $\boldsymbol{H}=\begin{pmatrix}\frac{1}{3}&-\frac{2}{3}&\frac{2}{3}\\-\frac{2}{3}&\frac{1}{3}&\frac{2}{3}\\\frac{2}{3}&\frac{2}{3}&\frac{1}{3}\end{pmatrix}$.

7. 提示: 利用定义.

8. 提示: 利用定义.

## 习　题　2.6

1. 提示: 证明 $V$ 满足线性空间的定义中的八条.

2. 提示: 证明 $V$ 对 $C[a,b]$ 中的加法和数乘运算封闭.

3. 提示: 利用线性无关的定义证明即可.

4. 是.

5. $\begin{pmatrix} 1 & 1 & 1 \\ 0 & 1 & 1 \\ 0 & 0 & 1 \end{pmatrix}$.

6. 验证该定义满足内积的定义的三个条件.

7. 提示: (1) 先证明向量组是 $W$ 的基; (2) 利用内积证明它们是正交的.

## 习 题 3.1

1. (1) 提示: 按定义直接验证.

(2) $\operatorname{Ker} f = \left\{ \left. \begin{pmatrix} 0 \\ \vdots \\ 0 \\ a_{m+1} \\ \vdots \\ a_n \end{pmatrix} \right| a_{m+1}, \cdots, a_n \in \mathbb{R} \right\}$; $\operatorname{Im} f = \mathbb{R}^m$; $\operatorname{Ker} g = \{0\}$;

$\operatorname{Im} g = \left\{ \left. \begin{pmatrix} a_1 \\ \vdots \\ a_m \\ 0 \\ \vdots \\ 0 \end{pmatrix} \right| a_1, \cdots, a_m \in \mathbb{R} \right\}$.

## 习 题 3.2

1. (1) $\lambda_1 = \lambda_2 = 1,\ \lambda_3 = -1$;

属于特征值 1 的特征向量: $t_1 \begin{pmatrix} 0 \\ 1 \\ 0 \end{pmatrix} + t_2 \begin{pmatrix} 1 \\ 0 \\ 1 \end{pmatrix}$, $t_1, t_2$ 不全为零;

属于特征值 $-1$ 的特征向量: $t \begin{pmatrix} 1 \\ 0 \\ -1 \end{pmatrix}$, $t \neq 0$.

(2) $\lambda_1 = \lambda_2 = 1,\ \lambda_3 = -2$;

属于特征值 1 的特征向量: $t \begin{pmatrix} 3 \\ -6 \\ 20 \end{pmatrix}$, $t \neq 0$;

属于特征值 $-2$ 的特征向量: $t \begin{pmatrix} 0 \\ 0 \\ 1 \end{pmatrix}$, $t \neq 0$.

(3) $\lambda_1 = \lambda_2 = \lambda_3 = -3$;

属于特征值 $-3$ 的特征向量: $t\begin{pmatrix}-1\\-1\\1\end{pmatrix}$, $t\neq 0$.

2. $a=b=c=d=e=f=1$.

3. $\lambda_1=\lambda_2=\cdots=\lambda_{n-1}=0,\lambda_n=n$;

属于特征值 0 的特征向量:

$$t_1\begin{pmatrix}1\\-1\\0\\0\\\vdots\\0\\0\end{pmatrix}+t_2\begin{pmatrix}1\\0\\-1\\0\\\vdots\\0\\0\end{pmatrix}+\cdots+t_{n-1}\begin{pmatrix}1\\0\\0\\0\\\vdots\\0\\-1\end{pmatrix},\ t_1,\cdots,t_{n-1}\text{不全为零};$$

属于特征值 $n$ 的特征向量: $t\begin{pmatrix}1\\1\\\vdots\\1\end{pmatrix}$, $t\neq 0$.

4. $\boldsymbol{A}^n=\begin{pmatrix}-2^n+2(-3)^n & 2^n-(-3)^n & 0\\-2^{n+1}+2(-3)^n & 2^{n+1}-(-3)^n & 0\\2^{n+2}-4(-3)^n & -2^{n+1}+2(-3)^n & 2^n\end{pmatrix}$.

5. 利用特征值与特征向量的定义进行证明.

6. $\det(\boldsymbol{A}^*)=36,\quad \det\left(\boldsymbol{A}^2-\boldsymbol{A}+3\boldsymbol{E}\right)=225$.

7.

$$\boldsymbol{A}=\begin{pmatrix}-\frac{1}{3} & 0 & \frac{2}{3}\\0 & \frac{1}{3} & \frac{2}{3}\\\frac{2}{3} & \frac{2}{3} & 0\end{pmatrix},\quad \boldsymbol{A}^m=\frac{1}{9}\begin{pmatrix}1+4(-1)^m & 2+2(-1)^m & 2-4(-1)^m\\2+2(-1)^m & 4+(-1)^m & 4-2(-1)^m\\2-4(-1)^m & 4-2(-1)^m & 4+4(-1)^m\end{pmatrix}.$$

8. (1) $x=0,y=-2$;

(2) $\boldsymbol{P}=\begin{pmatrix}0 & 0 & 1\\2 & 1 & 0\\-1 & 1 & -1\end{pmatrix}$.

## 习　题　3.3

1. (2) $\mathcal{T}$ 在基 $\boldsymbol{B}$ 和 $\boldsymbol{C}$ 下的矩阵为

$$\begin{pmatrix} \frac{5}{2} & 1 & \frac{5}{2} & 6 \\ -\frac{1}{2} & 1 & -\frac{1}{2} & -1 \\ -\frac{3}{2} & -3 & -\frac{3}{2} & -4 \end{pmatrix}.$$

2. (2) $\mathcal{T}$ 在基 $\boldsymbol{B}$ 和 $\boldsymbol{C}$ 下的矩阵为

$$\begin{pmatrix} 2 & 0 & 0 \\ 1 & -2 & 1 \\ 1 & 1 & 0 \\ 0 & 0 & 0 \end{pmatrix}.$$

3. (1) $\begin{pmatrix} a_{11} & a_{12} & ra_{13} \\ a_{21} & a_{22} & ra_{23} \\ \frac{1}{r}a_{31} & \frac{1}{r}a_{32} & a_{33} \end{pmatrix}$;

(2) $\begin{pmatrix} a_{11}+a_{12} & a_{12} & a_{13} \\ a_{21}+a_{22}-a_{11}-a_{12} & a_{22}-a_{12} & a_{23}-a_{13} \\ a_{31}+a_{32} & a_{32} & a_{33} \end{pmatrix}$.

4. (1) $\begin{pmatrix} 2 & -1 & 3 \\ 0 & 1 & 1 \\ 0 & 1 & -1 \end{pmatrix}$. (2) $\begin{pmatrix} 2 & 0 & 2 \\ 0 & 0 & 2 \\ 0 & 1 & 0 \end{pmatrix}$.

5. $\begin{pmatrix} 4 & -1 & 4 \\ -3 & 3 & -4 \\ -5 & 2 & -5 \end{pmatrix}$.

6. 提示: 利用线性无关的定义.

7. 提示: 利用上一题的结论.

8. 提示: 利用相似的定义以及分块矩阵的运算.

## 习　题　3.4

1. 提示: (1) 利用正定矩阵定义; (2) 利用正定矩阵定义及特征值定义.

3. (1) $\boldsymbol{P}=\begin{pmatrix} -\frac{2}{\sqrt{5}} & \frac{2}{3\sqrt{5}} & -\frac{1}{3} \\ \frac{1}{\sqrt{5}} & \frac{4}{3\sqrt{5}} & -\frac{2}{3} \\ 0 & \frac{\sqrt{5}}{3} & \frac{2}{3} \end{pmatrix}$, $\boldsymbol{P}^{\mathrm{T}}\boldsymbol{AP}=\mathrm{diag}(1,1,10)$;

(2) $\boldsymbol{P}=\frac{1}{2}\begin{pmatrix} -1 & -1 & 1 & 1 \\ -1 & 1 & -1 & 1 \\ 1 & 1 & 1 & 1 \\ 1 & -1 & -1 & 1 \end{pmatrix}$, $\boldsymbol{P}^{\mathrm{T}}\boldsymbol{AP}=\mathrm{diag}(-5,-3,3,5)$.

4. $\boldsymbol{A}=\begin{pmatrix}4&1&1\\1&4&1\\1&1&4\end{pmatrix}$.

## 习　题　3.5

1. (1) $f(x_1,x_2,x_3)=(x_1,x_2,x_3)\begin{pmatrix}1&2&-1\\2&4&0\\-1&0&3\end{pmatrix}\begin{pmatrix}x_1\\x_2\\x_3\end{pmatrix}$;

(2) $f(x_1,x_2,x_3,x_4)=(x_1,x_2,x_3,x_4)\begin{pmatrix}1&0&0&4\\0&0&1&1\\0&1&0&-1\\4&1&-1&0\end{pmatrix}\begin{pmatrix}x_1\\x_2\\x_3\\x_4\end{pmatrix}$.

2. (1) $f(x_1,x_2,x_3)=x_1^2+2x_2^2+4x_3^2+2x_1x_2+4x_2x_3$;

(2) $f(x_1,x_2,x_3)=x_1^2+2x_2^2+4x_3^2+3x_1x_2+8x_1x_3+6x_2x_3$.

3. (1) $f=4y_1^2-2y_2^2+y_3^2$; 变换 $\begin{pmatrix}x_1\\x_2\\x_3\end{pmatrix}=\dfrac{1}{3}\begin{pmatrix}2&1&-2\\-2&2&-1\\1&2&2\end{pmatrix}\begin{pmatrix}y_1\\y_2\\y_3\end{pmatrix}$;

(2) $f=-7y_1^2+2y_2^2+2y_3^2$; 变换 $\begin{pmatrix}x_1\\x_2\\x_3\end{pmatrix}=\begin{pmatrix}\dfrac{1}{3}&-\dfrac{2}{\sqrt{5}}&\dfrac{2}{3\sqrt{5}}\\\dfrac{2}{3}&\dfrac{1}{\sqrt{5}}&\dfrac{4}{3\sqrt{5}}\\-\dfrac{2}{3}&0&\dfrac{5}{3\sqrt{5}}\end{pmatrix}\begin{pmatrix}y_1\\y_2\\y_3\end{pmatrix}$.

4. (1) $f=y_1^2-4y_2^2+y_3^2$; 变换 $\begin{pmatrix}x_1\\x_2\\x_3\end{pmatrix}=\begin{pmatrix}1&2&-1\\0&1&0\\0&2&1\end{pmatrix}\begin{pmatrix}y_1\\y_2\\y_3\end{pmatrix}$;

(2) $f=z_1^2-z_2^2-16z_3^2$; 变换 $\begin{pmatrix}x_1\\x_2\\x_3\end{pmatrix}=\begin{pmatrix}1&1&-4\\1&-1&-4\\0&0&1\end{pmatrix}\begin{pmatrix}z_1\\z_2\\z_3\end{pmatrix}$.

## 习　题　3.6

1. (1) 正定; (2) 正定.

2. (1) $t>1$; (2) $t<-1$.

3. 提示: 利用正定矩阵特征值定理.

4. 提示: 取特殊列向量.

5. 提示: 考虑 $\boldsymbol{x}_1$ 与 $-\boldsymbol{x}_2$ 的单位向量.

6. (1) $t=2$; $\boldsymbol{P}=\dfrac{1}{\sqrt{2}}\begin{pmatrix}\sqrt{2}&0&0\\0&1&1\\0&-1&1\end{pmatrix}$.

# 参 考 文 献


韩流冰, 叶建军, 何瑞文, 等, 2014. 线性代数与空间解析几何. 3 版. 成都: 西南交通大学出版社.

李尚志, 2011. 线性代数. 北京: 高等教育出版社.

彭国华, 李德琅, 2006. Linear Algebra. 北京: 高等教育出版社.

Artin M, 2015. 代数: 原书第 2 版. 姚海楼, 平艳茹, 译. 北京: 机械工业出版社.

Leon S J, 2010. 线性代数: 原书第 8 版. 张文博, 张丽静, 译. 北京: 机械工业出版社.